Dans l'enfer du trafic animal

Brigitte Piquet-Pellorce

DANS L'ENFER DU TRAFIC ANIMAL

LES VÉRITÉS
QUI DÉRANGENT

Christine Bonneton (DOCUMENTS)

Une collection créé et dirigée par
Joseph Vebret

Direction éditoriale
Hélène Tellier

Correctrice
Delphine Gay

Conception graphique
Tendorpa/Francis Rossignol

Composition
Atlant'Communication

2, rue Colombier – ZA Les Vignettes – 63400 Chamalières
www. Editions-bonneton.com
ISBN : 978-2-8625-3944-7

Christine Bonneton éditeur,
un département de Losange éditions

À Jacqueline Faucher, qui m'a fait confiance.

À mes collègues qui m'ont aidée à construire la cellule anti-trafic : Catie B., Dominique N., Cécile G., Jacky B., Patrice G., Julie D., Pépita R., Jean-Michel S., Julien S., Sandra D., Caroline G.

Avertissement

Alors que cet ouvrage était en cours d'édition, la législation en matière de protection animale a évolué. En effet, après plusieurs mois de débats à l'Assemblée nationale et au Sénat, la loi n° 2021-1539 promulguée le 30 novembre 2021 « visant à lutter contre la maltraitance animale et conforter le lien entre les animaux et les hommes » a été publiée au Journal officiel du 1er décembre 2021[1]. Celle-ci comprend plusieurs mesures pour lutter contre la maltraitance des animaux domestiques et des animaux sauvages captifs et améliorer leurs conditions de détention.

Ainsi, pour limiter les achats impulsifs et prévenir les abandons, les futurs propriétaires d'un animal de compagnie devront signer un « certificat d'engagement et de connaissance » assorti d'un délai de réflexion de sept jours entre la délivrance de ce nouveau certificat et l'achat ou le don de l'animal. Dans le même esprit, la loi interdit la vente des chiens et chats en animalerie à partir de 2024. Les offres de cession sur internet des animaux de compagnie sont désormais strictement encadrées. La vente, ou le don, d'un animal de

1. Dossier législatif relatif à la lutte contre la maltraitance animale :
https://www.assemblee-nationale.fr/dyn/15/dossiers/alt/maltraitance_animale
Texte de la loi du 30 novembre 2021 :
https://www.legifrance.gouv.fr/jorf/id/JORFTEXT000044387560

compagnie aux mineurs, est désormais soumis à l'accord de leurs parents.

Dans le même temps, le texte renforce la législation sur les nouveaux animaux de compagnie (NAC) et contient des mesures sur les équidés, notamment l'interdiction des manèges à poneys.

Les sanctions sont alourdies en cas de sévices et de zoophilie

Il en est fini également des animaux sauvages dans les émissions de variétés ou de jeux à la télévision (2023), des delphinariums (2026) et des animaux sauvages dans les cirques itinérants (2028).

Préface

Pas facile d'écrire une préface pour un livre qui dénonce avec force détails les conditions inhumaines et dramatiques que subissent particulièrement les chiens et les chats victimes d'immondes trafics avec les pays de l'Est et aussi en France, défiant tous les interdits.

Brigitte Poquet-Pellorce a donné un quart de siècle de sa vie pour dénoncer toutes les abominations auxquelles elle a été confrontée, qu'elle a traînées devant les tribunaux et qui se sont soldées par des « non-lieu » ou des peines ridicules par rapport aux atroces sévices subis par les animaux.

Victor Hugo a écrit : « L'enfer n'existe pas pour les animaux, ils y sont déjà. »

C'était au XIXe siècle !

Depuis, le pire est arrivé. L'être s'est déshumanisé, laissant ses bas instincts prendre la place de sa compassion.

Le XXe siècle fut l'atrocité des camps de la mort, des « Treblinka » de la prédominance de la force humaine sur la faiblesse soumise à la destruction.

Le XXIe siècle, qui aurait dû voir avoir la sagesse de bannir à jamais ces traumatismes atroces, les fait subir aux animaux.

C'est un éternel « Treblinka » que subissent les animaux et c'est aussi l'enfer pour nos plus fidèles amis, les chiens et les chats.

L'appât du gain, la puissance financière des trafics de toutes sortes d'animaux, les vols contre récompenses, ou tout simplement une jouissance sadique puissante que peut procurer la torture abominable d'un pauvre chien ou chat soumis à un abject carnage entraînant une mort horrifiante.

Ce n'est pas rigolo du tout.

Qu'attendent les gouvernements je-m'en-foutistes successifs pour prendre en compte toutes ces dénonciations, pour imposer de sévères mesures judiciaires à tous ces assassins, ces sadiques, ces monstres ?

Ce que l'on commence sur un animal, on le termine souvent sur l'être humain, ne l'oublions pas !

Rien n'est à refaire, mais tout reste à faire !

« Indignez-vous ! » a dit Stéphane Hessel.

Moi je dis « bravo » à mon amie Brigitte qui a eu le courage, la force, malgré les horreurs qu'elle a vécues, de dénoncer dans ce livre les incompétences de la France, l'indifférence des pouvoirs publics confrontés à d'immondes trafics d'animaux.

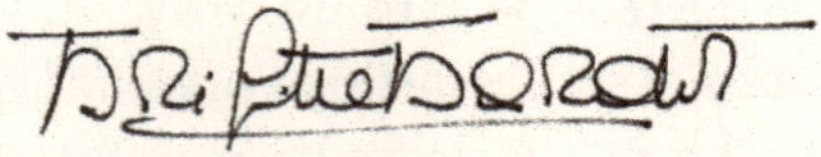

Brigitte Bardot

Avant-propos

Intriguée, elle s'approche avec précaution du clapotis provenant du contrebas du chemin. Ses oreilles caramel frémissent. Elle avance vers ce bruit inconnu, recule vers moi avec un regard interrogatif. « C'est de l'eau, je lui dis doucement, c'est de l'eau. » Ses yeux vont du ruisseau tapageur à mes yeux, puis se plongent à nouveau vers cette musique étrange causée par la pluie généreuse de fin avril.

Est-elle rassurée quand elle reprend sa marche sur la terre ferme, la tête et la queue bien droites, comme si elle avait terrassé un ennemi invisible, en frappant haut ses pattes sur chaque pierre du chemin ? Moi, je crois qu'elle a compris, c'est de l'eau, seulement de l'eau. Je la regarde, petit animal tout blanc, légère comme une pelote de laine, qui court après une feuille emportée par le vent. Elle s'amuse. De tout, d'un rien offert par la nature, de ces touffes d'herbe printanière qu'elle grignote par-ci par-là, sans plus de conviction. Twinie est une jeune chienne qui a été jetée d'une voiture. Elle n'avait que six mois et n'était qu'un pauvre corps martyrisé.

Aucun chien n'est venu consoler mon enfance. Mon père a bien tenté plusieurs fois d'en introduire chez nous, mais ma mère, débordée par ses enfants et ses problèmes de couple, n'en voulait pas. J'ai découvert les animaux beaucoup plus tard et, si je suis sensible à tous, j'avoue avoir une tendresse particulière pour le chien, « cet immense amour qui vit et meurt de son besoin d'aimer ».

Au mois de juin 1973, ma vie a basculé au moment précis où, de la fenêtre de mon appartement, j'ai vu une femme rouer de coups de pied un chien noir à l'attache dans un jardin. L'animal recroquevillé sur lui-même hurlait de souffrance et de peur. J'ai ressenti une douleur fulgurante et une révolte incontrôlable m'envahir. J'ai dévalé l'escalier de mon immeuble et couru jusqu'à la porte du pavillon de cette hystérique. Elle m'a demandé d'un ton goguenard si j'avais la carte de la SPA. Je ne l'avais pas, je l'ai prise. Un combat de plus de quarante ans a commencé ce jour-là. Contre la maltraitance ordinaire, imbécile et infondée, contre l'esclavage des animaux détenus dans les cirques, contre les chasseurs, ces lâches qui tirent souvent dans le dos, contre la corrida et ses spectateurs qui se repaissent de la souffrance et du sang de l'autre, contre la vivisection, horreur absolue. Mais l'homme ne justifie-t-il pas ses crimes au nom de Dieu, au nom de la race, au nom de l'emploi, au nom de la science ?

En Polynésie française, pendant cinq années éprouvantes, j'ai lutté contre le braconnage des tortues, pourtant protégées par la convention de Washington, que des évangélistes laissaient agoniser de longues heures, retournées sur leur carapace et les pattes liées avec du fil de fer, avant d'en faire leur festin ; contre les combats de pitbulls durant lesquels les parieurs forçaient le chien vainqueur à tuer celui qui tendait sa gorge à l'adversaire, signe de soumission canine ; contre la consommation de viande de chien. Aucun manuel touristique n'informe le voyageur que dans ces îles dites paradisiaques, les animaux, eux, vivent en enfer. Je ne souhaite pas détailler la mise à mort du « meilleur ami de l'homme » ni rapporter les lettres bouleversantes de ces enfants tahitiens essayant vainement de soustraire leur copain des mains des tortionnaires.

En ce temps-là, j'étais encore marionnettiste, un métier de pur bonheur. Ce qui m'attendrissait surtout chez mon jeune public était son aptitude immédiate à la compassion et son besoin viscéral de justice. La création de spectacles puis les tournées détournaient mes pensées, la communication de cœur à cœur avec les enfants me donnait confiance en l'humanité et contrebalançait la cruauté du monde adulte. Mon métier était mon oxygène.

J'ai fait le grand plongeon le 1er janvier 1992 quand j'ai accepté la proposition de Jacqueline Faucher, alors présidente de la SPA : travailler à plein temps pour la cause animale. C'est ainsi que j'ai créé la cellule anti-trafic pour lutter, dans un premier temps, contre les vols de chats et de chiens pour les laboratoires. De nouveaux problèmes se sont enchaînés, et chaque jour apportant des témoignages dénonçant la barbarie humaine. Ne voulant pas me disperser, j'ai choisi de combattre le trafic des animaux de compagnie.

Des milliers de commerçants animaliers travaillent dans l'illégalité avec la bénédiction, voire la complicité, des pouvoirs publics. Des milliers de chiennes sont détenues dans des usines à reproduction, véritables machines à faire des petits, maltraitées et usées par les proxénètes cynophiles. Des milliers de chiots sont arrachés trop jeunes à leur mère, transbahutés sur les routes d'Europe, bourrés d'antibiotiques pour arriver sans trop de « casse » à destination, où ils sont vendus, de préférence, à flux tendu. Non socialisés, souvent malades, laissés sans soins, harcelés toute la journée au travers des vitres des animaleries, et développant donc des troubles de comportement de plus en plus fréquemment, ils sont perdus dans un monde dont ils n'ont pas les codes. Des milliers de ces animaux engorgent les refuges des associations de protection animale qui sont devenues, malgré elles, le service après-vente de ces marchands de vie.

Si nous avons obtenu quelques victoires, l'animal restera pourtant l'éternel souffre-douleur tant que notre société le considérera comme une marchandise.

Au cours de toutes ces années, j'ai dû affronter l'anthropocentrisme, le mépris arrogant des « élites » et, surtout, la face sombre, très sombre de l'homme.

Je suis toujours debout, souvent désenchantée, mais debout, car « il y a dans le regard des bêtes une lumière profonde et doucement triste qui m'inspire une telle sympathie que mon âme s'ouvre comme un hospice à toutes les douleurs animales » (Francis Jammes, *Le roman du lièvre*).

La dog connection

Tout a commencé quand les médias ont révélé au grand public l'existence d'un trafic de chiens volés pour les laboratoires d'expérimentation aniamle.

Le 8 octobre 1987, lors d'un banal accident de la route, les gendarmes de Villeneuve-sur-Lot découvrent des chiens dans un véhicule conduit par Jean-Claude L., docteur ès sciences et biologiste, patron d'une société spécialisée dans la fourniture d'animaux aux laboratoires médicaux et pharmaceutiques. Grâce à un gendarme sensible à la cause animale, c'est le début d'une enquête, instruite par le juge Jean-François Daux, qui durera quatre ans et conduira vingt prévenus à la barre du tribunal correctionnel d'Agen en novembre 1991. Une affaire largement suivie par la presse.

L'opinion publique découvre alors avec stupeur la sordide réalité du trafic des chiens organisé en pyramide : à la base, les rabatteurs chargés de récupérer des animaux, principalement dans le milieu rural, par tous les moyens ; au second palier, les receleurs qui, pour la plupart, sous couvert d'élevage, entreposent des chiens, procédant parfois à des échanges avec d'autres complices afin de mieux brouiller les pistes – dans leur sillage, inévitablement, se trouvent des vétérinaires complaisants faisant office de blanchisseurs – ; au palier supérieur, les grossistes comme Jean-Claude L. ou Richard M., tous deux à la tête de réseaux concurrents, qui achètent des chiens volés pour les revendre avec une apparence de légalité à certains laboratoires.

Qu'il s'agisse du voleur de base comme Émile B., qui reconnaît le vol de 700 chiens par an, de l'homme d'affaires comme Jean-Claude L. ou de l'honorable professeur Paul M., dont nous reparlerons bientôt, aucun ne montre la moindre compassion envers les animaux qui sont qualifiés de « chiens de casse » ou de « rebut », de « marchandise vendue au kilo ».

Ainsi les gendarmes ont-ils trouvé chez le cynique René P., qui fournit des chiens volés à Jean-Claude L. et à d'autres, des oreilles tatouées et coupées pour empêcher toute identification des animaux. Lors du procès, René P. déclarera que les 97 cadavres de chiens qui croupissaient au fond de son puits, et dont certains avaient le crâne fracassé ou portaient des traces de blessures par balle, « étaient tombés tout seuls, le puits étant mal protégé ». En fait, la majorité de ces animaux sont morts de malnutrition ou suite aux mauvais traitements infligés par ce tenancier de chenil qui, non content de receler des chiens volés, les massacrait quand il ne trouvait pas d'acheteur ou lorsqu'ils tombaient malades du fait des conditions effroyables de leur détention.

L'information ouverte le 30 octobre 1987 au cabinet de Jean-François Daux, juge d'instruction à Agen, aboutit, un an plus tard, à l'inculpation de René P. et de son épouse, de Marius G., d'Émile B. et de Roland L. – tous trois petits rabatteurs minables –, de Richard M., qui négociait 1 400 chiens par an, et de Raymond F., qui déclara lors d'une émission intitulée « Reportages », diffusée sur TF1, que « les chiens étaient bien plus sensibles que les hommes »...

Mais le juge ne s'arrête pas là, d'autant que les plaintes pour vol se sont multipliées et que de nombreuses associations de protection animale ont déposé plainte avec constitution de partie civile.

Les écoutes téléphoniques révèlent qu'un important professeur toulousain aurait proposé des pinces à tatouer à Raymond F. L'animalerie du CHU de Rangueil intéresse le juge depuis janvier 1988, quand une 4L de l'administration hospitalière a été interceptée par les gendarmes dans une commune du Tarn-et-Garonne. À bord du véhicule se trouvait une douzaine de chiens en provenance du chenil de René P. Au cours de leur enquête, les gendarmes ont également saisi un courrier de ce même CHU sur lequel on peut lire : « Livrez-nous une tonne de chiens pour la semaine prochaine. » Pour honorer leurs engagements, les pourvoyeurs n'hésitaient pas à voler les chiens dans les jardins, dans les voitures, ou à les arracher des bras de leurs propriétaires. Le prix de l'animal enlevé à l'affection de son maître : 50 à 100 francs pour le rabatteur, le négociant le revendant 400 francs s'il pesait moins de 20 kilos et 700 francs au-delà.

Le professeur Paul M. est inculpé le dernier, en mars 1990. Auparavant, des tenanciers de chenil ont été mis en examen grâce aux gendarmes de la compagnie de Villeneuve-sur-Lot et de la brigade de recherches. En plus de deux ans d'investigation, ces derniers ont accompli un travail remarquable, apportant au juge d'instruction des preuves, des documents permettant de comprendre ce trafic de chiens volés pour les laboratoires. Ainsi succèdent aux premiers mis en examen Marcel C., demeurant en Charente, puis Sylvie L. dans le Tarn-et-Garonne, Jean-Daniel R. en Dordogne, René C. dans le Lot, Émile D. dans les Deux-Sèvres, Gemma F. en Ariège, Gabriel I. dans le Tarn. Deux vétérinaires, Jacques R. et Henri L., sont également inculpés, tout comme Jean-Pierre B., qui travaille dans le laboratoire de la faculté de médecine de Toulouse-Rangueil.

N'oublions pas Robert C., qui consignait méticuleusement le nom de ses clients sur des petits carnets que je me suis procurés bien plus tard. Les coordonnées de presque tous les mis en cause étaient notées, ainsi que celles d'autres trafiquants que j'aurai l'occasion de poursuivre en justice dans les années suivantes. Robert C. écrivait également les noms des chercheurs de différents hôpitaux et laboratoires. Il indiquait aussi le prix des chiens. Ainsi : « mercredi 25, à Castres, 10 chiens 20-25 kilos », « école vétérinaire de Lyon, docteur F., 450 francs le chien », « hôpital Salvator, clinique expérimentale, monsieur S., 500, 550, 650 francs, 249 chiens », « 6 chiens de même sexe, de 10 à 12 semaines, 1 500 francs pour la 1re semaine de juillet, tatouage avec numéro et livrer avec carnets vaccins », « école vétérinaire, 400 non tatoués, 500 tatoués ».

Il est évident que le juge d'instruction aurait pu étendre son action judiciaire dans tout le sud de la France, mais cela était impossible, d'autant qu'il faisait l'objet de pressions « amicales » pour le mettre en garde, l'expérimentation animale étant un domaine sensible.

En mars 1989, alors que Robert C. – accusé d'avoir illégalement fourni 1 200 chiens par an, notamment à Jean-Claude L. – est inculpé, un groupe de protecteurs animaliers intercepte sa fourgonnette à Marseille. Au volant : son épouse. Dans le véhicule : quatorze chiens qui doivent être livrés à l'hôpital de la Timone.

Les chenils de Robert C. se trouvaient au milieu de la garrigue, dans l'Hérault. Il avait obtenu l'autorisation de détenir jusqu'à 100 chiens, quota dépassé puisque près de 150 animaux y étaient régulièrement entassés. Non content de les enfermer dans des boxes non conformes, il laissait ces animaux sans soins, et beaucoup souffraient de cachexie (amaigrissement et fatigue généralisée, liés à une maladie lourde ou à une sous-alimentation). Pourtant, dès 1985, cet individu avait rencontré des problèmes avec des riverains qui avaient signalé la maltraitance envers les chiens auprès des services de police. D'après un témoignage, deux personnes assermentées s'étaient déplacées sur les lieux le 24 juillet et avaient constaté, entre autres, la présence de six chiens enfermés dans une cage exposée en plein soleil. Ces animaux étaient visiblement en train de mourir de soif et de faim. La SPA locale, accompagnée de gendarmes, les avait récupérés le lendemain et aussitôt conduits chez le vétérinaire. Le certificat établi par le praticien est éloquent :

« Je certifie avoir examiné le jeudi 25 juillet 1985 un chiot de type berger âgé de 4 mois. Cet animal présentait tous les signes d'un mauvais entretien tant le pelage était souillé et nauséabond, une irritation chronique purulente avait fait tomber les poils à l'angle interne de l'œil gauche. Ce chiot hypotrophique pour sa race manifestait les signes d'une dystrophie osseuse de croissance et pouvait être qualifié de cachectique. Cette cachexie entraînait une asthénie évidente pour un animal de cet âge, de plus, il était cryptorchide.

Un examen de sang confirmait l'anémie et l'existence d'une discrète infection. Deux jours plus tard, j'ai été conduit à examiner 5 chiots de la même portée dont l'état général était identique. Ils présentaient tous une température plus élevée que la normale et divers signes digestifs et locomoteurs. Tous ces animaux provenaient du chenil appartenant à monsieur Capelli. »

En juillet 1986, la directrice de la SPA du Maurin reçut le courrier suivant :

« Nous avons été obligés d'intervenir à nouveau chez monsieur Robert C.. Les niches n'offraient pas de protection contre les intempéries, le sol du chenil fait de pierres concassées meurtrissait les pattes des animaux [...]. Les chiens étaient squelettiques et avaient du pus dans les yeux [...]. Trois d'entre eux étaient visiblement malades et Robert C. voulait les tuer mais il a accepté que nous emportions deux de ces bêtes. Le chien, genre bruno du Jura, est mort le lendemain. J'avais également récupéré auparavant une chienne briquette que j'ai toujours mais il m'a fallu 2 ans pour l'apprivoiser tant elle était craintive à force d'être battue. »

Le 18 mars 1988, Mme Metzger, présidente de la ligue française contre la vivisection, écrivait au préfet du Languedoc-Roussillon. Elle s'étonnait que les animaux soient toujours détenus dans les mêmes conditions. Le préfet lui répondit le 25 avril que le directeur des services vétérinaires, saisi par ses soins, venait de lui préciser que ce chenil avait été contrôlé à onze reprises depuis sa création officielle en août 1985, et que la dernière visite, à l'improviste, le 10 mars 1988, avait permis de constater, comme les fois précédentes, le bon état d'entretien et de fonctionnement de cet établissement dans lequel tous les animaux étaient tatoués et en très bonne santé !

Cet incroyable réseau, opérant sur tout le territoire, a pu fonctionner pendant des années grâce à la protection d'un haut fonctionnaire du ministère de l'Agriculture. C'est par son intermédiaire que les trafiquants disposaient des adresses des chercheurs, puisque c'est lui qui gérait l'autorisation de la pratique de la vivisection.

Au cours du premier procès qui a lieu à Agen en 1991, Jean-Claude L. reconnaît avoir été un blanchisseur, mais affirme qu'il y a plus blanchisseur que lui, citant la direction des services vétérinaires (devenue DDPP) et principalement ce haut fonctionnaire au ministère de l'Agriculture. D'après Jean-Claude L., c'est cet homme qui, parfaitement au courant des pratiques de vol de chiens, lui avait donné l'autorisation de tatouer les animaux destinés à la vivisection avec un code spécial ne dépendant pas de la Société centrale canine, à savoir L E 95 suivi de plusieurs chiffres. Une dérogation surprenante accordée à ces éleveurs, en contradiction avec le décret de 1987 rendant obligatoire l'inscription des chiens au fichier national de la Société centrale canine.

Le 28 novembre 1991, *Le Parisien* titre : « Trafic de chiens, le ministère savait. »

Oui, ce haut fonctionnaire savait, encourageait et cautionnait en étendant cette facilité de tatouage à d'autres trafiquants. Ainsi, Robert C. a bénéficié du code 34 C suivi d'un numéro d'ordre à trois chiffres. Il a également obtenu, comme nous l'avons dit précédemment, l'autorisation de détenir dans son chenil-mouroir jusqu'à 100 chiens (arrêté modificatif du 25 mars 1986 de l'article 1er de l'arrêté du 27 février 1986). Après ces révélations fracassantes, le haut fonctionnaire a été muté dans un autre ministère. Pas de vagues…

Le procès d'Agen

Le procès a lieu le 26 novembre 1991. Il se déroule non pas dans une salle réservée aux affaires correctionnelles, jugée trop petite, mais dans celle de la cour d'assises du Lot-et-Garonne, et dure quatre jours. Jamais procès en Agenais n'a réuni autant d'avocats, sans parler des médias, qui n'ont cessé de couvrir cette affaire. De plus, la présence de personnalités comme Brigitte Bardot et Dany Saval attire de nombreux curieux. Ces deux femmes ont toute leur place sur les bancs du tribunal : Brigitte, connue par tous pour son combat sans faille pour les animaux, et Dany, plus discrète mais tout aussi motivée, qui œuvre chaque jour en tant que présidente de l'association LI-ZA.

Parmi les vingt inculpés, ne manque que l'associée de Raymond F., Sylvie L., hospitalisée. Au premier rang se tiennent le professeur Paul M. et son animalier Jean-Pierre B., Jean-Claude L. et les deux vétérinaires Jacques R. et Henri L., inculpés pour avoir cédé des carnets de vaccination et des pinces à tatouer afin de « maquiller » les chiens volés. Derrière eux, sont assis les grossistes puis les rabatteurs et tenanciers de chenil, une majorité de vieux paysans, presque sourds pour certains. René P., la tête rentrée dans les épaules, fuit les photographes. Émile B., la canne à bout ferré dérapant sur le parquet, béret posé sur le crâne, n'entend pas les questions du président, et lui fait tout répéter.

Ces messieurs de la ruralité ne sont pas seulement sourds, ils sont également muets et frappés d'amnésie. Roland L., un agriculteur inculpé de recel de vol (il rendait de temps en temps des services à René P.), ne se souvient plus de rien et ne reconnaît aucune des personnes qu'il a mises en cause lors de son audition devant les gendarmes – il a pourtant décrit par le menu les fonctionnements de la filière, citant les noms des autres acteurs. René P. prétend ne pas très bien entendre quand les questions du président deviennent trop insistantes. Jean-Claude L. déclare, d'un ton désabusé : « On dit tellement de choses devant les gendarmes... » Émile B. ramassait les chiens errants pour éviter qu'ils soient récupérés par la SPA... (Un vieux carnet trouvé chez lui mentionne le négoce de 919 animaux.) Marius G. admet qu'on lui a demandé « des chiens pour la casse, des chiens de déchet », mais précise qu'il ne savait pas ce que cela voulait dire. Quant à Marcel C., il s'évanouit à la fin de son audition.

Le lendemain, l'heure est aux règlements de comptes. Robert C., qui a réalisé 120 000 francs de chiffre d'affaires en 1985, 360 000 francs en 1986 et 600 000 francs en 1988, reconnaît avoir été contraint de graisser la patte aux animaliers de laboratoire pour obtenir des marchés. Son interrogatoire permet d'établir l'existence d'un curieux manège. Pendant six mois, le chenil de ce monsieur a servi de garderie, abritant 98 chiens appartenant au laboratoire Clin-Midy, devenu Sanofi, confiés à Robert C. par le responsable de l'animalerie. De décembre 1987 à décembre 1988, Robert

C. a vendu 1 257 chiens à Jean-Claude L. Il alimentait aussi le laboratoire Fabre, à Castres, l'hôpital Salvator à Marseille, le CHU de Rangueil et l'hôpital Purpan à Toulouse, à raison de 700 à 800 chiens par an... tout en omettant d'effectuer les déclarations fiscales et d'établir des documents en règle. Gabriel I., responsable d'une fourrière dans le Lot-et-Garonne, n'est pas tendre avec Robert C. en déclarant que ce dernier était au courant de ce commerce frauduleux. Quant à Jean-Daniel R., il lui avait conseillé de « se lancer dans le beagle », une race très recherchée par les laboratoires.

Seul Jean-Pierre B., qui ne sait ni mentir ni dissimuler, et encore moins nier l'évidence, déclare : « J'ai appliqué les ordres donnés par mon patron. Si j'avais refusé de transporter des chiens volés, j'aurais été licencié. J'ai attiré son attention à plusieurs reprises sur le risque encouru. » Le professeur Paul M., un peu cramoisi dans son costume gris foncé, s'avance à la barre en disant qu'il a la conscience tranquille, que Jean-Pierre B. dit cela sur le coup de l'émotion et qu'il ne faut pas tenir compte de ses propos. Pour Raymond F., le trafic était organisé par les laboratoires. Il rejette en bloc tous les griefs retenus contre lui.

La lecture du dossier d'instruction, auquel ont accès les avocats des parties civiles, fut révélatrice de la cruauté de ces magouilleurs. Un procès-verbal de contravention avait été établi par les services de la DSV de Niort le 11 mars 1987 concernant Émile D., qui vendait des centaines de chiens depuis plusieurs années sans pouvoir présenter le moindre document. Ce jour-là, les fonctionnaires découvraient le cadavre encore chaud d'un chien pendu à une poutre du plafond par une corde avec nœud coulant autour du cou. Il s'agissait d'un chien mâle, croisé berger, âgé de 5 ans environ. Le chien a dû se débattre pendant de très longues minutes avant de mourir étouffé dans de grandes souffrances. Pour sa défense, Émile D. avait déclaré que ce chien était méchant. Il livrait Richard M., et c'était Marcel C. qui tatouait ses chiens.

Suivait toute une liste d'amis chasseurs qui lui apportaient ou échangeaient des chiens. Ceux qui étaient mauvais à la chasse finissaient leur pauvre vie sur une table de vivisection.

Raymond F., entendu le 9 décembre 1988 par le juge d'instruction, déclarait qu'il confirmait ce qu'il avait dit aux gendarmes au mois d'août. Il prenait des chiens chez René P., qui lui fixait un rendez-vous auquel il arrivait toujours en retard, conscient de courir un risque. Il affirmait être au courant de ce trafic de chiens auquel se livraient de nombreux professionnels. Il avait parlé de la réunion qui s'était tenue à l'hôtel Méridien de Clichy le 2 décembre 1988, organisée par le haut fonctionnaire au ministère de l'Agriculture. Beaucoup de représentants de laboratoire y participaient, ainsi que le professeur Paul M. et les fournisseurs concurrents Richard M. et Jean-Claude L. Cette réunion avait pour but de contrer le projet de loi qui devait être appliqué début janvier 1989. Il ajoutait que ce trafic, organisé par les laboratoires, était une compétition effrénée à la course aux prix les plus bas et aux pots-de-vin les plus hauts à verser aux responsables des animaleries pour la fourniture de chiens de provenance douteuse. Inutile de préciser que les animaux aux oreilles coupées ou aux cuisses brûlées afin d'effacer tout tatouage étaient aussi les bienvenus. Raymond F. dénonçait de très nombreux acteurs du trafic de chiens qui ne furent jamais inquiétés. Pour lui, Jean-Daniel R. était la cheville ouvrière des voleurs, mais le pire de tous était incontestablement Robert C.

Il est certain que l'absence totale de sensibilité envers les animaux et l'appât du gain par n'importe quel moyen sont les dénominateurs communs de tous les trafiquants.

Le président du tribunal se montre surtout attentif à l'économie souterraine constituée par l'approvisionnement des laboratoires. Il n'est pas question de mettre en cause l'expérimentation animale.

Il est toutefois intéressant de noter que dans le Code pénal, « le fait de pratiquer des expériences ou recherches scientifiques ou expérimentales sur les animaux sans se conformer aux prescriptions fixées par décret en Conseil d'État est puni des peines prévues à l'article 521-1 ». Ce qui signifie que si l'expérimentation animale est pratiquée avec les autorisations nécessaires, il n'y a aucun problème. Mais dans le cas contraire, la société reconnaît qu'il s'agit d'actes de cruauté et de sévices graves et les sanctionne. Mais ce même Code ne prévoyant pas de sanction applicable au trafic d'animaux, vingt personnes sont jugées en ce mois de novembre 1991 pour vol, recel de vol, exercice illégal de la médecine vétérinaire, actes de cruauté, faux en écriture et usage de faux... selon les cas.

Le dernier jour, les réquisitions du procureur semblent bien légères face aux souffrances endurées par les chiens, mais nous savons que cela n'a jamais été une priorité pour la Justice. Pour Richard M., Jean-Claude L. et Robert C., il requiert une peine de dix-huit mois de prison dont six mois ferme, ainsi qu'une amende de 100 000 francs. Pour René P., Jean-Daniel R. et Raymond F., il demande la même peine de prison et le versement d'une amende de 50 000 francs. Concernant Émile D., six mois avec sursis et 20 000 francs d'amende. Et pour le professeur Paul M., quatre mois de prison avec sursis et 20 000 francs d'amende. Pour tous les autres, le procureur réclame quatre mois de prison avec sursis et 10 000 francs d'amende. Les juges doivent rendre leur décision le 29 janvier 1992, mais un problème de taille inquiète les amis des animaux.

Dès l'ouverture du procès – qui s'est inscrit dans la mémoire collective comme celui de la « dog connection » –, plusieurs avocats de la défense ont invoqué la nullité de procédure pour cause d'écoutes téléphoniques. L'avocat de Jean-Claude L. a soulevé le « détail » suivant : lors de la première convocation de son client, le juge d'instruction n'a pas respecté l'article 114 du Code pénal en lui posant des questions sans lui avoir préalablement signifié qu'il pouvait se faire assister par un avocat.

L'énoncé du délibéré vient confirmer les craintes : annulation du procès du trafic des chiens volés pour les laboratoires. Le même jour, le ministre de la Recherche, Hubert Curien, annonce dix nouvelles mesures sur l'expérimentation animale...

Après plus de quatre années d'une instruction ô combien approfondie, la cour d'appel confirme en avril 1992 le jugement rendu en première instance.

Nous sommes atterrés. L'enquête qui a permis, pour la première fois en France, de démanteler un réseau en révélant les pratiques ignobles des trafiquants ne peut pas tomber à l'eau !

Dans la salle des pas perdus du TGI d'Agen, René P. crie haut et fort que son cauchemar s'achève enfin, qu'il n'y a pas eu de trafic de chiens, que la cour d'appel, en confirmant la position du tribunal correctionnel, « lave » tout le monde...

Après un moment de grand découragement, des associations, dont la SPA, décident de se pourvoir en cassation et, en décembre 1992, elles obtiennent gain de cause. Considérant comme irrégulière l'annulation de la procédure d'instruction, la Cour de cassation désigne la cour d'appel de Bordeaux pour juger à nouveau la filière de chiens volés et revendus à des laboratoires de recherche. Tous les protagonistes de l'affaire doivent être rejugés du 22 au 25 juin 1993. Cette fois encore je serai présente.

Le procès de Bordeaux

Dès l'ouverture du procès, le président comprend que les prévenus ne sont pas disposés à reconnaître les faits qui leur sont reprochés. Ils ne se souviennent plus de leurs déclarations, lesquelles leur ont d'ailleurs été arrachées par d'ignobles gendarmes et un juge d'instruction qualifié à mi-mot de tortionnaire. Amnésiques et feignant à nouveau la surdité pour plusieurs d'entre eux. Curieusement, les difficultés d'audition s'accentuent lorsque le président ou l'avocat général posent des questions pertinentes et de plus en plus incisives.

Marius G., Gemma F. et Jean-Daniel R. sont absents. Comme à Agen, Marcel C. s'évanouit après son audition. Robert C. se prétend blanc comme neige et déclare qu'on lui a extirpé ses aveux. Sa tentative d'assimiler la gendarmerie française à la Gestapo ne semble pas plaire au tribunal. À son tour, Richard M., petit homme au visage dur et barbu, qui souhaite prendre la place du numéro 1, Jean-Claude L., fustige la Justice en affirmant que « le juge Daux aurait dû boire plus d'eau minérale et fumer moins de gros cigares ». Toutefois, il avoue qu'il travaillait pour « prendre du fric ».

René P. maintient que les chiens retrouvés morts dans son puits étaient tombés tout seuls. À la question du président qui lui demande pourquoi il travaillait de nuit, notamment pour faire les tatouages et réaliser les transports, il répond que c'était mieux pour les animaux, car il faisait moins chaud. L'avocat général fait alors l'intéressante lecture de la retranscription d'une discussion téléphonique entre René P. et Jean-Claude L., enregistrée dans le cadre de la commission rogatoire, où il est clair que s'ils agissaient de nuit, c'était pour minimiser les risques de se faire prendre. Interrogé à son tour, Roland L. perd brusquement son peu de répartie quand le président lui demande pourquoi, se sentant inquiétés, René P. et lui ont décidé de déménager les chiens dans un endroit moins connu. Quant à Raymond F., il déclare devant la cour, la main sur le cœur, que « si l'expérimentation humaine était utile pour sauver des chiens, il se porterait volontaire ».

Ce brave homme, interrogé avant son associée Sylvie L. (cette fois-ci présente), n'imagine pas qu'elle va révéler au tribunal que les tatouages pratiqués sur les animaux étaient faits au dermographe. Maître Gonelle, avocat de la SPA et d'autres parties civiles, lui demande si une anesthésie était préalablement pratiquée, ce à quoi elle répond par la négative. « Mais alors, c'est un acte de cruauté ! » s'exclame Maître Gonelle, car si la pince à tatouer fait un peu mal pendant deux secondes, le dermographe, avec ses trois aiguilles munies d'un mouvement rapide, est très douloureux pendant deux minutes. L'avocat de notre gentille tatoueuse, pensant bien connaître le problème, intervient pour déclarer avec aplomb que la douleur est très minime. Alors le président du tribunal pose la question à l'un des deux vétérinaires inculpés... qui confirme que cet acte est inacceptable, et même difficilement concevable, car le chien se tordant de douleur, l'écriture ne doit guère être facile à exécuter.

Le professeur Paul M. a le privilège de pouvoir déambuler à sa guise dans la salle d'audience alors que tous les autres prévenus sont assis dans le box réservé aux accusés. Il est vrai que ce monsieur, ancien candidat au prix Nobel, n'est pas du même milieu social que la majorité de ses complices et que les magistrats usent à son égard d'un ton beaucoup plus conciliant. Cet homme comparaît pourtant pour recel de vol. Il achetait son « matériel de laboratoire » à René P., lequel ne nie pas les irrégularités dans l'approvisionnement de son animalerie, les paiements en espèces, l'absence fréquente de factures, les bizarreries des certificats de tatouage. Le professeur Paul M. plaide la misère de la recherche universitaire (un chien acheté légalement dans un élevage agréé coûte au moins trois fois plus cher) et s'étonne d'être le seul scientifique inculpé, alors que d'autres confrères se sont adressés aux mêmes fournisseurs. « Où sont mes confrères des autres laboratoires et des industries pharmaceutiques, pourtant tous clients de René P. ? Où sont les représentants des services vétérinaires qui m'ont indiqué son chenil ? » Surtout, le professeur Paul M. se présente comme un bienfaiteur de l'humanité. Avec des trémolos dans la voix, il jure qu'il est innocent. (Pourtant, je dispose du témoignage d'une de ses anciennes étudiantes déclarant avoir été invitée à fournir des chiens et des chats contre rémunération – 50 francs par chien, 30 francs par chat – dans les années 1963 à 1965.)

Si les peines réclamées par l'avocat général sont un peu plus sévères que celles requises lors du procès d'Agen, il n'en demeure pas moins que le professeur Paul M. bénéficie d'une sorte de clémence : quatre mois de prison avec sursis et l'amende divisée par deux. Le recel de vol est patent, explique le magistrat, mais il faut aussi s'intéresser au mobile. « Ce que cherche le professeur Paul M., ce n'est pas le fric, le profit, mais la bonne marche de son laboratoire pour réaliser des expériences indispensables. » Le procès des voleurs de chiens n'est décidément pas celui de la vivisection.

La cour rend son verdict le 14 octobre 1993. « Simple amende pour le professeur M. », titrent les journaux. En effet, 5 000 francs pour des milliers d'animaux torturés, ça n'est pas cher payé. L'énoncé du verdict laisse un goût amer aux associations de protection animale, d'autant qu'aucune d'entre elles n'a été reçue dans sa constitution de partie civile malgré les mauvais traitements envers les animaux qui ont été sanctionnés.

Les amendes infligées, particulièrement légères, nous apparaissent comme un encouragement à la récidive. En effet, des sommes allant de 1 000 à 30 000 francs peuvent-elles dissuader Richard M., René P., Raymond F., Robert C., Jean-Claude L. et les autres qui vendaient, pour certains, plus de 1 500 animaux par an ?

Pourtant, tous les éléments étaient rassemblés pour obtenir justice : des propriétaires de chiens volés qui pour la première fois ont été entendus, les médias mobilisés par la nouveauté de l'affaire, des gendarmes très motivés et qui ont fait un excellent travail, un juge d'instruction déterminé à faire toute la lumière sur ce trafic malgré les avertissements qu'il a pu recevoir... Cette lettre anonyme, par exemple, qui se termine par les mots suivants : « Bonne chance ! Après ça changez de nom, de profession et de pays. »

Mais même si ce jugement a pu sembler purement symbolique, il a eu le mérite de sortir la question du trafic des chiens de l'ombre et – timidement, certes – de le sanctionner.

Du bénévolat aux premiers pas dans la cellule anti-trafic

Trois mois se sont écoulés depuis mon retour de Tahiti lorsqu'en octobre 1987 la presse révèle les premiers éléments de la « dog connection ». Ma préoccupation est ailleurs. Nous venons enfin de trouver la maison où vivre avec les cinq chiens que Mary et moi avons ramenés : Gribouille, trouvée au fond d'une poubelle par Laura, la fille aînée de Mary ; Iti, qui devait être le repas de voisins polynésiens ; Bout'chou, petite croisée loulou, âgée et très abîmée par la vie, adoptée au refuge de Papara alors qu'elle était attachée, un collier étrangleur autour du cou (cette vieille chienne, qui était la chef de meute et tenait tête à des congénères dix fois plus gros lorsqu'elle vivait à l'état sauvage, reprit chez nous sa place de mère supérieure incontestée par notre petite troupe) ; Ginie, laissée à l'abandon par des popa'as qui ne s'en souciaient guère ; et enfin Foxie qui, comme son nom l'indique, ressemblait à un renard roux. Je l'avais récupérée à Puna'auia dans le lit d'une rivière presque à sec, blessée suite à une bagarre avec d'autres chiens errants. C'était deux mois avant notre départ et pendant tout ce temps, elle n'avait cessé de secouer le portail du jardin pour retourner à sa vie de misère. Aussi, la première fois que je l'ai promenée sans laisse dans les bois, en France, j'ai eu peur qu'elle se sauve vers l'inconnu.

Mon angoisse disparut à l'instant où elle revint vers moi après une course folle aux flancs de ses copains.

J'ai besoin de me reposer après cinq années durant lesquelles, chaque jour, j'ai tout fait pour venir en aide aux animaux de Tahiti qui, dans cette île dite paradisiaque, vivent l'abominable. Impossible d'échapper à toutes les formes de cruauté qu'ils subissent et dont je fus, trop souvent, le témoin impuissant. Par ricochet, moi aussi je reviens de l'enfer.

Ma trêve est de courte durée. J'habite à Raissac-d'Aude, un petit village cerné par les vignes, situé à une quinzaine de kilomètres de Narbonne, et je fais la connaissance de Sylvie Fabre, une jeune femme courageuse, dévouée, dynamique, qui préside l'antenne SPA locale. Elle a décidé de combattre les voleurs de chiens et le fait savoir par voie de presse. Dès la publication de l'article, elle est assaillie d'appels téléphoniques, courriers et témoignages de propriétaires à la recherche de leurs animaux disparus.

Nous sommes bénévoles. Sylvie a davantage de contraintes professionnelles que moi qui gère mon métier de marionnettiste à ma guise. De plus, elle a la charge d'un petit refuge qu'elle a créé et la gestion d'une quarantaine de chiens. Ensemble, nous tentons de remonter les filières et intervenons souvent dans les cas de maltraitance commise par des particuliers ou des chasseurs.

Pendant quatre ans d'enquête, nous parvenons à établir une première liste de voleurs de chiens dans le Languedoc-Roussillon et les différentes correspondances entre eux. Trente ans après, Sylvie est toujours là, toujours bénévole, toujours disponible pour les animaux auxquels elle a consacré sa vie. Le refuge de Lézignan-Corbières n'existe plus, mais Sylvie, responsable de la délégation SPA de l'Aude, réussit à faire adopter plus de 450 chiens et chats par an, sans bénéficier d'une structure d'accueil. J'ai une très grande admiration pour elle et notre amitié est intacte.

Michel G. est mon « premier trafiquant ». Son nom, ainsi que celui de Marie-Josée B., sa compagne, revient régulièrement dans les courriers que nous recevons. Ils cachent les animaux dans différents chenils, chez des membres de leur famille ou derrière leur propriété. Ils gèrent une pension canine et se prétendent également éleveurs de bergers allemands ainsi que de diverses races de chiens de chasse... sans avoir rempli les autorisations nécessaires pour cette activité. « Parc arboré, musique d'ambiance, box individuel, ouvert toute l'année... » En fait, les chiens sont détenus, là encore, dans des conditions désastreuses et les voisins nous signalent un va-et-vient intrigant de véhicules tard dans la soirée et parfois la nuit.

Le couple s'est doté d'une carte professionnelle barrée bleu, blanc, rouge attestant l'activité de fourrière, ce qui leur permet de ramasser les animaux qui se promènent dans les villages de la région. C'est évidemment un faux, mais aucune autorité compétente ne s'en émeut. Les témoignages que nous recueillons les désignent surtout comme des voleurs de chiens. Plusieurs plaintes ont été déposées contre eux, classées sans suite par manque de preuves. Il est évident que les animaux volés sont aussitôt récupérés par leurs complices que nous commençons à identifier. Ainsi,

Gabriel I., reconnu coupable du délit de vol lors du procès de Bordeaux, mais aussi des petits nouveaux : Éric B., dit « le Tahitien », Léonie D., Émile R., dit « Pépino », et Noël A., qui possède un refuge-mouroir près de Béziers. C'est un malin. Comment avoir une meilleure couverture pour se livrer au commerce illégal d'animaux, d'autant que son association est indépendante, et ne subit donc aucun contrôle ? Il se fait passer pour un véritable protecteur et personne ne l'a remis en cause jusqu'à présent. Plus tard, je déposerai plainte contre lui à plusieurs reprises, mais il échappera à la justice à chaque fois ou sera légèrement condamné vu ses relations avec une personne bien placée au tribunal. Cet individu est venu à mon domicile bien décidé à en découdre. J'étais absente et mon voisin a eu beaucoup de mal à le calmer. Mais ce n'est pas le seul. Michel G., petit homme malingre, m'a menacée de mort à deux reprises, et j'ignore le nom de l'admirateur qui m'a envoyé un cercueil par courrier. Je n'ai pas peur, mais je crains des actes agressifs envers mes chiens. Heureusement mes « ennemis » n'auront pas cette ultime lâcheté.

Je ne parviens toujours pas à oublier les animaux de Tahiti.

Depuis mon retour en métropole, je ne cesse de me battre pour que les autorités réagissent enfin. J'ai encore beaucoup d'illusions sur l'humanité des gens de pouvoir... J'avais payé Franck, un copain journaliste à Papeete, pour qu'il prenne des photos de combats de pitbulls, milieu impossible à pénétrer pour moi. Correspondant pour Imapress, il m'avait conseillé de contacter cette agence. Trois jours après mon retour, en juillet 1987, c'est chose faite. Mais dénoncer les horreurs exercées sur ce territoire français du bout du monde n'intéresse aucun média. Avant mon départ de Polynésie, Franck m'avait confié des diapositives témoignant de la mise à mort des chiens et de la façon de les cuisiner. Au mois de septembre, je les remets à Andrew Mack. Cette fois, l'agence de presse essaie de placer ce reportage (les images sont accompagnées d'un article rédigé par mes soins pour leur donner du sens) dans les journaux et magazines français et étrangers. Fin octobre, je note dans mon agenda : « Déprime souvent, Tahiti chagrin, l'automne magnifique. »

Après de nombreux appels téléphoniques à Imapress, j'apprends que seul le magazine *N° 2* du professeur Choron a acheté le reportage. Cinq pages décrivant « l'émincé de chien d'autoroute à la tahitienne », mettant en scène Jacques Martin et son fils donnant des conseils culinaires sous des images atroces d'un chien brûlé au chalumeau et dépecé. Cette lecture m'anéantit. Nous sommes en juin 1988, le soleil terrasse Narbonne, et mes larmes sont impossibles à stopper. Mais comme toujours, je refuse de capituler.

Christian, journaliste à *La Dépêche de Tahiti*, qui avait suivi mes spectacles de marionnettes et mes actions pour les animaux sur l'île, accepte de publier dans son intégralité, les 26 et 27 juillet, l'article écrit au mois de septembre de l'année précédente. Alors les journalistes en métropole se réveillent, et une multitude d'articles et de reportages révèlent enfin l'envers du décor polynésien. Cela ne changera rien, ou si peu, à la condition animale, mais l'image du prétendu paradis s'en trouve égratignée. D'autant que j'ai le soutien d'un très jeune homme, Éric Barnasson, créateur de l'association l'arche de Noé à Maizières-lès-Metz, qui exerce des pressions sans relâche sur les élus tahitiens.

C'est à Dixon Tehaamatai que j'ai confié la présidence du ROSA (rassemblement des opposants à la souffrance animale), association que j'avais créée pour pouvoir déposer des plaintes – car le sigle SPA avait été accaparé par deux « aventuriers ». Dixon est douanier à l'aéroport de FAAA et travaille avec son chien. Toute cette agitation aide la nouvelle équipe à se faire entendre. En 1986, grâce à mon entretien avec M. Talercio, juge d'instruction à Papeete, trois commissions rogatoires avaient été ouvertes contre les combats de chiens, la consommation de viande canine et le braconnage des tortues protégées par la convention de Washington. Je sais que Dixon suit l'évolution de ces dossiers. En août 1988, il m'envoie une cassette vidéo concernant un combat de pitbulls qu'il a réussi à se procurer. Au mois d'octobre, je le rejoins à Paris où il doit rencontrer le ministre de l'Outre-mer avec Jacqueline Faucher, présidente de la SPA. Dois-je préciser que cela n'a servi à rien, des hommes politiques considérant que la souffrance animale est un problème mineur, sans intérêt, voire inexistant ?

Brigitte Bardot n'abandonne pas. Plusieurs émissions intitulées « S.O.S. » sont diffusées sur TF1, chacune traitant d'un thème particulier. C'est ainsi que je participe à deux d'entre elles : « Animaux de boucherie » (3 janvier 1990) et « Combats d'animaux » (17 octobre 1990), au cours desquelles la Polynésie est largement évoquée. Puis « SOS Chiens et chats »

(17 juin 1991), où je peux dénoncer le vol et le trafic de ces animaux partout en France.

La vie de bénévole n'est pas de tout repos. J'avoue que j'étais vraiment découragée lorsqu'en septembre 1987 je me suis rendue à Paris pour rencontrer la directrice de la SPA. Cette dernière était absente, alors que j'avais préalablement pris rendez-vous, mais face à ma détermination à ne pas quitter les lieux sans trouver un interlocuteur, la secrétaire avait prévenu Jacqueline Faucher, récente présidente de l'association. Cette rencontre fut décisive. Jacqueline Faucher m'a écoutée pendant plusieurs heures, n'hésitant pas à rater le train qui devait la ramener dans les corons du Nord où elle habitait. J'ai découvert une femme sincèrement investie dans la protection animale et profondément humaine. Dans le dispensaire qu'elle avait créé à Liévin, où je suis allée quelques années plus tard, Jacqueline Faucher mettait discrètement à la disposition des personnes présentes des vêtements, dans une pièce adjacente. Ces gens du Nord, très nombreux dans la salle d'attente, tous d'apparence vraiment modeste, parlaient de leurs animaux avec des mots tendres et simples, des mots jaillissant du cœur.

Je n'étais plus seule. Réconfortée par son soutien, j'ai mis toute mon énergie et ma révolte au service des animaux pendant quatre ans, négligeant mon métier et écorchant au passage ma vie privée et mes finances. Quatre ans, soit 1 460 jours durant lesquels j'ai consacré les deux tiers de mon temps à la protection animale. Des actions entreprises seule ou avec Sylvie Fabre, encouragée par la SPA.

Quelques-unes m'ont particulièrement marquée, comme cette annonce codée : « Vend american pitbulls, père US champion », publiée dans le *Top Hebdo* de l'Aude en mars 1989, laissant présager que le pire s'annonçait. Après une longue enquête, il s'est avéré que l'homme qui détenait ces chiens dans l'Hérault était en relation avec les cinq individus qui avaient introduit les combats en France. Cette année-là, au mois de mai, j'ai aussi participé au commando « l'arche de Noé » qui a délivré plus de cent animaux des griffes des vivisecteurs de l'INSERM, à Bron, dans la banlieue lyonnaise.

Je me souviens également de mes entretiens avec des magistrats de Narbonne et de Béziers afin de les sensibiliser au trafic des chiens, ainsi qu'avec de nombreux médias à la recherche d'informations sur ce sujet. Mais surtout, je n'ai pas oublié mes premières confrontations avec les fonctionnaires des services vétérinaires chargés de contrôler les élevages... ni mon écœurement devant leur absence de motivation, voire leur inertie.

À la demande de Jacqueline Faucher, je postule pour devenir administratrice de la SPA. Élue, je participe durant toute une année aux conseils d'administration, parfois agités, mais toujours motivés par la protection animale, sous l'impulsion de la présidente qui a créé les dispensaires animaliers, un service d'ambulances et, le 1er janvier 1992, la cellule anti-trafic, en m'engageant comme salariée. Deux mois plus tôt, j'ai donné mon dernier spectacle, « Bip, le nuage », à Félines-Minervois, et abandonné mon métier de marionnettiste que j'aimais tant.

Adieu Fifi la souris qui, grâce à la complicité des enfants, échappait à l'embuscade tendue par un vivisecteur. Adieu Bip, le poisson rouge, prisonnier désespéré dans son bocal, qui parvenait à réaliser son rêve : vivre dans un nuage. « Le petit chapeloup bleu », « Mihimana », « L'enfant coco de Tahiti », « Demain la terre », « Le paradis, c'est tout droit », « Zig et Zag » … Adieu Zag, incontestable vedette de différents spectacles, qui a participé à plus de 5 000 représentations. Ce petit chien insolent, drôle et si tendre, était l'ami de mon jeune public. Il est souvent arrivé, à la fin du spectacle, qu'un enfant vienne derrière le castelet pour lui parler. Je manipulais alors la marionnette à vue, mais l'enfant m'ignorait. Il confiait à Zag ses chagrins et, parfois, un très lourd secret.

Chargée de mission, je dois me rendre d'urgence dans les refuges du sud de la France, où des problèmes ont été signalés, puis adresser un rapport aux services du siège social. Cela ne m'enchante guère, d'autant qu'il s'agit, le plus souvent, de conflits entre personnes. J'écoute attentivement les parties adverses, mais il m'est difficile de me faire une juste opinion, car je ne suis pas armée devant d'éventuels menteurs ou manipulateurs. De plus, je découvre des lieux vétustes d'où, malgré le dévouement des bénévoles et des salariés, se dégage une infinie tristesse. Je supporte difficilement les conditions de détention des animaux, prisonniers innocents, enfermés parce qu'abandonnés, maltraités, voire martyrisés. C'est vrai qu'ils sont nourris, soignés, parfois caressés, parfois promenés, mais que dire de ces aboiements, de ces petits museaux qui se tendent vers nous, de ces appels muets écrits dans leur regard… et surtout des résignés, recroquevillés au fond du box, qui n'attendent plus rien ?

Je ne sais pas encore qu'ils sont bien mieux dans les refuges que dans les élevages sordides que je découvrirai plus tard. Mais je réalise que les tâches quotidiennes des salariés sont très éprouvantes pour ceux qui sont sensibles à la souffrance animale. Ils doivent prendre du recul pour être efficaces tout en gardant intact leur dévouement. Ce sont des personnes admirables, qui mériteraient un meilleur salaire. Je ne comprends toujours pas pourquoi ceux qui travaillent dans un bureau ont des paies bien supérieures aux gens de terrain.

J'ai aménagé mon lieu de travail dans le grenier de ma maison à Raissac-d'Aude. La SPA a mis une ligne téléphonique à ma disposition et je reçois, à plusieurs reprises, la visite de Mme Faucher venue contrôler et encourager mes actions. Je lui fais part de ma volonté de lutter contre la maltraitance et le trafic des animaux de compagnie. J'ai déjà établi 72 dossiers les années précédentes, mettant en cause des voleurs de chiens, et je souhaite poursuivre mes investigations, d'autant que j'ai régulièrement des propriétaires désespérés au bout du fil.

En cette première année, je suis souvent loin de chez moi. Au mois de mai, je retourne à Tahiti où une filiale polynésienne de la SPA succédant au ROSA a vu le jour. J'ai beaucoup d'espoir en arrivant à l'aéroport de FAAA, et je pense que les autorités de l'île vont collaborer à notre campagne de stérilisation des animaux errants, chats et chiens. Malgré ma détermination, je comprends très vite que les engagements des autochtones resteront à l'état de promesses. Seuls les vétérinaires proposent de véritables solutions, mais sans appui technique, elles ne peuvent se concrétiser. Une fois de trop, je me heurte à un mur d'inertie et de laxisme. Pendant le voyage du retour, l'hôtesse de l'air est inquiète, car je suis inconsolable.

J'interviens aussi dans des cirques minables que je croise lors de mes déplacements. Là encore, sans succès. Au mois d'août, avec la complicité d'amis comédiens, les arènes installées par le club taurin de Lézignan-Corbières sont démontées dans la nuit. L'Aude n'a pas de tradition de corrida, et il est hors de question d'inaugurer ce spectacle barbare.

Je prends également l'initiative, en septembre, d'écrire à tous les députés, préfets et services vétérinaires afin de les sensibiliser au problème récurrent de la surpopulation féline et canine. Presque tous les députés me répondent, encourageant notre travail, comprenant nos difficultés, mais aucun ne nous vient vraiment en aide. Quant aux directions départementales des services vétérinaires… Bref, une déception de plus. Je comprends alors que seuls les médias peuvent nous aider à faire sortir ce trafic de l'ombre, et je décide de répondre à leurs nombreuses sollicitations. Je suis sur tous les fronts, et j'ai conscience de me disperser.

Enfin, lors du conseil d'administration du 22 janvier 1993, la cellule anti-trafic de la SPA devient officielle. Elle doit son nom à un administrateur, colonel de gendarmerie à la retraite, qui la baptise dans un premier temps « cellule trafic ». J'en suis la responsable. Un peu plus tard, j'ajouterai « anti ». Anti-trafic.

Lorsque je quitterai mon poste le 31 décembre 2014, environ 6 000 dossiers seront répertoriés dans nos bureaux de Vichy. Voici ceux, les plus divers et les plus marquants, que je tenais à partager avec vous.

L'HÔPITAL DES QUINZE-VINGT

La nuit est tombée sur Paris ce mardi 16 novembre 1993 quand nous pénétrons, le plus discrètement possible, dans l'enceinte de l'hôpital. Je suis accompagnée par deux collègues du service des enquêtes de la SPA, une journaliste de *VSD,* Xavier Pasquini de *Charlie Hebdo,* et Catie Brulfer, engagée depuis le 1er juin à la cellule anti-trafic. Elle m'aidait déjà bénévolement depuis le début de l'année. Rigoureuse, investie, j'aime surtout sa grande douceur envers les animaux.

Nous ne passons pas par la porte principale, car il y a un concierge qui ouvre, ou non, la grille. Notre informateur nous a donné le code qui nous permet d'entrer par la rue Moreau. Il est soignant à l'hôpital et a pris contact avec nous dans le courant de l'été, révolté par les agissements de plusieurs vivisecteurs qui se livrent à des expériences sur des macaques.

Après plusieurs échanges téléphoniques, je l'ai rencontré le 16 août. Claude est persuadé que ces expérimentations ne sont pas légales. Les informations qu'il me livre sont stupéfiantes, mais crédibles. D'ailleurs, Claude est un homme calme, précis et déterminé. Notre aide lui est indispensable : il ne peut rien seul et risque, s'il manifeste son désaccord, d'être licencié. Le 30 octobre nous nous rencontrons à nouveau pour mettre au point notre intervention. Entre-temps, Claude m'a envoyé des éléments qui attestent de la véracité de ses dires.

Tout a commencé en mars 1992, lorsque le docteur G., du CNRS, et le docteur B., de l'INSERM, ont déclaré au cours d'une réunion à laquelle assistait Claude qu'elles n'avaient pas le temps d'attendre l'autorisation ministérielle pour commencer l'expérimentation « Myemac ». Chaque animal sera affublé d'un prénom. Sophie, le premier singe, est un animal de capture en provenance de la maternité Baudelocque, l'animalerie de l'assistance publique de l'hôpital Cochin. Cette femelle, qui a servi de reproductrice, a subi un examen IRM de la moelle et du crâne le 13 juin 1992. Un technicien animalier et un vétérinaire chargé d'anesthésier l'animal étaient présents.

Les singes qui suivent proviennent de l'INRA où ils ont été élevés. Leur anesthésie a été proposée au docteur G., qui officie auprès des patients de l'hôpital des Quinze-Vingts. Ce dernier a refusé. Le Dr François L., qui se prétend primatologue qualifié, anesthésie donc lui-même les macaques alors que, légalement, seul un vétérinaire peut accomplir cet acte. Pour ce faire, il écrase les singes dans une cage à double paroi. Les expériences se déroulent dans les locaux du docteur C., chef de service, qui les prête moyennant finances : 50 000 francs (7 622 euros) pour environ huit passages. C'est la seule salle de préparation pour les humains, et comme il est arrivé que l'expérience dure plus de deux heures, des patients étonnés se sont trouvés nez à nez avec les singes... C'est la femme du docteur C., le docteur I., qui s'occupe de l'appareil IRM.

En résumé, les animaux proviennent de l'INRA et sont expérimentés dans l'hôpital des Quinze-Vingts sur un appareil IRM destiné aux humains. La responsable scientifique appartient au CNRS et le responsable de l'expérimentation animale, François L., travaille à l'INSERM. Cela ressemble fort à des petits arrangements entre amis. Le hic, c'est que cette fine équipe n'a pas l'autorisation ministérielle concernant le lieu où se déroulent les faits. François L. le sait parfaitement, puisqu'il apporte dans son véhicule personnel, dissimulés dans une boîte de transport, un ou deux macaques chaque samedi matin, ou parfois le mardi soir. Cependant, malgré cette volonté de discrétion, François L. est très loquace quand il s'agit de « ses » singes, qu'il dit beaucoup aimer. Il explique à mon informateur, qui fait semblant de s'intéresser aux travaux de l'illustre scientifique, que malgré l'interdiction, les macaques ont déjà subi des expériences de l'appareil reproducteur, sur les ovaires et les testicules, à l'INRA. Puis une stérilisation de convenance, officielle cette fois, est effectuée sous prétexte d'éviter des bagarres entre les animaux détenus dans des cages rapprochées… masquant ainsi soigneusement au ministère les expériences précédentes. Je doute fort que le ministère aurait réagi en faveur des animaux, malgré la directive du conseil des communautés européennes n° 86/609/CEE du 24 novembre 1986, articles 2, 10, 14 et 22. L'expérimentation animale demeurant un sujet très sensible, il ne faut surtout pas contrarier les chercheurs.

Les singes, en majorité des femelles, trépanés pour la plupart, sont tués après les expérimentations – par leurs bourreaux pour les uns, par les bienfaiteurs de l'humanité pour les autres. Toujours est-il que les animaux demeurent les éternelles victimes.

Sophie, un passage IRM, examen de la moelle et de la tête le 13 juin 1992 : « sacrifiée » ; Marie-Luce, un passage IRM, examen de la tête le 3 octobre 1992 : « sacrifiée » ; Géraldine, un passage IRM, examen de la moelle et la tête le 3 octobre 1992 : « sacrifiée » ; Raïssa, six passages IRM, examen de la tête, en novembre et décembre 1992, puis en janvier 1993 : « sacrifiée » ; Gisèle, un passage IRM, examen de la tête le 21 novembre 1992 : « sacrifiée » ; Thérèse, quatre passages IRM, examen de la tête en mars 1993 : « sacrifiée » ; Germaine, sept passages IRM, en mai, juin et juillet 1993 : « sacrifiée » ; Romaine, quatre passages IRM, en juin et juillet 1993 : « sacrifiée » ; puis ont suivi Chico, un mâle, et Gaétane.

Les cadavres retournent à l'INRA, où les autopsies sont pratiquées par François L. Chaque cadavre devrait pourtant être contrôlé par des fonctionnaires du ministère de l'Agriculture.

Le 13 octobre 1993, je reçois un appel téléphonique de Claude m'informant qu'il n'y a plus de singes pour le moment : ce sont des rats en provenance d'Allemagne que l'équipe veut expérimenter. Elle souhaite embaucher monsieur T., qui appartient au service hospitalier de la Salpêtrière. François L. et ses comparses semblent inquiets. Ils ont demandé au CNRS d'agréer l'hôpital des Quinze-Vingts comme centre d'expérimentation. Pourtant, dix-sept jours après, j'apprends que les expériences sur les singes ont repris tous les mardis entre 19 et 21 heures.

Il commence à faire vraiment froid ce mardi soir. Depuis plus de trois heures, cachés derrière des piliers, nous guettons l'arrivée de la voiture de François L., une Renault Clio rouge dans laquelle le macaque transporté se nomme Brigitte. D'après Claude, François L. est de taille moyenne, rondouillard, barbu, il a les yeux très bleus et est âgé d'environ trente-cinq ans. Extrêmement méfiant, il arrive d'abord à pied pour vérifier qu'il n'y a personne et va ensuite chercher son véhicule. L'homme qui soudain s'avance vers nous ne correspond pas au signalement donné par Claude et met fin à notre attente. Je lui explique les raisons de notre présence et monsieur R., directeur de l'hôpital, nous demande de le suivre dans son bureau. J'apprendrai plus tard qu'il a été prévenu par les renseignements généraux, mais je ne saurai jamais qui les a contactés.

Après avoir exigé la présentation de nos cartes professionnelles, un dialogue ferme mais courtois s'instaure entre le directeur et moi. Devant la presse, il tente à chaque nouvel argument de m'amener sur le terrain de l'éthique, l'expérimentation animale étant d'après lui un mal nécessaire, mais je reste obstinément sur celui de la légalité, un mal nécessaire qui, pratiqué en ce lieu, est un délit. Monsieur R. n'est manifestement pas au courant de tout ce qui se passe dans son établissement. Il est près de minuit lorsque nous quittons l'hôpital des Quinze-Vingts, fatigués et déçus.

Le lendemain, François L. me téléphone au siège de la SPA. Il me dit avoir été prévenu de notre enquête par le docteur I., qu'il souhaite me rencontrer, m'affirme que ces expérimentations n'ont été effectuées nulle part ailleurs, et explique qu'il n'en veut pas à la SPA qui est dans son rôle… Deux jours plus tard, il fait parvenir par fax à la directrice de la SPA son autorisation d'expérimenter sur les primates accompagnée d'un texte qui se termine ainsi : « Merci d'avance de l'attention que vous voudrez bien porter à ce difficile problème dont j'espère qu'il se conclura au mieux au bénéfice tant de ces animaux qui nous aident, bien involontairement, que des malades qui comptent sur nous. »

Je décide d'écrire le 19 novembre au ministère de l'Agriculture, bureau de la protection animale. La réponse à mon courrier me parvient cinq jours après : Mme Monique Eloit, vétérinaire inspecteur en chef, me confirme que l'hôpital des Quinze-Vingts n'a aucune autorisation pour l'expérimentation animale. L'année dernière, la veille de mon départ pour Tahiti, j'avais remis à Mme Eloit les noms et les coordonnées d'une dizaine d'éleveurs de pitbulls destinés aux combats de chiens... En vain, aucun contrôle n'a été fait par ses services.

Le 23 novembre, Claude m'informe que le docteur I. s'est empressée de dissimuler tous les dossiers relatifs au passage des primates sur l'appareil IRM...

Révoltée par l'indifférence des pouvoirs publics au sort réservé aux animaux, Jacqueline Faucher, présidente de la SPA, ne se laisse pas amadouer par les tentatives de François L. et dépose plainte. La caution de 30 000 francs réclamée par le juge d'instruction, et particulièrement élevée pour ce genre d'affaire, révèle le parti pris de la Justice. En décembre 1995, l'avocat de la SPA interjette appel de la décision au classement de non-lieu. C'est au printemps 1996, devant la chambre d'accusation de la cour d'appel de Paris, que le non-lieu est confirmé.

Cependant, la cellule anti-trafic a lancé un pavé dans la mare. D'abord, l'article de *VSD* publié le 27 janvier

1994 et écrit par Christine D'Hauthuille, la journaliste qui nous accompagnait, a fortement contrarié ce petit monde si sûr de lui et tellement arrogant.

Puis c'est ce chercheur du CNRS qui, excédé par les agissements de ses collègues, félicite la SPA et nous fait parvenir la note de mise en garde à l'attention des directeurs d'unité, en date du 15 février 1994. Elle est signée Pierre Tambourin, qui est à la vivisection ce que Simon Casas est, à cette époque, à la corrida : un acharné.

Fin décembre 1993, après une visite de la direction régionale des affaires sanitaires et sociales aux Quinze-Vingts, le verdict tombe : interdiction, pour raison d'hygiène, de continuer l'expérimentation sur les macaques.

L'INSERM est un institut d'État : je vous laisse imaginer ce qui peut se passer dans des laboratoires privés...

L'ÉNIGMATIQUE MONSIEUR V.

L'air est glacial en ce petit matin ce 8 décembre 1994. Nous sommes quatre devant la gendarmerie de Florensac, dans l'Hérault, à attendre les autorités : Christine D'Hauthuille et Rémy Revellin, respectivement journaliste et cameraman, qui effectuent un reportage sur le trafic des chiens pour l'émission « Envoyé spécial », ma collègue Catie Brulfer et moi-même. À l'heure du rendez-vous, 8 heures précises, les gendarmes arrivent, suivis de leur commandant de brigade, l'adjudant P. Puis c'est au tour de M. Baudouin, substitut du procureur de Béziers, accompagné du directeur et des techniciens de la DDSV (direction départementale des services vétérinaires) et de Mlle Naud, qui appartient à la brigade nationale d'enquêtes vétérinaires et phytosanitaires, venue de Paris. Alors que je m'approche pour la saluer, elle passe devant moi, hautaine. Pourtant, nous nous connaissons. Je l'ai rencontrée avec mon collègue du service des enquêtes SPA l'an dernier, en octobre, dans son bureau à Nogent-sur-Marne. À la fin de notre entretien, elle m'avait demandé de lui adresser tous les dossiers importants en ma possession. Mais son attitude et l'ambiguïté de ses propos ne m'avaient pas convaincue et je n'avais pas donné suite.

Malgré le froid et le vent qui gifle nos visages, nous ne sommes pas invités à pénétrer dans les locaux. Peu importe, je vais enfin accéder aux chenils de l'énigmatique « Monsieur V. ». Un nom, un prénom, un pseudonyme... Depuis que je m'intéresse aux vols de chiens pour les laboratoires, j'ai souvent entendu parler d'un petit notable qui aurait 200 chiens cachés derrière de grands murs, des chasses privées où des prostituées seraient le réconfort des valeureux tartarins... bref ! une rumeur, mais rien de concret. Bien plus tard je découvrirai en lisant le dossier d'instruction de la « dog connection » dans le cabinet de l'avocat de la SPA que Denis V. avait été entendu par le juge Jean-François Daux. C'est ainsi que le 8 février 1989, il déclarait au magistrat qu'il avait donné dix à quinze à chiens à Robert C., ces chiens étant soit malades, soit inaptes à la chasse. Denis V., comme tant d'autres, est passé à travers les mailles du filet.

Les témoignages jusqu'à présent extrêmement flous, voire fantaisistes, sont devenus beaucoup plus crédibles grâce à leurs recoupements qui nous ont conduits jusqu'à Denis V.

Maintenant, nous sommes trois à la cellule anti-trafic, Dominique Nottelle assurant le secrétariat depuis début octobre. Dans notre premier local situé au centre de Narbonne, une ancienne école de danse, nous avons installé nos bureaux et les dossiers qui remplissent chaque jour un peu plus les étagères. L'endroit n'est pas vraiment luxueux, mais sur le mur, les photos de nos petits protégés sauvés de la maltraitance nous encouragent à persévérer malgré les difficultés et l'ampleur de la tâche. La cellule anti-trafic est très vite devenue le service phare de la SPA, par son implication, mais surtout par l'intérêt que lui portent les médias – très peu concernés par les animaux dans les refuges en attente d'une autre vie. Sans l'aide des journalistes, le trafic des chiens ne serait jamais sorti de l'ombre.

Il y a un an jour pour jour, j'écrivais au substitut du procureur de la République de Béziers. Et le 16 janvier 1994, je pus enfin déposer plainte contre Denis V. En février, la DSV effectua un contrôle dans ses chenils : 107 chiens adultes dont seulement 55 tatoués. Sur le registre entrée-sortie obligatoire dans les élevages, seulement 21 chiens d'inscrits... et beaucoup d'animaux avec des doubles tatouages. L'éleveur reçut ensuite une mise en demeure de se mettre aux normes... Le 26 mai, les gendarmes, sur l'ordre du parquet, saisirent 13 chiens venant de chez Denis V. à l'institut de médecine de Montpellier. Les animaux, terrorisés à l'approche des humains, furent conduits au refuge SPA de Vallérargues. Ces chiens connaîtront les honneurs du petit écran le 5 mai 1995 lors de l'émission animée par Tina Kieffer, « J'y crois, j'y crois pas ». Malheureusement, aucun propriétaire de ces animaux présumés volés ne se manifestera.

L'attente est interminable ce matin de décembre. Nous tapons des pieds sur le sol gelé et frappons énergiquement dans nos mains sans parvenir à nous réchauffer. Je sens la colère monter en moi. Que se trame-t-il derrière les portes de la gendarmerie ? L'adjudant P. va-t-il convaincre le substitut en banalisant les faits ? Je l'ai rencontré plusieurs fois pour lui remettre les éléments concernant l'affaire et l'ai toujours senti réticent. Je lui ai même offert le Larousse des races de chiens, car ce chasseur disait ne pas savoir les identifier. Je suis persuadée qu'il connaît bien Denis V.

Enfin nous remontons dans le véhicule et suivons celui des autorités. Les chenils se trouvent sur le même terrain que la maison d'habitation à la sortie de Pinet.

Nous avions auparavant repéré les lieux visibles de loin sur le pont qui enjambe l'autoroute. Cette fois encore, on nous demande de rester à l'extérieur. Nous patientons sur un chemin de campagne qui mène dans les vignes. Couché devant le portail, un épagneul breton est blessé à la patte. Je le caresse et constate qu'il n'est pas tatoué. Un viticulteur passant régulièrement sur le chemin nous apprend que les enclos devant la maison, où étaient parqués les chiens destinés aux laboratoires, sont vides depuis deux mois. Denis V. s'attendait-il à un nouveau contrôle ? A-t-il été prévenu ? Il est placé avec son fils en garde à vue par les gendarmes. Aucune saisie des animaux n'est effectuée ce 8 décembre 1994.

La lecture du dossier d'instruction révélera plus tard que 164 chiens étaient présents, que 78 seulement, tous adultes, avaient un tatouage, étranger pour l'un et illisibles pour six d'entre eux. Parmi les 85 animaux non identifiés, trois se trouvaient au domicile, un était décédé, et les deux tiers étaient des chiots âgés de deux mois à un an. Seul un chien très craintif n'a pu être contrôlé.

Non content de vendre les animaux 800 francs aux laboratoires, Denis V. permettait à Rhône-Mérieux de faire des essais cliniques sur les chiens de l'élevage, moyennant finance… évidemment. Tatoueur agréé de la Société centrale canine (SCC) depuis dix ans il pouvait sans problème falsifier les cartes de tatouage et aurait continué ainsi sans notre dépôt de plainte.

J'ai écrit à plusieurs reprises au directeur de la SCC, Hervé Thomas. Ce dernier expliquera à un journaliste de *La Dépêche Grand Sud*, le 25 octobre 1999, que c'est le ministère de l'Agriculture qui délivre les habilitations d'agrément des tatoueurs et que la SCC avait demandé au ministère, dès décembre 1994, de suspendre en urgence Denis V. de sa fonction de tatoueur, par une mesure conservatoire. En juillet 1995, le conseil de discipline de la SCC le sanctionne sévèrement et le 13 février 1996, le conseil disciplinaire du ministère de l'Agriculture prononce le retrait définitif de son habilitation à la fonction de tatoueur. Il aura fallu deux ans après le contrôle de la DDSV pour prendre une décision ! La Justice ne sera pas plus rapide, puisque le procès a lieu le… 16 octobre 1998, au tribunal correctionnel de Béziers.

Ce jour-là, l'attitude désinvolte et arrogante de Denis V. semble agacer le tribunal. Le procureur requiert 15 000 francs d'amende et déclare la non-recevabilité des associations présentes qui se sont constituées partie civile. Des propriétaires de chiens volés se trouvent aussi dans la salle et réagissent lorsque Denis V. se présente en victime, prétendant être l'objet d'une véritable cabale depuis quatre ans. Au cours de l'audience, nous apprenons que l'école nationale vétérinaire de Nantes achetait aussi des chiens à Denis V.

Le délibéré est fixé au 30 octobre. Que va décider la Justice ?

Après s'être renseigné auprès des enquêteurs de la gendarmerie locale, un journaliste de *Vos chiens magazine* écrivait en mai 1995 : « Dans l'Hérault, un chenil d'élevage de chiens de chasse s'est avéré être un centre de transit de chiens volés, pourvoyeur de laboratoires. Le responsable de ce chenil a été mis en examen pour "faux et usage, recel et falsification de documents". Rien que ça… De toute façon moins de 400 infractions ont été relevées. Le trafic présumé porterait sur 350 chiens, vendus à des laboratoires sous de faux tatouages. Prétextant la perte de plusieurs dizaines de cartes d'immatriculation auprès de la centrale canine, celle-ci lui délivre des duplicata grâce auxquels notre habile blanchisseur de chiens commercialisait d'autres animaux. Les enquêteurs ont en outre relevé des falsifications sur les renseignements décrivant les chiens : couleur, sexe, âge. Tous les renseignements fournis par la cellule anti-trafic de la SPA se sont avérés exacts. »

Le verdict tombe : Denis V. est condamné à payer 15 000 francs pour falsification de documents administratifs, 5 000 francs pour non tenue de registre, 3 500 francs (article 475-1) pour la SPA, la fondation 30 millions d'amis et la confédération des SPA, 1 500 francs pour l'université de Montpellier qui a eu l'audace de se constituer partie civile. Je comprends pourquoi la Société centrale canine s'est tenue à l'écart du procès : les 13 et 14 février 1999, elle a organisé la coupe de France du griffon vendéen chez… Denis V.

L'avocat de « l'éleveur » contestant les décisions des magistrats interjette appel. Un nouveau procès se tient donc à Montpellier le 9 décembre 1999. Le délibéré est rendu début janvier 2000, soit six ans après notre dépôt de plainte ! Le couperet tombe alors sur la tête de Denis V. Les juges se montrent plus sévères qu'en première instance, d'autant que le prévenu a été contraint d'avouer qu'il retirait de substantiels revenus de son activité et qu'il avait à nouveau obtenu l'accord du ministère de l'Agriculture pour être tatoueur agrée et pour fournir des animaux aux laboratoires. Cette fois,

Denis V. doit payer une amende de 50 000 francs et 800 francs de frais de procédure, les parties civiles recevables bénéficiant de 4 500 francs chacune.

Grâce à notre excellente avocate, Maître Annie Maurand-Ciani du barreau de Béziers, la SPA obtient une nouvelle jurisprudence.

Frédéric G. vs Frédéric G.

« L'évasion d'un soir ». Ce n'est pas le nom d'un envoûtant parfum, mais celui d'un élevage sordide. Installé dans la Sarthe, Frédéric G. propose à la vente toutes les races de chiens aux particuliers et aux laboratoires d'expérimentation animale. Nous sommes alertées en avril 1994 par un docteur en pharmacie (travaillant dans un laboratoire qui n'utilise pas d'animaux) qui nous fait parvenir copie d'un courrier « publicitaire » qu'il a reçu et qui l'a particulièrement outré, la missive étant accompagnée des tarifs du « stock disponible ». Les chiens proposés sont âgés de huit mois à sept ans, de diverses races, mâles et femelles, et le prix, à débattre, varie entre 1 500 et 3 000 francs suivant le poids de l'animal. L'éleveur précise qu'ils sont sociables et peuvent être manipulés sans problème, que les chiens tout-venant et bâtards sont de très bonne qualité. Il peut même produire des races spécifiques aux besoins des vivisecteurs. J'apprends alors par Sylvain, mon collègue responsable du service des enquêtes de la SPA, que Frédéric G. est pourvoyeur agréé par le ministère de l'Agriculture. Il dépasse néanmoins de 35 chiens le quota de reproducteurs autorisé. Toujours d'après mon collègue, la DSV serait déjà intervenue avec les gendarmes et aurait relevé plusieurs infractions...

Au cours d'une conversation avec Milly Shär-Manzoli, fondatrice et présidente de l'association suisse Orizzonti, qui lutte contre la vivisection, j'évoque, entre autres, les activités de l'éleveur. En décembre 1994, Milly Shär-Manzoli publie dans la revue de l'association les résultats de son enquête : « Frédéric G., propriétaire d'un élevage d'animaux dans le nord-ouest de la France, parlait tranquillement au téléphone avec Milly Shär-Manzoli sans suspecter même de loin avec qui il parlait. Au contraire... Il était convaincu de traiter la vente d'un stock de chiens et de chats pour un laboratoire de physiologie d'Arbedo, tout à fait inexistant, mais qu'il croyait réel. Nous avions communiqué à Frédéric G. notre vrai nom, notre adresse exacte et nos authentiques numéros de fax et de téléphone afin de pouvoir avoir une correspondance et obtenir des preuves écrites. Mais nous nous étions tus sur un petit détail : qu'à Arbedo il n'existe pas de laboratoire et qu'il s'agissait du siège de l'antivivisection. Frédéric G. et les autres n'ont pas fait de contrôles. Ainsi ils nous ont permis de récolter des informations actuelles sur l'un des commerces les plus sinistres liés à la vivisection : les élevages d'animaux. [...] Dans une offre il précise qu'il se permet de proposer ses services en temps qu'éleveur et fournisseur d'animaux destinés à l'expérimentation. Il vend également des chats européens et croisés. Les animaux sont munis d'un certificat médical de bonne santé signé par un vétérinaire. Une déclaration des services vétérinaires de la Sarthe témoignant qu'il s'agit d'un établissement agréé est aussi portée à la connaissance des clients. Notre enquête s'est déroulée au mois de juin 1994 suite à des appels de collègues français. [...] L'un des buts principaux était de prouver que l'envoi aux laboratoires de chiens dévocalisés est un fait commun. Ainsi, après avoir acquis la confiance de Frédéric G., nous lui avons fait notre requête : le chercheur intéressé (un certain docteur M. Shär, qui, nous avons eu soin de préciser, était ces jours-là aux USA pour un congrès) avait besoin de chiens avec les cordes vocales coupées. Était-ce possible ? Frédéric G. ne s'est pas fait répéter deux fois la demande ; deux heures après il nous envoyait un fax où est écrit textuellement : "Au sujet des chiens leur dévocalisation sera faite par le docteur T. […]. D'après ce dernier, le coût de l'opération unitaire sera de 850,00 FF hors taxes." (Fax du 16/06/1994). Le même fax contient aussi l'offre concernant les chats. Avant tout la confirmation qu'un stock de chats d'âge maximal de 2-3 ans est à disposition, puis le prix : 4.600 FF par animal, hors taxes, en plus des frais de livraison. Mais Frédéric G. avait soin d'ajouter : "Il est bien évident que le prix de ces chiens et de ces chats est négociable selon la quantité désirée ainsi que le marché à tenir."

Dans un fax précédent (14 juin), Frédéric G. avait plus que doublé le prix des chiens, si on compare son offre avec les prix d'un de ses catalogues que nous avions reçu par d'autres sources. Selon ce catalogue, le prix des chiens bâtards (tels que nous les avions demandés) et des bergers va de 1 500 à 2 200 francs français le chien. Plus chers sont les beagles (2.500-3.000 FF) et les épagneuls bretons (1.800-2.800). Très probablement Frédéric G. avait cru renifler de bonnes affaires avec la Suisse et il avait donc haussé les prix à 4.600 FF pour chaque chien, de même pour les chats.

C'était une réponse que nous lui avions donnée qui l'avait tranquillisé sur nos intentions. Il nous avait demandé pourquoi nous nous adressions à la France et non à un élevage suisse. On lui avait répondu que, d'habitude, les Suisses importent les chiens dévocalisés de l'étranger et que la dévocalisation était très importante : les chiens crient sous les expériences, le voisinage se plaint, on a eu des protestations... et puis certaines ligues contre la vivisection font des bagarres ! Frédéric G. avait démontré toute sa compréhension. Il avait dit que "la dévocalisation ne soulève aucun problème, tandis que d'autres opérations peuvent être faites uniquement une quinzaine de jours avant la livraison afin que l'animal se remette sur pied pour le transport".

Ce n'était rien de nouveau. Au début des années quatre-vingt nous avions fait une autre enquête sur les élevages et d'autres durant les années qui suivirent. Nous sommes au courant que, selon la demande du client, tous les animaux élevés dans des buts expérimentaux peuvent être livrés déjà opérés (trachéotomie, excision des reins, de la rate, des glandes surrénales et aussi, dans certains cas aveuglés, comme le révèlent des documents). »

Quelques mois plus tard, je suis contactée pour participer à un reportage sur les chiens volés pour les laboratoires. Je rencontre alors deux journalistes, Géraldine L. et Frédéric G., pure coïncidence. Nous leur donnons les renseignements que nous avons obtenus concernant les activités troubles de plusieurs individus. C'est ainsi qu'en avril 1995, l'éleveur reçoit un appel téléphonique de la secrétaire du professeur Houdeber des laboratoires Rond Rover. Son patron, d'origine néerlandaise, précise-t-elle, de passage en Sarthe, souhaite le rencontrer car il compte obtenir un certain nombre de chiens. En fait, il doit installer prochainement ses infrastructures en région parisienne, et il lui faut une centaine d'animaux pour débuter ses travaux. Un rendez-vous est fixé au mercredi 26 avril 1995.

Vers 15 heures, ce jour-là, un véhicule aux vitres teintées, immatriculé dans les Hauts-de-Seine, se gare devant la maison de Frédéric G., qui accueille ces deux visiteurs. Il s'agit en fait de Frédéric G., le journaliste, qui se fait passer pour professeur Houdeber, accompagné d'un collègue (qui a dissimulé une caméra dans un sac tenu en bandoulière). Après avoir visité le chenil, les trois hommes s'installent autour d'un café offert par l'éleveur qui, alléché par la possibilité d'un marché lucratif, se montre très aimable. Le faux professeur lui explique que son laboratoire est en cours d'agrément et qu'il veut faire habiliter un nouveau médicament déjà vendu à l'étranger. Pour respecter la réglementation, il doit effectuer d'autres tests dans un délai assez court afin de pouvoir commercialiser le produit en France. C'est pour cette raison qu'il a rapidement besoin d'un nombre important d'animaux. Quand le « scientifique » aborde le problème de la dévocalisation des chiens, Frédéric G. lui propose de téléphoner immédiatement au docteur T., son vétérinaire. Il explique au praticien que le professeur Houdeber vient de lui passer commande de 100 chiens et souhaite qu'un certain nombre aient les cordes vocales coupées. Ce dernier lui répond que cela ne l'intéresse pas et que le professeur doit s'adresser à des écoles vétérinaires. Pourtant, l'éleveur a déjà cité le docteur T. comme étant son complice. Ce dernier aurait dû le poursuivre en justice. Après avoir affirmé à l'éleveur qu'un fax de confirmation lui sera envoyé, le journaliste et le cameraman prennent congé.

Le lendemain, c'est au tour de Géraldine d'entrer en scène. Elle téléphone à Frédéric G. pour lui proposer trois chiens ratiers. Elle dit être pressée de les vendre dès son retour de Bretagne. La journaliste se présente chez l'éleveur le vendredi 28 avril accompagnée, elle aussi, d'un collègue cachant une caméra dans un sac. Elle n'a plus les chiens qu'elle a vendus en route, dit-elle, mais elle peut lui fournir d'autres races, à très bon marché. Elle lui montre une quarantaine de photos d'animaux disponibles, yorkshires, labradors, chiens bâtards, beagles… Frédéric G. est très intéressé par la proposition, notamment par les beagles destinés en priorité aux laboratoires. Il demande s'il s'agit d'élevage ou de ramassage de droite et de gauche. Son interlocutrice répond de droite et de gauche, sans papiers, ce qui ne le dérange aucunement, car la provenance n'est pas son problème.

Le reportage est diffusé en direct le 5 mai 1995 sur TF1, dans l'émission « J'y crois, j'y crois pas », animée par Tina Kieffer. Je suis présente sur le plateau. Tina Kieffer et Catherine Sinet étaient venues un dimanche à Narbonne afin de me rencontrer et surtout, je pense, vérifier la crédibilité de la cellule anti-trafic. Marc Lamirault, secrétaire général du groupe interprofessionnel de réflexion et de communication sur la recherche (GIRCOR, association créée en 1991 qui réunit les scientifiques de la recherche publique et privée amenés dans leurs travaux à avoir recours à l'expérimentation animale), représente ce jour-là les chercheurs, tous parfaitement honnêtes, affirme-t-il. Il condamne les trafiquants et pense que les scientifiques sont trompés. Il précise que 4 900 chiens de provenance française sont actuellement utilisés, ainsi que 1 800 importés des USA. Or, 1 074 laboratoires d'expérimentation animale sont accrédités (ce qui fait une moyenne de 7 chiens par établissement)... Il ajoute qu'un chien destiné à la vivisection coûte entre 3 000 et 3 500 francs. Ben voyons ! Les chercheurs sont innocents lorsqu'ils se procurent des animaux à moins de 1 000 francs avec des faux tatouages !

Tous les reportages de l'émission proviennent de la cellule anti-trafic. En ce qui concerne l'extrait consacré à Frédéric G., le journaliste rappelle que l'éleveur a déjà été condamné en 1994 à deux mois de prison avec sursis, 9 500 francs d'amende pour sévices graves envers ses animaux, surplus de chiens autorisés et non tenue de registre. Malgré cela, il exerce toujours. Je vous livre le dialogue entre l'éleveur et les journalistes « chercheur » et « voleuse de chiens ».

L'éleveur : Pour un paquet de chiens dans l'été, quarante avant les vacances, pour les trois premières livraisons je tiens à que ce soit du beagle, 2 500 francs la bête, c'est trop ou pas ?

Le « chercheur » : Ça fait beaucoup. Sur le beagle cela me paraît correct, sur le tout-venant cela me paraît beaucoup...

L'éleveur : Allez hop ! 1 500 balles hors taxes, ça peut tenir ? Par contre, au départ, pour les cartes de tatouage, elles vont être à mon nom. Si vous n'avez pas d'autorisation pour expérimenter, il faudrait peut-être mieux pouvoir les changer...

Le « chercheur » : Moi, mon angoisse, c'est le bruit que ça va faire... Y'a des labos qui coupent les cordes vocales, mais je ne sais pas qui peut le faire...

L'éleveur : Un véto !

Le « chercheur » : Un véto... Faut me trouver un véto qui accepte. Vous travaillez avec un véto ?

L'éleveur : Oui.

Le « chercheur » : Et il le fait ou pas ? Il accepterait ou pas ?

L'éleveur : Il le ferait...

Le « chercheur » : C'est facile de trouver des chiens chez les particuliers ?

L'éleveur : Des gens qui ont des chiens qui font des petits, mon pauvre ami, y'en a à la pelle, à la pelle...

Géraldine explique à l'antenne qu'elle s'est présentée comme une voleuse de chiens.

La « voleuse » : Je peux vous avoir du york à la pelle...

L'éleveur : Vous commencez à m'intéresser.

La « voleuse » : Des beagles à la pelle, ils n'ont pas de papiers, ça vous suffit ?

L'éleveur : Je me fous de l'origine, c'est pas mon problème dans la mesure où les chiens sont livrés en bonne santé et facturés.

La « voleuse » : Il n'y aura pas de factures, les autres (clients) se débrouillent.

L'éleveur : On tâchera de se débrouiller... Chez vous, la grande braderie, donc 1 000 balles tout en espèces.

La « voleuse » : D'accord. Vous direz qu'ils viennent d'où ?

L'éleveur : De chez un confrère qui est professionnel.

La « voleuse » : Vous ferez faire la facture par le...

L'éleveur : Bien sûr, et tous les numéros de tatouages. Je vais les tatouer moi en arrivant... Si vous marchez bien avec moi, vous allez récupérer vingt clients derrière d'entrée de jeu !

La « voleuse » : Vingt clients qui marcheront comme vous ?

L'éleveur : Et même mieux pour certains. Je vais vous présenter au moins vingt-cinq copains dans l'Indre-et-Loire, le Maine-et-Loire, l'Eure-et-Loir et dans le Midi de la France.

Je découvre le travail d'investigation des journalistes en même temps que les téléspectateurs. Je suis révoltée par la mauvaise foi des chercheurs et le cynisme des trafiquants.

De retour à Narbonne, le téléphone ne cesse pas de sonner dans le local de la cellule anti-trafic, car bien qu'ayant eu le visage flouté lors de la diffusion du reportage, beaucoup de personnes ont reconnu Frédéric G. Nous recevons des témoignages qu'il nous faut vérifier, des informations qu'il nous faut recouper... et cela prend beaucoup de temps, d'autant que nous devons traiter plusieurs affaires de front.

Nos petites fiches de renseignements prennent désormais le format A4, et bientôt les dossiers de la cellule seront rangés par ordre alphabétique dans des classeurs de couleur. Jaune pour les trafiquants étrangers, blanc pour les français, noir pour les animaleries et autres commerces, vert foncé pour les mauvais traitements exercés par des particuliers, bleu foncé pour les pitbulls (éleveurs et organisateurs de combats), rouge pour les laboratoires d'expérimentation animale, bordeaux pour le trafic organisé par certains Roms sur les trottoirs des grandes villes, orange pour la faune sauvage, bleu clair pour les équidés, vert clair pour les zoos et parc animaliers, sans oublier les cirques minables détenteurs d'animaux... et, bien sûr, les vols de chiens et de chats répertoriés par département.

Après concertation avec mes deux collègues, je décide de déposer plainte contre Frédéric G. auprès du procureur de la République du Mans le 6 juin 1995. L'enquête préliminaire se solde par le redoutable classement sans suite en septembre 1996. La SPA décide alors, 7 juillet 1997, de saisir un juge d'instruction et dépose une caution de 5 000 francs. Dix jours plus tard, je suis convoquée par Mme Céline Brunetière au tribunal de grande instance du Mans. Lors de cette audition, la juge se montre réceptive au problème du trafic des chiens, tout en soulignant que la SPA est uniquement recevable pour les mauvais traitements et les actes de cruauté en invoquant l'article 2-13 du code de procédure pénale. J'ignorais jusqu'alors l'existence de cet article, mais j'ai encore tant à apprendre ! Toutefois, je l'informe des jurisprudences obtenues dans d'autres affaires concernant le simple vol et le recel de vol. Je demande à notre avocate de se procurer la copie du dossier pénal afin qu'elle puisse transmettre mes remarques à la juge d'instruction.

Quelques mois plus tard, je prends enfin connaissance du dossier dans le cabinet de Maître Maurand-Ciani. C'est ainsi que j'apprends que Frédéric G. a adressé un courrier à la DSV le 10 mai 1995, soit cinq jours après la diffusion de l'émission « J'y crois, j'y crois pas », indiquant qu'il ne fournissait plus les laboratoires. Son habilitation de tatoueur lui a été définitivement retirée le 13 février 1996. Son installation a, par ailleurs, été mise en conformité suivant les normes en vigueur en matière d'élevage. Les enquêteurs de la gendarmerie n'ont pas réussi, malgré une bonne volonté évidente, à prouver que son activité est illicite.

Lors de son audition en juin 1996, le docteur T. déclare : « Sur les lots que Frédéric G. m'amenait pour les vaccins figuraient des chiens de toutes races. Il s'agissait d'animaux généralement situés entre 15 et 30 kilos [demande des laboratoires]. [...] Sur la question de savoir si Frédéric G. était en mesure de fournir 100 chiens sur un mois, je dis qu'il a les moyens de le faire sans problème. »

Or, l'éleveur qui affirmait à ses clients que les chiens provenaient de son élevage possédait sept chenils de 24 m^2, soit l'autorisation de posséder seulement 35 chiens. Béatrice V., relation professionnelle de Frédéric G., interrogée le 17 septembre 1996, explique avoir aidé l'éleveur à vendre des chiots à l'animalerie Truffaut et sur diverses foires aux chiens. D'après elle, le statut actuel de Frédéric G. n'est plus éleveur mais négociant canin. Elle dit avoir quitté son travail chez lui le 18 août pour les raisons suivantes : « Les conditions de travail ne me plaisaient pas. Frédéric G. n'est pas un homme ponctuel et organisé pour la mise en place de manifestations et de foires. De plus il était souvent ivre le soir, ce qui impliquait qu'il se levait tard le matin et n'était jamais prêt pour les déplacements. Les conditions de transport des chiots sont lamentables (trop d'animaux entassés dans une caisse), les carnets de vaccination n'étaient jamais à jour, il vendait parfois des chiens malades et, surtout, j'ai eu connaissance qu'à deux reprises il a tatoué des chiots vivants avec des numéros de chiots morts, pour faire des économies. Suite à ces évènements, j'ai préféré arrêter définitivement mon activité avec Frédéric G. Pour moi, il n'aime pas les chiens, il en a même horreur, pour lui un chien égale un chèque. J'ai été contactée la semaine dernière par le directeur des établissements Truffaut de Seine-et-Marne qui m'a appris qu'il n'acceptait plus Frédéric G. suite à des plaintes de clients concernant la qualité des chiots vendus. »

Béatrice V. donne à l'officier de police judiciaire (OPJ) qui l'interroge la liste des fournisseurs. Lors de notre premier dépôt de plainte, j'avais transmis aux enquêteurs le nom des personnes en affaire avec Frédéric G. Sur les huit individus en question, cinq font partie de l'organigramme relationnel établi par les gendarmes. Au total, une quarantaine de marchands de chiens apparaissent dans l'environnement de Frédéric G. Aucun ne sera inquiété. C'est toute la difficulté de notre travail : nous en trouvons un, nous nous apercevons qu'il agit en réseaux structurés, et cela semble sans fin.

Le chef de la brigade de recherches du Mans, responsable de l'enquête, a noté dans un procès-verbal : « Les investigations entreprises par nos services, en collaboration avec la Brigade départementale de renseignements judiciaires, n'ont pas permis de mettre en évidence l'existence d'un phénomène particulier quant à une recrudescence de vols de chiens, que ce soit dans la Sarthe ou sur une partie du Grand Ouest. Notre interrogation a porté sur les années 1994-1995. Le résultat correspond aux indications fournies par la DSV. Il convient toutefois de préciser que les vols de chiens ne font pas systématiquement l'objet d'une plainte et de l'établissement d'un procès-verbal, surtout lorsqu'ils sont commis à proximité des lieux-dits isolés. » Si j'avais été contactée alors, j'aurais pu lui expliquer que les vols sont en priorité signalés par les propriétaires de chiens aux associations de protection animale et certainement pas aux DSV, dont la plupart de mes concitoyens ignorent l'existence. Quant aux plaintes déposées auprès des gendarmeries, elles se résument souvent à la rédaction d'une soi-disant main courante.

L'OPJ poursuit : « Par contre il est bien évident que Frédéric G. est tout à fait en mesure d'acheter au coup par coup des chiens dont il ne veut même pas connaître la provenance. Le reportage dans lequel il s'est fait piéger est tout à fait significatif et révélateur de son attitude sur ce plan. »

Je comprends les difficultés auxquelles le chef de brigade a été confronté, le trafic de chiens n'étant pas encore une affaire habituelle pour la gendarmerie. Dans un soit-transmis au procureur de la République en date du 13 mars 1996, il écrit : « En raison des priorités qui se succèdent les unes aux autres, ce dossier a été mis plus ou moins en attente. Nous ne pourrons effectuer de nouvelles investigations avant mi-mai. En tout état de cause, le maximum sera fait pour mettre un terme à cette enquête dans les meilleurs délais, et ce, sans négliger les moindres détails favorables aux plaignants. » Et d'ajouter dans le PV de synthèse : « Les alléchantes propositions qui sont faites à Frédéric G. entraînent bien évidemment une attitude tout à fait répréhensible de l'intéressé, mais compréhensible chez quelqu'un dépourvu de toute morale vis-à-vis du sinistre commerce que représente le ramassage et la vente d'animaux destinés à la vivisection. »

Les chats, infiniment moins nombreux que les chiens dans le trafic d'animaux, n'échappent pourtant pas à ce funeste sort. Ce n'est pas Frédéric G. qui les réceptionne mais sa mère. C'est elle qui fait vacciner par le docteur T. 25 chats destinés au centre de toxicologie de Toulouse. Cette formidable famille ne possédant pas l'agrément pour fournir des chats, les animaux auraient été acheminés auprès de Mme O., personne habilitée.

Le 12 janvier 2000, la décision de la Justice m'anéantit : non-lieu.

Qui est responsable de ce fiasco ? La cellule antitrafic ? La gendarmerie ? La Justice ?

Mais qui a en charge d'attribuer l'autorisation d'exercer et de contrôler les installations des éleveurs, négociants canins, fournisseurs des laboratoires… ? La DSV. La direction des services vétérinaires du Mans a permis à Frédéric G. d'effectuer son commerce en 1991. Pourtant, un article de presse datant de février 1995, qui m'est parvenu après notre dépôt de plainte, relate que Frédéric G. a été condamné à deux mois de prison avec sursis et plusieurs amendes. Ce sont les services vétérinaires qui en avaient assez d'intervenir et lui reprochaient une série de non-conformité : enclos sales, surpopulation, chiens maigres, animaux morts au milieu des autres… Pourquoi une saisie administrative des animaux n'a-t-elle alors pas eu lieu ? Cela aurait évité tant de souffrance !

En avril 2000, un journaliste du *Maine Libre* rapporte que « le tribunal de grande instance du Mans a reconnu la culpabilité d'un éleveur de chiens et l'a condamné pour travail clandestin, vente de chien d'attaque et non respect de la législation en matière d'élevage... Il n'était pas rare que les chiens vendus aient des numéros de tatouage fantaisistes, des papiers falsifiés ou soient malades. L'éleveur faisait venir des chiens de Belgique en sachant que les animaux étaient sans doute issus des pays de l'Est. Il écope de quatre mois de prison avec sursis et de neuf amendes de 700 francs chacune. Depuis les faits l'élevage est en redressement judiciaire. »

Le nom du prévenu n'est pas indiqué, mais il est fort probable qu'il s'agisse de Frédéric G.

Une furie prénommée Elina

En cette année 1995, les dossiers commencent à s'amonceler sur nos bureaux. Pendant que j'organise avec Catie les enquêtes à effectuer, Dominique repère les petites annonces qui lui semblent suspectes. Ce travail fastidieux constitue une source précieuse de renseignements.

Son attention se porte sur d'étranges noms d'élevage : « Cité de la rune de dalle », « Le crépuscule des aigles »... Il s'agit, pour le premier, d'un titre emprunté à un élevage italien de chiens de race cane corso. Quant au second, nos recherches s'avèrent vaines. Les chiens proposés à la vente sont de différentes races : rottweiler, american staffordshire terrier, cane corso... Les deux élevages ont le même numéro de téléphone. Dans la revue *La vitrine des animaux*, les numéros SIREN sont indiqués. Nous pensons donc obtenir des renseignements concernant ces commerces de négoce animalier et connaître le nom des propriétaires ou gérants. Mais les numéros sont faux (pendant toutes les années passées à la cellule anti-trafic, nous constaterons que la réglementation dans ce domaine est rarement respectée sans que les services chargés de contrôler les élevages s'en soucient).

Si les animaux étaient élevés et détenus dans des conditions respectueuses de leur bien-être, les faux et usage de faux et le travail dissimulé ne nous concerneraient pas. Mais nous savons que ces faits sont intimement liés.

Quelque temps plus tard, en recoupant nos informations, nous découvrons que la propriétaire de ces élevages installés dans l'Oise est une certaine Elina M.

Je rencontre cette dame pour la première fois sur le plateau d'enregistrement de l'émission « Sans aucun doute », ayant pour thème les pitbulls, animée par Julien Courbet, le 27 novembre 1996. La diffusion aura lieu sur TF1 le 13 décembre suivant. Elina M., qui indique que ses chiens sont tous inscrits au livre des origines françaises (LOF), a permis aux journalistes de filmer son élevage « Le crépuscule des aigles ». Elle dit détenir une quarantaine d'animaux, de races rottweiler et american staffordshire terrier. On la voit, aidée d'un complice, entraîner l'un d'eux au mordant. Elle précise d'ailleurs que ce chien serait un champion pour les combats, mais jure par tous les saints qu'elle ne le vendra jamais dans un tel but. Elle ne sélectionne pas l'acheteur qui peut être, d'après elle, néonazi, skinhead, noir, arabe ou monsieur Tout-le-Monde... L'animateur me donne la parole. Bien que persuadée qu'Elina M. n'est pas celle qu'elle prétend être, je n'ai pas assez de preuves pour la déstabiliser, d'autant que je représente la SPA et n'ai pas le droit à l'erreur. Je me contente de lui faire remarquer que ces malheureux chiens peuvent se retrouver entre les mains de voyous à cause de son manque de vigilance. Elle rétorque que le reportage a été tronqué et affirme assurer un suivi après la vente de tous les animaux.

De retour à Narbonne, je décide avec mes collègues d'approfondir tous les dossiers en cours afin de les clôturer, si nécessaire, par un dépôt de plainte. Nous continuons aussi d'ouvrir de nouvelles fiches d'information suite aux témoignages et courriers reçus chaque jour et nous essayons de venir en aide aux nombreux propriétaires de chiens et de chats dont l'animal a disparu de façon inexplicable ou par un vol caractérisé. Ceux qui nous appellent au secours sont souvent désespérés. Je reçois leur chagrin en plein cœur. Nous avons retrouvé des chiens volés détenus chez les Gens du voyage, mais si peu...

Elina M. est loin de nos préoccupations.

Nous sommes sollicitées pour les problèmes des pitbulls et surtout pour des vols. L'animal arraché brutalement à son milieu et à ses repères subit un véritable stress et se retrouve soudain précipité en enfer, la plupart des trafiquants se révélant brutaux et sans aucune compassion pour les chiens qu'ils considèrent comme n'étant que des bêtes... Et c'est souvent aussi une véritable tragédie pour les propriétaires. Tous ces gens, hommes ou femmes, quel que soit leur âge, leur situation sociale, tous sans exception nous ont dit préférer savoir leur animal mort plutôt que d'imaginer les mauvais traitements qu'il doit endurer. Certains nous ont avoué être allés, en dernier recours, consulter un voyant, se ruinant parfois, sans aucun résultat. De plus, combien d'entre eux ont été éconduits par les forces de l'ordre alors qu'ils venaient chercher de l'aide ? Cette attitude méprisante de certains représentants de l'autorité a généré des rancœurs car, s'il est vrai qu'un chien n'a pas la valeur marchande d'un véhicule et que ce trafic ne porte pas directement atteinte à la sécurité publique, la disparition de leur animal a laissé des blessures affectives réelles, d'autant que ces personnes sont dans l'incapacité de faire leur deuil.

Sur une année, la cellule anti-trafic a reçu plus de 2 500 appels téléphoniques et courriers, en sachant que notre service n'est pas forcément connu du grand public. À chaque fois, c'est la même angoisse, suivie de la révolte, puis de la résignation, et dans certains cas d'un profond désespoir.

Je me souviens d'histoires qui nous ont particulièrement marqués. Cette jeune femme, par exemple, Magalie S., qui nous contacte en mars 1997, totalement affolée. « On m'a volé mon chien vers 13 heures. Il était dans la voiture fermée à clé. Je l'ai laissé quelques minutes le temps d'acheter du pain. C'est un berger allemand de quatre ans, tatoué. Les voleurs ont dû utiliser une bombe car ça sentait le gaz lacrymogène. Mon chien était dressé. Je ne sais pas comment ils ont pu le prendre en si peu de temps. Il y a des traces de crocs sur le volant. Il s'est certainement débattu. Je vous en prie, aidez-moi. Rex est tout pour moi. Je me suis sortie de la drogue et d'une tentative de suicide grâce à sa présence et à son affection. Sans lui je ne pourrai pas vivre. » Rex sera retrouvé dix-neuf jours plus tard à 50 kilomètres du lieu du vol, couché dans un fossé, mort, toutes les dents cassées et le corps démantelé sous les coups. Nous n'aurons plus jamais de nouvelles de sa propriétaire qui, après nous avoir annoncé le décès de son chien, se mettra aux abonnés absents.

Jérôme S. nous écrit en janvier 1999 : « Le 31 décembre dernier, j'étais garé devant la crèche de la place Alphonse Daudet à Pierrelatte dans la Drôme. Pendant que j'allais chercher mon petit Dorian, j'ai laissé Romain, mon fils âgé de 7 ans, dans la voiture avec notre chiot rottweiler de quatre mois qu'il tenait sur ses genoux. Deux hommes sont arrivés, ont ouvert la portière et ont arraché le chien des bras de Romain. Mon fils est tellement choqué que depuis il est régulièrement suivi par un pédiatre. »

En août 1999, Denis D. envoie une lettre au procureur de Béziers, dont voici un extrait : « Monsieur le procureur, j'en appelle à votre aide pour une affaire banale à vos yeux, vitale aux miens. Je suis maçon, j'ai 29 ans et mon chien Hunt est à mes côtés depuis que ses yeux furent tout juste ouverts et partage tout, du meilleur au pire, sans jamais désister sa présence. Plus qu'un chien, un compagnon fidèle, un phare toujours présent. [...] Depuis huit mois que je le cherche qui sont pour moi une éternité puisque le jour et la nuit se mélangent et que le sommeil ne vient que par l'épuisement. [...] Au fil des jours mon inquiétude est grandissante et mon moral descendant. J'ai quitté le chantier où je travaillais pour chercher mon compagnon sachant qu'il pouvait se trouver dans les pires situations. [...] Au fil des jours, des semaines, des mois, après avoir passé des annonces, mis des affiches dans les commerces, dans les boîtes aux lettres des particuliers, prévenu vétérinaires, pompiers, SPA, donné aux facteurs alentour 22 photos pour avoir l'espoir de l'identifier, contacté différents organismes de la cause animale, j'enquêtais et à l'heure actuelle j'ai la certitude que mon chien a été capturé par des Gens du voyage demeurant à Lunel. Ils se livrent depuis des années à ce genre de trafic si triste. [...] Au mois de mars il y avait 35 chiens attachés chez eux. Ils entreposent là les chiens qui repartent aussitôt. [...] Je suis allé jusqu'à Marseille, peine perdue. Voilà où j'en suis après huit mois d'une véritable descente aux enfers. [...] Les gendarmes me disent qu'on ne peut rien faire, que ces individus connus par eux ne diront pas où est mon chien. Sont-ils au-delà des lois ? Où va la société, notre société, les devoirs moraux qu'on nous inculque tout jeune ? Si des personnes sont au-delà des lois, pour moi tout est remis en cause, je ne suis pas parfait mais j'essaye de marcher droit malgré les épreuves de ma vie. N'avoir qu'une parole, qu'un honneur. Que dois-je faire si mon compagnon est maltraité ? Ne plus penser à lui, pardonner... Impossible, pardonner c'est l'oublier. [...] C'est pourquoi monsieur le procureur je vous écris cette lettre qui je vous l'assure vient du cœur. Aujourd'hui je prends la plume pour ne pas prendre les armes mais demain je devrai choisir entre la vie ou être mort de tous sentiments. [...] Vous avez les clés du pouvoir et de montrer à ces gens-là, parce qu'ils n'ont pas le courage de se lever le matin pour aller gagner honnêtement leur vie détruisent celle des autres... »

Le Dauphiné libéré, 11 août 1997 : « Révoltant ! Un labrador de couleur beige, âgé de 3 ans, répondant au nom de Sambo, a été volé samedi en fin d'après-midi alors qu'il attendait ses maîtres dans la voiture devant le cimetière de Péage-en-Roussillon. Monsieur et madame L. étaient venus se recueillir sur la tombe de leur fils Loïc qui aurait eu 26 ans le 9 août. Ils ont juste eu le temps de voir démarrer un véhicule de couleur claire. Leur Sambo qui était d'abord le chien de leur fils n'était plus là... »

Et encore : « Je vous signale le vol de ma chienne. Les voleurs se sont introduits dans une propriété privée et ont découpé le grillage de clôture. [...] Je suis désespéré. »

Et toujours : « N'ayant pas de famille depuis mon enfance ma petite chienne caniche nommée Stella, dont j'ai toujours pris soin, a remplacé cette tendresse qui m'a tellement manquée. Elle est ma seule compagnie en ce monde. [...] Chaque jour je souffre son absence, j'aimerais qu'elle soit là comme avant. [...] J'ai déposé plainte. [...] Je ne suis pas grand-chose face aux gens qui possèdent beaucoup. J'ai une trop grande souffrance en moi. »

Et enfin cet appel au secours de Geneviève O., demeurant à Meylan dans l'Isère : « Aidez-nous je vous en prie à retrouver notre compagnon. Mes démarches et mes recherches restent vaines et l'attente est interminable. Il s'appelle Jess, il a 12 ans mais paraît beaucoup plus jeune. Sa robe est marron, ses pattes sont grises. Il est tatoué. [...] Il a un joli trait blanc au milieu de sa tête. Il est croisé braque. Malong, John, Audrey et Jimmy ainsi que leurs parents l'attendent. Il faut qu'il retrouve sa famille. [...] Je ne vous cacherai pas que cette dure et cruelle épreuve m'a fait basculer, mais je reste solide et, après ma journée de travail, je trouve encore le courage de m'occuper de gens seuls, qui souffrent de tout leur être, atteints par la maladie d'Alzheimer. Et puis, en rentrant chez moi, alors que je n'ai plus le courage d'affronter les yeux de mes enfants qui m'interrogent et attendent une réponse de ma part, je prie et je supplie que Jess nous revienne. Nous avons mis sa corbeille à la cave, afin que l'absence soit moins lourde à chaque instant, mais rien à faire. Jess nous appelle sans cesse. Et il m'arrive encore de me lever la nuit et de le chercher à mes côtés. [...] À son retour, je ferai tout pour vous le montrer : nous n'avons d'abord jamais eu un chien comme lui, son allure est inégalable, sa belle bouille est tout en amour et c'est grâce à votre aide aussi précieuse qu'inespérée que nous allons enfin être réunis. Et puis, qui sait, vous allez peut-être vous-même le retrouver. Chez nous, nous avons écrit ces quelques mots qui nous soutiennent : "Qui cherche trouve"... » Nous avons cherché Jess, Geneviève 0., sa famille, leurs amis aussi, nous ne l'avons jamais retrouvé.

D'autres ont davantage de chance. C'est une cinquantaine de chiens environ que nous parviendrons à récupérer chez leurs voleurs et complices.

Comme Bianca, labrador couleur sable, volée à Saint-Gilles dans le Gard le 7 janvier 1993. Un témoin a vu un homme l'attraper par le cou et la jeter rapidement dans un véhicule. Intrigué par la scène, il a eu l'idée de relever le numéro d'immatriculation. Après une enquête compliquée, nous retrouvons la chienne le 15 janvier, attachée par une courte chaîne, sans abri, recroquevillée sur elle-même chez des Gens du voyage dans l'Aude. Nous rendons à ses maîtres une chienne visiblement sous l'emprise de somnifères, aphone tellement elle a aboyé. Bianca, qui n'avait que six ans et était en bonne santé avant son enlèvement, est morte peu de temps après.

Il faut connaître les conditions de détention des chiens dans ces endroits. Nous pouvons en parler pour les avoir constatées à maintes reprises, mais les extraits d'un rapport établi par Lull, une femme de nationalité suédoise, sont éloquents. Elle a fait un travail remarquable dans les camps des gitans à Toulouse pour venir en aide aux animaux en grande souffrance. « Quelques chiens ont des blessures étranges : des pattes malformées avec des fractures jamais soignées, un œil manquant [...]. Leur nourriture consiste en pelures de pommes de terre crues, choucroute dans sauce pimentée, coquilles d'œufs et de moules, pattes de coqs, os de lapins et de poules [...]. Entre des carcasses de voitures démolies j'ai vu des chiens attachés avec de grosses chaînes ou cordes de quelques centimètres de longueur, tous dormaient par terre, dans la boue, maigres, glacés, misérables [...] 99 % des chiens mènent une vie, ou plutôt survie, d'enfer et la mort est une délivrance [...]. Il n'y a pas d'eau et les animaux sont assoiffés [...]. Un épagneul avait un fil de fer autour du cou si serré qu'il a pénétré dans la chair [...]. Une femelle setter attachée en permanence était tellement tourmentée par les enfants, la soif et la faim, qu'elle est devenue dérangée et hystérique [...] une petite femelle croisée qui avait été prise par un chien de grande taille et qui, en mettant bas ses chiots, était en train de mourir, sans aide [...] un braque souffrant d'une tumeur dans la mâchoire qui l'empêchait de se nourrir [...] une petite femelle norwich terrier enchaînée en permanence dans une caisse et dont la seule fonction était de reproduire [...] un autre battu jusqu'à lui faire des fractures et laissé là, sur un tas de ferraille, en plein hiver... Et je pourrais continuer. »

Bianca n'a vécu qu'une semaine dans ces conditions, et elle en est morte.

Que sont devenus la vingtaine de chiens, principalement des labradors, volés à la même période dans un périmètre de 30 kilomètres autour de Saint-Gilles ? Nous avons déposé plainte auprès du parquet de Nîmes et malgré les éléments probants fournis à la Justice, notre plainte a été classée sans suite.

Cependant, il arrive que cette même Justice nous donne raison.

Nuts, le yorkshire de Chantal L., a été dérobé dans son jardin le 26 octobre 1998 à Mont-de-Marsan, dans les Landes. Chantal L. nous demande de l'aide, nous expliquant que la disparition de Nuts la peine énormément. On lui a offert ce chien alors qu'elle venait d'apprendre qu'elle faisait une rechute de cancer. Grâce à sa présence, à son affection, il lui a donné la force de se battre, d'aimer la vie. Nuts lui sera rendu le 6 mars 1999, voilà comment.

Deux jours auparavant, des Gens du voyage sont allés chez un vétérinaire du Lot-et-Garonne pour lui demander s'il pouvait confirmer la race d'un chien dont ils prétendaient être les propriétaires. Le vétérinaire a eu le réflexe de noter discrètement le numéro de tatouage et, s'il n'a pas eu le temps de relever celui de la plaque minéralogique de leur véhicule, il a pu voir qu'il s'agissait d'un fourgon C 25 tôlé, couleur vert pomme. Après qu'il ait contacté Chantal L. par l'intermédiaire du fichier canin, cette dernière nous a immédiatement téléphoné et, dans la foulée, je me suis mise en relation avec le vétérinaire pour obtenir des renseignements précis. Puis j'ai contacté la gendarmerie de Marmande, le chef de brigade ayant mené l'enquête de « l'affaire d'Agen ». Aussitôt, un avis de recherche est diffusé dans toutes les gendarmeries du département et le fourgon est intercepté avec Nuts à l'intérieur. Suite à notre plainte, Manuela V. sera condamnée le 8 juin 1999 pour recel de vol à deux mois de prison avec sursis, 2 000 francs d'amende (305 euros) et 2 000 francs de dommages-intérêts à la SPA.

Autre affaire que la Justice a sanctionnée : le 5 janvier 2000, Khalid B. est condamné par le tribunal correctionnel de Grasse à 30 mois d'emprisonnement, dont 15 mois avec sursis, mandat de dépôt délivré à la barre. Est alloué le franc symbolique à la SPA reçue dans sa constitution de partie civile ainsi que 10 000 francs (1 524 euros) pour la propriétaire du chien. Khalid B. est également condamné à verser 2 500 francs (381 euros) à chacune des parties civiles sur le fondement de l'article 475-1. Ce verdict peu habituel est dû au fait que le vol s'est déroulé sous la menace d'une arme blanche, le 25 juillet 1999, à Cannes, sur la croisette. Un couple d'étudiants se promène alors tranquillement avec Paco, leur chiot de race american staffordhire terrier, lorsqu'une bande de voyous les agresse et arrache le chiot des mains de Stéphanie W., qui nous écrit : « Je vous fais part de mon désespoir. [...] Nous avons été attaqués par 7 hommes et 3 d'entre eux possédaient des couteaux. Ils m'ont arraché mon chien des mains et le plus énervé m'insultait et voulait me frapper. Mon fiancé a tenté de s'interposer en vain et j'ai vu 2 jeunes s'enfuir avec Paco en le traînant par la laisse, on pouvait entendre ses griffes racler le sol et les voleurs rigolaient. [...] Nous nous sommes rendus au commissariat central de Cannes, le gardien de la paix qui a pris ma plainte n'a pas jugé utile d'envoyer une patrouille. [...] Trois jours plus tard, mon ami toujours à la recherche de Paco l'a vu entouré d'une douzaine de jeunes. Il s'est immédiatement rendu au commissariat pour demander de l'aide où il a été très mal reçu. » Un seul de ces voyous a été condamné et Stéphanie W. n'a jamais revu Paco…

Némo, lui, a pu rejoindre ses maîtres. Volé à Perpignan en mai 1999, il est retrouvé errant dans les rues de Vichy et conduit sur le refuge SPA le 9 mars 2000. Un prétendu propriétaire tente de le récupérer, mais étant dans l'impossibilité de présenter la carte de tatouage de « John », qu'il hurle être son chien, mes collègues refusent de le lui restituer malgré ses menaces et sa violence. D'autant que l'identification dans l'oreille de l'animal a volontairement été à moitié effacée. Après des recherches très compliquées pendant plusieurs jours, j'ai la joie de téléphoner aux véritables maîtres pour les prévenir que leur labrador les attend à la SPA. En apprenant la nouvelle, Fabrice H. est si ému qu'il doit reprendre plusieurs fois son souffle pour me raconter l'histoire de son chien et me donner enfin son nom : Némo. Le lendemain matin, lorsque Véronique H. arrive devant le refuge, elle est partagée entre le bonheur et l'inquiétude que son chien ne la reconnaisse pas après onze mois de séparation. Mais à l'instant où Némo est amené devant elle, les doutes de la jeune femme se volatilisent devant les assauts d'affection de son chien qu'elle a peine à contenir ! Pendant plus d'un quart d'heure, Némo saute dans ses bras, pose sa grosse tête de bon chien sur ses genoux, puis à nouveau lui fait une fête débordante et lui raconte, par des gémissements interminables, le malheur qu'il a vécu. Submergés par l'émotion, même les plus aguerris de mes collègues ne peuvent retenir leurs larmes. Un moment inoubliable ; la récompense de l'équipe de la SPA.

Un projet nous tient à cœur et nous nous promettons de le mettre à exécution dès que nous aurons un peu de temps : d'aller récupérer les chiens volés détenus sur les sites des Gens du voyage, comme nous l'avons fait lors des premières années de la cellule anti-trafic. À moins que d'ici là les services de l'État consentent à s'occuper efficacement de ce problème... car Fabrice et Véronique H. se sont rendus au commissariat de police pour déposer plainte suite au vol de Némo, et les policiers ont simplement inscrit les faits sur la main courante. Quant à la plainte de la SPA à l'encontre de son receleur : classée sans suite...

Mais si beaucoup de personnes appartenant à la communauté des Gens du voyage sont impliquées dans les vols de chiens, elles ne sont pas les seules.

Un soir de l'automne 1995, à Narbonne, nous faisons la connaissance d'Isidore, un chien impressionnant tenant en respect un SDF imbibé d'alcool, au bout de la laisse. Ce magnifique berger allemand, dressé pour la garde, a été volé deux mois auparavant dans la cour d'une société de télésurveillance dans le Val-d'Oise. Son propriétaire, Cédric C., ne s'explique par comment Isidore a pu être dérobé. Cet exemple n'est pas un cas unique. S'il est vrai que des personnes sans domicile fixe trouvent un réconfort dans la présence d'un chien à leurs côtés, d'autres s'en servent comme souffre-douleur ou objet de négoce. Combien de fois sommes-nous intervenus pour venir en aide à des animaux roués de coups, forcés à boire de la bière ou jetés dans le canal ! Combien de fois avons-nous vu de beaux chiens de race les suivre hagards, soumis, perdus ! Ces animaux martyrs sont très souvent sacrifiés sur l'autel du mythe de l'homme libre et son chien, largement entretenu par les médias.

Et puis certains éleveurs indélicats recèlent, en toute connaissance, des chiens volés qu'ils utilisent pour la reproduction. Ainsi, en juillet 1996, plusieurs teckels, tous tatoués, sont dérobés dans le département du Loir-et-Cher. Parmi eux : Mièle, la chienne de Marie-Thérèse P., retrouvée en juin 2001 sur l'élevage de monsieur C., bien connu de la cellule anti-trafic. Le certificat vétérinaire établi après sa restitution est éloquent : conjonctivite, arythmie cardiaque, mammite, grande maigreur due à la malnutrition. Monsieur C. est toujours en activité…

Erha, femelle american staffordshire terrier, volée dans un jardin le 19 octobre 1998 à Carcassonne, est retrouvée lors d'une de nos interventions chez Nathalie B., répertoriée par notre service pour se livrer dans un endroit perdu dans l'Aude à l'élevage clandestin de chiens molossoïdes. Nous avons déposé plainte contre elle le 3 février 1997, plainte classée sans suite le 9 avril 1998 (alors que des combats de chiens ont lieu sur le prétendu élevage).

C'est en analysant le registre « entrée-sortie » que me confie un inspecteur de la répression des fraudes en avril 1999 que je m'aperçois qu'Ehra a été signalée volée auprès de la Société centrale canine. Christophe et Isabelle L. s'étaient rendus au commissariat de Carcassonne pour déposer plainte le lendemain du vol de leur chienne. Informés par mes soins de l'endroit où Ehra est détenue, le procureur leur permet de la récupérer. Le 26 mai, la restitution de la chienne, rebaptisée Javotte par Nathalie B. et son compagnon, n'est pas facile. Les gendarmes de Limoux se montrent peu coopératifs et je dois joindre le commandement de la gendarmerie à Paris qui donne des ordres pour débloquer la situation. Des journalistes de TF1 en cours de tournage pour l'émission « Sans aucun doute » ainsi que les propriétaires d'Ehra nous accompagnent. José Manuel D., le compagnon de Nathalie B., réclame 2 500 francs, somme qu'il prétend avoir donnée à Aziz N., le voleur, qui lui a vendu la chienne. Cette transaction a eu lieu le jour du vol dans la cour d'un cabinet vétérinaire à Carcassonne... Ehra vient d'avoir huit chiots, qui ne sont pas encore sevrés, mais que les autorités ne nous permettent pas de prendre avec nous.

En juillet 1999, deux mois après notre intervention, je reçois une lettre de Nathalie B. qui me supplie de retrouver ses chevaux qui ont été dérobés. Je vous fais grâce des détails de ce courrier, mais j'avoue être décontenancée par tant de naïveté et une telle impossibilité à se remettre en cause. En me rendant à plusieurs reprises sur son élevage, j'ai constaté des conditions d'hébergement des chiens désolantes, de la violence sur les animaux, mais aussi un jeune couple vivant dans une misère apparente avec trois enfants en bas âge, plus un en gestation. C'est pour cela que je demande à Maître Maurand-Ciani, notre excellente avocate, de bien vouloir arrêter la citation directe du 20 septembre 1999 devant le tribunal de police de Limoux. La DSV ayant l'intention de faire fermer leur élevage, je considère que le couple couvert de dettes, avec bientôt quatre enfants à charge, est dans une situation dramatique, par sa faute, certes, mais qu'il n'est pas nécessaire de l'enfoncer davantage.

Ce sera l'unique fois où je prendrai une telle décision. Malgré la fermeture de son élevage par arrêté préfectoral à l'été 1999, je retrouverai Nathalie B. cinq ans plus tard : un autre lieu, mais les mêmes conditions inadmissibles de détention des animaux, et l'entraînement aux combats de chiens. Moralité : seule une lourde sanction judiciaire peut mettre fin aux activités délictueuses de tous ces individus.

Les petits cirques itinérants ne sont pas non plus exempts de tout soupçon. Là encore il nous est arrivé à plusieurs reprises de récupérer des chiens volés, attachés aux véhicules ou enfermés dans des cages. Ainsi Okai, labrador tatoué, subtilisé en novembre 1998 dans l'Allier et retrouvé en mars 2000 au Pertuis dans le Vaucluse. De même, les réseaux des vendeurs de « bonbons des Vosges » qui officient sur tous les marchés sont en relation directe avec ces petits cirques.

Chaque jour, nous recevons des appels de propriétaires dépossédés de leur animal. C'est toujours la même angoisse, la même révolte qu'ils expriment. Et les faits sont parfois surprenants.

M. V. nous contacte en octobre 2003 : son yorkshire, laissé dans son véhicule fermé à clé dans une rue du XVIe arrondissement à Paris, s'est volatilisé. Quatre jours plus tard, il nous téléphone, radieux : il a retrouvé son chien. Une femme s'est présentée chez un bouquiniste sur les quais de la Seine avec cinq chiens de race yorkshire dans les bras, lui proposant de les échanger contre des livres d'art. L'homme a refusé, mais a réussi à récupérer Insolent qui, grâce à son tatouage, a pu être rendu à son maître. Nous savions déjà que les chiens pouvaient être échangés contre des armes, de la drogue, mais pas encore contre des livres...

Parfois, ils sont remis à leur propriétaire contre une rançon. Lumino, le fox-terrier de Mme C., demeurant dans le Puy-de-Dôme, est volé à son domicile fin juin 2003 (il est d'ailleurs intéressant de noter la série de vols d'animaux qui a eu lieu dans ce département depuis le début de l'été). Par chance, un voisin relève le numéro du fourgon à bord duquel Lumino vient d'être enlevé, lequel, pour une fois, n'est pas muni d'une fausse plaque (le nombre de véhicules circulant avec des numéros non attribués est sidérant). Nous ne savons pas par quel intermédiaire Mme C. récupère finalement son chien le 31 août, mais nous savons qu'elle a versé 300 euros aux ravisseurs. Depuis, elle refuse de nous donner des informations, terrorisée par d'éventuelles représailles. Nous la comprenons, d'autant que deux membres proches de la famille des voleurs viennent d'être incarcérés pour crime.

Spahi, jeune boxer amical et sans méfiance, enlevé sur une place d'un village de l'Aude le 15 août 2003 par une bande de marginaux se livrant au trafic de stupéfiants est restitué à ses maîtres en septembre, le soir même de notre intervention.

Bien sûr, tous les animaux que nous retrouvons sont un peu notre fierté, mais nous n'oublions pas les autres, tous les autres. Malheureusement, nous ne sommes pas en nombre suffisant à la cellule anti-trafic pour faire face à tous les problèmes ; mais heureusement, les vols d'animaux diminueront sensiblement au fil des années.

C'est dans ce contexte de surcharge de travail, et les mots sont faibles, que nous retrouvons Elina M.

Entre-temps, des changements ont eu lieu à la cellule anti-trafic. Suite à un plan social, mes collègues Catie et Dominique ont été licenciées, et j'ai dû choisir entre un rapatriement à Paris, dans les locaux déjà bien remplis du siège social, ou une installation dans l'ancienne chatterie, sur le vieux refuge de Brugheas, près de Vichy... solution qui a eu ma préférence, tout en sachant que ma hiérarchie préférerait que notre service soit à Paris. D'ailleurs, au fil des années, malgré le rapport trimestriel que je ne manquerai pas de rédiger, de ma propre initiative, pour le siège, il y aura toujours un petit ou grand chef pour poser l'éternelle question : mais que fait la cellule anti-trafic à Vichy ? De la résistance, messieurs-dames, nous faisons de la résistance contre la maltraitance animale. Certains administrateurs me qualifient d'électron libre, mes collègues d'agents secrets ou de 007, mais paradoxalement, la SPA me laisse une entière liberté d'action et m'accorde sa confiance.

En juin 1998, je me retrouve donc seule dans une petite pièce obscure, au confort rudimentaire, où j'organise mon travail. Les chiens du refuge se trouvent à une dizaine de mètres et le soir, j'ai encore leurs aboiements plein la tête. Mais le fait que Vichy se trouve à 100 kilomètres du centre géographique de la France est un avantage indéniable, puisque les enquêtes se déroulent à présent sur tout le territoire national. De plus, je peux me déplacer sans subir les embouteillages de la capitale. Cécile assure le secrétariat quelques heures par semaine avant de trouver ailleurs un emploi à plein temps.

Au mois d'août 2002, j'investis un nouveau local, rue Dacher, au centre de Vichy. C'est une grande pièce donnant sur une petite cour où se trouvent les sanitaires. La propriétaire habite au-dessus. Jacky me rejoint en novembre en qualité d'inspecteur, puis Patrice le 1er avril 2003 en qualité d'adjoint. Julie est engagée pour la rédaction des fiches de renseignement et le secrétariat, mais compte tenu de la légèreté de nos salaires, elle décidera de partir et sera remplacée par Pépita le 2 mai 2005. Après avoir bataillé, j'ai à nouveau une équipe avec laquelle je peux partager nos victoires, nos échecs et nos espoirs.

Elina M., donc, n'a pas abandonné l'élevage de chiens molossoïdes, mais en bonne commerçante, elle a compris tout l'intérêt financier du négoce canin avec les pays de l'Est et d'Europe centrale. En novembre 2002, nous nous apercevons qu'elle a déclaré son élevage « Le crépuscule des aigles » et qu'une autre société a été créée en 2001 à la même adresse, avec le même numéro de portable : « Baby Dog's », élevage, vente, achat de chiens de race. Vingt et une races sont proposées. Le gérant est un certain Alexandre B. Nous constaterons plus tard que ce n'est pas un homme de paille, mais le compagnon et complice d'Elina M. Cette dernière a plusieurs cordes à son arc. Suite à des recherches sur internet, nous la retrouverons tour à tour voyante-médium, élevage Rose Mary sur les petites annonces et, en novembre 2011, grâce aux investigations de Pierre M. de l'agence Capa avec qui nous sommes en tournage, escort sous le pseudonyme de « Miranda 78 ».

Profil publié sur Erotica : « Miranda, jolie blonde sur Melun, vous reçoit dans une grande maison discrète pour massage, couple bienvenu, déplacement possible secteur Melun, Nangis, Meaux, Brie-Comte-Robert, tous les jours même le week-end de 9 heures à 22 heures sur RDV »... J'ouvre ici une courte parenthèse : les premières années à la cellule anti-trafic je réponds à toutes les sollicitations des médias, car il faut que le trafic des animaux sorte de l'ombre, mais par la suite, je refuserai souvent de participer à des reportages sur ce sujet, de crainte que le public s'habitue et le considère comme une fatalité.

Grâce à des informateurs opérant dans le milieu de l'élevage canin, ulcérés par les agissements de leurs confrères, nous savons qu'Elina M. achète des chiots en Belgique, qui est devenue la plaque tournante des animaux en provenance des pays tiers. C'est une façon de les blanchir car les obligations pour la vente sont plus contraignantes qu'en Union européenne. Elina M. et beaucoup d'autres s'approvisionnent chez « Kampenaar's Kennel » et « Animal's express », supermarché de l'animal situé dans la banlieue de Bruxelles.

Les premières doléances d'acheteurs floués nous parviennent en 2002. Ils nous font toujours part des mêmes problèmes : chiots à peine sevrés, malades (toux du chenil, gastro-entérite...), ne correspondant pas à la race indiquée, présentant des troubles de comportement. Ainsi Vanille, achetée 535 euros par M. et Mme L. le 11 novembre 2005. Le lendemain de son arrivée chez eux, la petite chienne tousse et le couple L., constatant qu'elle a des difficultés pour se nourrir, doute qu'elle soit sevrée. Leur vétérinaire diagnostique une bronchite d'origine non identifiée et lui prescrit un traitement. Le 17 novembre, Vanille ne s'alimente plus et présente une forte diarrhée. Les époux L. alertent Elina M. qui leur demande de ramener la chienne afin qu'elle la soigne elle-même. M. et Mme L. contactent alors le Dr Francis M., vétérinaire de l'élevage, ce qui rend Elina M. furieuse. Elle veut que Vanille soit ramenée chez elle, mais l'état de la chienne empirant, le vétérinaire le plus proche du domicile du couple la met sous perfusion. Malgré les soins apportés, Vanille décède le 18 novembre. Le lendemain, les époux L. se rendent chez Elina M. qui veut récupérer le corps de la petite chienne et doit les rembourser. Lorsqu'ils demandent un geste commercial pour les frais vétérinaires engagés, elle les met à la porte avec violence.

Nous conseillons à tous ces malheureux propriétaires d'écrire à la DDPP (DSV), et surtout de déposer plainte, car la SPA n'est pas recevable pour les faits dénoncés.

Pendant ce temps, les activités de l'éleveuse fructifient. Il devient compliqué de les surveiller, car elle a désormais plusieurs sites qu'elle déménage souvent. C'est un véritable jeu de piste que nous sommes dans l'impossibilité de suivre en temps réel. Installée dans l'Oise, nous la retrouvons ailleurs dans ce même département grâce à une petite annonce publiée dans la revue *Atout Chien* en 2000. Puis dans une autre ville en 2003, et enfin en Seine-et-Marne, où Alexandre B. a son élevage au domaine de Bellevue. Au même endroit, Elina M. a ouvert l'« Espace canin » et elle loue l'animalerie « Puppy land » à son ancien compagnon, Michel T., qui en demeure le gérant. En avril 2005, nous apprenons qu'elle a repris la sordide animalerie « Magriff-Chatdog », dans le Val-d'Oise, sous l'enseigne « Au monde du chien ». Cette dernière information nous parvient par une personne témoin d'un déchargement de chiots d'un Boxer Peugeot. Intriguée, elle nous a transmis le numéro de la plaque minéralogique et des gendarmes qui nous soutiennent nous indiquent que la propriétaire du véhicule est Elina M. Ce renseignement recoupe le fait que le numéro de téléphone de l'animalerie est également le sien. Nous apprenons aussi que les clients potentiels qui se rendent à l'« Espace canin » sont conduits en voiture par une vendeuse à 10 kilomètres environ de là. Les chiots de petite race sont stockés dans un entrepôt d'une autre commune. Il faut emprunter un chemin derrière l'église pour parvenir dans une maison délabrée, sans vitres. Les animaux sont détenus dans l'obscurité et pataugent dans leurs excréments. Les quelques chats, en majorité de race persan, se trouvent dans l'animalerie « Baby dog's ». En ce qui concerne les importations d'animaux, la moyenne est de 2 chats pour 100 chiens.

D'autres informations qui nous parviennent me préoccupent. Dès mars 2003, une personne nous explique qu'Elina M. fait partie d'un réseau qui expédie des chiens en Chine. Les animaux seraient rassemblés chez un certain Hervé B., éleveur de dobermanns, puis acheminés par camion vers un autre pays avant leur départ en Asie. Nous n'avons alors pas d'autres précisions, mais un an plus tard, les faits nous seront confirmés par une éleveuse que nous connaissons, et qui nous expliquera que les exportations en Chine ont lieu depuis trois ans. Les chiens de race dobermann et rottweiler sont effectivement rassemblés chez Hervé B., homme d'affaires très riche. Il s'agit d'animaux invendus par les membres de ce réseau qui seraient destinés à l'armée chinoise...

Je demande à Jacky d'effectuer une enquête, qui ne sera pas vraiment concluante. Il se rend sur place le 5 octobre 2004. Notre collègue ressemble davantage à un policier ou à un inspecteur des impôts en mission qu'à un acheteur. Jacky est meilleur en surveillance qu'en intervention, mais à sa décharge, les trafiquants sont de plus en plus méfiants. Il voit toutefois les nombreuses pièces dans lesquelles sont détenus en box des adultes american staffordshire terriers, rottweilers et autres grandes races. Cette affaire de chiens vendus à la Chine ne sera malheureusement jamais élucidée.

Je suis en relation depuis août 2004 avec la BR de la gendarmerie de Provins, qui a contacté notre service suite aux plaintes déposées par les nombreux clients excédés par les agissements d'Elina M. Je transmets régulièrement tous nos renseignements au major F. puis à l'adjudant-chef P., responsable de l'enquête. Ces gendarmes sont motivés, mais ils n'ont pas que ce dossier à traiter... et le temps qui s'écoule nous paraît une éternité pour les animaux en souffrance.

La bonne nouvelle nous parvient le 19 janvier 2006 par un appel téléphonique de la gendarmerie : la saisie des animaux est prévue le 24 dès 8 heures du matin sur les trois différents sites d'élevage. Il y aura environ 150 animaux et notre interlocuteur me demande si la SPA peut les prendre en charge. Suivant ses instructions, je me mets immédiatement en relation avec la magistrate afin de lui confirmer notre accord et notre présence lors des interventions. Il s'agit aussi de rassurer la Justice concernant les frais engendrés par une telle opération, car les animaux seront nourris, logés et soignés jusqu'au moment où il sera possible de les mettre à l'adoption. Aussi le conseil d'administration de notre association a-t-il décidé que la garde des animaux sera gratuite pendant deux mois et facturée ensuite 7 euros par jour pour un chien. Lors des saisies judiciaires, le plus souvent, ils nous sont rapidement cédés à titre définitif, mais il arrive parfois que la personne mise en cause fasse appel de cette décision, ce qui prolonge leur détention dans nos refuges. Pour les saisies administratives (DSV), nous devons attendre les résultats du procès pour pouvoir leur donner la chance d'une autre vie. Le 24 janvier 2006, 198 chiens et chiots ainsi que 10 chats quittent ainsi ces lieux sordides vers un autre destin.

C'est en octobre 2008 que nos collègues du service juridique nous informent qu'Elina M., Alexandre B. et leur vétérinaire, Francis M., sont mis en examen avec l'ordonnance de renvoi devant le tribunal correctionnel.

Assis sur d'inconfortables bancs en bois, Patrice et moi attendons patiemment l'ouverture du procès. La salle d'audience est pleine à craquer ce lundi 9 mars 2009 au tribunal de Melun. Beaucoup de sympathisants de la cause animale sont présents. J'ai pris l'habitude de prévenir les avocats des grandes associations lorsque nos plaintes aboutissent en justice, considérant que l'union fait la force. Il en est de même pour les petites qui nous donnent des renseignements importants et que nous invitons à se constituer partie civile. À l'arrivée sur l'estrade de « la cour », annoncée d'un ton péremptoire par l'huissier, le public se lève puis est invité à se rasseoir par le président entouré de deux assesseurs, du greffier et du procureur, comme il est d'usage. Les débats peuvent commencer.

Le premier à s'avancer à la barre est le Dr Francis M. L'homme maigrichon donne l'impression d'être souffrant. Il porte des lunettes, a les cheveux grisonnants et de grosses moustaches blanches. D'une voix mal assurée, il explique exercer sa profession depuis 1964 et avoir connu Elina M. en 2001, lorsqu'elle avait un élevage de rottweilers. Il a travaillé avec elle et Alexandre B. pour compenser la perte de clientèle due à l'interdiction récente de l'otectomie en France. Cependant, ajoute-t-il, son activité chez ces deux éleveurs ne représente que 2 % maximum de son chiffre d'affaires et il ne gagne que 3 000 euros net par mois. Il reconnaît avoir fourni des antibiotiques et anti-inflammatoires à Elina M. ainsi que 500 carnets de santé vierges pour la somme de 2 000 euros mensuels. Il lui a également donné un certificat l'autorisant à effectuer des injections de produits vétérinaires sur les chiens. Dans sa déposition auprès de la juge d'instruction, Francis M. s'est plaint d'être sous l'emprise d'Alexandre B. et d'Elina M., qui l'ont menacé de représailles.

C'est au tour d'Alexandre B. d'être entendu. Cheveux bruns coupés court, peau légèrement mate, l'individu conteste tous les chefs d'accusation le concernant, à savoir les faits commis de 2003 à 2006 et également reprochés à Elina M. : exercice illégal de la médecine vétérinaire, publicité mensongère, tromperie sur l'origine des chiens, exploitation d'un établissement sans autorisation, importation illégale, usage de faux tampons vétérinaires, importation illégale de vaccins, usage de faux documents...

Je sais que la protection animale va être déboutée, car les actes de cruauté et sévices graves n'ont pas été retenus contre les prévenus. C'est dire le peu de compassion que la Justice française a pour les animaux. Mais nous sommes là, unis pour eux.

Alexandre B. affirme posséder un numéro d'opérateur attribué par la DSV depuis 2004 ainsi que le certificat de capacité et l'autorisation de détenir 49 chiens. Il a connu Elina M. sur un salon de beauté, il était alors cuisinier. Elle avait déjà son élevage. Il nie énergiquement savoir qu'elle a falsifié 3 611 carnets de santé et refuse de s'expliquer sur les autres faits exposés par le président du tribunal.

Si le casier judiciaire du Dr Francis M. est vierge, la lecture faite par le président de celui d'Alexandre B. et d'Elina M. est éloquente. Les deux comparses ont jadis été condamnés pour violence sur personne et violence avec arme, mais la palme revient à madame pour cinq infractions de 2004 à 2006.

Quand cette dernière s'avance d'un pas décidé à la barre, un murmure s'élève dans la salle. Elina M., très à l'aise, n'hésite pas à se retourner pour insulter les personnes présentes. C'est une femme de taille moyenne avec une légère surcharge pondérale, blonde, les yeux marron, se montrant loquace et agressive. Elle dit être éleveuse de chiens depuis 1992 et tatoueur agréé par la Société centrale canine, admet avoir importé

7 000 chiots en trois ans et falsifié 3 611 carnets de santé, ainsi qu'avoir diffusé de la publicité mensongère. Elle reconnaît la véracité de toutes les accusations retenues contre elle, à l'exception des mauvais traitements. Des cris de désapprobation envahissent la salle d'audience. Elina M. se retourne alors vers le public, l'invective et clame haut et fort aimer ses chiens. Le président menace de faire évacuer les lieux sans un retour au calme immédiat. Le procès reprend son cours, permettant à l'éleveuse d'entrer dans la phase victimaire. Elle affirme être ruinée depuis la saisie de ses animaux et craindre de se retrouver sur le trottoir avec ses quatre enfants. Actuellement en congé parental, elle a cessé toute activité, mais elle va partir s'installer en Espagne pour remonter un business canin, les lois étant plus souples dans ce pays.

Furieuse contre le Dr Francis M. qui l'accuse de menaces et représailles qu'elle aurait exercées à son encontre, elle explique avoir protégé le vétérinaire jusqu'alors, mais décide aujourd'hui de parler : Francis M. n'a jamais été menacé, il était son complice, parfaitement au courant de son activité. Il lui avait fourni 5 000 carnets SIEV (société d'identification électronique vétérinaire), 5 000 carnets de santé, et le même nombre de puces électroniques ainsi qu'un tampon vétérinaire à son nom.

Les réquisitions du procureur nous semblent peu sévères. Pour Francis M. : six mois d'emprisonnement avec sursis et 1 500 euros d'amende ; pour Alexandre B. : six mois d'emprisonnement dont trois avec sursis et l'interdiction d'exercer une profession en rapport avec l'élevage d'animaux pendant trois ans ;

pour Elina M. : neuf mois d'emprisonnement dont six avec sursis et l'interdiction d'exercer une profession en rapport avec l'élevage d'animaux pendant trois ans. Le délibéré doit avoir lieu le 27 avril 2009.

À la sortie de l'audience, alors que je discute avec Patrice sur le parvis du tribunal, je vois Elina M. venir vers moi, suivie par Alexandre B. Je me prépare à recevoir des insultes ou des coups, mais la furie n'est pas agressive. Elle veut me parler. Elle me dit avoir voulu gagner de l'argent facilement en enfreignant les règles en vigueur, mais ne supporte pas que je pense qu'elle maltraite ses chiens. D'ailleurs, elle va quitter la France et aura la paix avec la protection animale. Alexandre B. se tient légèrement à l'écart, visage fermé, sans dire un mot. Puis cette chère Elina M. tourne les talons et traverse la rue pour parler avec Franck Verger, technicien de la BNEVP (brigade nationale des enquêtes vétérinaires et phytosanitaires), qui a été entendu par le tribunal en qualité d'expert.

En cet instant précis, j'ignore que je n'en ai pas fini avec ce couple infernal.

Je ne sais pas encore qu'une deuxième procédure est en cours concernant Alexandre B., Elina M., Monsieur F., beau-père de cette dernière, ainsi que deux autres vétérinaires. S'agit-il du Monsieur F. que j'avais repéré dès mars 1989 suite aux petites annonces proposant à la vente des chiens de race rottweiler, dobermann, dog argentin et pitbull, vantant le géniteur champion US ? Il habitait dans l'Hérault. Le libellé des annonces m'avait alertée sur l'arrivée des combats de chiens en France. Pensant qu'il allait me vendre un pitbull, il m'avait envoyé des photos en me précisant que c'était le plus fort de la gent canine, gentil avec l'humain et, bien entraîné, redoutable avec ses congénères. Monsieur F. recevait beaucoup de skinheads, et lorsqu'il avait quitté les lieux, les gendarmes et le maire avaient retrouvé de la propagande nazie et des affiches à la gloire d'Hitler. Or, lors d'un entretien avec les deux journalistes qui publieront *La peau de l'ours* en 2012, Elina M. expliquera avoir adhéré au Front National Jeunesse à 13 ans puis avoir traîné dans le milieu skinhead à Paris, au Châtelet, à l'âge de 15-16 ans. Après vingt ans passés dans ce milieu, elle dit savoir se battre ! Bien que j'ai la certitude que ce Monsieur F., vendeur de chiens de combat, soit le même Monsieur F. que le beau-père d'Elina M., je n'obtiendrai jamais de preuve formelle.

Courant 2007, la brigade de recherches de la gendarmerie de Chantilly diligente une enquête chez la société « Amis Dog's », sise à Chambly, dans l'Oise, dont Denis R. est le responsable. Des acheteurs se sont plaints d'avoir acquis des chiots trop jeunes, d'après leurs vétérinaires, et souvent malades. Puis « Amis Dog's » est vendue début 2008 à Simon F., déjà gérant de deux animaleries sous les enseignes « Puppy Land » et « Baby Dog's ». Les investigations des gendarmes, qui ont duré presque trois ans, permettent de démontrer que les animaux provenaient des sociétés « Zootrans », sise à Takoczi, en Hongrie, et « Slovakia Puppy », à Novy Zivot, en Slovaquie, créée en février 2007 par... Elina M. et Alexandre B., en partenariat avec Attila V. Les comparses détiennent aussi une entreprise d'achat et vente d'animaux domestiques baptisée « Las Mascotas del Sol », en Espagne.

Le 28 mai 2009, le procureur de la République de Senlis ouvre une information judiciaire. Dans ce cadre, le téléphone portable utilisé par Elina M. est mis sur écoute. Les enquêteurs interceptent des conversations concernant le transport de chiots par la société « Slovakia Puppy », via l'Espagne, à destination de l'enseigne « Baby Dog's ». Certains animaux ont péri durant le transport après avoir passé trois jours sans être hydratés.

Le 29 juin 2009, les gendarmes procèdent à l'interpellation des principaux protagonistes. Lors de la perquisition dans les locaux d'« Amis Dog's », ils retrouvent dans un congélateur 60 kilos de cadavres. 58 chiots sont saisis et confiés par la Justice à la SPA, avant de faire l'objet d'une cession à l'association. Quant à Elina M. et Alexandre B., ils s'occupent ce jour-là de leur business en Slovaquie.

Je connais tous les personnages impliqués dans cette affaire (mis à part les deux vétérinaires), certains d'entre eux faisant l'objet d'une enquête, en cours ou clôturée, suite à nos dépôts de plainte. Ces marchands de vie appartiennent à une grande famille organisée en réseaux complices ou concurrents... les complices devenant parfois concurrents et les concurrents complices.

Elina M. est placée en garde à vue dès son retour de Slovaquie, le 5 août 2009, et mise en examen le lendemain. Elle est placée en détention provisoire une vingtaine de jours. Aux journalistes auteurs de *La peau de l'ours*, elle affirmera que la prison fut une très bonne expérience, lui permettant de réfléchir sur son avenir. Elle ne dira pas la même chose à Chloé Vienne, avec qui je participe en octobre 2009 au tournage d'un reportage intitulé « Petits chiens, gros trafics » (diffusé sur TF1 le 24 avril 2010). Elina M. lui expliquera que les chiens ne valent pas la peine qu'on fasse de la prison.

Le sujet de ce reportage, réalisé en Belgique, en France et en Slovaquie, est de montrer au grand public que derrière la jolie frimousse d'un chiot se cache une grande misère animale. Nous nous rendons chez plusieurs de ces pseudo éleveurs, et un matin, la journaliste accompagnée de son cameraman sonne au portail de la société « Slovakia Puppy » (je suis restée dans un café dans le village le plus proche, pour éviter d'être reconnue par Alexandre B. et Elina M., qui pourraient être présents). Ils reviennent plus d'une heure après et me montrent les rushes. L'homme qui leur a ouvert tenait dans les bras un jeune enfant pieds nus et légèrement vêtu, alors qu'il fait très froid en cet automne slave. Je confirme à Chloé Vienne qu'il s'agit d'Alexandre B., qui s'évertue dans un charabia mi-anglais mi-slovaque à leur faire croire qu'il ne comprend pas le français. C'est alors que le bambin demande à son père : « Dis papa, elle revient quand maman ? » Nous décidons de repasser devant les lieux avant de partir, et je vois Elina M. descendre d'une BMW noire. Elle dira plus tard à la journaliste que son mari lui a téléphoné en urgence alors qu'elle était chez l'esthéticienne, car « en Slovaquie, c'est moins cher ». Je dénonce les faits en écrivant à la juge d'instruction le 2 décembre 2009, car Elina M. n'a pas le droit de quitter le territoire français. Elle n'a pas davantage le droit de détenir des animaux pour la vente. Elina M. invitera Chloé Vienne à montrer les installations d'un de ses élevages pour prouver que les animaux sont détenus dans de bonnes conditions, mais elle lui demandera de filmer uniquement les boxes vides et non les chiots, pourtant nombreux sur le site…

Le 16 décembre 2009 a lieu le second procès. Alexandre B. est absent et Elina M., accompagnée de sa grande copine, Patricia D., n'a pas d'avocat. Le délibéré du 27 janvier 2010 souligne l'indulgence de la Justice. Elle écope de huit mois de prison avec sursis et mise à l'épreuve pendant deux ans, ainsi que de 6 199 euros à verser aux acheteurs victimes. On peut lire dans *La peau de l'ours* qu'elle a trouvé le juge génial et qu'elle n'a rien, ou presque, à se reprocher.

Pendant sa garde à vue, Elina M. a avoué gagner 300 euros minimum par chiot vendu.

Après sa rupture avec Alexandre B., elle essaie de changer d'activité et ouvre à la fin de l'été 2013 un restaurant avec des prostituées en République dominicaine. Mais rencontrant de sérieux problèmes, elle revient en France avec son nouveau compagnon, un certain Edward S., qu'elle épousera.

Grâce à un de nos indicateurs, nous la retrouvons le 19 avril 2014 attablée dans un restaurant à Nice, en compagnie de voyous que la cellule anti-trafic a déjà répertoriés. Pendant le repas, bien arrosé, elle se vante de communiquer avec les Slovaques par un logiciel de vidéo-conférence, de gérer les approvisionnements, de n'avoir jamais arrêté de vendre des chiens, même après sa condamnation, et de travailler avec un vétérinaire qui enlève les puces électroniques quand elle n'y parvient pas. Toute la bande tient des propos injurieux envers la SPA. Quant à moi, je suis définitivement « une vraie pourriture ».

Au regard des énormes bénéfices engendrés par ce trafic et des sanctions peu dissuasives encourues, il est évident que la plupart de ces mafieux continuent d'exercer leur commerce sordide.

J'ai assisté à de nombreux procès, et si certains prévenus ont reconnu leurs torts, aucun n'a accepté d'être accusé de maltraitance envers les animaux, même quand les faits étaient démontrés. Certainement parce que cela remettrait profondément en cause leur part d'humanité.

Attila, le barbare

Je le repère en octobre 1995 grâce aux petites annonces qu'il publie régulièrement dans les journaux locaux. Il se présente comme maître-chien, mais oublie de dire qu'il est surtout un éleveur clandestin. Il propose à la vente des chiots et adultes dressés de la race dobermann et rottweiler, auxquels s'ajoutent dès le début de l'année suivante les races boxer, berger allemand et pitbull. Il cherche aussi à acquérir des rottweilers en précisant « terrain et affection garantis ».

Le 3 avril 1996, accompagnée de Catie, je me rends au chenil d'Attila R., situé dans les Pyrénées-Orientales. Nous ne nous attendions pas à trouver un palace pour chiens, mais nous sommes sidérées par ce lieu sordide. Dans des boxes de bric et de broc, sur la terre battue, dans une grande saleté, sont détenus les représentants de nombreuses races canines : malinois, husky, dobermann, boxer, berger allemand, rottweiler, épagneul, pitbull, montagne des Pyrénées, teckel, yorkshire, lhassa apso, shih tzu. Tous sont confinés dans un espace restreint. Pas de terrain ni d'affection en vue.

Nous avons de la chance : Attila R. est absent et l'employé qui nous reçoit se montre fort aimable... et bavard. Cet homme, qui se plaint d'être en grande difficulté sociale, nous explique naïvement, alors que nous nous sommes présentées, que les chiots pitbull se sont « vendus comme des petits pains » et que des individus sont venus de Marseille et d'un peu tout le sud de la France pour les acheter. Il reconnaît bien volontiers que cette activité n'est pas déclarée. Que faire ? Déposer plainte pour mauvais traitements, en sachant le temps que met la Justice à réagir, surtout lorsqu'il s'agit d'animaux, tout en redoutant un classement sans suite ? D'autant que si la plainte aboutit, Attila R. sera jugé par le tribunal de police et s'en sortira probablement par le paiement d'une amende. Prévenir les services vétérinaires ? Ces fonctionnaires sont certainement informés, puisqu'à l'entrée du chenil un grand panneau publicitaire indique l'« Élevage du bois de Bompas », proposant à la vente uniquement des chiens de petites races. Mais l'éleveur n'étant pas répertorié à leur service, personne ne viendra au secours des animaux. Nous devons donc approfondir notre enquête.

Grâce à différentes sources qui nous permettent de recouper les informations, nous apprenons bientôt qu'Attila R. organise des combats de chiens avec des Gitans à Perpignan. Mais aucun de nos interlocuteurs ne veut produire de témoignage écrit, Attila R. étant, nous disent-ils, un homme violent. Nous savons aussi qu'il a déplacé beaucoup de chiens pour les cacher chez un de ses salariés, un dénommé François. C'est au printemps 1997 qu'une preuve permettant de saisir la Justice nous parvient enfin. Et cette preuve est horrible.

Ingrid H. est la propriétaire du terrain qu'Attila R. s'était engagé à acheter alors qu'il n'a jamais versé le moindre centime. Fin février 1997, elle se rend sur les lieux, comme souvent, pour s'occuper de son cheval… et donne de l'eau et de la nourriture aux huit chiens présents d'Attila R., détenus dans des conditions honteuses et visiblement affamés. Elle remarque qu'une femelle berger allemand a disparu, et pense qu'Attila R. l'a déplacée dans un autre endroit. Au moment de partir, elle entend un bruit sourd venant d'un cabanon dont la porte fermée est bloquée, alors qu'elle est habituellement grande ouverte. Elle croit qu'il s'agit de rats en train de galoper entre les planches. En faisant le tour, elle accède à la pièce où se trouve, couchée sur des gravats, la chienne à l'agonie, dans un état comateux, gémissant faiblement. Uriel a les yeux ouverts, mais ne bouge pas. La peau de sa tête arrachée et son corps couvert de morsures sont envahis par les asticots, ses oreilles sont disloquées et sa gueule perforée. C'est une vision d'effroi. Uriel, âgée de cinq ans, a déjà été trahie par sa première maîtresse, Marie-France B., qui, prétextant que la chienne était une mauvaise gardienne, l'avait donnée à un individu qui l'avait ensuite cédée à Attila R.

Notre service n'est averti qu'au mois de mai, et nous nous empressons alors de récolter les éléments nécessaires. Dans son témoignage, Ingrid H. nous explique qu'elle a retrouvé son cheval noyé dans une piscine en signe de représailles, car elle a prévenu l'association locale SOS Animaux. Joëlle Cinca, inspectrice bénévole, a recueilli Uriel. Elle nous envoie plusieurs photos de la chienne prises bien après sa sortie du cabanon, des certificats vétérinaires et le courrier suivant : « Uriel avait subi 37 morsures, les pattes arrière meurtries par des marques profondes de crocs, la patte avant droite avait l'os à nu. Le vétérinaire m'a dit que si elle s'en sortait ce serait un miracle. Au bout de sept jours, elle a commencé à bouger. On lui a fait un second curetage de toutes les chairs abîmées, une oreille est tombée. Le pue coulait des plaies et il reste un moignon de l'autre oreille. Cela fait maintenant trois mois de soins intensifs et grâce à beaucoup d'amour cette pauvre bête commence à peine à revivre. Je suis horrifiée que des êtres humains se comportent avec tant de cruauté. » Quant aux vétérinaires, leur constat est sans appel : Uriel est la victime d'entraînement aux combats de chiens… et n'avait aucune chance face à la mâchoire des pitbulls.

Nous déposons plainte auprès du procureur de la République de Perpignan le 30 mai 1997. Le service juridique de la SPA me met en relation avec Maître De G. Je lui transmets les nouvelles informations qui nous parviennent. Le journal *Midi libre* a titré le 23 avril 1997 « Plusieurs bergers allemands retrouvés agonisants », dénonçant les combats de chiens dans le département… et depuis les langues se délient.

Cédric R., qui recherche son chien volé dans sa voiture, se rend chez Attila R. et nous écrit le 5 février 1998 : « Dans son garage au rez-de-chaussée se trouvent trois caniches blancs attachés et enfermés dans une cage artisanale, visiblement en mauvaise santé. Ce monsieur leur parle avec agressivité. Mais pas de signe de mon chien Micky. D'autre part avenue du Moyen Vernet dans la cité des Gitans j'ai aperçu à plusieurs reprises un nombre de chiens de race berger allemand et rottweiler attachés à des pylônes en béton. En 1996 j'ai signalé à la gendarmerie de Saint-Cyprien la découverte d'un berger allemand roué de coups, les pattes liées avec une corde et l'oreille arrachée. Il se trouvait sur la route de Canet. Aucune nouvelle des 17 chiens volés à Bélesta, dès que j'apprendrai d'autres faits je vous les communiquerai le plus rapidement possible.

Micky est un berger allemand croisé lévrier, il a les yeux en amande et le poil ras couleur noir et fauve. »

Uriel décède le 4 mars 1998. Cette chienne si douce a survécu un an à ses blessures, grâce à Joëlle Cinca qui a su lui donner l'envie de vivre. Elle ne souffrait plus, mais le vétérinaire, consulté la veille de sa mort, a indiqué que les morsures avaient entraîné des lésions très graves et définitives à la tête ainsi qu'une altération progressive et irrémédiable de l'état général.

Le procès en correctionnel doit se tenir le lendemain de la disparition d'Uriel ; mais l'avocat d'Attila R. demande un report.

Le jeudi 7 mai, dès 8 heures, je suis présente dans la salle d'audience du tribunal de Perpignan. Attila R., grand, costaud, la quarantaine, me fusille du regard. Moi, j'ai Uriel dans le cœur. Il affirme qu'il a déjà été condamné à payer une amende de 3 000 francs pour mauvais traitements par le tribunal de police le 10 novembre 1997, suite à une plainte déposée auprès de la gendarmerie le 17 mars par la présidente de SOS Animaux, ce que nous ignorions. Le préfet des Pyrénées-Orientales aurait également été informé par l'association de la tenue de combats de chiens dans son département. Aussi, d'après Attila R., ce nouveau procès est une farce.

Il est poursuivi pour abandon volontaire d'un animal domestique et non-paiement à l'URSSAF des cotisations qu'il prélevait sur le salaire des sept personnes employées par sa société de gardiennage et sécurité S.G.P. Le préjudice s'élevait à 65 700 francs (10 016 euros) en avril 1997, ce que le prévenu reconnaît et justifie par des difficultés financières. Mais quand le calvaire vécu par Uriel est évoqué, Attila R. se défend en mentant avec un aplomb sidérant. Il ne sait pas, ne comprend pas, affirme n'avoir pas constaté l'état de la chienne et va jusqu'à prétendre l'avoir vue en bonne santé le 13 mars, soit plus de quinze jours après sa découverte dans le cabanon par Ingrid H. Révoltée par tant de lâcheté, je demande à notre avocat la permission d'intervenir, ce que m'accorde la présidente du tribunal. Surmontant mon trac, j'évoque l'implication d'Attila R. dans les combats de chiens, son élevage clandestin multi-races et sa brutalité envers les animaux, son absence évidente de compassion pour Uriel et la dangerosité de cet individu.

Attila R. n'interjette pas appel du verdict rendu par délibéré le 9 juillet 1998. Il est reconnu coupable et condamné, sur l'action publique, à un emprisonnement délictuel de quatre mois avec sursis, une amende délictuelle de 3 000 francs (457,35 euros), une amende contraventionnelle de 6 000 francs (914,69 euros), et un droit fixe de procédure de 600 francs (91,47 euros). Sur l'action civile, il doit verser la somme de 5 000 francs à titre de dommages-intérêts et 1 000 francs sur le fondement de l'article 475-1 du Code de procédure pénale à la SPA, la Fondation Brigitte Bardot et SOS Animaux, reçues dans leur constitution de partie civile. Soit 914,69 euros à chaque association.

Ce charmant personnage ne se calme pas pour autant.

Fin septembre 2000, des policiers en patrouille près de la gare de Perpignan procèdent au contrôle d'un jeune homme en possession d'un rottweiler. Incapable de présenter les papiers du chien classé en catégorie 2 par la loi de 1999, le maître est interpellé. Il reconnaît l'avoir acheté chez Attila R., mais ne posséder aucun document relatif à cet achat. Une enquête est ouverte, révélant que cet éleveur n'est toujours pas déclaré, qu'une inscription au casier judiciaire lui interdit d'avoir des chiens de première et deuxième catégorie, et qu'il se livre au travail dissimulé. Une perquisition a lieu le 25 octobre à son domicile, où deux chiens sont saisis, ainsi que sept autres détenus sur un terrain isolé à l'écart du village. Les animaux sont enfermés dans des cages minuscules, à même la terre battue, sans eau ni nourriture. D'après les policiers et le vétérinaire expert qui les accompagne, les conditions de vie des chiens sont atroces. Attila R. est placé en garde à vue. Le lendemain matin, son complice reçoit à son tour la visite des enquêteurs. Huit rottweilers cachés dans un chenil clandestin sont conduits à la fourrière en attendant que la Justice se prononce sur leur sort.

Ces faits, révélés par le journal *L'Indépendant,* sont portés à notre connaissance trois jours plus tard par une bénévole du refuge SPA de Torreilles, qui nous envoie les coupures de presse. Je prends aussitôt attache avec le capitaine de police qui dirige l'enquête. Il me donne le numéro du procès-verbal afin que nous puissions nous constituer partie civile, ce que je fais par un courrier adressé au procureur de la République le 7 novembre 2000. Parmi les chiens retirés se trouvaient un malinois et un dobermann couverts de morsures et, évidemment, des pitbulls. Mais Attila R., petit malin, n'a pas indiqué tous les lieux où se trouvent ses chiens, qui ont échappé à la vigilance policière.

Accaparée par tant d'autres dossiers à traiter, je demande en janvier 2003 les résultats de cette plainte. Le courrier du bureau d'ordre est sans appel : plainte classée sans suite le 2 mai 2002. C'est un encouragement à la récidive pour Attila R.

Les chats aussi

Nous avons souvent rencontré des collectionneurs de chats, surtout des collectionneuses. Si un particulier peut posséder jusqu'à neuf chiens sevrés sans être tenu à la réglementation des installations classées, le nombre de chats, lui, est illimité, ce qui entraîne parfois des dérives inquiétantes.

Le mercredi 3 décembre 1997, Catie et moi sommes conviées à une réunion organisée par la DSV à la mairie de Montferrier-sur-Lez, dans l'Hérault. Des élus municipaux présents ont demandé notre aide, lassés de recevoir les doléances des voisins d'une habitante qui possède plus d'une centaine de chats. Ils se plaignent des nuisances olfactives.

En pénétrant dans la maison de cette femme, nous sommes sidérées par la scène qui s'offre à nous. Les petits félins sont partout, dans les placards, sur l'évier au milieu de la vaisselle crasseuse, dans tous les recoins possibles, certains sont prostrés, les yeux collés par le pue, d'autres atteints du coryza éternuent sans arrêt, beaucoup sont maigres et les plus sauvages courent dans tous les sens. Les rares litières mises à leur disposition débordent d'excréments. On dirait l'invasion d'une armée en déroute survivant dans une saleté indescriptible. Leur propriétaire se montre agressive et refuse le dialogue, affirmant qu'elle aime ses animaux et qu'ils sont bien traités. Elle oublie de dire qu'elle vend régulièrement les chatons. La situation est difficile à résoudre, d'autant qu'elle refuse notre aide. Nous ne pouvons que déposer plainte pour mauvais traitements, en espérant que la Justice la sanctionne, ce qui sera le cas.

Les affaires similaires sont nombreuses. Mes collègues appellent ces femmes « les folles à chats », car leur attitude relève davantage de troubles psychologiques que d'une volonté mercantile.

Bien qu'il soit attaché à ses maîtres, le chat est par nature un animal indépendant. Il est très compliqué de prouver son vol, sauf s'il disparaît d'un endroit hermétiquement clos. En effet, les chats escaladent les clôtures, sont parfois enfermés par inadvertance dans des greniers, caves ou garages qu'ils cherchent à explorer, se font écraser sur les routes, piéger par des chasseurs, empoisonner... et il n'est pas toujours simple de retrouver leurs petits corps. Ils peuvent aussi adopter de nouveaux maîtres s'ils se sentent incompris et trop souvent contrariés par les précédents.

Pourtant, des disparitions inexplicables nous sont fréquemment signalées. Il s'agit dans la majorité des cas de disparitions en série dans des villages, des jardins publics où, du jour au lendemain, il n'y a plus un seul félin alors qu'ils étaient quotidiennement nourris et soignés par les bénévoles des associations. Dans un quartier précis de telle ville, où les habitants affolés parlent d'une véritable razzia sur leurs chats tatoués, stérilisés, dont ils connaissent parfaitement les habitudes. Aucun témoin, pas de passage de la fourrière. Les animaux se volatilisent littéralement.

Nous savons que les trafiquants convoitent les chats pour leur fourrure, pour entraîner les pitbulls à tuer les autres animaux. Mais ils servent aussi parfois à assouvir des goûts culinaires particuliers, à expérimenter la torture, aux rites sataniques. Au fond des caves d'une cité à Persan, dans le Val-d'Oise, la SPA a retrouvé plusieurs cadavres de chats crucifiés, la tête enfoncée dans une boîte de conserve.

L'affaire de Provins est révélatrice de ces rafles organisées : en 1995 et 1996, plus de 150 chats ont disparu dans cette ville de Seine-et-Marne et aux alentours. Malgré le témoignage de deux personnes ayant remarqué de nuit un véhicule suspect (et ayant relevé le numéro d'immatriculation), les nombreux courriers adressés au parquet de Melun et l'ouverture d'une information judiciaire réclamée par notre service, le ou les auteurs de ces enlèvements n'ont jamais été inquiétés. Ces disparitions ont cessé peu de temps après que la presse ait relaté comment deux chats furent retrouvés à un mois d'intervalle et à 80 kilomètres de l'habitation de leurs propriétaires. Le premier, un chat tigré, portait diverses cicatrices étranges ainsi que des plaies ouvertes et suintantes faisant penser à une peau recousue. L'autre, un siamois, fut découvert dans les égouts, amaigri, borgne, les dents brisées, mal en point mais vivant. Les autres, tous les autres, sont toujours portés disparus.

S'il est très rare de retrouver les voleurs de chats, il arrive parfois que la chance soit avec nous. Suivant les commandes ou la destination, les malfaiteurs opèrent en série ou bien n'attrapent qu'un seul animal du quartier, pourvu que ce dernier corresponde à la race convoitée. Il est alors destiné aux marchands d'animaux pour la vente ou la reproduction. Pour capturer les chats, les trafiquants utilisent souvent des nasses ou des filets. Mais parfois ce sont de simples particuliers qui agissent de la sorte pour, prétextent-ils, arrondir leurs fins de mois.

Depuis le mois de septembre 2002, je suis en relation constante avec François G., auquel la cour d'appel de Paris donnera raison le 31 octobre 2003, en condamnant Josiane B. à lui verser la somme de 1 200 euros.

Le 8 août 2002, Josiane B., qui demeure en Seine-Saint-Denis, ramasse le chat de race persan près du domicile de la famille G., et accepte de le restituer contre une somme exorbitante correspondant à des frais de toilettage et de soins vétérinaires injustifiés. Josiane B. présente une carte d'adhérente à la fondation Brigitte Bardot et réussit à convaincre les gendarmes de sa « bonne foi ». Pourtant, le fait d'adhérer à une association de protection animale ne donne pas le droit de s'accaparer des animaux identifiés qui ne nous appartiennent pas. Après une multitude de démarches entreprises par François G., et le prix de la rançon qui augmente avec le temps, le chat est rendu à ses légitimes propriétaires six mois plus tard. Amaigri, malade, il décède deux jours après sa restitution. Et Josiane B., qui interjette appel de la première décision de justice, réclame toujours son dû ! Elle perd définitivement en 2003, mais la somme qu'elle doit payer et qui ne rembourse même pas les frais engagés par François G. pour récupérer son animal ne consolera jamais sa famille, qui demeure très éprouvée par cette affaire.

Florent G., le fils aîné, nous avait écrit à l'insu de son père le 14 octobre 2002 :

« Je suis le fils aîné de la famille G. Comme tous les week-ends j'ai consulté le dossier de mon père sur son ordinateur et dans son classeur car nous n'en parlons presque plus, cela nous fait trop de peine, en particulier à maman qui a déjà des problèmes de santé.

J'ai compris qu'avec le sénateur Larcher vous avez été la toute première personne à nous aider contre des gens très organisés et je sais aussi que sans vous, même mon père, qui a pourtant du caractère, aurait peut-être abandonné. Ce ne sera pas mon cas de toute façon car le chat persan, c'est moi, mon frère Fabien et papa qui l'avons offert à maman pour la fête des Mères. Minou-Minou, c'est son nom, car seul notre vétérinaire l'appelle "Joli cœur", s'est attaché autant à maman qu'à moi. Comme il est très stressé par le bruit des moteurs, nous sommes les seuls avec qui il accepte d'être en voiture et seulement sur nos genoux. Je peux vous dire que c'est très important pour un adolescent comme moi avec mon handicap profond [...] d'avoir eu et d'avoir toujours ce compagnon si gentil, si beau et si câlin. Il est traité ici comme le petit enfant de la famille. C'est bien cruel mentalement pour moi de ne plus avoir mon chat depuis le début d'août alors qu'il n'a jamais été séparé de nous et de le savoir volé par des trafiquants, otage avec rançon et surtout de ne pas comprendre pourquoi on ne nous le rend pas alors qu'on sait où il est. Aussi je vous écris pour vous joindre une copie de ma carte d'invalidité si cela peut vous aider à ce qu'on nous rende notre chat, en espérant qu'il ne sera pas traumatisé. »

Seule, l'opiniâtreté de François G. lui a permis de récupérer son chat. Mais tous les propriétaires d'animaux ne manifestent pas une telle détermination et beaucoup s'emmurent dans leur chagrin. On peut s'interroger sur l'efficacité d'une enquête, menée par les services de police, qui a duré plus d'un an, alors que le chat aurait pu retrouver son foyer en quelques jours, sain et sauf. Je déplore aussi que les autres animaux détenus par Josiane B. n'aient fait l'objet d'aucun contrôle d'identité.

De toutes les exactions commises envers les animaux des particuliers, celle qui génère de véritables tragédies est, sans conteste, le vol.

Les chats, les chiens... les chevaux et tant d'autres animaux sont aussi victimes de vol et de maltraitance.

Nous avons réussi à faire condamner plusieurs individus et obtenu la saisie d'équidés. Des braconniers ont été sanctionnés par la Justice suite à nos plaintes déposées en novembre 1995 contre treize individus dans l'Aude, qui avaient abattu et dépecé un cerf. Toujours dans l'Aude, en mars 1997, contre deux tueurs de daims. En mai 2000, dans l'Allier, contre un président de fédération de chasse qui, avec quatre complices, massacrait des chevreuils en falsifiant les documents officiels.

Les premières années à la cellule anti-trafic furent difficiles, car mes collègues et moi voulions répondre à toutes les sollicitations. Mais notre travail s'arrête quand les autorités prennent le relais.

Il est vrai qu'au cours du temps, nos relations avec les services officiels, principalement la gendarmerie, se sont considérablement améliorées. Mais les militaires, en charge de nombreuses affaires à traiter, ont trop souvent mis nos plaintes sous la pile de leurs dossiers. Idem pour les tribunaux. Je ne leur en veux aucunement, sachant la difficulté de leur mission.

C'est pour cette raison que le 6 juin 2006, je décide d'écrire au directeur de la Gendarmerie nationale pour lui demander la création d'une cellule spécialisée dans la lutte contre le trafic des animaux, ce qui permettrait de relayer efficacement notre travail et atténuerait la sensation vraiment désespérante de vider la mer avec une petite cuillère.

La réponse tant attendue me parvient le 4 août suivant. Dans son courrier très courtois, le général Guy Parayre me conseille de continuer à me rapprocher de l'OCLAESP (office central de lutte contre les atteintes à l'environnement et à la santé publique), même si cela n'est pas la mission première de ce service, car, m'explique-t-il, la gendarmerie ne peut faire mieux, les priorités contre les autres formes de délinquance, notamment les violences contre les personnes, ne lui permettant pas d'aller au-delà.

En mai de l'année précédente, le gendarme Yann D. et l'adjudant Patrice Reiller avaient poussé la porte de notre bureau, rue Dacher, à Vichy. Yann D., spécialiste de la convention de Washington, a quitté ses fonctions peu de temps après, mais Patrice Reiller, très motivé par la cause animale, nous a toujours aidés… quand sa hiérarchie le lui permettait.

L'HOMME AUX DEUX CENTS CHIENS

J'ouvre le portillon et pénètre dans une cour bordée d'une maisonnette, prolongée par un grand champ. Catie me suit et nous restons ébahies par la scène qui s'offre à nos yeux. À une trentaine de mètres, un homme est debout, encerclé par une meute pacifique de chiens de taille moyenne qui se ressemblent tous. On dirait un berger au milieu de son troupeau. Quand il nous aperçoit, il s'avance vers nous d'un pas tranquille, toujours entouré des animaux qui ne semblent pas belliqueux. Nous restons tout de même prudemment immobiles, les voisins immédiats qui nous ont prévenues nous ayant parlé de chiens agressifs. Impossible de les compter, ils s'éparpillent sur le terrain et se différencient seulement par les taches sur leur corps qui se déclinent du noir au brun en passant par le beige et l'orangé.

Les jours précédents, nous avons rencontré un inspecteur du commissariat de Périgueux, Gérard Charollois, vice-président du parquet et grand protecteur des animaux, la déléguée du procureur, pour ce dossier et ceux des trafics de chiens en Dordogne, ainsi que le directeur des services vétérinaires qui sollicitait notre aide. Il est vrai que dans de nombreuses affaires, les fonctionnaires de la DSV se sont montrés laxistes, inopérants, voire – parfois – compromis. Mais dans ce cas, ils ne sont pas concernés, car il s'agit d'un particulier qui s'appelle Jean-Pierre B.

Un soleil timide, prémices du printemps, arrose la cour ce matin du 20 mars 1997. Jean-Pierre B nous fait signe d'avancer vers lui. Devant la porte ouverte de sa masure, nous voyons des chiens entassés autour et sous l'âtre d'une cheminée noire de suie. Partout, partout des chiens. Nous comprenons alors que nous sommes face à un homme vivant dans un grand dénuement et qui s'est laissé, au fil des ans, envahir par des naissances à répétition, aucun animal n'étant stérilisé ni même identifié. Chaque jour, poussant sa carriole, il se rend à pied dans le bourg récolter chez le boucher et au supermarché de la viande pour ses animaux. Certains sont maigrelets. À sa façon de distribuer la nourriture, il est évident que les plus forts mangent à leur faim et que les autres se contentent des restes.

Nous amorçons une discussion avec Jean-Pierre B., conscient du problème, mais qui s'entête en affirmant qu'il se suicidera si on lui enlève ses chiens. C'est l'arme fatale pour la DSV qui, surtout, ne veut pas faire de vagues. Nous réussissons à le persuader que nous lui laisserons les animaux qu'il voudra garder, à condition qu'il accepte qu'ils soient stérilisés par les vétérinaires de la SPA. Quant aux autres, ils seront répartis dans les refuges les plus proches. Les négociations, longues, finissent par aboutir.

Nous n'avons pas pu suivre cette affaire jusqu'au bout, mais espérons que la DSV n'a pas réglé le problème par l'euthanasie des animaux, comme elle l'a déjà fait, ailleurs, dans le passé.

Jean-Pierre B n'est qu'un pauvre homme qui aime trop, mais trop mal, ses chiens... les mettant dans une situation périlleuse au regard de la loi et surtout compromettant leur avenir – eux qui, hélas, ont une si courte vie.

Il était un petit âne…

Le voyageur qui découvre ce petit village accroché sur les flancs de la montagne, embaumé par l'odeur des mimosas en février, aux ruelles étroites et tortueuses, le trouve certainement pittoresque. Mais Villanueva de la Vera, perdu dans la province de Càceres, a acquis une renommée internationale en symbolisant à lui seul la cruauté de certaines traditions espagnoles.

Le Mardi gras est prétexte au carnaval et à la fête. Bonne humeur, costumes typiques, musiciens, excès de nourriture et de boisson avant le carême. C'est ainsi dans toute la province… sauf à Villanueva de la Vera, où les réjouissances se transforment en chemin de croix pour le plus vieil âne de la bourgade.

Au Moyen-Âge, un homme s'est enfui sur son âne après avoir violé une jeune fille. Les habitants en colère l'ont rattrapé et lapidé, lui et son animal. Depuis, une fois par an, les villageois traînent un âne terrorisé dans toutes les venelles sinueuses du village. L'homme qui monte dessus est le plus lourd, il représente « Pero Palo ».

Cela fait plusieurs années que la fondation Brigitte Bardot et de nombreuses associations européennes tentent de mettre fin au calvaire du petit âne. Grâce aux protecteurs, relayés par les médias, le sort de l'animal semblait s'être un peu amélioré, ce qui avait relâché la vigilance des associations. Terrible erreur, car sans témoins, les violences ont repris de plus belle.

Nous venons donc pour la première fois apporter notre soutien. Je représente la SPA, accompagnée de Didier, un collègue chargé de mission.

Le maire de Villanueva de la Vera est furieux : par l'intermédiaire des journaux nationaux, l'équipe anglaise « Donkey Sanctuary » a lancé un appel aux Espagnols les jours précédents. C'est ainsi qu'il a reçu des centaines de lettres et appels téléphoniques de protestations de ses concitoyens... en plus de celles des pays de l'Europe de l'Ouest.

Auparavant, avant le début des festivités, l'âne était enfermé dans la mairie, maintenu dans l'obscurité avec une vingtaine d'hommes, les plus excités. Ils le battaient et lançaient des pétards sous ses sabots.

L'âne du mardi 11 février 1997 est un animal plus jeune et plus robuste. Son propriétaire, que nous avons rencontré la veille, ne semble pas avoir été d'accord pour le prêter... mais n'a pas osé s'opposer à la détermination populaire.

Arrivé dans un camion, le petit âne gris est tiré par des enfants à l'aide d'une longue corde, et aussitôt le cortège bruyant se met en marche. Pendant plus d'une heure, le pauvre animal est malmené, entouré par une foule d'individus avinés et agressifs. Cette marée humaine l'étouffe, le frappe. Des coups de fusil éclatent à ses oreilles, sous ses pattes, et le roulement lancinant des tambours se mêle aux psaumes de la foule. C'est effrayant. Cela tient à la fois de la procession et du lynchage collectif.

Nous essayons de prendre des photos pour témoigner, car il est impossible de s'opposer à cette hystérie. Nous le suivons, souvent plaqués contre les murs par des villageois menaçants qui nous empêchent de photographier la scène, alors qu'il est indiqué sur un dépliant que la fête du « Pero Palo » est d'intérêt touristique. Dans une ruelle particulièrement dangereuse, ce sont Christophe et Franck, de la fondation Brigitte Bardot, qui viennent à mon secours en m'aidant à grimper sur un muret haut perché pour échapper à la horde de sauvages qui s'avance.

Je parviens parfois à apercevoir le petit âne épuisé qui trébuche. Ces abrutis le relèvent sans ménagement en le tirant par les oreilles ou la queue. Son museau est trempé, il a la gueule ouverte, les naseaux dilatés, tentant désespérément de reprendre son souffle.

À la fin des réjouissances, l'âne, tremblant de peur, est ramené chez son propriétaire après avoir été ausculté par le vétérinaire de l'association anglaise. Tous les amis de la protection animale ont le cœur serré.

Nous sommes à la fin du XXe siècle ! Combien de temps faudra-t-il encore pour que cesse une telle barbarie ?

Le chouchou de la DSV

Vu du ciel, cela ressemble à des cultures maraîchères qui s'étendent sur près de trois hectares, avec plus de quatre cents petites parcelles carrées ou rectangulaires, chacune entourée d'un muret en plaques de fibrociment. En 1990, lorsque Stéphane, un militant de la protection animale, survole le site en ULM, il comprend que les présumés légumes sont les chiens de l'élevage « Le nid des flibustiers ».

Flibustiers, certes, car ces pirates arrangeaient bien, jadis, les affaires des royaumes conquérants qui, replacés dans le contexte actuel, sont les animaleries et le négoce canin. Quant au nid, il doit s'agir du nid-de-pie situé au sommet du plus haut des mâts d'un navire, où le guetteur prenait place. À l'époque, d'après Stéphane, des hommes armés auraient empêché toute intrusion sur les lieux. Mais l'autre nid, qui demeure un endroit douillet préservé de toute agression, ne peut être que celui des tenanciers de cet endroit sordide.

Yves R. et sa femme détiennent plus de 1 000 animaux. Les chiens exposés aux intempéries, ne pouvant s'échapper de leur enclos surmonté de fils électriques, n'ont pour abri qu'une tôle en arc de cercle enfoncée dans la terre ou posée sur des parpaings.

Quand je revois Stéphane en 2001, il est désemparé. Une plainte a été déposée, mais l'inévitable DSV a fait en sorte qu'elle soit classée sans suite. Pour

Monsieur O., technicien des services vétérinaires, cet élevage est parfait. Alors que partout ailleurs il est exigé que les boxes des animaux soient bétonnés, ici les chiens marchent dans des parcs remplis d'herbes folles et de cailloux. Ils ne sortent jamais de l'espace restreint où ils sont confinés par deux ou trois, un mâle et deux femelles. C'est un camp de reproduction.

En juin 1997, accompagnée par Jacqueline Faucher, j'avais fait part à Bernard Vallet, lors d'un rendez-vous au ministère de l'Agriculture, des nombreux problèmes que nous rencontrions déjà avec la DSV. Nous avions évoqué entre autres l'élevage du « Nid des flibustiers ». Mais rien n'a été fait depuis. Plusieurs entrevues auront lieu au fil des ans avec différents interlocuteurs et aucune directive ne sera donnée pour que les services de l'État s'intéressent enfin à la protection des animaux.

C'est en avril 2005, lors d'une rencontre avec le Dr Franck C., que j'obtiens de nouveaux renseignements sur les activités d'Yves R. Le vétérinaire me remet le compte rendu de la visite qu'il a effectuée en 2002 chez l'éleveur, dans le Tarn-et-Garonne. Le rapport de seize pages est édifiant : pas de local infirmerie, une seule personne pour s'occuper des soins, les femelles reproduisent à chaque chaleur et jusqu'à leurs 9 ans, 492 mises bas en 2002, 2 036 chiots nés vivants, 340 sont morts à la naissance, 550 chiots morts avant l'âge de 8 jours et 97 sont décédés entre 8 jours et 2 mois, chiots vendus à 8 semaines pour les petites races et 9 semaines pour les grandes, les animaux ne sont pas socialisés, élevage multiraces en plein air créé en 1986 qui fournit surtout les animaleries, les livraisons sont effectuées par le SERNAM, il y a dix degrés de différence entre le jour et la nuit, les croquettes sont distribuées en libre-service, les parcs maternité sont nettoyés deux fois par semaine. Les deux vétérinaires écrivent aussi qu'il leur a été impossible de tout voir, Yves R. se montrant très méfiant et peu coopératif.

Je ne peux pas exploiter ce document qui m'a été remis confidentiellement, et soupçonnant la DSV de protéger cet individu, je sais qu'il nous faudra rassembler d'autres preuves de maltraitance pour saisir la Justice.

Notre bureau est toujours rue Dacher à Vichy, où Pépita, Jacky, Patrice et moi sommes rejoints en novembre 2005 par Jean-Michel. Adjudant-chef en Nouvelle-Calédonie, il a vu un reportage sur la cellule anti-trafic. Proche de la retraite de la Gendarmerie nationale, il souhaite participer à nos côtés au combat contre le trafic des animaux. Pour la première fois, nous sommes cinq... et ce n'est pas du luxe !

Jean-Michel apporte beaucoup à notre service. Sa rigueur et sa connaissance de la présentation des rapports d'enquête auprès du parquet nous permettent d'évoluer (malheureusement, pour des raisons de santé, il prendra un repos bien mérité au printemps 2009). Quant à Jacky, il quitte la cellule en mars 2007.

Nous sommes donc à nouveau quatre salariés lorsqu'en juin 2007 nous aménageons dans un nouveau lieu, le local rue Dacher étant devenu inadapté. La sonnerie du téléphone qui retentit toute la journée, l'impossibilité de s'isoler pour se concentrer sur les dossiers ont fait que mes collègues ont revendiqué, à juste titre, des conditions de travail décentes. De plus, une tentative d'intrusion qui nous a obligés à barricader la porte avec des barres de fer a achevé de me convaincre : il fallait partir. La recherche de ce nouvel endroit ne fut pas simple : trop insalubre, trop petit, trop cher... Ma rencontre avec la responsable d'une agence immobilière fut décisive. Alors que toutes les personnes contactées avaient refusé de nous louer un appartement, elle accepta, d'autant qu'elle était l'amie du propriétaire et qu'elle savait que le règlement du loyer par la SPA ne poserait aucun problème. La cellule anti-trafic ne recevant pas de public, les voisins ne seraient pas dérangés. Seuls, parfois, des gendarmes, douaniers, policiers ou journalistes nous rendront visite.

C'est ma petite équipe qui se charge du déménagement à l'aide d'un Kangoo, notre véhicule de service. Trois jours plus tard, nous sommes installés au troisième étage d'un immeuble situé au bord de l'Allier. Nous pouvons voir, en contrebas, couler la rivière sauvage. C'est le lieu le plus propre, le plus lumineux, le plus fonctionnel et le plus sécurisé, grâce à l'interphone, que j'ai connu depuis mes débuts à la cellule anti-trafic. Pépita aménage son bureau dans la première chambre, Jean-Michel dans la seconde, Patrice et moi dans la salle à manger. Le salon accueille sur des étagères tous nos dossiers classés par ordre alphabétique et le dressing abrite nos archives. Cerise sur le gâteau, nous disposons d'un garage ce qui nous évite de gratter le pare-brise les matins glacés d'hiver quand nous partons en enquête.

En 2008, nous tentons une nouvelle approche. J'ai gardé en mémoire l'élevage sordide que l'on m'a décrit.

Nous n'avons pas de nouvelles informations, sinon deux courriers reçus relatant l'achat dans des animaleries fournies par Yves R. de chiots présentant de graves troubles du comportement.

Ce 18 septembre, Jean-Michel arrive en fin de matinée chez Yves R. Aucune indication n'est visible à l'exception d'un morceau de bois fixé sur un arbre sur lequel on lit « Les romarins ». Une chaîne rouge et blanche et deux panneaux « propriété privée – défense d'entrer » interdisent l'accès au domaine. Personne n'est en vue, sauf un employé de la DDE qui travaille sur un chantier à proximité. Il confirme à Jean-Michel qu'un élevage de chiens se trouve sur le plateau, mais il n'en sait pas davantage. Notre collègue décide d'effectuer une reconnaissance du site en passant à pied par le bois. Il découvre alors, sur plusieurs hectares, de nombreux parcs en forme de cercle, fermés par une sorte de palissade. Ces derniers sont disposés de chaque côté d'une piste qui mène sans doute à l'élevage principal. Au centre des enclos, un abri construit de façon rudimentaire est censé protéger les animaux. Il peut voir deux labradors adultes qui errent sur un terrain en friche envahi d'herbes hautes. La présence de Jean-Michel provoquant l'aboiement des chiens, il décide de partir avant d'être repéré : Yves R. n'hésiterait certainement pas à saisir la Justice, qui se montre bien plus sévère lorsqu'il s'agit d'une intrusion sur un domaine privé que pour les maltraitances infligées aux animaux.

La configuration des lieux se prête parfaitement à l'exploitation discrète d'un élevage canin à grande échelle, qui s'apparente à une véritable usine à fabriquer des chiots. Seule la DSV peut y avoir accès, et compte tenu des témoignages recueillis en amont, il est vraisemblable que les contrôles, dans l'hypothèse où ils sont effectués, restent sans effet.

En octobre 2010, nous apprenons par l'un de nos informateurs que l'éleveur fait des promotions sur la vente de chiots de race golden retriever : « Pour un chiot acheté, le deuxième est offert. » Il cède aussi depuis quelques années à des associations ou à des particuliers les chiens de réforme, trop vieux et trop usés pour reproduire, ou atteints de déficiences physiques. C'est ainsi qu'il s'est débarrassé d'un lot de Saint-Bernard car il n'y avait aucune demande pour la vente de ces animaux. Yves R. voulait les faire euthanasier. Jérôme B. a récupéré un de ces chiens afin qu'il puisse enfin vivre heureux. Mais il était malade, pouvant à peine bouger. Jérôme était obligé de le porter pour qu'il tienne debout. Ce chien est mort chez le vétérinaire trois jours plus tard. Il avait les muscles endommagés, ayant passé toute sa vie dans un espace réduit, et souffrait d'une piroplasmose par manque de soins.

Brigitte K., très impliquée dans la protection animale, nous avait contactés et fait parvenir des témoignages de transporteurs. L'un d'eux dénonçait des conditions de transport inadmissibles, des chiots entassés dans des véhicules sans ventilation, enfermés à l'intérieur de cartons percés de quelques trous et perchés sur cinq étages. De ces cartons sortaient des cris plaintifs et la chaleur dans le camion était insoutenable. Une soixantaine d'animaux en provenance de l'élevage d'Yves R. étaient acheminés vers des animaleries. Le chauffeur précise qu'il doutait fortement que les chiots puissent respirer dans ce four ambulant. Mais que faire quand la DSV, interlocutrice privilégiée du procureur, ne trouve rien à redire ?

De nouveaux éléments tant espérés nous parviennent début septembre 2012 par Brigitte K. Cette femme déterminée a rencontré un salarié de l'élevage qui accepte de parler. Il a l'intention de démissionner, ne supportant plus la maltraitance récurrente envers les animaux. Il souhaite rester anonyme dans un premier temps, afin de nous remettre les preuves nécessaires pour notre action en justice.

Je réussis à joindre le jeune homme au téléphone deux jours après l'appel de Brigitte K. Il hésite à témoigner, car il craint les réactions de son patron, mais je parviens à le convaincre de m'expliquer dans un premier temps comment Yves R. gère son entreprise. Ce que m'apprend Florian est stupéfiant. Je note ses révélations en évitant de lui poser des questions :

Le vétérinaire de l'élevage, le docteur B., ne refuse jamais une euthanasie. Six salariés sont présents pour 750 chiens âgés de plus de quatre mois, trois sont dévolus au nettoyage et les trois autres aux soins (Florian est polyvalent). Chaque jour, deux à trois chiennes mettent bas. Les chiots sont uniquement vendus aux animaleries. Les enclos ne sont pas aux normes, il n'y a aucun parc de détente et les bagarres sont nombreuses. Les chiens n'ont pas d'ombre, sauf celle de la tôle métallique qui sert de toit. Ces tôles ne sont pas fixées, et c'est ainsi qu'une chienne s'est ouvert le ventre. (elle a été soignée avec du bleu de méthylène). Il n'y a ni chauffage ni lumière dans les enclos. Des lampes chauffantes à l'intérieur des niches sont installées dans les parcs pour la maternité. Les femelles y sont enfermées deux semaines avant la mise bas et quittent les parcs de maternité neuf semaines après. Les excréments dans ces parcs sont nettoyés après le départ des chiens et ne sont jamais ramassés dans les autres enclos. La DSV prévient l'éleveur un mois avant les contrôles. Aucune construction en dur n'existe sur l'élevage. Les soins, les tatouages, la tonte de certains chiens se font dehors, par tous les temps. Yves R. frappe souvent les chiens à coups de poing et de pied. L'éleveur et ses employés vaccinent eux-mêmes les reproducteurs et les chiots, ce qui est interdit quand ils sont mis à la vente. Il tatoue les chiens alors que c'est son ex-femme, Annelies, qui est tatoueur agréé. Yves R. fait également effectuer le tatouage à la pince par les salariés. Florian a ainsi tatoué 43 chiots, mais son patron considérant que c'était mal fait, il a été obligé d'assister à l'euthanasie de deux animaux. Yves R. était associé avec son ex-femme, qui n'était pas brutale avec les chiens, et lui interdit désormais l'accès à l'élevage. Elle vit dans une maison sur les lieux. Les documents de l'élevage sont entreposés dans une cave, laquelle dispose d'une petite pièce dans laquelle sont enfermés les chiots malades, souvent laissés sans soins.

Florian accepte de m'envoyer des photos, mais aucun témoignage écrit pour le moment.

Tous les signalements portés à ma connaissance, par différentes sources, sur le fonctionnement de cet élevage concordent. Cependant, je n'ai rien de concret pour agir. Et alors que je raccroche le téléphone, je ne sais pas encore que le pire est à venir…

Je décide d'envoyer un collègue rencontrer Florian afin de le persuader de témoigner. C'est Julien qui se rend dans le Lot-et-Garonne le 20 septembre. Après le départ de Jean-Michel, Julien a été engagé le 20 avril 2009 (Sandra, l'a été le 1er juillet, puis Caroline en février 2011).

À son retour, Julien est déçu car Florian ne lui a pas apporté de nouveaux éléments probants. Il a seulement confirmé tout ce qu'il m'avait révélé lors de notre conversation téléphonique et a insisté sur les nombreuses bagarres. Les chiennes usées par les maternités à répétition refusent souvent le mâle qui leur est imposé, et ce dernier est régulièrement mordu. Tout comme l'avait fait Jean-Michel, Julien s'est rendu sur l'élevage en passant par le bois et a constaté les mêmes faits : enclos électrifiés, abris précaires, sols pierreux jonchés d'excréments...

Les animaux sont en grande souffrance. Je refuse d'attendre plus longtemps et je dépose plainte contre Yves R. auprès du procureur de la République près le tribunal de grande instance de Castelsarrasin le 19 octobre 2012.

En cette fin d'année 2012, la situation commence enfin à se débloquer.

La cellule anti-trafic est invitée à l'école nationale des services vétérinaires de Lyon. Cécile D., référente nationale protection animale, nous a demandé d'intervenir lors d'un colloque intitulé « Gestion des cas de maltraitance envers les animaux ». Le jeudi 22 novembre, Julien et moi exposons plusieurs cas litigieux aux représentants des DSV présents. Alors que nous abordons la situation de l'élevage du « Nid des flibustiers », photos et vidéo à l'appui de nos doléances, une rumeur d'indignation s'élève dans la salle. Personne ne comprend comment une telle structure peut encore exister (la DSV du Tarn-et-Garonne est absente, mais nous apprendrons que des explications lui ont été demandées suite à notre exposé des faits).

Cécile D. est une femme dynamique et ouverte au dialogue, ce qui me change des molassons auxquels j'ai habituellement affaire. Mais malgré nos échanges cordiaux et constructifs, je comprends qu'elle ne dispose pas de tous les pouvoirs pour intervenir dans les services départementaux. Cependant, le 18 décembre, je suis contactée par Rachid B., qui souhaite réaliser un contrôle de l'élevage avec la cellule anti-trafic. Je ne donne pas suite à cette proposition, car je sais que la DSV va essayer de nous manipuler et de se justifier (d'ailleurs, les fonctionnaires de ce service seront mis en cause par l'avocat d'Yves R., qui leur reprochera leur hypocrisie dans cette volte-face alors qu'ils ont toujours cautionné les activités de l'éleveur).

Ce même 18 décembre, Florian est porteur d'une excellente nouvelle : Marie Dubos, responsable du refuge local de l'ARPA, a convaincu César, salarié depuis deux ans sur l'élevage, de l'accompagner pour rencontrer une journaliste de l'hebdo *La Feuille* à Villeneuve-sur-Lot. Dans un premier temps, Marie Dubos souhaitait se constituer partie civile sur notre plainte, puis elle a préféré déposer la sienne. Cette femme persuasive a également réussi à introduire une personne de confiance pour travailler chez Yves R. Elle pourra témoigner le moment venu.

Deux mois plus tard, en février 2013, je suis contactée par la gendarmerie de Montaigu-de-Quercy, chargée de l'enquête. L'article de *La Feuille*, intitulé « Des chiens et des hommes dans l'enfer d'un élevage », vient d'être publié sur plusieurs pages. Il a fait grand bruit et a secoué, semble-t-il, l'inertie des autorités. Ce que révèle César est révoltant. En plus des faits que je connaissais déjà, je découvre le sadisme de l'éleveur. « J'ai été engagé en 2011 comme ouvrier agricole, raconte César. Nous sommes sept salariés pour s'occuper de plus de 750 animaux répartis sur plusieurs hectares. Beaucoup craquent et démissionnent. Il y a un turn-over continuel et une annonce de recrutement est affichée en permanence dans les locaux de Pôle emploi. Ceux qui n'acceptent pas de travailler le dimanche sont envoyés par le patron à la castine, pour tirer la caillasse qui sert de sol aux animaux. Notre contrat d'embauche n'est pas respecté. J'ai la boule au ventre quand j'arrive le matin. Je constate l'étendue des dégâts. Certaines femelles sont maigres à faire peur, un jour j'en ai trouvé une en train de manger les pattes de son petit qui tétait. Les mères sont gardées si elles reproduisent, sinon elles sont euthanasiées. Après l'euthanasie, c'est la camionnette puis le congélo. Je ne supporte plus cette situation. Dans l'élevage, les méthodes sont rudes. Pour faire comprendre la discipline à un chien le patron préconise de lui maintenir la truffe sur le fil électrique jusqu'à ce qu'il obéisse. Les animaux livrés à eux-mêmes, sans contrôle, sont très agressifs pour certains ou présentent des troubles de comportement ainsi que les chiots qui naissent dans un tel environnement. Je sais que beaucoup seront ingérables, anormalement craintifs et, sans doute, abandonnés par ceux qui les ont achetés dans les animaleries fournies par cet élevage. Les salariés doivent utiliser des anesthésiques pour endormir les chiens méchants afin de les tondre ou les soigner. Ils manipulent tous les produits dont ils ignorent la potentielle dangerosité. Ils n'ont pas de gants. Ils pulvérisent des désherbants dans les parcs et il en tombe dans les bacs d'eau pour les chiens. Les produits d'entretien sont entreposés avec les médicaments et la nourriture dans le même frigo. »

César, qui aime les animaux, est dans un état dépressif. Ne sachant où trouver de l'aide, il s'était confié à un vétérinaire qu'il connaissait et lui avait montré des photographies prises discrètement sur l'élevage. Horrifié, le praticien avait alerté la journaliste, qui avait aussitôt prévenu l'ARPA de Marie Dubos.

Dans l'article de *La Feuille,* les commentaires du vétérinaire sur les onze photos publiées sont éloquents. « C'est un élevage industriel, hors sol. On note qu'il n'y a pas un seul arbre, donc pas d'ombre, des mauvaises herbes, des abris en tôle n'isolant ni du froid ni de la chaleur. On voit une mère les mamelles pendantes, elle est d'une maigreur extrême avec une déformation au niveau de l'arrière-train, on voit qu'elle a souffert. Un chien a une plaie non cicatrisée avec une zone nécrotique noire. Les chiots boivent une eau remplie d'asticots. Les croquettes sont, elles aussi, truffées de vers qui remuent (visibles sur la vidéo). Dans le bac, de l'eau croupie, et à droite sur la photo d'autres croquettes collées sont impropres à la consommation. Là ce sont des animaux malformés. C'est peut-être une anomalie génétique ou cela est dû aux produits toxiques. Ici je vois des femelles absolument cachectiques, c'est catastrophique. Sur la photo suivante, il y a des cadavres dans une voiture avec le sang qui s'écoule. Sanitairement c'est désastreux et humainement je n'en parle même pas. Là encore une cachexie, saillie osseuse, vertèbres visibles, bassin, côtes et même le fémur est apparent sous la peau. »

Les conclusions du vétérinaire après avoir analysé tous les clichés sont les suivantes : maltraitance par manque de soins, d'alimentation. Les chiots sortent d'ici avec une entité de pathologie comportementale appelée syndrome de privation. Les normes obligatoires des élevages ne sont pas respectées et l'hygiène est négligée. Il espère que les euthanasies sont effectuées exclusivement par un professionnel car, dit-il, les injections intraveineuses nécessitent une certaine technicité et, si elles sont mal faites, la souffrance de l'animal peut être extrême. Il reste à se demander quel vétérinaire peut cautionner une telle situation et ce qu'en pense la DSV en charge des contrôles puisque le site existe depuis plus de vingt ans.

Sur la page 17 de l'hebdo *La Feuille*, la photographie est particulièrement choquante. Yves R. donne ses consignes aux employés et sur un tableau il est écrit à côté d'une femelle lhassa apso « nez coule, malade, laisser mourir puisque pas le temps de faire les soins ». Deux lignes plus bas c'est un mâle westie qui est concerné : « très mal en point, yeux collés, laisser mourir ».

Ces images sont diffusées lors du journal télévisé de France 3 le 20 février 2013 et un article est publié dans le quotidien *La Dépêche* deux jours après.

En effectuant des recherches, je découvre que le fils d'Yves R. a créé une société intermédiaire du commerce en animaux vivants. Sur le site internet Leboncoin, il vend les chiens de son père.

Le temps passe, rien ne bouge. Cinquante animaux meurent chaque mois, mais cela n'émeut personne. En juin 2013, la DSV n'a pas encore dressé de procès-verbal sur ses constatations et une visite de plusieurs sommités de l'école vétérinaire de Maisons-Alfort doit avoir lieu au mois de juillet. En octobre 2013, je téléphone à Carole G., en charge du dossier à la DSV de Montauban. Elle attend la décision de l'UMES (unité de médecine de l'élevage et du sport), trouve que la situation de l'élevage n'est pas si terrible et que la mortalité des chiens n'est pas énorme…

Nous nous procurons la liste des chiots disponibles à la vente en cette fin d'année. Le stock, pour employer les termes de ces marchands de vie, s'élève à 138 pour le dernier trimestre. La production semble avoir diminué.

Nous ne pouvons pas nous consacrer à l'avancée de ce dossier tous les jours quand nous en avons tant d'autres à traiter. Cependant, Pépita relance régulièrement les tribunaux pour connaître le devenir de nos plaintes. Ainsi, le 18 février 2014, son interlocutrice du bureau d'ordre du TGI de Montauban l'informe que le dossier est reparti pour complément d'enquête et qu'il convient de rappeler d'ici trois mois.

Un renseignement capital nous parvient en avril : Yves R. ferme son élevage et donne les chiens par lots de trente à une association allemande dirigée par Erika Heilmann, que nous connaissons favorablement.

Fin octobre 2014, nous apprenons que le dossier auquel trois procédures ont été jointes vient d'arriver sur le bureau du procureur. Comme il est très volumineux, il faut laisser plusieurs mois au magistrat pour le traiter. Lorsque je quitte la cellule anti-trafic le 31 décembre 2014 au soir, je ne sais pas si un procès va avoir lieu.

C'est aujourd'hui, en écrivant ce livre, que je suis informée du classement sans suite de la plainte déposée par Marie Dubos et de la nôtre qui a eu lieu le 16 mars 2015 au motif de preuves insuffisantes. Il est vrai que toutes les révélations apportées par le courageux César nous sont parvenues après notre courrier adressé au procureur de la République. Mais comment comprendre un tel résultat ? César, licencié en juillet 2013, a gagné son procès intenté devant le conseil des prud'hommes de Montauban le 9 mars 2015 contre l'EARL « Le nid des flibustiers ». Yves R. a été condamné pour harcèlement moral, licenciement illicite, et a aussitôt relevé appel de cette décision. Le 17 mars 2017, les magistrats de la cour d'appel de Toulouse ont confirmé le premier verdict. Je vous livre deux extraits du jugement qui valident les preuves que César a versées dans cette affaire :

« Il était en effet demandé aux salariés en dehors des travaux de nettoyage, d'alimentation, d'effectuer des tatouages (ce qu'a reconnu le gérant de la société lors de l'inspection du 21 février 2013) et des vaccins sans qu'ils soient habilités pour cela. »

« Ordonner à un salarié de laisser mourir un chien malade ou de maintenir son nez sur un fil électrique afin de donner une leçon à l'animal ne peut que déstabiliser, au regard de la brutalité du procédé, le salarié devant être nécessairement le témoin de la souffrance animale générée par ces ordres. »

Les questions que je me pose n'ont pas de réponse. Quelles furent les conclusions de l'enquête de la gendarmerie, et surtout pourquoi l'intérêt évident des vétérinaires de Maisons-Alfort pour cet élevage, et par là même du ministère de l'Agriculture ? Yves R. fournissait-il seulement les animaleries ?

En 2017, une enquêtrice de la cellule anti-trafic est retournée sur place. Elle n'a trouvé âme qui vive en ce lieu déserté où tant de chiens ont souffert pendant tant d'années.

Elle s'appelait Sarah

Dans son quartier à Montluçon, l'homme est connu sous le nom de Bouboule. Petit, très gros, très laid, il semble débile. Mais Jean-Claude S. est surtout un ivrogne et, pire encore, un zoophile. Quand son copain Sylvain C. le rejoint en soirée dans son gourbi, la chienne se réfugie sous la table, car elle sait ce qui l'attend. Les deux compères avinés la forcent à boire et la violent à tour de rôle. Dans le voisinage, on entend hurler Sarah.

Plusieurs années auparavant, trouvée errante dans la rue, elle avait été rendue à Jean-Claude S. qui vivait alors dans un HLM avec sa sœur. Celle-ci avait ouvert la porte en petite tenue, son triple ventre pendouillant sur son slip, et n'avait pas remercié la personne qui avait regretté de restituer la chienne à cette poissarde.

Jacqueline Dumontet, femme déterminée à venir en aide aux animaux, emprunte l'avenue où vit Jean-Claude S. pour se rendre à son travail. Elle est alertée sur le martyre que vit Sarah. Elle interroge les habitants de la rue et la voisine immédiate lui confirme que Sarah subit des viols, mais, ajoute-t-elle, « il n'a pas de femme, il faut bien qu'il se soulage ».

Le taudis dans lequel vit Jean-Claude S. a été incendié par la maladresse des deux compères alcooliques et des chiots sont morts dans les flammes. Les forces de l'ordre sont au courant, mais personne, absolument personne ne vient au secours de Sarah, chienne berger belge, malade, terrorisée.

En mai 1998, Jacqueline Dumontet voit Jean-Claude S. traîner dans la rue Sarah qui ne peut plus marcher. Elle l'aborde avec diplomatie, lui proposant de la conduire chez le vétérinaire et, bien sûr, de lui ramener après. L'homme accepte. Après avoir examiné la chienne, le praticien rédige un certificat confirmant un état de santé inquiétant, atteste les viols subis et demande à Jacqueline de ne surtout pas redonner l'animal à son bourreau.

Jacqueline Dumontet rencontre alors mademoiselle R., la tutrice de Jean-Claude S., qui connaît la situation... mais qui n'a jamais prévenu la SPA. Elle se justifie par ces mots : « Écoutez, je fais mon travail, vous, faites le vôtre ! »

Sarah est confiée le 18 mai 1998 à des amis de Jacqueline afin que Jean-Claude S. ne la retrouve pas.

Madame N., qui a recueilli Sarah jusqu'à sa mort (la chienne avait onze ans), m'a écrit le 20 novembre 1998 une lettre qui a longtemps hanté ma mémoire.

« Sarah : chienne très douce, au regard triste et interrogateur, toujours blottie sous une table en signe de protection, avait vraiment le comportement d'une bête mal aimée. Perturbée, apeurée, hésitante, craintive et surtout soumise, ne se déplaçant que sur demande, comme elle le pouvait, avec beaucoup de difficultés. Car faute de soins, kystes et arthrose aux pattes arrière rendaient ses déplacements très pénibles.

Les trop nombreuses maternités lui avaient laissé d'énormes mamelles pendantes.

Malnutrition, voire absorption d'alcool ont entraîné une grave maladie du foie.

De plus, cinquante jours durant Sarah a souffert de saignements hémorragiques permanents dus aux mauvais traitements "rapports sexuels" infligés par un individu inapte à prendre soin d'un animal quel qu'il soit, un individu sous tutelle, mais surtout sous l'emprise de l'alcool que l'on nomme maître, que je dénomme Bourreau.

En place de caresses et d'affection, voilà tout ce que Sarah, chienne calme et sans défense, a dû supporter d'une personne soi-disant humaine.

Je déplore vivement que : ni le service des tutelles, ni les lois faites par des hommes sensés et intelligents ne puissent parvenir à empêcher de tels abus. »

D'autres chiens ont succédé à Sarah chez Jean-Claude S. Un croisé beauceron nommé Whisky, retiré par les policiers en décembre 1998 suite au signalement effectué par Jacqueline Dumontet. En 1999, c'est un caniche très peureux qu'elle a sauvé. Il vivait dans la cave et s'appelait... Whisky. Peu de temps après, Jean-Claude S. a quitté le département de l'Allier pour s'installer en Creuse.

Quant à son copain, Sylvain C., ses agissements envers les animaux sont tout aussi inadmissibles. Violent, il frappait régulièrement les différents chiens qu'il détenait. Olympe, par exemple, une femelle beagle qu'il a gardée trois mois. Sa voisine a prévenu les pompiers qui ont amené la chienne au refuge de la SPA. Fou de rage, Sylvain C. a tout cassé chez cette femme. Puis il a disparu. Peut-être a-t-il rejoint l'autre sadique en Creuse.

Police et gendarmerie, deux uniformes, deux univers

Ce début d'année 1999 est particulièrement difficile. Depuis ma mutation à Vichy en juin dernier, je suis seule, submergée par les dossiers qui s'accumulent. Malgré les rendez-vous avec des magistrats, les entrevues aux ministères de l'Agriculture et des Finances avec des hauts fonctionnaires, les rencontres avec les forces de l'ordre, la situation des animaux ne s'améliore pas. Personne ne lutte contre le trafic des animaux de compagnie. Comment puis-je tenir face aux horreurs qui me sont relatées chaque jour ? C'est certainement parce que j'ai la rage au cœur.

Un colloque intitulé « Les chiens dangereux ou syndrome pitbull » est organisé le 24 mars et je suis invitée par la direction générale de la Police nationale pour intervenir sur le thème « Le pitbull, un enjeu de criminalité ». Hébergée dans les locaux du Centre national d'études et de formation à Gif-sur-Yvette, je découvre une chambre au confort pour le moins rudimentaire. La veille, je dîne dans la cafétéria, et là non plus, ce n'est pas le grand luxe. Je décide de boire un café dans le bar situé quelques marches en contrebas. La pièce est enfumée, des policiers en civil accoudés au comptoir discutent dans un brouhaha qui ne me permet de capter que des bribes de conversation. Il est question d'intervention musclée en Afrique, d'affaires non abouties par la négligence d'un procureur, d'un collègue devenu dépressif... J'ai l'impression d'être dans le QG de journalistes grands reporters qui échangent avec passion leurs expériences de terrain. L'ambiance masculine est cordiale et virile.

Le lendemain matin, je me retrouve assise sur une estrade face à un parterre de fonctionnaires de police attentifs qui prennent des notes lors des prises de parole successives. Lucienne Bui-Trong, commissaire principal, chef de section à la direction centrale des renseignements généraux, suivie par Florence Burgat, philosophe, exposent leur approche socio-philosophique du phénomène des chiens dangereux. Puis à 10 heures, c'est mon tour. J'ai quinze minutes pour expliquer comment nos enquêtes nous ont permis d'identifier les cinq personnes responsables de l'introduction de ces molosses en France dans le but d'organiser des combats avec paris d'argent et de se livrer à leur reproduction, afin de vendre à prix d'or les portées des chiens vainqueurs ; comment un tel engouement s'est amplifié en gagnant les cités sensibles où les pauvres animaux se sont retrouvés en enfer ; comment la plainte que j'ai déposée auprès du parquet du TGI de Montpellier contre l'un de ces individus en novembre 1993 a été classée sans suite plus de huit mois après, sans que je sois entendue. Je quitte les lieux en fin d'après-midi après avoir écouté les interventions d'un conseiller élu à l'ordre des vétérinaires, du chef de la brigade canine de la préfecture, d'un avocat et d'Anne Vosgien, premier substitut près le tribunal de grande instance de Paris. Je l'ai déjà rencontrée et je peux affirmer que si tous les magistrats étaient aussi sensibles qu'elle à la cause animale, la Justice mériterait enfin notre confiance.

Deux jours plus tard, le changement de décor est radical. Jacqueline Faucher et moi-même sommes conviées par les dirigeants de la gendarmerie nationale à un déjeuner dans la caserne Napoléon, place Baudoyer à Paris. Nous sommes reçues par les colonels Le Gentil, Watin-Augouard et Jacques Morel avec gentillesse et bienséance (le colonel Morel, à la tête de l'office central de lutte contre la délinquance itinérante, qui deviendra ensuite général, m'a souvent apporté une aide précieuse). Après le repas, au cours duquel Mme Faucher a beaucoup échangé avec nos hôtes curieux de connaître le fonctionnement de la SPA, nous suivons les militaires dans un petit salon à l'atmosphère feutrée. Là, dans le calme, je leur explique le problème récurrent des vols de chiens, l'organisation des filières alimentant en chiots des pseudo éleveurs, avec organigramme à l'appui de mes propos. Cette journée est très constructive.

Un an plus tard, un numéro de la revue mensuelle de la gendarmerie, *Gend'info*, sera entièrement consacré à la protection animale, avec un article dédié aux trafics et se terminant ainsi : « Plus les gendarmes connaîtront des gens comme Mme Piquet-Pellorce, plus ils aimeront les chiens... »

Si mes relations avec les gendarmes furent compliquées au début, elles se sont considérablement améliorées. Les chenils se trouvant en zone extra-muros, je les sollicitais souvent et pensais qu'ils pourraient intervenir rapidement. C'était ignorer leur charge de travail et les ordres donnés par leur hiérarchie, la maltraitance animale n'étant jamais prioritaire. Pourtant, j'ai vu des horreurs souvent indicibles infligées aux animaux. Il est difficile, après tout cela, d'être fière d'appartenir à l'espèce humaine. Le plus douloureux est de ne pas pouvoir venir immédiatement à leur secours... et de parfois ne jamais y parvenir.

En 2011, nous avons créé un fascicule regroupant tous les textes de loi se rapportant à la protection des animaux avec les codes NATINF pour faciliter le travail des enquêteurs, car beaucoup n'ont pas l'habitude de traiter ce genre d'affaires.

J'ai aussi travaillé avec les policiers, les douaniers, des brigades de contrôle et de recherches des impôts, les renseignements généraux, la BMI pour la faune sauvage, le service de la répression des fraudes (DGCCRF)...

C'est ainsi que les 27 et 28 avril 1999, M. Vimier m'a demandé de l'accompagner lors des contrôles de six élevages dans l'Aude. De très nombreux journalistes, exigeants, vérifiant nos dires, m'ont sollicitée, et aucun n'a bidonné un reportage pour faire du sensationnel (comme je l'ai vu plus tard concernant une autre association). Prémices du nouveau monde...

Parmi toutes ces personnes, certaines étaient très investies, je me souviens d'elles. Je pense aussi à Franck Verger, qui a poussé la porte de notre bureau rue Dacher en 2003. Il voulait faire notre connaissance et juger du sérieux de notre travail. Technicien spécialisé dans le trafic des animaux pour la Brigade nationale des enquêtes vétérinaires et phytosanitaires (BNEVP), il participe à toutes les investigations et à toutes les saisies.

Je n'ai pas oublié non plus Danièle Gautier, qui officiait au fichier de la Société centrale canine et qui faisait tout son possible pour nous aider lors de problèmes inextricables de tatouages ou de puces électroniques.

Je n'ai rien effacé de ma mémoire et je veux, ici, les remercier pour leur humanité.

PALME DOG'S, UNE ANIMALERIE ORDINAIRE

De tous nos informateurs, Cécé est le plus précis et le mieux renseigné. En août 2000, il m'apprend qu'une animalerie de Mandelieu-la-Napoule, dans les Alpes-Maritimes, reçoit des chiots tous les mercredis. Les animaux sont livrés par le transporteur France Express et proviennent peut-être d'une entreprise slovaque.

C'est l'époque où je travaille dans une petite pièce obscure sur le refuge de Brugheas, près de Vichy, et même si Cécile assure le secrétariat quelques heures par semaine, je suis seule face à l'immensité de la tâche. J'attends désespérément du renfort. Néanmoins, je note soigneusement tous les faits qui me sont rapportés, certaine qu'ils me serviront un jour.

Ainsi, en décembre, Cécé m'informe que l'animalerie Palme Dog's a reçu une nouvelle livraison de chiots de chez Miroslav L., patron de la société Chova. Les tarifs en Slovaquie sont le tiers, voire le quart des prix de revente en France, d'où les bénéfices conséquents pour les gérants Jean-Pierre P. et sa femme.

Début mars 2003, je reçois un nouvel appel téléphonique me signalant que Jean-Pierre P. va chercher des chiots en Espagne chez Export Control, ou se fait livrer par cette société, en général le jeudi. Il en achète chaque semaine et paie les animaux en espèces car il n'a pas de chéquier. Michel D. est le patron de l'entreprise espagnole.

Revenons un instant sur l'histoire de cet individu.

Fin septembre 1995, à la frontière franco-belge, un camion était intercepté par les douaniers. Ce véhicule contenait une cinquantaine de caisses remplies de chiots qui provenaient du chenil Relax Dog et étaient destinés à plusieurs animaleries du nord de la France et de la région parisienne. Les certificats vétérinaires ne correspondant pas aux animaux transportés, le véhicule avait été refoulé. Michel D. s'approvisionnait alors en Slovaquie, Russie et République tchèque. Yves Lassueur, journaliste suisse avec qui j'ai été en contact, publiait le 5 septembre 1996 dans *L'Hebdo* un article intitulé « Un effarant trafic de chiens inonde l'Europe ». Ses recherches l'avaient tout naturellement conduit en Belgique, plaque tournante du commerce animalier.

« Sur la carte du pays, Evegnée n'est pas facile à localiser, mais il est encore plus difficile de trouver le numéro de téléphone du chenil Relax Dog. Il ne figure pas dans l'annuaire, pas plus que l'entreprise n'est inscrite au registre du commerce de Liège et de sa région. Quand on le découvre enfin, une voix peu amène se fait entendre au bout du fil, celle d'un homme encore plus cassant dès qu'il entend le mot "journaliste". Oui, confirme-t-il, Relax Dog vend des chiots, toutes races de chiots. "Je suis marchand de chiens. Le reste ne vous regarde pas", et l'homme raccrocha. Restait à trouver le chenil. Nous finîmes par le découvrir, dressé en bordure d'un village, au milieu des replats et des boqueteaux de la campagne liégeoise. Devant l'entreprise, pas d'enseigne. Sur la porte, pas de nom. Relax Dog se résume en deux bâtiments flambant neufs, construits en brique rouge. À gauche : une maison d'habitation. À droite : un long hangar, c'est le chenil. Pas de bruit. Pas un aboiement. On guigne à l'intérieur par l'une des vitres. Sur un sol en ciment se dressent des dizaines de boxes pour chiens, d'une propreté clinique et industrielle. Tout est vide, absolument vide. En ces jours de juillet les propriétaires sont en vacances. De toute façon, apprend-on par le voisinage, le chenil n'est que de temps en temps bourré de chiots. Les lots arrivent par camion ou par avion, via Bruxelles, sont stockés là vingt-quatre heures maximum, puis repartent par la route chez les clients ; » Et le journaliste de poursuivre : « Pas de doute : si l'on fait une évaluation globale, ce sont des dizaines de milliers de chiots que la Belgique déverse chaque année sur son territoire et sur l'Europe de l'Ouest. Un flot, un torrent, un niagara de chiots. »

Grâce à mes contacts en Belgique, j'ai appris que suite à la plainte qu'ils ont déposé, Michel D. a été interpellé par les gendarmes en février 1998. Le journal *La Meuse* confirmait l'information : « Des milliers de jeunes animaux ont été importés via des certificats complaisamment fournis par cinq vétérinaires peu scrupuleux. Chez l'un d'eux on a retrouvé un stock de 37 000 carnets de vaccination pré-imprimés. En quatre ans, la fraude fiscale est estimée entre 120 et 150 millions. »

Le chenil Relax Dog fut fermé jusqu'au jugement, ce qui n'a pas empêché Michel D. d'expédier par le Sernam 120 kilos de chiens, le 4 juin 1998, chez un éleveur de la Seyne-sur-Mer, dans le Var. C'est une voyageuse qui avait assisté à Paris au transbordement de six colis de 20 kilos chacun, desquels s'échappaient des petits cris plaintifs, qui avait téléphoné le jour même, vers 14 heures, au siège social de la SPA. Elle avait expliqué que les chiots âgés d'à peine six semaines étaient entassés dans des sortes de boîtes à chaussures, sans aucune hygiène ni confort. Le départ de Paris était fixé à 14 h 22, et l'arrivée en gare de Toulon à 19 h 26. Quand mon collègue du service des enquêtes arriva sur le quai, le train était déjà parti. Il réussit toutefois à se procurer le bordereau d'envoi. L'expéditeur était Relax Dog, et le destinataire une connaissance proche de Cécé (qui n'est pas toujours « clean », je le sais bien). J'ai calculé que les chiots ont été transbahutés par la route et le train un minimum de dix heures, sans eau, sans nourriture, dans l'obscurité, trempant dans leur urine et leurs excréments… sans parler du stress supporté par de si jeunes animaux. Il est certain qu'à la réception du chargement, il y avait des morts, mais l'affaire restait malgré tout rentable.

En 2000, Michel D. sévit donc toujours. Sa clientèle française s'est agrandie et je peux remettre un organigramme aux gendarmes chargés de l'enquête. Le dossier est toujours en cours d'instruction et le maréchal des logis Claude P., de la brigade de Blegny, qui instruit la plainte contre Relax Dog est injoignable. S'il est déjà très compliqué de sortir la Justice de sa torpeur en France, il est impossible d'intervenir dans un pays étranger – d'autant que pour le ministère belge de l'Agriculture, les importations de chiens sont légales. Le vétérinaire de Relax Dog doit simplement vérifier que les installations sont conformes.

Le 17 novembre, je suis invitée à accompagner la journaliste Christine D'Hauthuille et une amie magistrate qui souhaitent voir certains élevages en Belgique. Relax Dog est au programme. Tout comme Yves Lassueur quatre ans auparavant, nous avons beaucoup de difficultés à trouver l'endroit. Aucun habitant ne connaît la présence d'un chenil sur la commune. Nous arrivons enfin à destination. Le terrain n'étant pas clôturé, nous nous avançons jusqu'à la porte d'une grande maison en brique rouge dont l'intérieur, visible par une baie vitrée, est luxueux. À part un cheval détenu dans un box, il n'y a âme qui vive. Nous en profitons pour regarder à travers les fenêtres du hangar à droite : aucun chien, seulement des paquets et quelques niches vides.

Mes contacts de la protection animale en Belgique ne me solliciteront plus. Et pour cause : c'est en Espagne que je retrouverai Michel D. en 2003. A-t-il voulu échapper à la justice belge ? Je l'ignore. À présent, il dirige la société Export Control, et Jean-Pierre P. fait partie de ses gros clients.

Le mercredi 12 mars 2003, en arrivant au bureau, j'écoute le répondeur avant de boire un café avec Jacky, inspecteur à la cellule anti-trafic depuis novembre dernier. Cécé a laissé un message : des chiots en provenance d'Export Control seront livrés chez Palme Dog's le lendemain vers 12 heures. Nous ne sommes pas habilités pour intervenir. Je préviens la Brigade nationale d'enquêtes vétérinaires, mais personne ne peut se déplacer dans l'urgence. On me dirige vers la DSV. Je m'abstiens, car je n'ai pas confiance. Après réflexion, nous décidons que Jacky se rendra sur place pour vérifier discrètement les transactions. Je vais moins sur le terrain qu'auparavant, car ayant participé à de nombreux reportages, j'ai peur d'être reconnue et de faire échouer nos enquêtes. Dans le local d'accueil d'un élevage, j'ai trouvé une coupure de presse avec ma photo punaisée sur le mur. Je ne suis pas une star, mais je suis devenue alors l'ennemie numéro 1 des trafiquants d'animaux.

Dès 8 h 30, le véhicule de Jacky est garé à une centaine de mètres de Palme Dog's. Il aperçoit dans le rétroviseur une femme blonde qui regarde avec insistance le numéro d'immatriculation puis, passant à côté de la voiture, qui le dévisage. Plus tard, il la verra sortir de l'animalerie.

Il change la voiture de place et obtient l'autorisation de se garer sur le parking de la DDE. À peine installé, il remarque un homme qui semble surveiller l'endroit où il se trouvait précédemment. À 12 h 10, un camion blanc type Mercédès arrive et fait marche arrière jusqu'à la porte du dépôt qui se trouve dans une allée sans issue derrière le magasin. Un homme âgé d'une trentaine d'années en descend. Il a les cheveux mi-longs, très bruns. Jacky peut observer avec des jumelles sans être repéré. Il note la plaque minéralogique du fourgon. Le conducteur entre dans les locaux et en ressort cinq minutes après. Il ouvre les portes du camion et le déchargement peut commencer. Jacky compte plus de vingt cages, mais il est impossible de savoir le nombre d'animaux. Cela dure une bonne heure. L'homme étant rentré dans l'animalerie, Jacky s'approche pour prendre des photos. À 13 h 30, le chauffeur ressort et charge des caisses vides, puis entre à nouveau accompagné d'un autre comparse qui faisait le guet. Ce dernier est de corpulence moyenne, cheveux châtain foncé.

Jacky patiente jusqu'à 14 h 40 et, ne voyant plus aucun mouvement, décide de mettre fin à la surveillance. De retour au bureau, il rédige un rapport et dessine le plan des lieux.

Le 17 mars, j'écris à la Brigade nationale des enquêtes vétérinaires pour l'informer des résultats de notre enquête et lui faire part des nouveaux éléments qui nous sont parvenus. Les chiots provenaient de Slovaquie ou de Russie via l'Espagne. La transmission de la DSV espagnole à la DSV française n'avait pas été faite. Michel D. aurait reçu un appel téléphonique d'un salarié de la DSV des Alpes-Maritimes (homme avec un accent étranger), lui suggérant d'établir les papiers des chiots à l'âge de trois mois afin de simplifier les choses. Quant au numéro d'immatriculation du fourgon, dès que Jacky me l'a communiqué, j'ai su qu'il appartenait à un individu bien connu de notre service, Francis D., ayant fait l'objet de plaintes, procès, saisie d'animaux…

Quand Didier Brignand, journaliste à France 3, me sollicite en avril pour un reportage, je lui propose l'affaire Palme Dog's. Jacky ne souhaitant pas participer, c'est Patrice, engagé en qualité d'adjoint depuis le début du mois, qui accompagne le journaliste et son cameraman. Sa mission est de vérifier les dernières informations que j'ai reçues de Cécé : un arrivage de chiots en provenance de Russie à l'aéroport de Barcelone est prévu à minuit trente le 15 avril. Des clients français d'Export Control seront présents. Le véhicule qui sert à Michel D. pour les livraisons en France est stationné sur les lieux. Un vétérinaire espagnol, compromis dans le blanchiment des animaux, leur implante de nouvelles puces électroniques.

Le 14 avril 2003, Patrice prend l'avion en début d'après-midi à Perpignan et atterrit une heure plus tard en Espagne. À bord d'un véhicule loué par le journaliste, le trio se dirige vers le lieu où se trouve Export Control, en pleine campagne, entre Vilanna et Bescano, dans la province de Gérone. Une femme demeurant dans la ferme située derrière l'entreprise vient à leur rencontre. Elle dit à Patrice que Michel D. n'habite pas sur place, qu'il est absent. Elle paraît méfiante et chargée de surveiller les alentours. Elle lui propose cependant de le joindre au téléphone. Patrice, qui a dirigé le refuge de protection animale de Clermont-Ferrand, est très efficace sur le terrain. Beau garçon, fin stratège, toujours souriant, il réussit à l'amadouer. Muni des coordonnées de Michel D., Patrice parvient à lui parler. Il se présente comme le gérant d'une animalerie qui va bientôt ouvrir ; sur les conseils de « Laurent », il souhaite acheter des chiots bon marché. Michel D. doit bien avoir un « Laurent » dans ses relations, car après quelques secondes d'hésitation, il répond qu'il se trouve à Bruxelles mais que Patrice pourra le rencontrer le lendemain à 16 heures. Il ajoute qu'il ira le matin récupérer un arrivage d'animaux à l'aéroport de Barcelone. Il demande que le rendez-vous soit confirmé.

En sortant de chez la voisine, Patrice remarque une AX blanche immatriculée en Espagne qui semble les suivre. Il s'arrête à trois reprises pour vérifier si ses doutes sont fondés… et le conducteur de l'AX en fait de même.

Le mardi 15 avril, Patrice téléphone comme convenu, et Michel D. lui dit de venir vers 17 h 30, car il a une centaine de chiots à lui montrer. Patrice, accompagné de Didier Brignand et de son cameraman, qu'il présente comme ses associés, arrive chez Export Control à 18 heures. Âgé d'environ 40 ans, de taille moyenne, mince, cheveux courts châtain clair, Michel D. a un accent prononcé du nord de la France. Il est méfiant, insiste pour savoir comment Patrice a obtenu son adresse, lui dit redouter les journalistes et les associations comme la SPA. Mais Patrice parvenant à le mettre en confiance, il consent à les faire entrer. Sur place se trouvent deux employés, son épouse, un acheteur qui se prénomme Jean-Pierre et un autre, Serge. Ils sont Français. Dans deux rangées de bacs à même le sol à l'intérieur du hangar, de nombreux chiots de diverses races sont détenus.

Patrice demande comment Michel D. procède pour les vaccins et les carnets de santé. Il lui répond que son vétérinaire s'en chargera : il doit venir vers 20 heures pour fournir des piqûres et des carnets de vaccination espagnols. Il propose à Patrice de rencontrer le praticien. Puis il conseille à mon collègue de regarder à nouveau « la marchandise disponible » pour avoir une idée sur la qualité de ses chiots, pendant qu'il prend la commande des acheteurs présents. Resté seul, Patrice en profite pour bien regarder l'état des animaux. Certains sont prostrés, d'autres ont les yeux vitreux, et beaucoup sont apeurés, voire affolés, à son contact. En quittant les lieux, Patrice est saisi par une forte odeur de cadavre.

Revenant comme prévu à 20 heures, Patrice a la confirmation que son odorat est fiable : Michel D.

apprend au vétérinaire que des chiots sont morts pendant le voyage. Le dénommé Jean-Pierre est encore là : il attend les carnets de santé pour la soixantaine de chiots qu'il vient d'acquérir, pour lui et d'autres animaleries. L'homme parle sans réserve. Devant Patrice, il sort une liasse de billets et règle la somme de 7 000 euros en espèces. L'autre acheteur, un certain Serge, est peu loquace. Il a environ 60 ans, les cheveux roux, porte une barbe. Patrice engage la conversation et apprend qu'il est éleveur dans le Gard. Il a acheté trois chatons – Michel D. en vend aussi, mais très peu, car cela ne lui rapporte pas assez d'argent d'après ses dires. Il y a une dizaine de persans, six chartreux et un chat russe.

Le vétérinaire, Marc V., raconte à Patrice qu'il vaccine les chiots et remet les documents aux acheteurs pour la revente en France. Cependant, cigarette au bec, il n'en a vacciné que deux avant de passer dans le bureau pour coller les vignettes attestant des vaccinations et signer les carnets de santé de plus de soixante animaux. C'est lui qui apporte le double des justificatifs au ministère de l'Agriculture de Catalogne. En Espagne, c'est plus facile qu'en France, explique-t-il avec un grand sourire. Il dit aussi qu'il change la date de naissance et le numéro de puce électronique sur les chiens en provenance de l'étranger pour obtenir des animaux français. Pour les american staffordshire terrier, c'est plus compliqué, annonce Michel D. Mais si Patrice est intéressé, il peut en avoir en provenance de Russie inscrits au LOF (livre des origines françaises) et avec des papiers en règle. Michel D. ajoute qu'il va bientôt passer à 200 chiots par semaine et qu'il y aura davantage de choix. Il remet à Patrice le listing des animaux proposés à la vente et leur prix, ainsi que sa carte de visite et celle du vétérinaire. Jean-Pierre propose alors à mon collègue de venir avec lui passer la soirée à Barcelone dans des bars avec des dames peu farouches. Prétextant la fatigue, il décline l'aimable invitation... En sortant dans la cour, il voit un Land Rover gris et le fameux fourgon Mercédès blanc. Des cages de transport sont prêtes pour les chiots achetés par Jean-Pierre.

Le lendemain, avant de reprendre la route, le journaliste, son cameraman et Patrice retournent discrètement aux alentours d'Export-Control pour prendre des photos. Dans son rapport, Patrice conclut qu'il a assisté à l'achat des animaux par Jean-Pierre : ce dernier, tout en prenant des commandes par téléphone, manipulait sans précaution chaque chiot et lorsque l'animal ne lui convenait pas, il le jetait dans le bac comme une vulgaire marchandise non fragile.

De retour à Vichy, Patrice regarde les photos prises par Jacky lors de la surveillance de l'animalerie Palme Dog's. Il est formel : c'est bien Jean-Pierre P. qu'il a vu en Espagne. Quant à Serge, je pense qu'il s'agit de Serge P. Nous avons des informations alarmantes sur son activité. Je demande alors à une correspondante dans le Gard de se rendre au chenil de l'éleveur. Se faisant passer pour une acheteuse éventuelle, elle réussit à le photographier et nous envoie le cliché. Bingo ! C'est bien Serge P.

À présent, grâce à l'excellent travail de mes collègues, je peux enfin déposer plainte auprès du juge d'instruction du tribunal de grande instance de Grasse. Je la soumets le 5 mai 2003 à l'avocat de la SPA – Serge

Belais, le président qui a remplacé Jacqueline Faucher, souhaitant la signer. Elle est envoyée au procureur de la République le 6 juin suivant.

Le reportage de Didier Brignand est diffusé sur France 3 le 8 mai 2003, pendant le journal télévisé de 12 heures et celui de 19 heures. Après l'Espagne, le journaliste s'est rendu le 24 avril chez Palme Dog's pour interviewer Jean-Pierre P. qui a affirmé n'avoir que des chiens d'élevages français ou espagnols. Trois mois plus tard, Didier Brignand m'indiquera que Jean-Pierre P. a attaqué France 3 en justice, prétextant que sa voix a été reconnue dans le reportage, même si tous les visages étaient floutés. Ce n'est pas la première fois que je suis confrontée à ce problème. Noël A., demeurant près de Béziers, avait poursuivi TF1 en justice : Patrice Dutertre, grand reporter, aurait faussement démontré son implication dans le trafic de chiens. La Justice a débouté Noël A. ainsi que Jean-Pierre P. Quant à moi, j'ai fait mon possible pour aider les avocats des deux sociétés télévisuelles, ne supportant pas une telle arrogance de la part de ces bourreaux d'animaux.

Dès le début du mois de juin, José Escudéro, maréchal des logis chef de la Brigade de recherches de la gendarmerie de Grasse, prend attache avec la cellule anti-trafic. Ses collègues de la BR de Céret ont fait, à sa demande, une enquête auprès du Sernam de Perpignan concernant les chiens expédiés en France par Export Control. Il veut avancer dans le dossier et connaître la date à laquelle nous avons déposé plainte. Le 6 juin, je lui téléphone pour lui dire qu'elle a été postée le jour même. La veille, j'avais contacté le siège social de la

SPA. J'étais passablement énervée car cela faisait un mois que l'avocat l'avait reçue. Ce dernier a prétexté un surcroît de dossiers à traiter, ce qui est notre lot quotidien, mais pas avec le même salaire... D'ailleurs, je tiens à souligner que mes collègues sont rémunérés à peine au-dessus du SMIC. Quant à moi, je n'ai jamais fait partie des cadres supérieurs bien au chaud dans les locaux du boulevard Berthier, et je n'ai jamais demandé une augmentation ou une prime, trop heureuse de pouvoir travailler pour la protection animale. Ce que je ne supporte pas est la grande différence de rétribution entre les gens de terrain et les bureaucrates.

José Escudéro espère recevoir rapidement le soit transmis du procureur (il lui parviendra après l'enregistrement de la plainte fin août 2003).

En attendant, je lui adresse trois nouveaux témoignages recueillis en juillet. Ceux d'Anne-Marie M., responsable de la réception des marchandises destinées à une entreprise basée à Cannes, et de ses deux collègues. Ils ont été témoins le 19 juin de la présence de chiots dans le véhicule du transporteur 06 Express. Ils ont écrit : « Alors que le chauffeur ouvrait le haillon du camion j'ai entendu de faibles aboiements venant du fond de celui-ci. Je me suis approchée et j'ai constaté qu'il y avait au moins cinq cages bleues desquelles une odeur nauséabonde se dégageait. J'ai demandé au transporteur ce qu'elles contenaient, il m'a répondu que c'étaient des chiots provenant de Paris et de Belgique, que ces bêtes n'avaient pas eu d'eau depuis le départ, que les animaux étaient destinés à l'animalerie Palme Dog's. Je n'ai pas pu voir l'état des chiots car les cages étaient tournées vers le fond du véhicule, encerclées par de nombreux cartons. Ce camion n'est pas équipé pour le transport d'animaux, vu que les portes sont constamment fermées, que l'air n'y circule pas et que, par conséquent, il y règne une grosse chaleur. [...] Le chauffeur avait au fond de son véhicule surchauffé des chiots dans plusieurs cages. J'ai pu voir que celles-ci étaient entourées de colis divers, que ces pauvres animaux gémissaient, une odeur épouvantable se dégageant. J'ai été profondément choquée, j'en ai fait part au chauffeur qui m'a répondu ne pas avoir le choix. »

Anne-Marie M. a aussitôt prévenu la délégation SPA des Alpes-Maritimes qui n'a rien fait et, surtout, ne nous a pas retourné l'information. Elle a ensuite cherché de l'aide auprès de la fondation Brigitte Bardot, qui lui a donné nos coordonnées.

Le 24 septembre 2003, je suis contactée par Franck Verger (BNEVP), qui souhaite que nous lui transmettions nos informations concernant de présumés trafics d'animaux sur le plan national, car les services vétérinaires départementaux semblent parfois peu fiables. Mme Gaillet, substitut du procureur, a confié l'enquête à la DSV des Alpes-Maritime, et les fonctionnaires ont conclu que tout était en règle chez Palme Dog's. Franck a alors contacté la substitut qui lui a permis de prendre l'affaire en charge côté services vétérinaires.

Le même jour, j'apprends par M. Escudéro qu'il a obtenu d'instruire l'enquête. Il a demandé à Mme Gaillet de travailler avec Franck Verger, car le dossier a failli être coulé par la DSV départementale.

Parallèlement, Cécé continue de nous donner des informations : chiens vendus par Palme Dog's avec de faux pédigrées, chiens malades, troubles du comportement, bref, tous les problèmes habituels inhérents à ce trafic. Jean-Pierre P. achète les animaux chez différents fournisseurs en Slovaquie, en Belgique, et toujours chez Export Control en Espagne. Je dirige les clients mécontents de l'animalerie vers la gendarmerie de Grasse.

Le 7 octobre 2003, nous recevons pour la première fois la visite de Franck Verger à Vichy. Ce sera le début d'une longue relation de confiance, jamais démentie. J'ai enfin un interlocuteur compétent et intègre, une aide précieuse dans ce combat sans fin ! Et c'est aussi grâce M. Escudéro que l'enquête pourra aboutir, car sans eux nous ne pouvions rien faire de plus.

Devant l'importance des faits révélés par les investigations des gendarmes en préliminaire, le dossier est désormais entre les mains de Mme Vella, juge d'instruction. Les jours passent, puis les mois, et Jean-Pierre P. continue son commerce de moins en moins florissant. Il rembourse, toujours en espèces, un fournisseur, achète aussitôt des chiots à crédit chez un autre et se heurte maintenant à des refus de vente. Il jongle avec ses finances et galère. Ses relations avec sa femme ne sont plus au beau fixe. Mais il ne se décourage pas et trouve de nouvelles sociétés, comme Eurokennels, en Slovaquie, qui lui livre le 7 juillet 2004 au matin 17 chiots non identifiés pour la somme de 3 200 euros.

Le 17 novembre 2004, M. Escudéro m'annonce que la saisie des animaux va avoir lieu. Il a besoin de la logistique de la SPA pour l'accueil des chiots et des chatons, mais il demande que les médias ne soient pas prévenus car il n'a pas l'intention de s'arrêter à l'activité de Palme

Dog's. L'intervention est prévue pour le 23 novembre. J'avertis le directeur général afin qu'il organise la mise en place de l'équipe SPA des Alpes-Maritimes et je l'informe de la discrétion souhaitée par les enquêteurs de la gendarmerie…

Souffrante, je reste à Vichy. Et quel n'est pas mon étonnement de voir le déroulement de la saisie, le lendemain, lors du JT de France 2 ! Ce reportage est également diffusé le soir, ainsi que sur TF1. La presse écrite s'empare à son tour du sujet. Des articles sont publiés dans *France Soir, Le Parisien* et des journaux locaux. Je suis furieuse et téléphone à ma hiérarchie, qui me dirige vers le responsable de la délégation SPA qui participait à l'intervention. Tous mes interlocuteurs se renvoient la balle. Je n'ose pas contacter M. Escudéro. C'est lui qui m'appelle. Il est en colère mais, heureusement, il a compris que je n'y étais pour rien. (De la même manière, lors de l'opération « canidés 80 », la consigne de discrétion des gendarmes ne sera pas respectée. En arrivant le 11 mars 2008 près de l'animalerie l'ABC du chien à Mézières-en-Santerre, dans la Somme, Patrice et moi découvrirons les journalistes de plusieurs chaînes télévisuelles déjà sur place. La fuite serait venue des rangs de la gendarmerie… Cela n'empêchera pas la saisie de 120 chiens et chiots et de 6 chats.)

Après les perquisitions effectuées chez Palme Dog's, 81 chiots et 3 chatons sont confiés à la SPA, 2 chiots sont morts dans l'animalerie et 10 autres décéderont trois jours après la saisie. Jean-Pierre P. et sa femme sont mis en garde à vue et l'établissement est fermé. Aussitôt après cette médiatisation, les signalements de personnes confrontées à de multiples problèmes suite à l'achat de leur animal nous parviennent à nouveau.

Les investigations de la BR de gendarmerie de Grasse ne sont pas terminées.

Le 24 novembre 2004, Cécé faxe trois feuillets à la cellule anti-trafic. C'est un listing des chiens à vendre par la société Dog'issimo, que Jean-Pierre P. a remis à des éleveurs lors d'une exposition canine en octobre. Le projet de cette société est d'importer 150 chiots par semaine de Slovaquie. Cette SARL au capital de 15 000 euros, domiciliée à Vallauris, a été créée par les vétérinaires de Palme Dog's, les docteurs Nicolas D. et Christophe N., ainsi que leurs confrères Michel B. et Ioan O., ce dernier appartenant à la DSV.

La fine équipe se retrouve assise sur le banc des accusés du tribunal de grande instance de Grasse les 4 et 5 novembre 2008. Michel D., Jean-Pierre P. et sa femme sont également présents. M. Escudéro aurait souhaité obtenir une commission rogatoire internationale afin que les fournisseurs slovaques et autres soient interpellés, mais la juge d'instruction l'a refusée. Le dossier a donc été clôturé en juin 2005. Plus de trois ans après, je me retrouve dès 9 heures du matin dans la salle d'audience correctionnelle avec les avocats des grandes associations de protection animale prêts à en découdre. De nombreux propriétaires d'animaux achetés chez Palme Dog's ont fait le déplacement et les journalistes sont assis à la gauche du greffier. Le procès s'ouvre, à la demande du président, par la diffusion du reportage de Didier Brignand. Si une mouche avait eu l'idée saugrenue de se balader au-dessus de nos têtes, nous l'aurions entendu voler.

Les sept prévenus fixent leurs chaussures comme pris la main dans le pot de confiture. Je note sur un petit calepin, en vrac, le déroulement de l'audience. Jean-Pierre P. et sa femme ne parlent pas aux autres et se tiennent à l'écart. Lui est grand, costaud, elle petite, menue, longs cheveux blonds décolorés. 4 167 animaux ont été achetés par Jean-Pierre P. et revendus au moins trois fois plus cher en quatre ans. Le président du tribunal énumère la liste des fournisseurs qui sont espagnols, slovaques, hongrois, belges, italiens et français, ainsi que des gérants d'animaleries clients de Palme Dog's. La cellule anti-trafic connaît déjà les activités délictueuses de la majorité d'entre eux.

Il est reproché à Jean-Pierre P. et sa femme d'avoir usé de manœuvres frauduleuses en important de jeunes chiots originaires des pays de l'Europe de l'Est et d'avoir falsifié leurs documents d'identité en les dotant de faux documents français afin de tromper la clientèle de Palme Dog's pour l'inciter à acquérir des animaux moyennant finance. Ces faits ont eu pour conséquence de rendre cette prestation de service dangereuse pour la santé des animaux. La femme de Jean-Pierre P. vaccinait les chiots contre la parvovirose, les vaccins étant fournis avec les lots d'animaux.

Dans leur entourage immédiat, Alexa L., salariée de l'animalerie, se livrait à l'élevage de chiens american staffordshire terrier et pratiquait le dressage à son domicile. D'autres personnes sont citées par le juge, mais n'ont pas été mises en examen.

C'est au tour des vétérinaires. Le chiffre d'affaires de la clinique des docteurs Christophe N. et Nicolas D. varie entre 15 000 et 24 000 euros par mois.

Le vétérinaire Christophe N. s'est rendu en Slovaquie chez Eurokennels où il a vu des chiens en partance pour Dubaï. Accusés d'avoir été complices du délit d'escroquerie commis par Jean-Pierre P. et sa femme en identifiant sciemment, au moyen de documents français, des chiots slovaques afin de masquer leur origine, les deux praticiens ne savent pas, ne comprennent pas ce que la Justice peut leur reprocher...

Les grands pontes de la DSV des Alpes-Maritimes sont venus soutenir leur collègue, Ioan O., poursuivi pour avoir omis de verbaliser les gérants de l'animalerie alors qu'il avait connaissance des irrégularités commises dans l'exercice de leur activité, pour les avoir informés de l'imminence d'un contrôle dans leurs locaux, pour leur avoir prodigué des conseils sur le meilleur parti à tirer des failles de la législation européenne, pour avoir donné des adresses de fournisseurs à Jean-Pierre P. et lui avoir accordé l'aide de son épouse, interprète en langue hongroise, afin de faciliter le développement de la société Dog'Issimo.

Les témoins de moralité du fonctionnaire se succèdent à la barre. D'abord M. Boutet, qui fut directeur pendant huit ans, affirme que Ioan O. est irréprochable. Pour lui, la DSV a un rôle pédagogique et il ajoute que s'il avait su, il n'aurait jamais conseillé à Ioan O. de participer à la création de Dog'Issimo. Pour lui, la norme de mortalité en animalerie est de 6 %. Chez Palme Dog's, elle était de 40 %, sans que M. Boutet se soit inquiété. M. Coulibaly, chef de service, prétend avoir informé Erick Kerourio au ministère de l'Agriculture et ce dernier n'aurait jamais donné de réponse. D'après M. Martin, collègue de Ioan O., Palme Dog's fonctionnait comme les autres animaleries et il n'y avait pas de mauvais traitements. Devant l'arrogance et la mauvaise foi des fonctionnaires de la DSV, le président du tribunal est agacé et leur précise avec force « que ce n'était pas à la SPA de faire leur travail » !

Le nouveau directeur, Lionel Parle, qui a pris ses fonctions en octobre 2004, est plus nuancé que ses acolytes. Pour lui, les contrôleurs de la DSV doivent vérifier la santé et la protection des animaux. Il reconnaît que les ordres viennent du ministère et que la DSV départementale avait donné son accord pour la création de Dog'Issimo. Quant à Michel B., propriétaire d'une clinique privée à Cannes qu'il a revendue aux vétérinaires Nicolas D. et Christophe N., il explique que le but de la société Dog'Issimo était de commercialiser les chiots en grande quantité pour fournir uniquement les animaleries. Il a travaillé neuf mois pour Palme Dog's puis, avec l'accord de la DSV, a loué un très grand local pour stocker les animaux. La secrétaire de sa clinique, Aurélie B., devait être la femme de paille, car d'après Michel B., « on ne peut pas être vétérinaire et avoir une société commerciale ». La femme de Ioan O. faisait partie des actionnaires. Jean-Pierre P. était le VRP de l'entreprise.

Pendant la suspension d'audience, je sors dans la cour du palais de justice. Je suis seule, tout le monde est resté au chaud à l'intérieur. Je vois soudain un grand gaillard s'avancer vers moi d'un pas tranquille. Jean-Pierre P. veut me parler. À ma grande surprise, il m'encourage à continuer mon combat. Il reconnaît ses torts. (Il mettra deux ans à se relever de cette affaire et travaillera ensuite dans une entreprise de peinture.) Il ajoute, les larmes aux yeux, qu'il ne touchera plus jamais à un chien. Est-il sincère ? Je l'espère. Car beaucoup, même condamnés, récidivent. (Ce ne sera pas le cas pour Jean-Pierre P.)

Les avocats des parties civiles entrent en piste, puis ce sont les réquisitions du procureur. Pour Jean-Pierre P. : deux ans de prison ferme, interdiction définitive d'exercer un métier en relation avec les animaux. Pour sa femme : un an de prison ferme et interdiction définitive d'exercer un métier en relation avec les animaux. Pour Nicolas D. et Christophe N. : un an de prison avec sursis, interdiction d'exercer pendant deux ans. Pour Michel D. : deux ans d'interdiction d'exercer un métier en relation avec les animaux. Pour Michel B. et Ioan O. : un an de prison avec sursis et 50 000 euros d'amende. Pour la société Palme Dog's : 100 000 euros d'amende.

À l'issue de ce procès qui a duré deux jours, j'écoute avec une certaine lassitude les plaidoiries des avocats de la défense. Des murmures de protestation s'élèvent souvent dans la salle et cessent dès que le président réclame le silence. L'avocat de Ioan O. demande « la relaxe, c'est la DSV des Alpes-Maritimes qui doit être condamnée, pas son client ». Celui de Michel B. plaide également « la relaxe pour rendre son honneur au vétérinaire qui s'est toujours dévoué à la cause animale. Il a travaillé au sein de la SPA de Grenoble jusqu'en 1988 puis avec la SPA locale, son cabinet étant à Cannes. La société Dog'Issimo a été créée uniquement pour réguler et travailler proprement. Le véritable trafic est souterrain et le Dr Michel B. voulait lutter contre lui. »

L'avocat demande l'irrecevabilité des parties civiles suivant l'article 2-13 du Code de procédure pénale. Les témoignages en faveur de Michel B. proviennent de la fille de la responsable de la SPA du Dauphiné, de Serge P., que Patrice a vu chez Export Control en Espagne, et de sa femme France, de Claude S., bien connue de la cellule anti-trafic. Que du beau monde !

Maître Serge Pautot demande la relaxe pour Michel D., « car son client ne gagne que 1 864 euros par mois ». Idem pour les avocats des vétérinaires Christophe N. et Nicolas D. qui réclament que leurs clients soient relaxés. Pour celui de Palme Dog's, « la maltraitance envers les animaux n'a pas été retenue ». Quant à l'avocat de Jean-Pierre P. et de sa femme, il plaide « coupable pour les mensonges sur l'origine des chiots. Mais ses clients ont menti pour faciliter les transactions et ne sont pas d'accord pour le délit d'escroquerie. Ils préfèrent celui de tromperie. » Il sollicite « la modération du tribunal ». Le dernier mot est donné aux prévenus.

Jean-Pierre P. déclare « avoir arrêté les chiens ». Sa femme : « Tout le monde peut se tromper. » Christophe N. veut « continuer d'exercer sa profession de vétérinaire ». Nicolas D. a reçu « un coup de massue et se bat depuis deux ans pour reconstruire sa clinique ». Il se plaint aussi de sa cellule en prison. Ioan O. n'a rien à déclarer. Michel B. se contente de remercier ses avocats. Michel D. va « arrêter son activité à la fin de l'année car le marché du chien s'effondre » et n'a rien d'autre à ajouter.

Le président du tribunal annonce que le délibéré sera rendu le 13 janvier 2009 à 9 heures. L'audience est levée.

Les peines prononcées sont plus légères que celles demandées lors des réquisitions du procureur pour certains condamnés et plus lourdes pour d'autres. Aussi Michel D., Ioan O, Jean-Pierre P. et Michel B. interjettent appel. De son côté, le ministère public relève appel incident contre eux. Les avocats des cinq associations de protection animale interjettent appel contre tous.

C'est le mercredi 8 septembre 2010 que ce feuilleton s'achève devant la cour d'appel d'Aix-en-Provence. Jean-Pierre P. est condamné à un an de prison ferme, trois ans de mise à l'épreuve, interdiction d'exercer pendant cinq ans, 30 000 euros d'amende. Il en va de même pour Michel D. Michel B. et Ioan O. écopent de trois mois de prison avec sursis et de 30 000 euros d'amende. Pour ceux qui ont accepté le premier jugement : les vétérinaires Nicolas D. et Christophe N. doivent s'acquitter chacun d'une amende de 20 000 euros, la femme de Jean-Pierre P. est condamnée à six mois de prison avec sursis, et la société Palme Dog's à une amende de 30 000 euros.

Les associations de protection animale sont déboutées, mais l'important est leur alliance face à ces trafiquants.

Les personnes ayant acheté un chiot malade chez Palme Dog's se sont constituées partie civile et une trentaine d'entre elles obtiendra en appel, le mardi 20 mai 2014, le remboursement des sommes correspondant au préjudice subi.

La cellule anti-trafic n'a plus jamais entendu parler de Palme Dog's ni de Jean-Pierre P. Affaire classée.

Dans le village court une rumeur

Dès notre arrivée à Champeix, en mai 2003, nous sommes accueillis par Geneviève Gilles qui a demandé notre aide. Petite bourgade du Puy-de-Dôme, Champeix, au charme méridional, capitale de la pomme, est appréciée pour son église romane, son château du Marchidial et ses jardins. Étagée sur les pentes de la vallée et encadrée de terrasses appelées « pailhats », elle respire la France rurale où il fait bon vivre. La Couze Chambon, petite rivière qui la traverse, apporte dans un bruissement léger une note de fraîcheur. Tout semble tranquille. Pourtant il se murmure ici que Jacques C., le paysan le plus rustre d'Auvergne, vit sur les collines dans une bergerie délabrée, sans électricité, avec ses deux filles vêtues de peaux de bêtes…

Dix jours plus tôt, j'ai été alertée sur les conditions de vie désastreuses des chevaux de l'éleveur. Aujourd'hui, je me retrouve avec Patrice dans la maison de Mme Gilles qui nous explique ce qu'elle a constaté et les démarches qu'elle a entreprises, en vain. Cela fait plus de trente ans que Jacques C. laisse ses animaux sans soins, en divagation dans les prés des voisins ou sur la route départementale. À la tête d'un cheptel de 400 bêtes, vaches, chèvres et chevaux, il aurait été convoqué 75 fois par la Justice. Les gendarmes de Champeix n'en peuvent plus de faire des procédures qui aboutissent à de simples amendes, d'autant qu'ils sont souvent appelés pour reconduire les vaches égarées vers leurs pâtures. Le problème demeure, Jacques C. n'en faisant qu'à sa tête et refusant de clôturer ses parcelles, bien trop petites pour héberger tous les animaux. Mme Gilles, qui possède des chevaux, est choquée de voir ceux de Jacques C. dépérirent de jour en jour. Ils sont déshydratés, les bacs d'eau sont vides, une jument grise, famélique, a le dos et le flanc droit lardés d'une plaie ouverte purulente. Pour les vaches, la situation n'est pas meilleure. En 1991, le troupeau de bovins de Jacques C. a été enlevé sur ordre de la préfecture et transporté vers le Mont-Dore, mais l'éleveur l'a reconstitué. Exaspérée, Geneviève Gilles a lancé une pétition signée par 256 habitants sur les 275 qui ont été contactés. « Trente ans que ça dure, ça suffit ! ». Puis elle a fait appel à notre service.

Après cet entretien, nous nous rendons sur les hauteurs de Champeix afin de voir les équidés. Nous constatons qu'ils n'ont pas d'eau, pas d'herbe ni de fourrage ; certains ont les sabots cassés ou fendus. La jument blessée va mourir par manque de soins. Seul un étalon semble en forme : il sort souvent du champ pour se nourrir dans les propriétés voisines. Alors que je suis occupée à prendre des photos, Jacques C. surgit sur le chemin et nous invective avec force en patois auvergnat. Le bonhomme n'est pas commode. Sexagénaire aux cheveux blancs et à la moustache en bataille, il brandit un bâton et exige que nous partions car nous sommes, dit-il, sur ses terres. Je lui réplique qu'il s'agit d'un chemin communal et que nous appartenons à la SPA. La SPA, il s'en fout, les gendarmes, il s'en fout, il fait ce qu'il veut avec ses animaux ! Le dialogue semble compromis, mais Patrice, impassible et souriant, parvient à le calmer un peu. Sans lui, j'aurais certainement servi de punching-ball à cet individu vraiment menaçant.

Le 15 mai, je poste une plainte au procureur de Clermont-Ferrand. Je demande au magistrat la saisie conservatoire de la jument grise et de son poulain. Deux jours plus tard, une autre jument est retrouvée morte près de son enclos. Les gendarmes doivent faire appel à une société d'équarrissage pour évacuer le cadavre. Le 20 mai, c'est auprès de la gendarmerie de Champeix que je dépose plainte pour détention d'animaux de plus de quarante kilos sans déclaration d'équarrissage. Je sais que la SPA n'est pas recevable dans ce domaine, mais je veux faire accélérer la procédure et les militaires n'attendent que cela. Mme Gilles a prévenu la presse qui se révèle indispensable pour ce genre d'affaires. Les services vétérinaires, qui ne veulent surtout « pas de vagues », sont interrogés par la journaliste du quotidien *La Montagne*. Selon le directeur, le décès de l'animal ne serait pas dû à un mauvais traitement mais à l'ingestion d'une herbe toxique. Quant à Michel Valet, procureur de la République, il affirme dans l'édition du 22 mai que « la Justice a pris la mesure de ce problème et va essayer de mettre rapidement un terme à cette situation. Toutes les affaires de ce type sont suivies de près et poursuivies sur le fondement juridique qui permet des sanctions les plus fermes. Nous allons requérir le placement des animaux à la SPA. »

Le samedi 24 mai, nous avons rendez-vous à 8 h 30 devant la brigade de gendarmerie. Patrice et Patrick Labéga, mon collègue responsable du refuge de Brugheas, m'accompagnent. Nous retrouvons des habitants de Champeix, dont Geneviève Gilles, les gendarmes et quelques agriculteurs venus prêter main forte. La petite troupe d'une vingtaine de personnes accède à l'enclos des équidés afin que la SPA, sur ordre du procureur, prenne en charge la jument blessée et son poulain.

Les chevaux de trait, quasi sauvages, ne sont pas faciles. L'étalon charge tous ceux qui s'approchent de ses poulinières. Il faudra presque deux heures pour isoler les deux animaux que nous devons récupérer (et tout le savoir-faire de Patrick qui connaît très bien leur fonctionnement). Je prends des photos de l'intervention lorsque je vois un gendarme détaler dans un champ en contrebas poursuivi par l'étalon qui, heureusement, s'arrête à temps. Quant à Jacques C., il est détenu dans les locaux de la gendarmerie. Patrick Labega a trouvé une pâture prêtée par un paysan, car le refuge ne peut pas accueillir de chevaux. À sa descente du van, la jument est encore énervée, mais elle se calme une fois déposée dans le pré où l'herbe est tendre et l'eau accessible. Le vétérinaire va venir soigner ses vilaines blessures.

Je ne suis pas vraiment rassurée sur le sort des animaux restés à Champeix. Une association, SOS Cheval, qui possède 20 hectares sur le plateau de Gergovie, va prendre en charge les équidés. Patrick Labéga s'est engagé à trouver d'autres lieux d'accueil si cela s'avère nécessaire. Mais qui va s'occuper des vaches, des chèvres enfermées dans un bâtiment ? La DSV va-t-elle enfin faire son travail ? Jacques C. possède aussi des chiens qui vivent en meute autour de la bergerie. Je n'ai pas pu les voir et je me doute que, non stérilisés, ils doivent être nombreux.

Le mercredi 4 juin, j'apprends que deux autres juments sont mortes. La première a été retrouvée ce matin, et l'autre est décédée un peu plus tard dans l'après-midi, sous les yeux impuissants de quelques habitants qui s'étaient mobilisés et de l'association SOS Cheval à laquelle le poulain orphelin a été confié. Pourtant, la veille, deux fonctionnaires des services vétérinaires s'étaient rendus sur les lieux et avaient fait le tour de l'exploitation pour établir un bilan général au niveau de la protection animale et des installations. Aussi, à la demande d'un gendarme, je retourne à Champeix pour déposer une nouvelle plainte.

Le lendemain, on peut lire dans *La Montagne* les explications d'un chef de service de la DSV. Il a vu des animaux qui ne sont pas en mauvais état, ne présentant aucune maigreur excessive. Il ne dit pas qu'il n'y a pas eu de maltraitance, mais ne sait pas quelle est la cause directe de ces mortalités. Une autopsie va être réalisée. Il aura des éléments, mais ce n'est pas facile à déterminer. Le juge Bruno Fauh, lui, hausse le ton : « Il a été constaté que les animaux disposaient de très peu d'eau, un demi-litre pour cinq chevaux, c'est peu. Je lance donc une procédure pour acte de cruauté (abandon d'animaux domestiques). En passant au niveau délictuel et non plus seulement contraventionnel, le tribunal peut prononcer des peines complémentaires comme l'interdiction de détenir des animaux. Jacques C. ne prend pas la mesure des soins que nécessite son cheptel. Je lance donc une enquête. » Et la journaliste de conclure : « Il faudra encore attendre le résultat des autopsies, puis l'audition de Jacques C. avant que le tribunal correctionnel ne soit saisi. »

Un reportage réalisé pour France 3 et TF1 est diffusé lors des journaux télévisés du soir sur ces deux chaînes. L'affaire Jacques C. est devenue nationale.

Jeudi 5 juin, le procureur de la République, Michel Valet, affirme qu'il s'agit d'acte de cruauté, que la Justice sera ferme. Les juments étaient infestées par les vers et le défaut d'abreuvement est évident. Pour François Gerster, le directeur des services vétérinaires, interviewé à son tour, la situation n'est pas si grave, les équidés ont succombé à un coup de chaleur.

Durant la canicule estivale de 2003, je ne reçois aucun appel en provenance de Champeix. J'espère que la DSV a fait le nécessaire concernant les bovins et les caprins de Jacques C., les équidés ayant tous été retirés. Mais les chiens ?

Le 17 juillet, Patrice et Jacky se rendent près de la bergerie. Jacky a pris un bâton au cas où les chiens seraient agressifs... et évidemment, la vue de ce bâton tournoyant au-dessus de leurs têtes les excite. Mes deux collègues sautent dans le véhicule et sont poursuivis sur quelques dizaines de mètres par la meute offensive. Ce sont des border-collies, environ une trentaine, d'après Patrice, mais il a été impossible de les compter.

Le 18 septembre, le procès de Jacques C. a lieu au tribunal correctionnel de Clermont-Ferrand. Ce dernier interjette appel et est rejugé à Riom le18 février 2004. Le délibéré est rendu le 24 mars : il est condamné à trois mois de prison ferme et à l'interdiction de posséder des chevaux.

Le jeudi 1er avril 2004, je suis de retour à la gendarmerie de Champeix pour un nouveau dépôt de plainte. Le samedi précédent, une cavalière a vu quatre vaches couchées sur le sol, sans vie, et le lendemain, au cours d'une seconde balade à cheval, elle en a vu six autres. Prévenus, les gendarmes ont comptabilisé douze cadavres. Au vu de leur maigreur prononcée, il semble que toutes les bêtes soient mortes de faim.

Une journaliste de *La Montagne* relate les faits dans l'édition du 2 avril. « Hier matin, Jacques C. a été interpellé chez lui et placé en garde à vue avant d'être présenté aujourd'hui au parquet de Clermont-Ferrand. Dans la foulée il pourrait être placé en détention. [...] Les associations de protection animale ne se sont pas contentées de compter les cadavres, elles ont porté plainte espérant bien, cette fois, que la Justice mettra un coup d'arrêt à l'inertie cruelle de l'agriculteur. [...] "Il a eu trois mois de prison, c'est bien, commente Geneviève Gilles, une habitante de Champeix, mais ce n'est pas la solution, le mois dernier j'ai appelé la DSV pour les informer de l'état lamentable du troupeau. On voit des veaux qui essaient de téter mais il n'y a rien !" [...] Selon les services vétérinaires neuf autres bovins sont sur le point de succomber. Aussi le préfet pourrait prendre la décision de les faire abattre. »

Il pleut des cordes sur Champeix et le vent est glacial en ce petit matin du 6 avril. Il est 6 h 30, nous attendons en bas du champ où se trouvent les vaches l'arrivée de

Dominique Ceaux, le sous-préfet du Puy-de-Dôme. Une grande bétaillère est stationnée, les fonctionnaires du ministère de l'Agriculture présents pour accomplir la sale besogne due à leur laxisme. Je ne leur serre pas la main, je suis révoltée et dans l'incompréhension devant un tel manque de compassion envers les animaux. Patrice et moi sommes frigorifiés alors que le sous-préfet s'avance vers nous accompagné d'un homme qui l'abrite avec un parapluie. Nous patientons encore de longues heures avant que les bovins à peu près valides soient rassemblés, destination l'abattoir. Les techniciens de la DSV sont partis dans un autre pré euthanasier onze vaches qui ne peuvent plus marcher. Auparavant, ils se sont rendus dans l'étable accompagnés des deux filles de Jacques C. et des gendarmes et ont fait sortir une quinzaine de vaches et de veaux. Huit autres animaux agonisants ont été tués à l'intérieur. Puis c'est en haut du champ que trois autres animaux reçoivent la piqûre mortelle. « Trop faible pour réagir la vache s'est laissée faire lorsque le vétérinaire l'a piquée dans le cou », commentera la journaliste dans l'édition de *La Montagne* du lendemain.

À présent, plusieurs paysans et un grand type de la DSV essaient de trier dans le troupeau restant les bêtes qu'une maigreur excessive condamne à mourir. Ce sont les directives du sous-préfet. Ils sont aidés par les deux filles de Jacques C. qui se démènent tant qu'elles peuvent. Chaussées de bottes, habillées d'un pantalon et d'un pull-over, la coiffure hirsute et les joues rouges, elles ne sont pas couvertes de peaux de bêtes... mais ce n'est pas le grand luxe vestimentaire. La scène est cocasse et, malgré la tristesse que nous éprouvons,

Patrice et moi ne pouvons pas nous empêcher de rire à la vue du grand escogriffe qui ne parvient pas à diriger les animaux. Il court derrière les vaches affolées qui s'éparpillent de plus belle. C'est alors qu'arrive la troisième fille de Jacques C. Très agressive, elle s'oppose au chargement des bovins dans la bétaillère et les gendarmes sont obligés de la ceinturer. Finalement, au bout de deux heures, treize vaches sont embarquées et, à midi, le camion à bestiaux démarre. Le terminus est l'abattoir d'Issoire. La troisième fille de Jacques C. et son mari, agriculteurs, promettent de venir régulièrement s'occuper des 36 vaches laissées sur la propriété en attendant la décision de justice...

Extirpé de sa cellule où il purge une peine de trois mois suite au premier jugement, Jacques C. est assis sur le banc des prévenus ce mercredi 28 avril 2004 à l'audience correctionnelle du tribunal de Clermont-Ferrand. Âgé de 66 ans, de taille moyenne, râblé, les bacchantes taillées à la gauloise, l'homme est toujours aussi vindicatif. Il daigne à peine répondre aux questions que lui pose le président, visiblement choqué par les photos qui démontrent l'ampleur du désastre : un champ de cadavres de vaches en partie dévorées, sans doute par les chiens de Jacques C. Ce dernier s'entête : il est victime d'un complot. Les animaux décédés sont squelettiques : c'est normal, il est spécialisé dans l'élevage de vaches maigres. Il soigne lui-même les bovins, le vétérinaire ne sert à rien et, de toute façon, c'est trop cher.

Je reconnais le représentant de la DSV qui est dans la salle d'audience. C'est lui qui courait derrière les bovins le 6 avril dernier. Assis, il dépasse tout le monde d'une tête, mais au cours du déroulement du procès, accablé, il va s'enfoncer sur sa chaise et on ne verra plus que son crâne.

Les plaidoiries des avocats des parties civiles commencent par celle de Maître Sibiaud pour l'association SOS Cheval, qui accuse les services vétérinaires d'un manque de vigilance minimale. Puis il dit, avec une certaine émotion, qu'« on leur prend tout aux vaches. Leur peau, leur chair, leurs cornes, leurs sabots, leur lait et même leurs petits. » Ensuite Maître Ferré, représentant la SPA, affirme que cela ne serait jamais arrivé si les contrôles avaient été réguliers et suivis d'effets.

Même l'avocat de la défense demande comment une telle situation a pu se produire en France, alors que l'ensemble du territoire est quadrillé par les directions des services vétérinaires. Les techniciens de la DSV avaient toutes les raisons de s'intéresser à l'exploitation de Jacques C., ce qu'ils n'ont pas fait. Et l'avocat de s'étonner que certains rapports d'inspection aient disparu. Si son client est coupable, il n'est pas le seul !

Jacques C. est condamné à trois autres mois de prison ferme, à 800 euros de dommages-intérêts et frais de procédure et, surtout, à l'interdiction définitive de détenir des bovins.

Pendant le retour à Vichy, alors que Patrice conduit, je me perds dans mes pensées. Qu'aurais-je pu faire de plus pour éviter que ces vaches meurent de faim et de soif dans d'atroces souffrances ? Je n'ai pas la réponse, sinon que c'est la toute puissante DSV qui, pour moi, est responsable. Mais ce n'est pas l'avis d'Hervé Gaymard, alors ministre de l'Agriculture.

Mary B., demeurant en Auvergne, a vu les reportages diffusés par France 3 plusieurs jours de suite début avril. Indignée par le laxisme de la DSV, elle a écrit au ministre le 7 avril 2004. La réponse à son courrier lui parvient le 22 septembre :

« Madame, vous avez appelé mon attention sur les mauvais traitements infligés à des animaux d'élevage détenus par Jacques C., agriculteur à Champeix.

J'ai transmis au directeur départemental des services vétérinaires du Puy-de-Dôme copie de votre courrier pour suite à donner. Il m'a donné les éléments d'information suivants.

Cet agriculteur en retraite a été jugé à l'audience du tribunal correctionnel de Clermont-Ferrand en date du 18 septembre 2003, à la suite du retrait de ses chevaux en mai et juin 2003 et des différents procès-verbaux dressés à son encontre. Il lui a été définitivement interdit de détenir des chevaux et le tribunal a ordonné la remise à l'association SOS Cheval des trois chevaux qui lui avaient été retirés, par arrêté préfectoral du 27 juin 2003.

Jacques C., le ministère public et la Société protectrice des animaux de Paris ont fait appel. Dans son jugement du 24 mars 2004, la cour d'appel de Riom a confirmé les dispositions civiles de la décision déférée qui ordonnait la remise définitive à l'association SOS Cheval.

À la suite de l'enquête effectuée par la direction départementale des services vétérinaires sur l'exploitation de Jacques C., en raison de la présence de nombreux cadavres, le jugement a réformé la peine en le condamnant à trois mois d'emprisonnement pour abandon d'animaux avec récidive, avec en tant que peine complémentaire, l'interdiction de détenir des bovins.

Cette affaire n'étant très certainement pas terminée, il a été demandé au docteur Decarpentrie, vétérinaire sanitaire, d'assurer un suivi régulier de l'élevage.

Par ailleurs, la direction départementale des services vétérinaires du Puy-de-Dôme se montre très vigilante vis-à-vis du respect de la réglementation afférente à la protection animale dans cette exploitation.

Je vous prie de croire, madame, à l'assurance de ma considération distinguée. »

Affreuse, sale et méchante

Il nous aura fallu dix ans pour que Clarisse D. soit obligée de se séparer de ses chiens. L'affaire commence le 15 juillet 2003 par un dossier que Sabine D. me fait parvenir.

Elle a acheté un spitz croisé bichon âgé de sept mois chez l'éleveuse Clarisse D. en novembre dernier et ne parvient pas à obtenir sa carte de tatouage. De plus, il apparaît sur le carnet de santé que ce chien a déjà eu deux propriétaires. Je ne peux pas l'aider pour ces problèmes administratifs et lui conseille de joindre Danièle Gautier, qui travaille à la Société centrale canine, cette personne étant réceptive et compétente.

Ce qui m'intéresse est la description que fait Sabine D. de l'élevage dans le courrier qu'elle a adressé à la DSV de la Côte-d'Or le 11 avril 2003 : « Vers 18 heures, j'arrive sur les lieux accompagnée de mes deux belles-sœurs. J'ai cru m'être trompée de maison en voyant un terrain vague couvert de détritus, bouteilles et tas de ferraille. En descendant de ma voiture un chien type berger allemand enchaîné, que je n'avais pas vu, s'est précipité sur moi. Je remonte vite en voiture et ne pouvant accéder au domicile je klaxonne afin que quelqu'un vienne nous chercher. Au bout de dix minutes une fillette arrive et nous conduit à la maison. Une de mes belles-sœurs enceinte à l'époque n'a pu entrer tant l'odeur d'ammoniaque était forte. Dans la pièce remplie d'immondices, qui ne mesure pas plus de 10 m^2, j'aperçois 18 chiots de race spitz en liberté, sur et dans les meubles ou dans des cartons souillés, 4 yorkshires enfermés dans une cage à cobaye, 2 chats et mon chien qui venait d'être talqué pour être plus blanc selon les dires de Clarisse D. En revenant à mon domicile je me suis empressée de laver mon chien qui était sale, couvert de puces et de tiques. Le mercredi je l'ai emmené chez mon vétérinaire pour un examen. À 7 mois, il ne pesait que 3,5 kilos. Aujourd'hui il pèse 6 kilos avec une alimentation équilibrée. Je suis certaine que de nombreux chiens sont en danger chez Clarisse D. Je vous demande, par cette missive, de sauver ces animaux et de vous déplacer pour constater leurs conditions de vie (locaux, nourriture, nombre de portées par femelle, les mélanges de races) et de me tenir informée. » Sabine D. n'aura jamais de réponse à son courrier.

Début octobre, une enquête est effectuée par Patrice et Jacky. Impossible de réagir plus vite tant nous sommes submergés par les affaires en cours. L'élevage intitulé « La feuille d'or » se situe à la périphérie d'une petite commune d'une soixantaine d'habitants. À l'entrée un panneau indique la vente de spitz, bichons, pinschers, yorkshires et chihuahuas. Depuis le portail jusqu'au chenil, mes collègues parcourent environ 150 mètres sur un terrain encombré par des débris de ferraille et d'ordures en tous genres. Une chienne berger allemand, attachée par une chaîne pas très longue, monte la garde, ainsi qu'un dobermann en liberté. Le premier chenil, à droite en arrivant, est dépourvu d'abri et contient 17 chiens adultes répartis dans six boxes très sales.

Clarisse D. vient à leur rencontre, c'est une femme de petite taille, de forte corpulence, les cheveux longs châtain clair et gras, d'aspect négligé. Patrice et Jacky se présentent comme des courtiers ayant une grosse clientèle qui recherche des chiots de petite race. Il est difficile de donner un âge à cette femme qui se montre d'emblée très méfiante. Elle accepte cependant de les faire entrer dans la maison, appâtée par l'espoir d'un bon négoce. Patrice et Jacky peuvent vérifier la véracité des faits rapportés par Sabine D. Dans une petite pièce obstruée de toutes parts, où ils ont à peine la place de bouger, se trouvent dix chiots et dans une cage séparée en deux ; ils voient en haut une femelle yorkshire avec deux chiots, et en bas trois petits spitz. À l'étage, dans la chambre, dit-elle, sont enfermées les femelles reproductrices qui ne sont pas visibles. Le prix des chiots, presque tous des croisés, varie entre 320 et 760 euros. Elle ne tient pas de registre entrée-sortie, ce qui est surprenant car elle vient d'avoir un contrôle de la DSV qui, d'après elle, n'a rien trouvé à redire. Jacky, sous prétexte d'aller aux toilettes, sort de la maison et aperçoit à travers une porte vitrée un pinscher noir et feu dans un état lamentable. Le sol est jonché d'excréments. Clarisse D. vend aussi des chats qu'elle refuse de montrer.

Elle donne les noms des trois personnes qui lui fournissent de temps en temps des chiens adultes. Toutefois, elle est en colère contre Antoine C., bien connu de notre service, qui lui a cédé un pinscher mâle avec une oreille coupée car il avait deux tatouages différents. À présent, ce chien est invendable et cela la contrarie beaucoup.

De retour au bureau, mes collègues rédigent leur rapport d'enquête.

Sans nouvelles de la DSV, je décide de porter plainte contre Clarisse D. auprès du procureur de la République de Dijon le 16 janvier 2004.

De tels élevages sont légion en France. Nous en avons déjà vu beaucoup, beaucoup trop. De plus, ils ne sont pas clandestins, ce qui évidemment empêcherait tout contrôle des services de l'État. Celui de Clarisse D. est déclaré… tout comme celui d'Armelle M., situé à Chartres-de-Bretagne en Ille-et-Vilaine.

C'est en décembre 2006 que nous sommes alertés par deux déléguées-enquêtrices du refuge SPA de Rennes. Après une visite effectuée chez l'éleveuse, elles nous demandent d'intervenir tant la condition de détention des animaux les a choquées. Quelques jours plus tard, Jean-Michel se rend sur place et, après avoir décliné ses qualités, informe Armelle M. du but de sa visite. Cette dernière l'invite alors à entrer à l'intérieur de sa maison où mon collègue peut faire les constatations suivantes : « Dans la cuisine, au milieu de la crasse et d'un désordre inextricable se trouvent entreposées des cages en batterie renfermant une vingtaine de chiens yorkshire. Ces bêtes serrées les unes contre les autres ne peuvent à peine se mouvoir. Leurs pattes blessées reposent directement sur le grillage de la cage ou sur du papier journal imbibé d'urine. Les chiens placés aux étages inférieurs reçoivent l'urine et les excréments de leurs congénères. Dans le salon, au centre de la pièce, repose sur le sol une cage aménagée spécialement pour présenter aux clients les chiots à vendre. Trois chiots de race bouledogue français somnolent couchés sur des coussins rose et bleu. Je trouve à proximité une cage à lapin renfermant trois chiots yorkshire, un vari-kennel dans lequel sont détenues deux femelles bouledogue et un petit sac de voyage fermé contenant un très jeune chiot. Dans une des cages j'observe une gamelle sale remplie de fromage blanc solidifié. La litière, composée de papier journal saturé d'urine, dégage une odeur nauséabonde. Dans la remise, toujours au milieu de la crasse, je vois deux vari-kennels posés en superposition dans une baignoire qui contiennent des chiens yorkshire. Dans le couloir, plusieurs vari-kennels renfermant des chiens sont entreposés sur le sol obstruant le passage. La saleté est visible partout. Enfin, à l'étage, ce sont des cages en fer sur trois niveaux que je découvre et les conditions de détention des chiens sont similaires à celles observées dans la cuisine. Environ cinquante chiens sont présents sur l'élevage. La majorité d'entre eux sont sales, hirsutes, mouillés par l'urine et confinés dans un espace trop restreint. »

Armelle M. reconnaît que d'autres chiens sont stockés chez sa mère et prétend n'être propriétaire que de neuf animaux, les autres appartenant à sa famille ou des amis… Elle sait que l'élevage n'est pas réglementaire et affirme avoir trouvé un site plus conforme, hors de la zone urbaine, qu'elle est en train d'aménager.

Le 5 janvier 2007, je dépose plainte auprès du procureur de la République de Rennes. Dans ce courrier, auquel sont joints le rapport d'enquête de Jean-Michel, les photos des lieux qu'il a prises avec le consentement d'Armelle M. et les attestations que les deux déléguées-enquêtrices ont bien voulu nous faire parvenir, je demande surtout une mesure conservatoire urgente. Le 10 novembre 2008 (soit dix-huit mois plus tard !), la DSV sollicitée par le magistrat rend les résultats de son contrôle. La maltraitance animale est constatée, ainsi que la non-tenue du registre entrée-sortie, l'absence des factures de vente et des carnets de santé des animaux, les vaccins non à jour.

Il faut attendre le 18 mai 2009 pour que les gendarmes de Rennes interviennent chez Armelle M., et ne trouvent aucun chien ! La dame a été prévenue, mais les militaires avec lesquels nous sommes en contact ne renoncent pas. Ils trouvent 66 chiens à Tremblay, chez sa mère. Ces animaux sont tous enfermés dans des cages souillées et empilées les unes sur les autres. Sur un second site, à Combourg, où loge Didier A., le métayer d'Armelle M., 18 chiens sont détenus à l'intérieur d'un cabanon sombre dans des cages superposées et sont recouverts d'urine et d'excréments. Un chien est mort dans une cage.

Le lendemain, 85 chiens et chiots sont saisis par la Justice. Ils sont définitivement confiés à la SPA le 22 octobre 2009. Décision confortée par la cour d'appel en novembre, suite à l'opposition de l'éleveuse. Les animaux qui n'ont pas de graves séquelles sont mis à l'adoption dans nos refuges de Bretagne. Aussitôt après la saisie, chacun a été examiné par un vétérinaire, et le bilan est affligeant : fractures du radius et du cubitus, difficultés locomotrices, prostration, fractures de la mandibule, gastrites hémorragiques, déminéralisation osseuse, déchaussement des dents, pneumonies...

Le premier procès a lieu le lundi 13 septembre 2010. Armelle M. déclare, en pleurs : « Mes chiens, c'est ma vie, ma passion depuis vingt-sept ans. Ils passaient avant mes enfants. » Ce doux refrain, que j'ai déjà entendu tant de fois au cours des nombreuses audiences auxquelles j'ai pu assister, n'émeut pas le procureur qui requiert huit mois de prison avec sursis et, surtout, l'interdiction d'exercer à nouveau cette activité. Armelle M. interjette appel à plusieurs reprises, contestant certaines dispositions, et cette affaire se termine en février 2012. Elle est seulement condamnée à payer les sommes dues à la SPA. Une fois encore, la Justice se montre bienveillante envers une tortionnaire d'animaux.

Pour notre dossier concernant Clarisse D., c'est le fiasco. Sans nouvelles de la plainte déposée en janvier 2004, nous relançons le parquet fin septembre pour connaître sa décision : l'enquête est en cours. En mai 2006, nous écrivons à nouveau au procureur de Dijon et n'obtenons aucune réponse. Pensant que le nécessaire a peut-être été fait pour mettre cet élevage en conformité, nous programmons une visite le 5 décembre 2006.

Jean-Michel découvre ce lieu sordide cautionné, semble-t-il, par les services vétérinaires, et Jacky ne constate aucune amélioration depuis sa première venue en octobre 2003. Seuls les chiens de garde ont changé. Un beauceron est à l'attache et le second en liberté. Les enquêteurs de la cellule anti-trafic retrouvent les mêmes immondices et plusieurs épaves de voitures éparpillées sur le terrain, les mêmes conditions désastreuses de détention des animaux, la même Clarisse D. qui leur refuse l'accès à sa maison, invoquant le fait qu'elle n'a pas eu le temps de nettoyer l'intérieur. Cette dernière parle facilement, avec un accent prononcé du nord de la France, surtout pour dénoncer des éleveurs non scrupuleux qui lui font, affirme-t-elle, une concurrence déloyale.

Les mois passent, nous sommes tributaires de la Justice et les chiens continuent de souffrir. Cette incapacité à leur venir en aide m'exaspère. Le 27 juin 2009, Pépita téléphone au bureau d'ordre du tribunal de grande instance de Dijon afin de relancer, pour la troisième fois, notre plainte. Il lui est répondu que celle-ci a été transmise à la DSV le 27 octobre 2004 et qu'il n'y a toujours pas de retour concernant leur contrôle (si toutefois il a été effectué) !

Je sais que le bien-être animal n'est pas la priorité des services de l'État, malgré le bla-bla que nous servent régulièrement les hommes politiques. Pourtant, ces fonctionnaires montrent beaucoup plus de zèle quand il s'agit de contrôler les refuges et certains n'hésitent pas à menacer d'euthanasie le « surplus » d'animaux abandonnés. Nous devons trouver d'autres éléments pour faire sortir le procureur de sa torpeur.

Je demande à Sandra et Patrice de se rendre à nouveau sur le site. Le 8 juillet 2009, leurs constatations sont identiques à celles de leurs collègues. Le chemin qui mène à l'élevage est un véritable dépotoir. La propriété est à présent gardée par un dobermann en liberté et une femelle bouvier bernois enfermée dans un enclos qui se montre très agressive. À l'entrée de l'allée, sur la droite, un yorkshire dans un état pitoyable se trouve dans une cage envahie d'herbes hautes. Il n'a pas d'eau à sa disposition, idem pour trois vieux chiens de race spitz dont l'un est aveugle. Tous les animaux visibles pataugent dans leurs excréments, les gamelles sont vides et encrassées par l'urine. Sandra et Patrice se présentent comme d'éventuels acheteurs d'un chien de petite taille. Clarisse D. n'a qu'un chiot yorkshire à vendre au prix de 650 euros. Ils entendent des aboiements en provenance de la maison et l'éleveuse leur dit que ce sont les reproducteurs qui ne sortent jamais à cause des microbes. Elle demande à son compagnon d'aller chercher le chiot, car la maison étant en travaux, elle ne peut pas y recevoir les visiteurs. Pendant l'attente, elle s'étonne de ne pas voir sa fille nettoyer les boxes puisque, dit-elle, c'est son travail le mercredi. Lors de la première enquête en octobre 2003, Patrice avait vu une fillette à qui sa mère parlait durement et qui semblait déjà préposée à cette corvée. Clarisse D. propose également à Sandra et Patrice un chihuahua d'un an vendu 1 200 euros...

Cette fois, la situation est vraiment bloquée, mais je refuse d'abandonner.

Le 15 juillet 2009, j'écris au procureur de la République, lui demandant de bien vouloir considérer notre plainte qui semble être au point mort depuis 2004. Je joins à ce courrier nos derniers rapports d'enquête, le détail de nos démarches auprès du bureau d'ordre, et je lui signale que Clarisse D. utilise sa fille encore mineure, qui vit dans un environnement insalubre, pour les basses besognes. Je confirme que depuis 2004 les conditions de détention des animaux se sont dégradées, qu'un grand nombre de chiens ont été maltraités et que beaucoup sont probablement décédés. Je le prie de bien vouloir mettre tout en œuvre pour faire cesser cet élevage dans les plus brefs délais afin de sauver les animaux qui restent en la possession de cette éleveuse incapable d'assurer cette charge. Je lui demande enfin à ce qu'une saisie conservatoire d'urgence pour tous les animaux soit prise.

Silence radio de la part du parquet. C'est un mauvais feuilleton. Je mets ce dossier en attente, les mois passent, et passent encore. Nous savons que Clarisse D. continue son business grâce aux recherches sur internet effectuées en octobre 2010 par Pépita qui trouve, sur différents sites, des petites annonces proposant des chiots de race spitz et chihuahua à la vente. Le lendemain, je demande à Pépita de téléphoner au bureau d'ordre pour connaître le suivi de la plainte. Son interlocuteur lui apprend qu'elle a été classée sans suite le 15 juin 2010 pour régularisation sur demande du parquet. Cela signifie que la Justice a exigé que l'élevage de Clarisse D. soit mis en conformité. Patrice est révolté par la décision du procureur : on ne demande pas aux magistrats d'aimer les animaux, mais de faire respecter la loi. Il nous reste à espérer que l'élevage « La feuille d'or » ne soit plus la feuille d'or… dures.

Deux ans plus tard, je réceptionne un appel téléphonique d'une personne qui s'est rendue chez Clarisse D. pour acheter un chiot. Elle me relate avec indignation et dans les moindres détails ce qu'elle a vu. Elle souhaite rester anonyme, mais ses explications sont suffisamment convaincantes. Pour la quatrième fois, Patrice se rend en Côte-d'Or.

Alors qu'il s'approche du portail, Clarisse D. arrive en voiture. Dans son véhicule se trouvent un chiot chihuahua et une femelle adulte qu'elle s'apprête à vendre chez Emmaüs. Elle invite Patrice à la suivre. Si le terrain est dégagé le long de l'allée, il découvre que toutes sortes de matériaux, ferrailles et vieux matelas sont empilés à l'approche de l'élevage. Des aboiements provenant de la maison confirment que des chiens y sont encore enfermés. Patrice demande à voir les reproducteurs. Après un moment d'hésitation, Clarisse D. consent à les lui montrer. Les chiens sont détenus sur la droite de l'habitation dans des sortes de petits boxes très sales, recouverts d'excréments, les gamelles sont vides et souillées d'urine, rien n'a été nettoyé depuis longtemps car toutes les déjections sont sèches. Une odeur très forte prend à la gorge. Patrice dénombre une cinquantaine de chiens dont l'état est lamentable. Leurs poils sont collés par l'urine et les excréments, ils ont les yeux purulents et le nez qui coule. Clarisse D. lui dit être seule à s'occuper de l'élevage, sa fille ne rentrant que le week-end. Elle ajoute qu'il manque un homme à la maison...

Elle explique à mon collègue (qu'elle ne semble pas reconnaître) que la DSV a fait une inspection sur l'élevage et qu'il lui a été demandé de mettre des niches en plastique et non en bois et de modifier la toiture des boxes. Elle ne le fera pas, car cela coûte cher et il lui faut un homme pour effectuer les travaux. Patrice conclut ainsi son rapport d'enquête : « Notre visite chez Clarisse D. a permis de constater que l'élevage n'est aucunement aux normes exigées pour cette activité et surtout que les animaux sont détenus dans des conditions alarmantes : surpopulation dans les boxes, absence de propreté, manque évident de soins, animaux en grande souffrance. Une nouvelle fois nous déplorons qu'aucune amélioration n'ait été effectuée suite à notre plainte du 16 janvier 2004. »

Une seconde plainte est déposée le 21 septembre 2012, dans laquelle je m'applique à détailler les articles du code rural et du Code pénal avec les codes NATINF relatifs aux faits reprochés. Je souhaite surtout qu'avec un peu de chance le procureur ait changé.

En janvier 2013, je suis contactée par Fabrice M., un salarié de la DSV qui me semble moins formaté que ses confrères. À partir là, tout s'accélère. Fabrice M. envoie un fax au procureur pour le prévenir de l'intervention programmée sur l'élevage pour le 31 janvier. Il souhaite la présence de la cellule anti-trafic ainsi que celle de la gendarmerie. Patrice se rend sur place, mais le procureur demande qu'il ne rentre pas sur le site, par crainte d'un vice de procédure.

L'adjudant Emmanuel D. de la brigade de Saint-Seine-l'Abbaye qui instruit cette affaire me téléphone le 5 février pour m'annoncer que Clarisse D. a l'obligation de se séparer de tous ses chiens. Elle a l'autorisation de vendre les deux dernières portées et le procureur a décidé de lui laisser un mois pour placer tous les animaux. Après avoir réceptionné, à sa demande, l'intégralité de notre dossier, l'adjudant me recontacte le 11 février. Il me dit qu'il va passer contrôler l'élevage toutes les semaines et qu'il ne compte pas lâcher l'affaire, Clarisse D. s'étant engagée à stopper son activité. Le lendemain, Fabrice M. m'informe qu'il va prendre attache avec l'adjudant pour l'accompagner et relever cette fois-ci l'identification de tous les chiens. Il va également demander à Clarisse D. la liste des personnes qui les ont achetés. Le vétérinaire de l'élevage (qui ne devait pas s'y rendre souvent) a déjà récupéré une dizaine de chiens adultes. Ce praticien a voulu, il y a quelques années, monter un élevage de spitz à son domicile, dans une zone pavillonnaire, mais a arrêté suite à l'intervention de la DSV.

J'ignore si ma dernière plainte a été convaincante, mais toujours est-il que, postée le 21 septembre 2012, la gendarmerie a reçu le soit-transmis du parquet six jours après pour diligenter une enquête.

Clarisse D. refuse de confier ses chiens à la SPA, car « ils auraient été très malheureux »... Elle s'en débarrasse par l'intermédiaire de son vétérinaire, certainement aussi en les proposant aux visiteurs d'Emmaüs, et surtout en les bradant sur le site internet Leboncoin. Nous en avons confirmation par un mail de l'association SOS chihuahua reçu le 4 mars 2013. Sur une annonce, Clarisse D. indique mettre à la vente trois chiens, un mâle et deux femelles, âgés respectivement de 8, 9 et 12 ns, pour 50 et 130 euros. À la lecture de ce mail, j'ai eu le cœur serré. Même les gendarmes m'avouent avoir eu de la peine.

Voici l'histoire de Roméo, né le 1er novembre 2000 et euthanasié en février 2013, que nous relate Pauline.

« Une de mes bénévoles a vu une annonce proposant à la vente des chihuahuas âgés. Elle est entrée en contact avec Clarisse D. [...] Une fois les chiens arrivés, je les ai emmenés chez le vétérinaire. Ils n'avaient jamais été vaccinés ni vermifugés. Ils présentaient tous les trois une infection dans la bouche et il ne leur restait que quelques dents. Roméo, le mâle, avait une grosse tumeur sur un testicule, l'autre étant atrophié. Il souffrait énormément et ne pouvait ni se lever, ni marcher. Le vétérinaire a donc procédé à une castration pour retirer la tumeur ainsi qu'à un détartrage des dents restantes et un arrachage des dents du fond cassées qui provoquaient l'infection et l'empêchait de manger. Bien entendu, son arrière-train était affaissé de ne plus marcher depuis longtemps. Après sa castration la douleur était toujours là. Roméo hurlait de douleur dès qu'il essayait de se lever, il gémissait en permanence et ne dormait presque pas tant sa douleur était intense. Le vétérinaire a effectué des radios de son dos et de ses hanches. Outre une arthrose importante due à son âge, sa colonne vertébrale présentait un angle avec bec de perroquet. Il était évident pour le vétérinaire que cette situation était ancienne et que le chien souffrait très sérieusement depuis déjà longtemps. Des anti-inflammatoires puissants lui ont été injectés pour le soulager, malheureusement sans aucun effet. Devant les cris de douleur de ce petit chien ne pouvant plus bouger, faisant pipi sous lui, n'étant pas capable de se nourrir ou de boire, nous avons pris la décision avec une peine immense d'arrêter ses souffrances. Ses cris permanents nous transperçaient le cœur.

Il est pour nous évident qu'il s'agit de maltraitance et que Roméo a été laissé en souffrance durant bien longtemps tant par sa tumeur que par l'état de sa colonne vertébrale.

J'espère sincèrement que la mort de Roméo n'aura pas été vaine et que cette pseudo éleveuse paiera le mal qu'elle a fait. »

Le vétérinaire a rédigé un certificat pour l'association SOS chihuahua, dans lequel il écrit : « Une radiographie de la colonne a mis en évidence une pathologie vertébrale intense et ancienne. Cette modification osseuse n'a pas pu passer inaperçue auprès de l'ancienne propriétaire de ce chien car elle entraîne obligatoirement des douleurs intenses. »

J'ai quitté la cellule anti-trafic fin 2014 sans savoir si la Justice avait poursuivi Clarisse D. En effectuant des recherches sur internet, je découvre que l'élevage est toujours implanté au même endroit et qu'un changement d'exploitant a été enregistré le 29 mai 2019. Sa fille, Micheline, a pris le relais et vend des chiens de race spitz allemand et chihuahua. Sur leurs sites « Clarisse-Micheline D. » et celui de leur élevage, on peut voir des petits chiens spitz en liberté dans la nature. Un adulte mâle est proposé, moyennant finance, comme étalon pour des saillies externes. Clarisse D. résume sa vie en une vingtaine de lignes dans un texte écorché par les fautes d'orthographe.

« J'ai connus la race tout à fait par hasard à la radio avec une petite annonce d'une femelle. Cela fait vieux maintenant c'était en 1987. La personne disait que cette race de chien ressemblait à un petit renard et ça m'intriguait. J'ai vu assez rapidement la chienne et elle m'a mordus. Sa propriétaire me l'avait directement mise dans mes bras, la chienne ne me connaissait pas. La personne a cru que je n'allais du coup pas la prendre mais je lui est expliqué que la réaction de la chienne était normale. Et pour cela elle à bien voulus me vendre la chienne. C'est ainsi que j'ai connus et découverte cette race inoubliable ! [Coup de foudre de la part de Clarisse D., mais pas de la chienne…] J'étais alors mère divorcé de quatre enfants jeunes avec une maison en pleine campagne avec un grand jardin. Et je suis devenus éleveuse canine.

Après avoir élevé pour un total de 18 années des chats principalement des persans et avoir fait 14 ans d'expositions félines. Et quelques années avec mes bergers allemands d'origines allemandes. Après toutes ses années de concours j'ai décidé de ne pas suivre en spitz allemand. Ce monde-là ne m'intéresse plus. Alors vous allez me dire mes spitz actuels font des concours… Oui ! C'est ma dernière fille (mon cinquième enfant) à qui j'ai transmise la passion des spitz qui fait les concours car cela la passionne. Cette dernière à donc vécus depuis sa naissance en compagnie d'animaux. Elle a aujourd'hui son propre élevage. J'ai toujours fait de ce métier et de ma passion, un travail sérieux, travaillée et de qualité. Aussi bien physique, caractéristiques qu'au niveau de la santé.

Pour finir sur qui je suis, je suis de Roubaix dans le nord d'origines belges… ce qui explique le nom de famille. Ma fille et moi aimons les trois typages du spitz allemand et c'est donc avec logique et amour que je fais les trois. Pour les couleurs, je fais aussi les couleurs qui me plaisent et pas ce qui se vendent forcément. Car je le rappel je fais ce métier par amour et non pour l'argent.

Cela sera avec plaisir que je vous renseignerai sur la race, pour toute information. »

Sur son site figure une rubrique intitulée « en mémoire ». Les noms de quelques chiens décédés sont inscrits, mais Roméo n'y figure pas.

Un collègue bien encombrant

La nuit envahit doucement les rues d'Alès. Nous marchons au hasard, sans dire un mot, nous sommes sonnés. Patrice rompt le silence et m'interroge : « Ce n'est pas possible, dis-moi que ce n'est pas vrai... » J'ai, moi aussi, un très mauvais pressentiment. Mais demain nous aurons peut-être une réponse, puisque nous devons rencontrer un repenti.

Lorsque le directeur général de la SPA me téléphone en octobre 2004 pour me proposer d'accueillir un nouveau collègue, il est évident que j'accepte. La responsable du refuge de Vallérargues souhaite qu'il soit muté à la cellule anti-trafic car ce salarié, prénommé Thierry, est en conflit avec trois autres agents animaliers. Je trouve étrange que le DG m'incite à rédiger un courrier lui demandant l'intégration de Thierry dans notre service, mais je m'exécute. Il pourra nous rejoindre fin mars 2005. Sa responsable ne tarit pas d'éloges le concernant.

L'année précédente, Thierry m'a envoyé un fax dans lequel il dénonçait quatre individus, dont Noureddine D., participant aux combats de chiens et de coqs dans le Gard. Nous attendions des informations complémentaires.

Je rencontre Thierry lors de sa venue à Vichy, en janvier 2005, pour un entretien d'embauche. Il se montre très motivé par la protection animale et accepte de déménager pour intégrer l'équipe (au départ, il s'agissait de créer une antenne dans le Gard, mais j'ai refusé). Il met en avant le fait qu'il soit gendarme réserviste.

Nous lui avons déjà aménagé un espace dans notre local de la rue Dacher quand, fin mars 2005, je suis alertée par un ancien administrateur de la SPA que j'appellerai « Victor ». Il m'invite à venir le voir, car il ne veut pas parler au téléphone, et me dit seulement qu'il s'agit de trafic et de combats de chiens. Il réitère sa demande une semaine plus tard et ajoute que la cellule anti-trafic est en danger : je dois me rendre rapidement dans le Gard pour qu'il me présente une personne pouvant témoigner.

L'arrivée de Thierry est encore reculée. Le 25 avril, il me contacte pour m'informer qu'il possède quelques dossiers à nous remettre sur de présumés trafiquants de chiens. Comme Patrice et moi sommes prêts à partir chez Victor le lendemain, je propose à Thierry une rencontre le soir même. C'est ainsi que nous arrivons chez lui vers 18 h 30.

Dans la cour non clôturée, une BMW de couleur foncée est garée. Thierry nous reçoit gentiment et nous présente ses animaux : des lapins dans des clapiers, dix chevaux et poneys, un paon, des chats, un python, un furet, deux coqs de combat, des poules, des pigeons prisonniers, des oies, un dindon « tombé d'un camion », nous précise-t-il, et cinq chiens à l'attache. Leurs abris sont précaires, sauf pour le croisé berger allemand qui bénéficie d'une niche correcte. Les chaînes sont très courtes pour tous, malinois, rottweiler, dogue de Bordeaux. L'endroit est de bric et de broc. Sa compagne arrive au volant d'une BMW blanche avec leurs trois jeunes enfants. C'est une femme timide, très effacée, qui semble craindre Thierry. Quand nous sommes invités à pénétrer dans la maison, elle nous apporte à boire et disparaît aussitôt. Nous ne la reverrons pas. L'intérieur est très modeste. Thierry est intrigué par l'enquête que nous devons effectuer dans le département, mais je le rassure en lui disant que cela ne concerne pas des combats d'animaux. Très fier, il nous montre une photo de lui en uniforme de gendarme ; son pistolet Beretta est posé sur un meuble près de nous. Il est cependant mal à l'aise quand nous abordons la question de son embauche à la cellule anti-trafic sans cesse repoussée. Il met le siège social en cause et nous sentons qu'il n'est plus vraiment motivé. En sortant de son habitation, il me semble apercevoir à travers les vitres crasseuses d'un local de gros colliers à clous et un tapis roulant servant en général à l'entraînement des pitbulls. Thierry s'empresse de me dire que ce local ne lui appartient pas.

Avant de regagner notre hôtel à Alès, Patrice et moi éprouvons le besoin de marcher un peu tant nous sommes déconcertés.

Le lendemain matin, nous rejoignons Victor qui nous a donné rendez-vous dans la cour d'une clinique de Nîmes où est hospitalisé un jeune homme suite à un accident de la route. Cet individu accepte de nous parler mais ne veut pas dévoiler son nom, simplement son prénom : Alex. Je comprends que je dois le laisser s'exprimer sans poser trop de questions pour ne pas le braquer. Je l'écoute en prenant des notes.

Alex est un repenti des combats de chiens. Il vit à présent avec une femme qui aime les animaux et qui l'a encouragé à rencontrer un ami, bénévole sur le refuge SPA de Vallérargues, afin de pouvoir se libérer de tout ce qu'il va, à présent, nous révéler. C'est par l'intermédiaire de ce bénévole que Victor a connu Alex et l'a convaincu de nous informer.

En 2001, il a participé en soirée, comme spectateur, à des combats de chiens. C'est Thierry qui l'a introduit dans ce milieu très fermé. Le premier combat a commencé au crassier de Rochebelle à Alès, puis s'est terminé dans une cave du quartier Prés-Saint-Jean. Une vingtaine de personnes étaient conviées, uniquement des parieurs, sauf lui. Les sommes mises en jeu s'élevaient à 140 000 francs (21 342 euros) par participant. Les chiens qui combattaient étaient des femelles pitbull. Noureddine D., éleveur d'american staffordshire terrier, gérait les combats et encaissait l'argent des paris avec son complice Thierry. Alex affirme n'avoir jamais organisé de combats et avoir quitté ce milieu fin 2001. Cette année-là, Thierry lui a confié une vieille femelle pitbull qui venait de mettre bas et qui avait encore du lait. Ses mamelles étaient déchiquetées suite à sa participation à un combat. La chienne de couleur blanche et marron s'appelait Rockie. Alex l'avait soignée puis Thierry était venu la chercher. Alex l'avait retrouvée morte au crassier de Rochebelle, la tête dans une flaque d'eau.

En 2000 et 2001, Thierry possédait un pistolet Beretta 92 AF qu'il aimait exhiber…

À cette époque, les combats étaient organisés par des professionnels qui testaient les chiots à l'âge de deux mois. S'ils se rebiffaient lorsqu'on les frappait, ils étaient gardés. Mais les gentils ou les craintifs, surnommés « les cœurs », étaient tués par balle. Les préposés au combat, entraînés sur des tapis roulants, étaient dopés à la cocaïne. On badigeonnait du lait avec un léger poison sur leur corps afin d'affaiblir l'adversaire. Thierry coupait les lèvres et les queues des chiens pour qu'ils ne s'accrochent pas.

À présent, les combats perdurent et ont lieu dans les quartiers Près-Saint-Jean et des Cévennes, ainsi qu'à Saint-Christol-lès-Alès. Thierry les organise et encaisse l'argent des paris, mais ne se mouille plus.

Après une courte pause cigarette, Alex poursuit sa confession. Il regrette, il regrette tellement, nous dit-il. Je veux connaître les noms des principaux protagonistes, il hésite, puis me les livre.

Lucien M., connu par notre service pour avoir tenté de lancer des courses de lévriers avec paris d'argent dans le sud de la France. Il vit maintenant en Espagne et s'est fâché avec Thierry qui est allé chez lui pour acheter un pitbull red nose nommé Loco, mais Lucien M. avait vendu le chien à un autre amateur de combats.

Patrick M. et Manuel B., employés municipaux. La femme du premier a ouvert une entreprise de sécurité.

Antoine P., l'un des cinq individus qui ont introduit les combats de pitbulls dans notre pays. La cellule anti-trafic a déposé plainte contre lui après avoir effectué plusieurs enquêtes dans le Cher et le Loir-et-Cher, où nous avons découvert des horreurs, comme une chienne éviscérée jetée au fond d'un puits. La Justice l'a condamné. Thierry le connaît bien, m'affirme Alex.

Jean-Claude T., engagé sur le refuge SPA de Vallérargues. Son licenciement aurait engendré les problèmes entre Thierry, son grand ami, et les autres salariés. Il est videur dans une boîte de nuit.

Bruno C., installé en Espagne, qui vend des american pitbull terriers à Thierry. Je le connais pour avoir porté plainte contre lui en janvier 1996. Cette plainte a été classée sans suite. Il détenait, dans une commune de l'Hérault une dizaine de pitbulls sur un terrain entouré de canisses. Le 12 juillet 1996, pour la seconde fois, je m'étais rendue sur les lieux accompagnée de la journaliste Marie-Pierre Samitier qui effectuait un reportage pour France 2. Je me souviens que certains chiens à l'attache se montrant très agressifs, le cameraman avait pris peur et s'était enfui en sautant à travers les herbes hautes du champ voisin.

Noël A., qui est en relation avec le milieu. Là encore, c'est une vieille connaissance. Il avait un prétendu refuge de protection animale près de Béziers, qui ressemblait plutôt à un mouroir. Il détenait aussi des animaux sauvages. Je ne compte plus les fois où nous nous sommes retrouvés au tribunal. Beau parleur, arrogant, belliqueux, il était venu à mon domicile pour me régler mon compte. J'étais absente, mais un ami l'avait menacé d'appeler la police. En 1995, l'équipe du reporter Patrice Dutertre, en tournage pour l'émission « Unis pour vaincre », diffusée le 4 octobre sur TF1, s'était rendue sur le nouveau chenil de Noël A., lui proposant d'acheter des chiens pour un laboratoire. Je le soupçonnais de se livrer aussi à ce commerce. Noël A. avait marchandé un lot d'épagneuls bretons qui l'encombraient. Un peu plus tard, comprenant qu'il avait été piégé, il avait intenté un procès (finalement perdu) à TF1. J'ignorais qu'il fréquentait le milieu des combats de chiens, mais rien ne me surprend de la part de cet individu.

Alex enchaîne avec des informations en vrac concernant Thierry. Il décrit parfaitement l'intérieur de son habitation ainsi que l'extérieur, où il a vu en 2001 cinq rottweilers à l'attache et, dans une sorte de garage, trois pitbulls à l'entraînement sur un tapis roulant avec une poule dans une cage servant d'appât. Thierry, qui a coupé les oreilles d'un chien au sécateur, n'hésite pas à matraquer les animaux. D'ailleurs, lorsqu'il était vigile dans une boîte de nuit en Ardèche avec son copain Jean-Claude T., il a fracassé devant témoins un rottweiler qui ne voulait pas obéir. C'est le boss incontesté dans le milieu. Il organise aussi des combats de coqs avec les Gens du voyage.

Thierry s'arrange pour récupérer des molosses abandonnés sur le refuge SPA de Vallérargues. Il frappe sa compagne qui a très peur de lui.

Thierry et Noureddine D. sont des amis d'enfance. Leurs parents sont voisins et vivent à Alès. Alex nous explique l'itinéraire pour s'y rendre et précise que dans le jardin, derrière la maison blanche de la famille D., se trouvent des coqs de combat.

Enfin, Alex nous affirme que Thierry est en relation avec des voyous qui organisent des combats de chiens à Agde, dans l'Hérault.

En quittant Alex, j'ai le sentiment qu'il dit la vérité. Trop de détails sont exacts pour qu'il puisse les inventer, même s'il souhaite peut-être se venger de Thierry. Il nous faudra vérifier ses révélations... Patrice et moi sommes abasourdis.

Nous connaissons aussi les crapules qui sévissent à Agde. Il s'agit d'Ali E., dit « Alain », et de Patrick F. Le 8 décembre 1997, une jeune personne d'origine maghrébine m'avait contactée pour me signaler son dégoût et ses difficultés à intervenir. Elle demandait notre aide, révoltée par le sort réservé aux chiens qui perdaient les combats. Ils étaient attachés sur la voie ferrée. Deux jours plus tard, j'étais sur place avec Catie, ma collègue. La personne nous conduisit à l'endroit où se trouvait le cadavre d'un chien (courbe SNCF 150), juste derrière la caserne des pompiers. L'animal avait été coupé en deux par un train et sa mort semblait récente. Nous avons pris des photos de ce pauvre pitbull sans trop nous attarder, car un train pouvait surgir à tout moment. Tandis que nous étions occupées auprès du chien, notre informatrice discutait avec un homme qui travaillait dans les vignes et qui certifiait avoir vu à plusieurs reprises des chiens sur la voie ferrée. Notre « guide » nous expliqua qu'un ami pompier lui avait dit avoir entendu des aboiements de chiens les nuits précédentes et des voix criant : « Vas-y, vas-y ! » Le lendemain matin, il avait trouvé le pitbull attaché à la rame. Il avait pris son collier à clous de couleur noire pour essayer de l'identifier, sans résultat. Nous nous étions rendues à la gare SNCF où nous avions été reçues par le chef de brigade qui nous avait dit avoir trouvé un molosse le 10 octobre dernier, quasiment au même endroit. L'animal mort était entier, étendu entre les deux rames. Nous avions alors des certitudes, mais pas de preuves… d'autant que personne n'avait le courage de témoigner. De plus, Patrick F. serait un indic de la police. Si cela s'avérait exact, nous n'aurions aucune chance d'aboutir : pour les policiers, le choix serait vite fait entre des informations sur le trafic des stupéfiants et la mort de quelques chiens.

Le 29 janvier 1998, j'avais écrit au commissaire de police d'Agde pour lui révéler ce qu'il savait peut-être déjà et, le 4 février suivant, je déposais plainte. Accompagnée par la journaliste de TF1 Marie-Laure Bonnemain, avec qui nous étions en relation depuis deux jours, le commissaire nous avait reçues très aimablement, m'assurant du suivi de ma plainte. Le soir même, lors du journal télévisé, le reportage était diffusé. Quant à la plainte, elle resta lettre morte.

Après avoir quitté Alex ce 26 avril 2005, je décide de téléphoner à Thierry pour désamorcer son inquiétude concernant l'enquête que nous sommes venus réaliser dans le Gard. Je lui dis que nous avions de vagues éléments concernant les activités de Lucien M. et que nous nous sommes dérangés pour rien. Thierry me confirme que Lucien M. a déménagé en Espagne. Je lui demande s'il a des nouvelles de Noureddine D., qu'il nous avait signalé en 2003. Il me répond que ce dernier est un petit frimeur, qu'il l'a vu une ou deux fois. Il sait qu'il attache les chiens vaincus dans les combats sur la voie ferrée derrière sa maison.

Le lendemain, nous passons devant chez Noureddine D. et constatons que l'habitation est bien située devant la voie ferrée.

Avant de retourner à Vichy, je veux rendre visite à Paula Loïs qui est la présidente de l'association C.H.E.V.A.L. Elle possède un refuge à Servas, à une douzaine de kilomètres d'Alès. Dans la nuit du 20 au

21 avril, sept loups se sont échappés de leur parc. Seuls quatre animaux ont pu être repris, les trois autres ont été abattus par les gendarmes. Thierry a évoqué cette affaire devant nous affirmant qu'il s'agissait d'hybrides, qu'il n'y avait pas eu d'acte de malveillance et qu'il allait tout faire pour que Mme Loïs soit inquiétée par la Justice. Ses propos ont alerté Patrice, qui a entendu les enquêteurs de la gendarmerie (cette affaire ayant été largement médiatisée) expliquer que les clôtures avaient été cisaillées.

Bien que notre visite soit à l'improviste, Paula Loïs nous accueille très gentiment. Les lieux sont très propres et les animaux que nous voyons semblent heureux. Chiens, chats, paons, chevaux… Nous lui parlons du problème des loups et lui demandons ce qu'il s'est passé. Elle nous explique qu'il s'agit d'un acte délibéré pour lui nuire et qu'elle soupçonne Thierry : c'est l'un des seuls à connaître le chemin qui mène à l'enclos des loups et, de plus, il n'a pas peur des animaux. Devant notre étonnement, elle nous raconte avoir connu cet homme dans les années 2001-2002. Elle s'était rendue chez lui pour lui donner de la nourriture pour ses animaux, son association en récupérant beaucoup. Elle apportait aussi des fruits et des yaourts pour les enfants : la compagne de Thierry ne travaillant pas, la famille ne roulait pas sur l'or. Thierry détenait beaucoup d'équidés et de molosses à l'attache. Elle s'était fâchée avec lui, car lors d'une saisie de chevaux, elle n'avait pas apprécié la brutalité avec laquelle il traitait ces animaux à bout de souffle. Depuis, Thierry lui en veut. Elle nous apprend aussi qu'un croisé americain staffordshire terrier et un dogue argentin ont été abandonnés sur le refuge de Vallérargues il y a quinze jours. Thierry les a aussitôt mis dans son véhicule pour les récupérer. Elle nous remet également un courrier de six pages : une femme souhaitait adopter une jeune chienne traumatisée qu'elle avait prise en famille d'accueil, mais ne touchant qu'une pension d'invalidité, elle avait essayé de négocier le prix de l'adoption… et Thierry avait préféré que la chienne soit euthanasiée.

Dans le bureau de Paula Loïs, il y a beaucoup d'allées et venues de personnes appartenant à la protection animale. Quand Paula leur demande leur avis concernant Thierry, ils sont tous négatifs.

De retour au bureau, je sollicite le responsable du pôle protection, Patrick Labega, afin qu'il vérifie le registre entrée-sortie du refuge. Il accepte volontiers, mais veut informer le DG de la SPA, ce que nous faisons ensemble. Le feu vert nous est donné pour continuer notre enquête, et je demande à ma hiérarchie, que je sens dépassée par le problème, une absolue discrétion.

Il n'y a rien de suspect sur le registre, mais Patrick Labega s'est renseigné auprès d'un policier haut placé qui lui a révélé que Thierry a eu des ennuis en 2003 pour mise en circulation de fausse monnaie.

De mon côté, je téléphone à un gendarme de l'OCLAESP en qui j'ai toute confiance. Le 13 mai 2005, il m'apprend que Thierry, alors gérant de la discothèque « Le Titanic », a été condamné par le parquet de Nîmes en 2001 pour travail dissimulé et violence. En cheville avec M. G., il se livre au trafic de voitures volées. Il a dix véhicules dont une moto. Quelques jours plus tard, ce même gendarme, que j'appellerai

« Julius », m'informe que Thierry doit être interpellé le mercredi 25 mai à 6 heures du matin pour l'affaire des loups, Paula Loïs ayant déposé plainte, et pour détournement de fonds à la SPA.

Je commence à me poser de sérieuses questions sur Jacqueline D., la responsable du refuge de Vallérargues. Quelle est la nature de ses relations avec Thierry ? Pourquoi a-t-elle démissionné ? Comment un tel individu peut-il agir ainsi sans être inquiété ? Et surtout pourquoi personne ne m'a informée de ce présumé détournement de fonds ?

Je ressens confusément un malaise émanant de la direction, et j'ai l'impression que Thierry est partiellement au courant de nos investigations. Mais qui le renseigne, et surtout pourquoi ?

C'est Thierry qui me donne la réponse lors d'un appel téléphonique le 1er juin 2005. Il est très nerveux. Je mets le haut-parleur pour que Patrice et Jacky entendent la conversation et prennent des notes. Il dit qu'il laisse tomber la SPA et qu'il veut être licencié correctement ; on raconte des choses sur lui : trafic de voitures, combats de chiens... Il a été mis en garde à vue, mais les gendarmes n'ont aucun élément. Il s'attendait à leur visite. Leur perquisition était légère car, en qualité de réserviste, il a participé à des affaires de drogue et c'était autre chose. La police d'Alès le renseigne et est en contact avec lui. Il n'a jamais eu de problème ni aucune condamnation. Il va laisser tomber la protection animale et se lancer dans une autre voie, la protection rapprochée des personnes. Il est prêt de « péter un câble » et ne viendra pas à la cellule anti-trafic. Il est écœuré et cela lui apprendra à être trop gentil. Laurianne D., administratrice de la SPA, lui fait confiance et lui raconte tout.

Le directeur général n'a pas tenu sa langue. Victor me révélera plus tard que cette administratrice en fonction, apparemment très influente, professeur des universités et historienne d'art, engageait Thierry pour effectuer de menus travaux dans sa résidence secondaire en échange de menues rétributions.

Le 27 mai, « Julius » m'avait contactée pour m'expliquer que lors de sa garde à vue, Thierry avait nié tous les faits qui lui étaient reprochés et qu'il avait seulement reconnu avoir recueilli des chiens chez lui quand le refuge était complet. Le procureur d'Alès fait ouvrir une information judiciaire concernant les combats de chiens.

Le 30 mai, c'est un gendarme de la Brigade de recherches qui se manifeste. Il souhaite nous rencontrer. Accompagnée de Patrice, je me rends le 7 juin 2005 à la convocation de la BR de la gendarmerie d'Alès pour une audition suivie d'un dépôt de plainte contre X pour les combats de chiens. Je remets à l'enquêteur F., toutes nos fiches de renseignements ainsi que les pièces au dossier. À partir de ce jour, je me retrouve confrontée à un invraisemblable jeu de piste.

Le 1er juillet, je téléphone au gendarme F. afin de savoir s'il a bien reçu le dernier témoignage que nous avons recueilli de la propriétaire d'une chienne pitbull. Elle a été volée au domicile et retrouvée chez des Gitans, couverte de morsures. Cette chienne très douce reste traumatisée. Notre courrier a bien été réceptionné et cette femme ainsi qu'Alex ont été entendus par le gendarme.

Le 10 octobre, le gendarme F. me dit que l'enquête préliminaire suit son cours.

Le 18 janvier 2006, Patrice se renseigne sur le suivi de notre plainte. L'adjudant M. lui dit que l'enquête est toujours en cours : ils doivent se rendre prochainement en Espagne pour des auditions suite à des combats de chiens. Début février, ils ont également une importante audition à réaliser. L'adjudant M. demande que nous le rappelions après le 15 février.

Le 10 mars 2006, « Julius » m'informe que l'enquête de la BR de gendarmerie d'Alès va être certainement confiée au GIR (groupe d'intervention régional) de Montpellier, tant les ramifications concernant les combats de chiens sont importantes (Espagne, Italie, Belgique).

Le 9 mai, « Julius » m'apprend que Thierry et Noureddine D. doivent être prochainement placés en garde à vue. J'ignore si Thierry travaille encore sur le refuge SPA de Vallérargues, aussi je me renseigne auprès de la DRH. Il a démissionné en avril 2006. Pour moi, c'est incompréhensible qu'il n'ait pas été licencié.

Le 20 juin, Patrice téléphone à l'adjudant M. qui lui dit que c'est toujours le gendarme F. qui dirige l'affaire, en collaboration avec un autre service de la gendarmerie. Les militaires ont trouvé des choses intéressantes du côté de Sète. Le gendarme F. est en congé et sera de retour dans six jours.

Le 10 juillet 2006, je téléphone au gendarme F. qui m'annonce avoir trouvé des éléments contre Thierry, tels des produits anabolisants pour les chiens participant aux combats. Il voulait nous joindre pour avoir nos renseignements sur les malfrats d'Agde et celui de Poussan, actuellement en Espagne. Les gendarmes ont obtenu les preuves que Thierry est en relation avec Ali E., Patrick F. et Bruno C.

En septembre 2006, c'est Patrice qui sollicite la BR de gendarmerie d'Alès pour savoir si l'enquête avance. Le gendarme F. lui répond qu'elle est clôturée et qu'il l'a transmise au procureur.

En novembre 2006, Caroline Lanty est élue à la présidence de la SPA, succédant à Serge Belais. Aussi impatient que nous de connaître le dénouement de cette affaire, Victor, qui nous a présenté Alex, le repenti, lui demande avec insistance de se renseigner par l'intermédiaire de notre avocat. Le 8 janvier 2007, je remets en main propre à la présidente l'intégralité de notre dossier qu'elle m'a réclamé. Deux jours plus tard, l'avocat me contacte pour obtenir le nom du juge d'instruction censé instruire l'affaire. Après m'être renseignée, je lui transmets les coordonnées du juge, qui est une femme.

Le 24 janvier 2007, notre avocat me téléphone : il a contacté la juge d'instruction qui n'a aucune trace du dossier. Inquiète, je joins le gendarme F. Ce dernier me confirme qu'il a effectivement clôturé son enquête pour le Gard et que le dossier a été transféré à Agde, car une ramification a été établie entre Thierry, Noureddine D. et la bande sévissant dans l'Hérault. J'appelle alors la gendarmerie d'Agde : mon interlocuteur, l'adjudant J., n'a pas connaissance de cette affaire mais va faire des recherches. Le lendemain, c'est encore une déception quand il me dit que personne ne connaît ce dossier à la gendarmerie. Je contacte alors le commissariat de police d'Agde et j'obtiens, hélas, la même réponse. J'adresse un fax à l'avocat afin qu'il fasse les recherches nécessaires auprès du parquet d'Alès et de celui de Béziers.

Le 14 février 2008, notre avocat m'informe que malgré ses recherches, il n'y a aucune trace du dossier aux tribunaux de grande instance d'Alès et de Béziers.

Le 21 février, je contacte le commandant du GIR du Languedoc-Roussillon : il n'a jamais eu connaissance de cette affaire.

Au mois de juin, l'avocat de la SPA réussit à récupérer la copie de la procédure qui n'est jamais arrivée au parquet d'Alès, mais le procureur a besoin de l'original pour prendre une décision.

En septembre 2008, le dossier semble définitivement perdu. Notre avocat est incrédule car, me dit-il, il n'a jamais vu une procédure égarée par la Justice, mis à part les dossiers de la scientologie… au parquet de Paris.

Une question demeure sans réponse. Thierry voulait infiltrer la cellule anti-trafic, mais pourquoi et, surtout, dans quel but ?

Destination Belgique, la plaque tournante

J'ai souvent remarqué que les gens qui voyagent se souviennent des lieux visités en évoquant les monuments, les marchés, les spécialités culinaires, les paysages, les châteaux viticoles ou, plus rarement, les rencontres. Moi, je garde en mémoire les marchands d'animaux et je suis quasiment incollable. La Belgique, je l'ai traversée d'Ostende à Liège, de Mons à Anvers. Il s'agissait de vérifier si les chiots achetés en grand nombre par les Français provenaient bien d'élevages locaux comme beaucoup le prétendaient. Évidemment, ce que mes collègues et moi pressentions nous a été confirmé par les Belges eux-mêmes, bavards et peu méfiants. Nous avons pu entrer dans moult endroits sordides, chenils ou dépôts, et établir des plans de filières. La majorité des chiots et chatons provenaient de pays d'Europe de l'Est ou d'Europe centrale et se retrouvaient blanchis par la falsification de leurs documents. Mais sur la soixantaine d'entreprises répertoriées, la palme d'or revient incontestablement à l'animalerie « Animals Express ». Proche de Bruxelles, Groot-Bijgaarden (Grand-Bigard), appartenant à la commune de Dilbeek dans le Brabant flamand, abrite le plus grand supermarché animalier du pays.

C'est en 1997 que j'apprends l'existence d'« Animals Express ». Le gérant, Rudi De C., est connu par nos amis belges de la protection animale pour fournir certains laboratoires, dont Janssen Pharmaceutica. Trois cents à quatre cents chiots sont vendus chaque semaine et une partie est destinée à l'exportation vers la France. Rudi De C. est associé avec Christiane C., qui serait son épouse, mais l'information n'a jamais pu être vérifiée.

Fin 2000, nous sommes avertis que des chiots en provenance de Russie arrivent tous les mardis et vendredis par la société de fret Brucargo à l'aéroport de Bruxelles. Leur livraison est ensuite acheminée en camion vers « Animals Express ».

Dans le même temps, nous commençons à recevoir des dossiers de propriétaires d'animaux malades ou trop jeunes. Les chiots achetés en France proviennent de cette animalerie. Cécé, notre informateur *number one*, nous adresse régulièrement les listings des stocks disponibles envoyés par « Animals Express » à ses nombreux clients français – qui sont, pour la plupart, défavorablement connus de notre service. Les prix sont très attractifs, malgré la culbute à chaque franchissement de frontière.

Le vendredi 28 novembre 2003, je pars en Belgique accompagnée par Julie, qui va rejoindre la cellule anti-trafic dans deux mois pour assurer le secrétariat. Je veux vérifier les conditions de détention des animaux et tenter de débusquer des trafiquants français en relevant l'immatriculation de leur véhicule.

L'endroit n'est pas facile à trouver. Situé dans une longue impasse en bordure de l'autoroute, le bâtiment est immense. Une odeur âcre se dégage de ces 1 000 m² de cages, volières, aquariums, terrariums...

Des centaines d'animaux domestiques ou sauvages sont exposés, tortues, mygales, serpents, oiseaux exotiques, lézards, souris blanches, fennecs, alligators et, bien sûr, chiots et chatons de toutes les races, sans compter les boucs, poneys, faisans, canards parqués à l'extérieur. Des animaux qui croupissent dans des cages étroites, souvent sales, même si quelques vendeurs s'affairent au nettoyage. Nous remarquons que les chiots sont entassés dans des boxes vitrés, que certains ont la teigne et que beaucoup semblent amorphes. Un golden retriever est en promotion, soldé 250 euros. Les chatons, moins nombreux, sont détenus à distance des visiteurs par une barrière de protection. Le rayon accessoires n'est pas oublié : on y trouve sur plusieurs rangées des paniers, colliers, laisses, harnais, jouets, shampoings, croquettes…

Aucun véhicule français n'est en vue ce jour-là.

« Animals Express » correspond parfaitement à ce qui m'a été décrit. Véritable plaque tournante du trafic d'animaux en Union européenne, les dirigeants cautionnent une vaste organisation de mafieux et profitent grandement des importations illégales de 90 races de chiens et de 5 races de chats. Les autorités sont complaisantes, car des millions d'euros sont en jeu. De plus, la réglementation belge, contrairement à celle de la France, autorisant l'entrée de ces animaux à l'âge de 7 semaines, les trafiquants prennent peu de risques. Au-delà de la maltraitance envers les animaux, le problème de la rage subsiste dans les pays tiers. En France, la législation a été renforcée en 2005, interdisant la vente d'un chiot avant l'âge de 13 à 15 semaines suivant le pays d'origine. Le vaccin antirabique inoculé trop tôt n'a aucun effet, le petit étant protégé durant ses deux premiers mois de vie par les anticorps de sa mère. Malgré des plaintes de plus en plus nombreuses déposées au pays de Milou, rien ne perturbe les activités de l'animalerie.

D'après Cécé, Rudi De C. aurait un beau-frère officiant au ministère belge de l'Agriculture. Ceci expliquant peut-être cela.

Les informations qui nous parviennent sont de plus en plus précises, et nous avons des éléments sérieux concernant les marchands français clients d'« Animals Express ». La liste est longue et certains d'entre eux font l'objet d'une enquête de police.

C'est ainsi que je suis contactée par le Service national des douanes judiciaires de Toulouse le 19 juillet 2006. Deux douaniers qui travaillent sur un dossier d'importations frauduleuses de chiens viennent me rencontrer à notre local rue Dacher. Le mis en cause n'est autre que Francis D., déjà condamné à Angoulême en février 2003, à l'issue d'un procès de trois jours très médiatisé dont le verdict fut bien décevant. Lors de ses réquisitions, le procureur avait demandé l'interdiction d'exercer une activité en relation avec des animaux pendant cinq ans et la fermeture définitive du site de Montespan, mais les juges ne l'avaient pas suivi. Francis D. a juste écopé d'une amende de 13 500 euros et 2 000 euros pour chaque association s'étant constituée partie civile. Une bagatelle pour cet homme bénéficiant d'un train de vie confortable et qui était, à l'époque, un des plus gros importateurs de chiots. Ses avocats, deux ténors du barreau de Toulouse, assuraient sa défense et la directrice de la DSV de Haute-Garonne avait témoigné en sa faveur pendant l'audience.

Aussi ne suis-je pas étonnée par la demande des douaniers. Je leur remets tous les éléments que nous avons continué de récolter sur les activités de Francis D., qui poursuit son funeste commerce sans aucun état d'âme : la liste noire des animaleries clientes de « La maison de l'éleveur », celle de ses fournisseurs à l'étranger, dont « Animals Express », et les nombreux témoignages que nous avons reçus d'acheteurs floués.

Je reste en contact avec les enquêteurs des douanes, très motivés par cette affaire, et désolés que le dossier soit bloqué au parquet du tribunal de Saint-Gaudens depuis un an.

En août 2007, ils m'apprennent qu'un juge d'instruction a été saisi et qu'une commission rogatoire est enfin ouverte depuis le 19 juin. Ils m'envoient une réquisition judiciaire datée du 24 janvier 2008 « à l'effet de bien vouloir nous communiquer toutes informations en la possession de la cellule anti-trafic concernant l'animalerie belge Animals Express ». Le lien a été établi avec Francis D.

La veille de l'opération IDEFIX 31, Patrice et moi avons rendez-vous au service des douanes de Toulouse pour la réunion préparatoire, comme avant chaque saisie des animaux.

Francis D. revient d'Espagne où il a réceptionné des chiots, ce 13 juin 2008, à l'aéroport de Barcelone. Il doit arriver chez lui, à Montespan, avant midi. Nous patientons dans un café situé à une trentaine de kilomètres depuis 8 heures du matin en compagnie de quelques gendarmes, de Franck Verger et de son collègue de la Brigade nationale des enquêtes vétérinaires. Le temps s'écoule, interminable. À 15 heures, le signal est donné : trafiquant en vue. Nous suivons les voitures des autorités qui se servent allègrement des gyrophares, slalomant entre les autres véhicules engagés sur l'autoroute. Patrice est ravi de conduire à vive allure, et moi je ferme les yeux, accrochée à la poignée de la portière.

L'opération commence à 16 heures quand Francis D. a déchargé tous les chiots et que son vétérinaire, complice, se présente sur le site. Elle se termine pour nous vers 22 h 30, Francis D. ayant usé de tous les moyens pour la retarder. Il exige la présence d'un médecin, de son avocat, demande souvent à aller aux toilettes, à ce qu'on aille lui chercher sa veste, à boire... Je trouve les gendarmes très patients. Quant à moi, il me fixe méchamment et, avec un air narquois, me fait le signe du sourire kabyle. Boostés aux antibiotiques, non vaccinés contre la rage pour 76 % d'entre eux épuisés par ce long trajet, les 136 petits chiens sont retirés des griffes de cet individu cupide.

Dans les jours qui suivent, malgré les soins prodigués, 35 décéderont de parvovirose ou de la maladie de carré. Combien de cadavres contiennent les congélateurs de « La maison de l'éleveur » en attendant le passage de l'équarrisseur ? Pour l'année 1999, les enquêteurs avaient comptabilisé sept tonnes...

Si Francis D. est un client d'« Animals Express », il n'est pas le plus important. Le gérant de plusieurs animaleries situées quai de la Mégisserie à Paris se rend chaque semaine en Belgique – quand il ne peut pas se déplacer, il dépêche ses sbires. Il s'agit de Jean-Pierre L.. Et là, c'est du lourd !

À cette époque, nous recevons plusieurs demandes des autorités nous invitant à leur transmettre nos renseignements sur l'animalerie belge. Le GIR et la DDPP 75 (services vétérinaires) en font partie. Des procédures sont en cours au Havre, à Grasse, à Toulouse, à Paris, et certaines concernent les plaintes que nous avons déposées (cependant, Jean-Pierre L. ne sera inquiété par la Justice que plusieurs années plus tard).

Grâce aux informations de Cécé et de nos amis belges, il apparaît évident qu'« Animals Express » inonde la France de chiots et de chatons issus du trafic. L'Espagne semble davantage épargnée, même si Michel D. est un client régulier pour son entreprise « Export Control ».

Les douaniers de Toulouse souhaitent se déplacer en Belgique pour peaufiner leur dossier, mais leur hiérarchie ne leur en donne pas l'autorisation. Aussi, accompagnée de Patrice, je vais pour la seconde fois chez « Animals Express » les 8 et 9 mars 2008.

Un agent de sécurité en uniforme se tient à l'entrée de l'hypermarché animalier qui s'est agrandi depuis ma première visite. Il est écrit sur l'enseigne, au fronton du bâtiment, que 99 races de chiens sont proposées à la vente. Nous remarquons la présence de caméras de surveillance à l'intérieur, ainsi qu'un nombre impressionnant de vendeurs et de vigiles en civil.

Alors que Patrice relève les prix, une employée l'aborde afin, dit-elle, de l'aider à faire son choix. Elle précise que les animaux proviennent de métayers belges et de pays d'Europe de l'Est, car la demande est telle que les Belges ne peuvent pas produire toutes les races. Certains chiots sont très maigres, un basset artésien a le corps déformé, et devant nous un petit berger australien mourant est retiré de la vitrine. Dans le fond de l'animalerie, où se trouvent les chiots de grande race et les invendus qui sont soldés, nous notons la présence de plusieurs pitbulls. Les acheteurs potentiels sont très nombreux et il nous est difficile de nous frayer un passage. Nous notons les numéros d'immatriculation de deux voitures françaises, mais ne voyons aucun véhicule des pays fournisseurs.

En fin d'après-midi, nous nous rendons au domaine de la sapinière situé à Dilbeek, où se trouve, en principe, l'élevage des deux associés, Christiane C. et Rudi De C. Il s'agit d'une belle demeure qui semble être le siège social. À part un panneau publicitaire pour les croquettes Royal Canin, rien n'indique une activité en relation avec des animaux. Nous contournons les lieux, deux chevaux paissent dans un champ derrière la propriété, mais nous ne trouvons aucune trace d'un élevage.

Le lendemain, nous retournons chez « Animals Express ». Installé tout près, le marchand de hot-dogs et de frites déjà sur place la veille doit faire fortune. La foule des visiteurs est encore plus dense qu'hier. C'est la sortie dominicale et les gens viennent accompagnés de leurs gosses, comme ils iraient au zoo. Les gamins ainsi que leurs parents tapotent sur les vitres des boxes où les chiots peinent à trouver du repos. Seuls les chats sont tranquilles grâce aux barrières protectrices. Le brouhaha est incessant. C'est la fête à « NeuNeu ».

Impuissants, révoltés, le cœur en miettes, nous rentrons à Vichy.

Début avril, le Service national des douanes judiciaires de Toulouse m'adresse une nouvelle réquisition.

Des dossiers concernant des animaux trop jeunes ou malades achetés en France continuent à nous parvenir. Les propriétaires de ces chiots découvrent, en regardant avec plus d'attention les carnets de santé, leur provenance, d'autant que les gérants d'« Animals Express » ne cachent pas que les producteurs sont slovaques, hongrois, tchèques, polonais, russes (toutes ces informations nous serviront lorsque nous accompagnerons des journalistes lors de reportages dans les pays de l'Est). Quand les acheteurs se montrent inquisiteurs, ils sont immédiatement rassurés : « Tout est en règle, les chiots de l'Est n'ont aucun problème, ce sont les calomnies des associations de protection animale, jalouses de n'avoir que des bâtards dans leurs refuges. »

Les personnes désirant acquérir un chiot ou un chaton ne sont pas toutes informées des dérives de ce commerce. Si certaines ont une démarche réfléchie, beaucoup d'autres, surtout en animalerie, font un achat impulsif. Le vendeur sait qu'à l'instant où il met le petit animal dans les bras de son client, ce dernier, gagné par l'émotion, ne fera pas preuve de la vigilance nécessaire quant aux documents qui lui seront remis. Les trafiquants jouent sur du velours.

Un soleil capricieux chapeaute Bruxelles ce mercredi 17 juin 2009. Nous sommes invités en soirée à la cérémonie organisée par l'association Veeweyde et par la fondation du prince Laurent qui œuvre pour la protection des animaux. Pour cette occasion, la direction de la SPA a lancé un appel européen contre le trafic des chiens élevés dans des conditions désastreuses et qui présentent de plus en plus souvent des troubles de comportement. Dans un communiqué à l'AFP, la SPA demande aux instances françaises et européennes d'interdire la vente en animaleries et la cession à titre gracieux ou onéreux par le biais des petites annonces ou via internet. De nombreux médias annoncent l'évènement. Avec l'aide de Julien, qui a rejoint notre service en avril, j'ai rédigé un courrier qui accompagne le dossier que je veux remettre au prince Laurent.

« Nous prions son altesse Sérénissime de bien vouloir accepter de consulter ce dossier afin de prendre connaissance des agissements de la société "Animals Express" et d'autres commerçants animaliers belges n'ayant aucune considération pour la vie animale.

"Animals Express" est une société d'import-export commercialisant tous types d'animaux, chiens, chats, oiseaux, reptiles, etc., située à Groot-Bijgaarden, ses gérants sont Rudi De C. et Christiane C. Ces noms ne doivent certainement pas vous être inconnus car depuis de nombreuses années les associations françaises et belges de protection animale dénoncent les agissements de ces personnes.

En effet, "Animals Express" se fournit essentiellement dans les pays d'Europe de l'Est afin d'inonder en grande partie le marché français d'animaux à bas prix vendus en gros à des pseudo éleveurs et revendeurs peu scrupuleux. De nombreux clients de cette animalerie ont été condamnés par la Justice de notre pays pour trafic d'animaux. Christiane C. est d'ailleurs connue de vos tribunaux, accusée de vendre des chiens malades.

Des centaines, voire des milliers d'animaux meurent de maladies, de malformation ou sont euthanasiés suite à d'importants problèmes comportementaux.

Nous sommes hélas les derniers "propriétaires" des animaux rescapés, souvent abandonnés lorsque les frais vétérinaires deviennent trop élevés, lorsque l'animal se révèle agressif ou lors de saisies judiciaires. [...] Il est d'ailleurs plus que probable qu'une partie de ces chiots provient directement des pays tiers comme l'Ukraine et la Russie qui ont des frontières communes avec les pays appartenant à présent à l'Union européenne. Il est aisé de faire transiter les animaux d'une frontière à l'autre et de falsifier les documents d'origine. Un chien venant de ces pays ne coûte que quelques euros, les bénéfices en bout de chaîne sont très confortables. [...]

Vous avez le pouvoir d'influencer le gouvernement belge afin de faire cesser ce trafic.

La cour constitutionnelle vient de rejeter les recours en annulation introduits par l'ASBL (fédération professionnelle belge des commerçants d'oiseaux, animaux de compagnie et accessoires) et par d'autres SPRL dont le domaine de la sapinière qui est le siège social d'"Animals Express", concernant la loi du 11 mai 2007 modifiant celle du 14 août 1986 relative à la protection et au bien-être des animaux.

C'est déjà une bonne chose mais il est fort plausible que cette loi ne suffise pas.

En effet, celle-ci prévoit l'interdiction aux animaleries de détenir et d'exposer des chiens et des chats mais les y autorise si les responsables sont éleveurs.

Les animaleries douteuses vont-elles toutes se transformer en élevages virtuels ne disposant que de très peu de portées mais continuant à s'approvisionner auprès de leurs grossistes habituels ?

Les animaux importés peuvent être vendus s'ils proviennent de pays respectant la même réglementation qu'en Belgique.

C'est bien là le problème... Qui va contrôler ces élevages étrangers sachant qu'ils s'approvisionnent auprès de centaines de particuliers aux quatre coins de leur pays ? Qui va leur donner les autorisations nécessaires pour l'importation quand les documents sont falsifiés dès le départ des animaux par des vétérinaires complices ?

Les trafiquants ont encore de beaux jours devant eux. [...]

Les Belges pourraient être les précurseurs européens dans le domaine de la protection animale et montrer à la France la route à suivre.

Le gouvernement français a une grande part de responsabilité dans ce trafic.

Nous remercions son Altesse d'avoir pris le temps de lire ce dossier et de le transmettre à une personne digne de confiance pour faire avancer les choses.

Nous nous mettons bien évidemment au service de son Altesse pour tout renseignement complémentaire. »

Ce mercredi 17 juin 2009, nous sommes prévenus vers 16 heures que la cérémonie est annulée, sans plus d'explication. Notre déception est grande mais, malgré tout, nous n'avons pas perdu notre temps. J'ai rencontré de nouveaux homologues belges qui tentent aussi de mettre fin à l'activité délictueuse d'« Animal's Express » et Chloé Vienne, journaliste travaillant en Belgique et en France. Elle prépare un reportage et a recueilli les témoignages d'ex-employés et de salariés encore présents sur le site. Ces derniers affirment que les conditions de travail sont très difficiles, que la gérante espionne leurs faits et gestes par des caméras disposées dans tous les locaux. Ces images seraient même retransmises chez elle lorsqu'elle est en repos. Ils expliquent à la journaliste que les livraisons des chiots s'effectuent sans les carnets de santé, qui sont envoyés plusieurs jours après. La gérante, Christiane, est prévenue par téléphone avant chaque contrôle des services vétérinaires. Des croquettes périmées sont données aux animaux. Cinq à six chiens décèdent par jour et les moribonds ou très malades sont placés en enclos dans la forêt derrière l'animalerie en attendant qu'ils meurent.

Julien a souhaité visiter « Animals Express » qu'il ne connaît que par les éléments de la cellule anti-trafic. Un camion tchèque garé devant l'établissement est sur le départ. L'après-midi, il filme avec son téléphone portable le chargement de chiots dans un fourgon de France Express ne comportant aucun aménagement spécifique pour le transport d'animaux vivants. Il fait le tour de l'animalerie et constate l'exactitude de nos rapports précédents. Une salariée discute avec trois personnes qui veulent acheter une femelle chihuahua alors qu'il n'y a que des mâles entassés dans un box vitré. Elle les invite à la suivre vers la réserve et Julien se joint au groupe. Au bout de quelques minutes, la vendeuse ressort de la pièce d'où parviennent de nombreux aboiements. Elle tient dans les bras deux très petites chiennes tremblantes, l'une blanche à poils courts, l'autre marron à poils longs.

La réglementation ayant changé en Belgique, les gérants ont dû se mettre en conformité en séparant le local de vente des chiens et chats avec celui des autres animaux. Christiane C., à qui Patrice, se présentant comme un éleveur, avait téléphoné l'année précédente, déclarait alors que cette nouvelle loi était en sa faveur et qu'elle allait même s'agrandir...

Julien tourne à droite à la sortie du premier local pour se rendre dans le second, situé à une cinquantaine de mètres dans l'impasse. Le long de la route, un terrain herbeux divisé en petites parcelles contient divers animaux : des chiens de prairie, des paons, un veau, des lamas, des oiseaux et gallinacés de plusieurs espèces, des lapins. Il emprunte un petit chemin rocailleux pour arriver à l'entrepôt en préfabriqué. Le magasin est tout en longueur. Une affiche présente un aigle de grande taille mis en vente pour 950 euros. À côté de la caisse enregistreuse, deux boîtes à chaussures contiennent une dizaine de perroquets gris du Gabon, nouveau-nés, sans plumes. Au milieu de la pièce, dans une cage en fer, six faucons enfermés montent les uns sur les autres et ne peuvent déplier leurs ailes. Julien constate aussi la présence de perroquets adultes, d'écureuils volants de Corée et d'Amérique, de mygales, de serpents, de différents reptiles, de caméléons, de petits batraciens. À l'extrémité du bâtiment, des cages sont pleines de volatiles de diverses races. Et à l'extérieur, dans de petites volières, de nombreux oiseaux sont prisonniers.

Julien retourne en Belgique début octobre 2009 afin de rencontrer les trois salariés d'« Animals Express » qui acceptent de nous donner des informations, d'autant plus précieuses qu'ils sont les premiers témoins. Il doit les mettre en confiance et jauger la fiabilité de leurs dires, en s'assurant qu'il ne s'agit pas de règlements de comptes avec leurs employeurs.

Dès lors, nous recevons des renseignements précis que nous transmettons aux enquêteurs de la gendarmerie en charge de plusieurs affaires.

Du 18 au 24 octobre, nous accompagnons Chloé Vienne et son cameraman Gautier Delobette en Slovaquie. La journaliste veut reconstituer le parcours des chiots issus du trafic. Nous ne participons pas à toutes les séquences du tournage, mais étions la semaine précédente à Paris quai de la Mégisserie, où Jean-Pierre L. possède plusieurs animaleries.

En Belgique, une pétition mise en ligne sur les réseaux sociaux demandant la fermeture d'« Animals Express » recueille plus de 25 000 signatures. Cependant, rien ne bouge, alors que la situation des animaux ne s'améliore pas.

Les trois salariés qui nous informent doivent être très prudents car Christiane C. licencie son personnel à la moindre erreur. D'ailleurs, elle engage à présent des travailleurs étrangers, plus dociles et moins regardants sur le salaire et les horaires. Ils ne connaissent pas les animaux et n'ont aucune compassion. À l'arrivée des camions d'Europe de l'Est, ils déchargent les chiots, les attrapant par les oreilles ou la queue pour les jeter dans des bacs en plastique sur roulettes. Après un transport interminable durant lequel certains sont décédés, il est facile d'imaginer ce que ressentent ces petits animaux. Pour être en conformité avec la loi, la gérante a sept chiens de son élevage enfermés dans une pièce à l'étage. Le budget alloué à la nourriture préoccupe les gérants, qui font des économies dans ce domaine. Nos informateurs nous disent que la faim est la seconde cause de mortalité chez « Animals Express », après les maladies.

Les clients français sont de plus en plus nombreux. Stéphanie G. est venue plusieurs fois depuis sa mise en examen par la juge d'instruction du Havre. Elle met une perruque pour ne pas être reconnue et passe de longs moments à discuter avec Christiane C.

Les chats importés, british shorthair, siamois, chats nus, ne sont guère mieux lotis. Cinq sont décédés juste après la dernière livraison du camion tchèque. Quant à ceux de l'élevage de la gérante, ils ont tous le coryza et, âgés seulement de 4 à 6 ans, leurs dents sont déjà pourries. Les contrôleurs des services vétérinaires, lors de leurs rares inspections, ne trouvent rien à redire.

Le 19 mars 2010, une fois de plus, Julien et moi entrons chez « Animals Express ». Nous accompagnons Chloé Vienne pour son reportage filmé en caméra cachée. Christiane C. ayant déjà refusé de recevoir la journaliste, nous nous rendons directement dans son bureau à l'étage. Après avoir décliné mon identité, je lui pose toutes les questions relatives à son commerce avec la France. Cette petite femme pimpante a réponse à tout, avec un aplomb déconcertant. Elle a 44 salariés expérimentés, travaille dans les règles, a le droit d'importer des animaux, n'est pas responsable de la dizaine de ses clients français (nous en avons répertorié près de cinquante). Bref, on peut lui accorder le premier prix de la langue de bois !

Le 17 mars, nous avions dîné avec les salariés dont j'ai fait la connaissance. Une jeune femme qui vient de démissionner a accepté d'être filmée à visage découvert tant elle est révoltée par tout ce qu'elle a vu. Face à la caméra, elle montre des photos qu'elle a prises dans l'animalerie : animaux morts mélangés aux vivants, chiots très jeunes qui n'ont pas encore de dents, entassés à plus de trente dans les boxes vitrés. Elle sait qu'elle risque des représailles, mais elle veut absolument témoigner. Le lendemain, je décide d'aller au commissariat de police de Dilbeek, proche de l'animalerie. Plusieurs acheteurs d'animaux malades ayant déposé plainte contre les gérants d'« Animals Express », les policiers ont peut-être ouvert une enquête. L'accueil du commissaire est très froid, il parle en flamand et feint de ne pas comprendre le français. Puis il se détend et accepte une interview avec la journaliste. Il connaît bien tous les problèmes générés par cette animalerie, sa femme y ayant travaillé, et nous confirme que Christiane C. bénéficierait de protections.

Le reportage de Chloé Vienne est programmé le 12 mai 2010 sur TV5 monde et la RTBF. Christiane C. fait un référé le jour même pour empêcher sa diffusion, prévue à 20 h 30 dans l'émission « Questions à la une ». Vers 17 heures, nous avons le résultat du délibéré : Christiane C. a perdu et récolte une amende de 15 000 euros.

Ce reportage ayant obtenu un fort taux d'audience, la presse écrite belge s'empare aussi du sujet, mais cela ne déstabilise pas Christiane C. qui poursuit allègrement son business.

Le téléphone sonne toute la journée au bureau, comme après chaque reportage télévisé sur le trafic de chiens, d'autant qu'un autre reportage de Chloé Vienne, auquel nous avons également participé, a été diffusé la veille sur TF1. Les gens nous appellent pour nous féliciter (ce qui, évidemment, nous fait plaisir), pour nous faire part de leurs problèmes, ou encore pour nous donner des informations. Kristien Ghys appartient à la dernière catégorie. Membre de la BSPCA (société belge pour la prévention de la cruauté envers les animaux), cette femme est déterminée à obtenir la fermeture d'« Animals Express ». Le 22 mai 2010, elle nous adresse un e-mail de 43 pages qui contient un courrier au rédacteur en chef de « Question à la une », un courrier au ministère de l'Agriculture, à celui de la Santé publique, demandant des explications sur 601 chiens déclarés volés depuis 2002 par Christiane C. auprès de l'ABIEC (association belge d'identification et d'enregistrement canin) et la liste de ces animaux toujours âgés de plus de quatre mois.

Connaissant les lieux, équipés de nombreuses caméras de surveillance, il nous semble impossible de dérober des chiens chez « Animals Express ». Que signifient alors ces pseudo disparitions ? Plusieurs hypothèses s'offrent à nous. Une fraude fiscale est probable, mais pourquoi 218 chiens de 7 ans ont-ils été déclarés volés le 25 janvier 2010 et retrouvés plus tard à l'adoption dans un refuge allemand ? Certains éleveurs en France donnent les chiens de réforme à la SPA afin qu'ils finissent leur vie dans une famille. Mais cela se fait dans la transparence, et légalement. Christiane C. voulait-elle cacher les nombreux décès des animaux ? Pourtant, elle n'a jamais été inquiétée lors des contrôles.

Nathalie Dandievel a écrit un texte émouvant pour son petit chien qui est mort dans de grandes souffrances huit jours après son achat chez « Animals Express ». Elle a signalé son cas, loin d'être le seul, au service de santé et bien-être animal. On lui a répondu que sur 6 000 chiots importés par an, seulement 20 % ne survivaient pas. Seulement 20 %... Soit 1 200 animaux. Une broutille !

Ne pas signaler le décès d'un animal permet aussi de récupérer son dossier et de blanchir un nouvel arrivant. Ce procédé est utilisé par certains trafiquants en France, et si le tatouage était plus facile à reproduire, la puce électronique n'est pas un obstacle. Lors du procès du couple O. le 14 décembre 2004 à Valence, Madeleine avait expliqué à la cour comment pratiquer une incision pour enlever le transpondeur et ensuite injecter de la cortisone au chiot pour atténuer l'hématome. Les grossistes des pays d'Europe de l'Est possèdent des lots de puces électroniques. Lors d'une enquête en Tchéquie, Joseph Pavlik nous a montré des transpondeurs espagnols prêts à être introduits sur des chiots en partance pour l'Espagne ; ainsi aucune traçabilité n'est plus possible.

Cette affaire de chiens volés est une énigme. D'autant que deux animaux ont été localisés en France. Est-ce une faute au niveau de l'enregistrement de l'identité des animaux par l'ABIEC ? Toujours est-il que les informations affichées sur leur site ont été effacées dès la réception du courrier de Kristien Ghys. Des ordres ont-ils été donnés ? Et par qui ?

Le 15 juin 2010, je reçois un appel téléphonique de M. Vandersmissen, de la Police judiciaire fédérale de Bruxelles. Il veut entendre la cellule anti-trafic dans le cadre d'une plainte déposée par une association belge et de nombreux particuliers. Il nous recontactera plus tard. Il laisse volontairement passer du temps, car Christiane C. se méfie depuis le reportage.

Julien se rend à Bruxelles le 30 septembre 2010 et remet aux inspecteurs la synthèse de notre dossier, le listing des fournisseurs étrangers et celui des clients français d'« Animals Express », ainsi que des photos, des témoignages et la liste des chiens présumés volés.

Cette plainte sera classée sans suite en 2014. Pourtant nous avons continué à transmettre nos nouvelles informations à la justice belge par l'intermédiaire de Franck Verger, spécialiste du commerce animalier à la Brigade nationale des enquêtes vétérinaires. En 2011, l'instruction avait été reprise par une autre magistrate qui voulait récupérer les procédures françaises afin d'étoffer le dossier.

Les Allemands entrent aussi dans la danse.

Le 1er mars 2012, un accident de la circulation a lieu à Schifferstadt, impliquant une camionnette slovaque de la société « Puppy Export » qui transportait 116 chiots destinés à « Animals Express ». Mme Beate Engelhardt, docteur vétérinaire dépêchée sur place, rédige un constat accablant : véhicule non agréé, falsification de documents, chiots trop jeunes et non vaccinés contre la rage. Une plainte est déposée auprès du parquet de Frankenthal (Palatinat). Seul le transporteur est mis en cause.

J'ignore si la vétérinaire allemande a transmis le rapport à son homologue belge en charge de la santé publique et du bien-être animal. Quoi qu'il en soit, « AnimalExpress », devenu l'hypermarché du vivant, demeure une forteresse imprenable.

Il se murmure à présent en Belgique que Christiane C. serait la sœur d'un influent homme d'État. Réalité ou *fake news* ?

Kristien Ghys, les salariés et Cécé continuent de nous informer. Des animaux proviennent aussi de Roumanie et la gérante vend des chiens au Congo.

Les marchands français sont toujours là, en nombre, que Christiane C. soigne particulièrement. Mais nous ne pouvons plus aider nos amis belges : nous n'avons pas le droit de leur transmettre les dossiers qui sont entre les mains de la Justice. C'est déjà tellement difficile d'essayer de faire respecter la réglementation en France !

De plus en plus de personnes s'indignent du laxisme des autorités. Dans un courrier daté du 22 avril 2013, un membre du consortium « chiens de race » du gouvernement flamand souligne le fait qu'« Animals Express » est hors la loi. Il est désormais interdit d'exploiter dans les mêmes locaux un élevage de chiens ou de chats et un établissement commercial pour animaux. Cette fois, le couperet tombe pour Christiane C., malgré ses tentatives frauduleuses pour contourner le problème.

Elle ne se décourage pas pour autant et se met en quête d'un nouveau lieu, qu'elle trouve à Asse-Zellik, à une vingtaine de kilomètres de Bruxelles.

Il lui faut cependant attendre septembre 2014 pour ouvrir son nouveau commerce. L'animalerie s'intitule « DogCatandCo ». Elle a mis plusieurs mois pour obtenir la licence lui permettant d'exercer son activité, car elle a rencontré des opposants au sein du conseil municipal de cette ville, dont M. Beunckens, déterminé à surveiller cette installation de très près. Kristien Ghys soutient sa démarche en alertant le ministre français de l'Agriculture, Stéphane Le Foll. Elle n'obtient aucune réponse à son courrier. Ce combat est une cause perdue. Cette entreprise va générer des emplois locaux et face à cela, le sort des animaux est peu de choses. Erik Beunckens subit pour sa part des intimidations émanant de l'avocate de Christiane C.

En consultant le site internet de « DogCatandCo », on pourrait penser que Christiane C. a accompli une véritable rédemption. Il est écrit : « Le bien-être animal est notre préoccupation principale. À cet effet, nous collaborons étroitement avec des éleveurs chevronnés et des vétérinaires agréés expérimentés. Forte d'une expérience de 35 ans notre société est gérée par trois personnes. Cette expérience est le fruit d'une passion commune pour les animaux, d'un engagement et d'un investissement total. [...] Des contrôles réguliers sont également effectués par les inspecteurs de la santé publique. [...] Nos chiots sont issus d'une coopérative d'éleveurs et d'éleveurs privés (belges et étrangers) qui sont suivis de très près. »

Je n'en crois pas un mot, ayant constaté à maintes reprises le fossé qui existe entre la publicité des trafiquants d'animaux et la réalité du terrain.

Depuis fin décembre 2014 ; un nouveau passeport européen a été mis en place, de couleur bleue pour les chiens, chats, furets et chevaux, dont l'identification est obligatoire, de couleur verte pour les NAC. Ce passeport serait infalsifiable et permettrait de contrer le commerce illégal des animaux de compagnie. Permettez-moi d'être sceptique. Seuls de véritables contrôles sur chaque maillon des filières mettraient un sacré coup de pied dans la fourmilière.

Le savant fou

« SPA voleur ! Moi aimer chiens. Quand caresse eux je prendre pommade sur mes mains pour tuer bébêtes. »

Stojan V., le gaillard qui poursuit en vociférant Patrick Labega dans les allées d'un supermarché de Vichy, est un octogénaire. D'origine serbe, il demeure à Creuzier-le-Vieux, une commune attenante à Vichy. L'homme est furieux. Il a reconnu Patrick, responsable du pôle protection et du refuge SPA de Brugheas, qui a participé aux deux saisies judiciaires de ses chiens.

L'affaire débute à la fin de l'été 2003 par la découverte de petites annonces proposant à la vente des caniches. Publiées régulièrement au cours des mois qui suivent, ces annonces non conformes à la législation attirent mon attention et je décide d'ouvrir un dossier. Toutefois, pensant qu'il s'agit une fois encore d'un particulier se livrant à l'élevage clandestin, la situation ne semble pas présenter d'urgence, d'autant que nous avons tant d'autres problèmes à régler.

L'année suivante, début septembre, Odette B. nous téléphone pour nous signaler la présence de nombreux chiens chez un marginal qui vit dans un taudis. Elle passe tous les jours devant cet endroit et souhaite notre intervention. Je demande aussitôt à Jacky d'effectuer une enquête.

Arrivé sur place, il est reçu par Stojan V., débraillé et hirsute, qui s'exprime difficilement en français. Mon collègue se présente comme un éventuel acheteur et une quinzaine de chiens au prix de 750 euros chacun lui sont proposés. N'étant pas invité à entrer, Jacky aperçoit par-dessus le grillage de nombreux caniches qui errent au milieu de détritus et de carcasses de voitures. Ils sont très sales et pétrifiés quand leur maître hausse le ton pour qu'ils cessent d'aboyer. Le terrain semble assez grand, mais il est impossible de l'évaluer car il est caché du regard par des murs en parpaings. Stojan V. se montre très méfiant.

Dès le lendemain, une plainte est déposée auprès d'un OPJ du commissariat de Vichy pour mauvais traitements, car nous ne pouvons pas évoquer de sévices graves au vu de nos constatations.

Commence alors une partie de cache-cache à laquelle nous ne sommes pas habitués avec les policiers de Vichy, qui se montrent d'habitude très réactifs.

En octobre, Odette B. nous signale ne plus entendre aboyer les chiens.

Au mois de mars 2005, le policier chargé de l'enquête nous apprend qu'il s'est rendu quelques jours après notre dépôt de plainte chez Stojan V. et qu'il a relevé dix infractions. Après avoir pris des conseils auprès des services vétérinaires, le policier a donné la date butoir de janvier 2005 à Stojan V. pour mettre son élevage aux normes, et ce dernier a assuré qu'il placerait une partie de ses chiens dans un refuge de Clermont-Ferrand.

Convoqué au commissariat le 29 juin, l'éleveur affirme ne plus posséder que quatre adultes et onze chiots.

En juillet, nos collègues du refuge SPA de Brugheas nous informent qu'ils sont allés chez Stojan V. suite à un appel anonyme leur signalant des chiots caniches en divagation sur la route. À leur arrivée, les chiots n'étaient plus là, mais ils ont vu, en se hissant au-dessus du mur, des animaux âgés d'environ six mois enfermés dans un enclos et d'autres détenus dans la carcasse d'une fourgonnette rouge. Un chiot était blessé à la patte.

Je demande à Patrice de contacter l'association protectrice des animaux de Clermont-Ferrand où il a travaillé avant de rejoindre la cellule anti-trafic. La secrétaire est formelle : aucun chien de Stojan V. n'a été amené sur le refuge.

Un avis de classement sans suite nous parvient en janvier 2006 au motif que Stojan V. a intégralement exécuté les mesures décidées par la Justice. Je n'en crois pas un mot et diligente une seconde enquête qui est effectuée par Jean-Michel et Jacky.

Leur rapport est accablant. Les lieux ressemblent toujours à une décharge, les chiens qu'il est possible d'apercevoir vivent dans des carcasses de véhicules divers et une forte odeur de cadavre se dégage du site. Stojan V. n'ayant pas été vu depuis dix jours par son voisin qui habite de l'autre côté de la route, je préviens le capitaine Fournier, avec qui nous avons déjà collaboré sur d'autres affaires. L'après-midi même, craignant le décès de l'éleveur, une intervention a lieu. Nous sommes invités à venir sur le terrain en observateurs. Patrice et moi rejoignons les policiers et les pompiers quand tout ce petit monde, médusé, voit Stojan V. arriver tranquillement à bicyclette. Il connaît la loi et interdit que l'on pénètre chez lui.

Je dépose alors une nouvelle plainte pour actes de cruauté et sévices graves, le 25 janvier, avec demande de saisie conservatoire.

Accompagnés par le capitaine Fournier qui a organisé l'entrevue, Jean-Michel et Patrice se rendent le 2 février au tribunal de Cusset. Ils rencontrent Mme Carpentier, substitut du procureur, pour l'entretenir du dossier Stojan V. et obtenir la réquisition des caniches. Après discussion et remise des éléments que nous possédons (témoignages, rapports d'enquêtes, photos), elle nous promet qu'une date d'intervention va rapidement être fixée : le capitaine Fournier nous avertira. C'est une vraie chance de rencontrer une magistrate sensible à la cause animale et au respect de la loi.

Mme Carpentier tient parole. La saisie a lieu les 15 et 16 février 2006. J'aurais aimé être présente, mais le terrain quasi impraticable m'est déconseillé suite à une récente opération du genou. Patrice et Jean-Michel prêtent main-forte à nos collègues du refuge de Brugheas, où les chiens seront conduits à l'issue de l'intervention. Des policiers la supervisent et Stojan V. est emmené en garde à vue.

La situation est pire que ce que nous avions entrevu. Les caniches sont extirpés de leurs abris à l'intérieur desquels règne une odeur pestilentielle et suffocante. Ils survivent dans un espace restreint au milieu de la boue et de leurs excréments. Un cadavre en état de putréfaction avancé est découvert, à moitié dévoré par ses congénères. Il est probable que d'autres animaux aient été enterrés dans le jardin de l'intéressé. Sur place, une équipe de la police scientifique accompagne le directeur d'enquête pour relever des indices, des preuves, et effectuer une planche photographique. Vingt-trois caniches sont sortis de l'enfer, treize de couleur noire et dix couleur abricot. Beaucoup sont agressifs, tous sont pitoyables. Malheureusement, nous pensons que certains, cachés sous les carcasses de voitures, n'ont pu être récupérés tant le lieu encombré de toutes parts par des détritus et des objets hétéroclites a rendu la tâche compliquée. Deux lapins, un coq et une poule sont également retirés.

Stojan V., qui refuse de répondre aux questions des enquêteurs, se contente de répéter qu'il est l'inventeur de la bombe atomique et que l'État français lui doit 8 milliards. Il retourne vivre dans son gourbi en attendant le procès.

En septembre, après plusieurs courriers adressés au parquet, Patrick Labega obtient enfin l'ordonnance pénale autorisant la mise à l'adoption des chiens. Ces derniers, soignés et réconfortés par les salariés du refuge, demeurent craintifs ; il est grand temps qu'ils sortent des boxes pour découvrir une autre vie. Les adoptants sont sélectionnés : ils devront faire preuve de patience. Très vite, tous les caniches trouvent une famille… et il n'y aura aucun retour.

Le mardi 27 mars 2007, la salle d'audience du tribunal correctionnel de Cusset est pleine. Plusieurs prévenus seront jugés ce jour. Le premier appelé à la barre est Stojan V., absent et non représenté par un avocat. Le grand scientifique n'a pas daigné se déplacer alors qu'il a reçu la citation par huissier.

Il lui est reproché la détention de 26 chiens insuffisamment nourris, non vaccinés, pour la plupart non identifiés, portant pour certains de nombreuses traces de blessures et de morsures, de pyodermite avec présence de puces, gale et teigne, ainsi que d'avoir mis des fils de fer au cou de deux chiens en guise de collier et d'avoir laissé manger un cadavre à l'intérieur d'une carcasse de véhicule. Par ces motifs, il est condamné à une peine de deux mois d'emprisonnement avec sursis et à l'interdiction définitive de détenir tout animal, quel qu'il soit.

La SPA est reçue dans sa constitution de partie civile : Stojan V. doit lui verser la somme de 34 000 euros au titre de dommages-intérêts et 400 euros sur le fondement de l'article 475-1 du code de procédure pénale.

En sortant du tribunal, nous savons que Stojan V. ne paiera jamais ce qu'il doit, mais notre victoire est l'interdiction de posséder un animal qui lui a été signifiée.

Le savant, pas si fou que ça, interjette appel.

Le mercredi 4 juin 2008, le jugement en première instance est confirmé en toutes ses dispositions par la cour d'appel de Riom, dans le Puy-de-Dôme.

Nous pensons en avoir terminé avec ce dossier quand, patatras, tout recommence !

Au printemps suivant, une policière municipale nous affirme avoir vu un dimanche après-midi huit caniches sur la route devant chez Stojan V. : deux adultes et six chiots. Elle nous adresse un courrier relatant les faits. Patrice et Jacky sont chargés de vérifier son témoignage.

Lors de leur premier passage le 23 avril 2009, mes collègues constatent que le mur en parpaings cache à présent tout le terrain. Toutefois, à l'extrémité, près de l'entrée, le mur est plus bas, permettant de surveiller l'éventuelle arrivée de personnes. Ils y aperçoivent Stojan V. en poste d'observation.

À leur second passage, l'octogénaire est toujours là. Une odeur nauséabonde émane du lieu, mais ils n'entendent pas d'aboiements.

Le lendemain, Patrice se rend à nouveau sur les lieux en espérant que Stojan V. soit absent. Celui-ci, droit comme une sentinelle, est encore en place. Seule, sur sa tête, sa moumoute châtain clair est de travers. Ne s'avouant pas vaincu, Patrice tente une autre approche, mais le satané guetteur est toujours là.

De son côté, Patrick Labega reçoit plusieurs appels téléphoniques l'informant de la présence de chiens chez Stojan V.

Patrick et moi-même avons des interlocuteurs différents au commissariat de police de Vichy, aussi échangeons-nous régulièrement sur l'avancée de ce dossier. L'avancée, c'est beaucoup dire... Si la Justice a la réputation d'être lente, quand il s'agit d'animaux, elle est tout simplement frappée de léthargie.

Je suis furieuse et mon équipe l'est tout autant. À deux kilomètres du bureau, des chiens dont nous ignorons le nombre sont en grande souffrance et nous demeurons dans l'impossibilité de leur venir en aide.

Fin janvier 2009, Patrick Labega a réceptionné un courrier du procureur général de Riom le priant de bien vouloir veiller au respect de l'interdiction de détenir des animaux imposée à Stojan V.

Dès le mois d'avril, après confirmation que des chiens sont détenus par cet individu, nous rencontrons le nouveau procureur de Cusset afin de l'en informer et d'obtenir une réquisition judiciaire. Celui-ci se montre peu enclin à faire appliquer la mesure d'interdiction. Aussi, le 23 juillet, j'écris au magistrat de Riom, lui résumant les faits et demandant une mesure de saisie conservatoire urgente : « Nous mettons tous nos espoirs entre vos mains pour sauver les animaux détenus par cet homme. Il est incompréhensible pour nous de constater que la mesure d'interdiction dont fait l'objet Stojan V. ne soit pas respectée et que le parquet de Cusset ne semble pas plus affecté que cela. Voilà pourquoi nous préférons vous contacter personnellement avant d'emprunter en dernier recours la voie médiatique. »

Le secrétariat de la cour d'appel de Riom me confirme que le procureur général a envoyé un soit transmis au procureur de Cusset dès la réception de mon courrier. Nous espérons que la situation se débloque rapidement.

Patrice, qui ne se résigne pas à attendre indéfiniment que les autorités réagissent, reprend la surveillance, dès qu'il le peut, chez Stojan V.

Mi-août, passant à pied, il le retrouve toujours posté derrière le mur. Des aboiements sont perceptibles et l'homme hurle après les chiens pour les faire taire. Une odeur fétide se dégage des lieux. Le portail d'entrée est fermé par trois antivols.

À la fin du mois, Patrice retourne sur les lieux avec Julien, qui a rejoint notre service depuis peu. Quelle que soit l'heure de leur passage, Stojan V. semble statufié derrière son mur.

De mon côté, le procureur récalcitrant étant parti, j'obtiens avec beaucoup de difficultés un rendez-vous avec son successeur. Le jeudi 17 décembre à 9 h 30, Julien et moi sommes reçus par le magistrat. Nous lui remettons l'intégralité de notre dossier, car il n'est pas au courant des procédures précédentes. C'est le grand bazar de la Justice. Il nous écoute avec attention et nous promet que l'affaire sera bouclée dans les trois prochains mois. En quittant le tribunal, nous ne sommes pas vraiment convaincus par ce procureur apparemment proche de la retraite, mais nous lui envoyons tous les textes de loi concernant la protection des animaux et leur commerce, avec les codes NATINF, afin de lui faciliter la tâche, comme promis au cours de l'entretien.

Notre bonne volonté commence à sérieusement s'émousser.

Les mois passent.

En mai 2010, je téléphone au tribunal de Cusset. J'apprends qu'en janvier dernier, le procureur a demandé aux policiers de vérifier si Stojan V. détenait des animaux. Le dossier est toujours en cours d'enquête. Difficile de comprendre cette démarche, d'autant que dans les pièces remises au magistrat, parmi d'autres témoignages, deux policières municipales certifiaient la présence de chiens chez Stojan V.

Déterminée à ne pas abandonner les animaux, je contacte les deux policiers de Vichy qui sont nos interlocuteurs depuis le début de l'affaire. Je les sens mal à l'aise, se renvoyant la balle, me baladant au fil des jours. En congé, sur le terrain ou débordés, ils sont difficilement joignables.

L'été est de retour quand, le 2 août, Julien, au volant de son véhicule, doit freiner brusquement pour ne pas renverser deux caniches qui errent au milieu de la chaussée.

Il fait signe aux autres conducteurs de ralentir car les chiens traversent sans arrêt. Ce sont deux caniches couleur abricot, très sales et maigres. Leurs poils sont collés par la crasse et présentent des bourres à plusieurs endroits. Très peureux, ils ne se laissent pas attraper et finissent par rentrer chez Stojan V., visiblement absent, en se faufilant sous le portail. Le voisin d'en face, qui a assisté à la scène, dit à Julien que plusieurs autres chiens appartenant à Stojan V. ont été écrasés sur cette route. Il ajoute que leur propriétaire est un scientifique qui a participé à la construction de la centrale nucléaire d'Orléans et que suite à des années passées au service de l'État, il profite d'une protection politique. C'est pour cela qu'il n'est pas inquiété. Le voisin a gobé tous les propos que lui a tenus le présumé grand savant...

Dès le lendemain, j'envoie une troisième plainte au procureur de Cusset :

« Le 17 décembre 2009 vous nous avez reçus dans votre bureau afin de parler de l'affaire concernant Stojan V. À cette occasion, vous nous avez assurés que cette situation serait réglée dans les plus brefs délais. Malgré la rapidité de votre soit-transmis nous sommes toujours dans l'attente d'une saisie des animaux détenus par le concerné.

En effet, après avoir contacté plusieurs fois le commissariat de Vichy, nous nous trouvons dans une impasse. Rien ne bouge et les animaux en pâtissent.

Le 2 août 2010 mon adjoint a constaté la présence de deux caniches dans un état déplorable devant le domicile de Stojan V. Ceux-ci ont manqué à plusieurs reprises de se faire écraser sur la route. Ces constatations sont relatées dans un rapport joint à la présente.

Ce jour, mardi 3 août, fort de ces éléments, mon adjoint a contacté le policier chargé de l'enquête. Celui-ci, de manière désagréable, lui a dit qu'il ne pouvait rien faire car le mis en cause ne veut pas lui ouvrir la porte. Il a également expliqué qu'il ne pouvait pas entrer comme cela chez quelqu'un et que vous ne vouliez pas lui délivrer de 18-4 pour accomplir sa mission. Qu'en est-il vraiment ? [...]

Nous réitérons notre demande de saisie conservatoire d'urgence de tous les animaux. »

Fin septembre, nous sommes enfin prévenus par un policier que la saisie va avoir lieu le 8 octobre prochain. Le rendez-vous des équipes est prévu à 8 heures devant le commissariat. Je préviens aussitôt Patrick Labéga.

Tous les intervenants sont prêts, devant le domicile de Stojan V. qui a été placé la veille en garde à vue alors qu'il se trouvait à l'extérieur de son domicile.

Les lieux sont immondes et l'odeur insoutenable. Les chiens sont enfermés dans une caravane délabrée qui sert d'habitation. En tentant de les capturer, quelques-uns parviennent à s'enfuir et à se réfugier sous une autre caravane. Dix-neuf chiens sont attrapés dans la matinée. Dans son audition après l'intervention, Patrick Labega dira qu'ils sont dans un tel état qu'il n'est pas sûr de tous les sauver. Sales, dénutris, couverts de plaies, il est difficile de les manipuler. Il faudra attendre plus de deux mois avant de pouvoir toiletter les moins craintifs.

À midi, les policiers décident de faire une pause. Avant de quitter les lieux, deux cages trappes sont déposées avec de la nourriture destinée à appâter les animaux encore sur le terrain. À 14 heures, de retour sur le site, les équipes bénéficient du renfort des salariés de la fourrière mandatés par le procureur. Un chien est enfermé dans la cage trappe et deux autres sont récupérés. Des fusils sont pris par les policiers dans l'habitacle de Stojan V. où de nombreuses seringues jonchent le sol. J'apprendrai plus tard que cet individu injectait à ses chiens du sang de lapin mélangé au sien pour trouver le vaccin contre le sida… Patrick tient dans ses bras un caniche noir qui se débat comme un forcené et atterrit dans la cuvette des WC, pleine à ras bord. Le chien est baptisé et mon collègue, éclaboussé de toutes parts, prendra une douche salvatrice dès son arrivée sur le refuge. Ce 8 octobre 2010, 22 chiens sont sortis de l'enfer. Cependant, notre inquiétude demeure car les animaux ont creusé des galeries sous la carcasse d'un camion rouge et nous craignons de ne pas les avoir tous sauvés. Obstiné, un membre de l'équipe crapahute sous le véhicule et aperçoit dans l'obscurité les yeux d'un chien auquel il ne peut, hélas, accéder. L'ordre est donné de quitter les lieux, Stojan V. sortant de la garde à vue et n'allant pas tarder à arriver. Le bonhomme n'est pas commode et les policiers ne veulent aucun incident. Je ne sais pas s'il fut un jour utile à la nation, quoique la participation à l'élaboration de la bombe atomique reste discutable, mais il bénéficie d'égards incontestables.

Les certificats rédigés par le vétérinaire qui a examiné les chiens au refuge sont éloquents : état sanitaire absolument déplorable, couverts des pattes à la tête d'excréments collés aux poils rendant la défécation difficile, maigres, très apeurés, agressifs, yeux larmoyants et purulents, présentant des troubles locomoteurs pour certains, conjonctivite, dermatite irritative, état général catastrophique.

Le second procès a lieu le 16 décembre au tribunal de Cusset. Stojan V. est absent. Les jours précédents, il a inondé le greffe de documents attestant de sa bonne foi et de son statut de génie scientifique incompris et jalousé par ses pairs. Comme ce dossier de candidature au prix Nobel ou encore cette photo montrant un chien auquel il aurait greffé une patte de lapin. Le premier « lapchien » au monde !

Le procureur déclare avoir essayé à plusieurs reprises de diligenter une expertise psychiatrique, mais le prévenu ne s'y est jamais rendu. Il est déclaré coupable des faits qui lui sont reprochés. Condamné à quatre mois de prison ferme, il doit aussi verser 1 600 euros à la SPA. Le président du tribunal répond défavorablement à notre demande concernant le chien qui nous a échappé.

Je demande aussitôt à notre avocate d'intervenir, car il reste au moins un caniche sur les lieux qu'il faut absolument récupérer, si toutefois il est encore en vie. Ce chien a été séparé de sa meute et je n'ose imaginer ce qu'il doit endurer avec cet individu. De plus, c'est peut-être une femelle qui attend des petits avec le risque de retour à la case départ.

Et rebelote...

Ce n'est pas un mais deux chiens qu'une personne nous signale avoir vus sur la route puis entrer chez Stojan V. la semaine du 10 au 14 janvier 2011.

Au refuge de Brugheas, toutes les femelles ont été stérilisées et beaucoup attendaient des petits. Patrick guette le feu vert de la Justice pour mettre les caniches à l'adoption. L'autorisation lui est donnée le 25 janvier. Pour récupérer les deux chiens toujours chez Stojan V., notre avocate nous demande de déposer une nouvelle plainte.

Le 10 février, Patrice se rend au commissariat de Vichy où il est entendu par l'OPJ qui suit le dossier depuis le début. Ce policier est ulcéré par les agissements de Stojan V. Sept jours plus tard, il nous informe que le procureur lui a demandé de faire une enquête de voisinage pour confirmer la présence d'animaux à son domicile. Ensuite l'OPJ mettra une procédure en place pour interpeller Stojan V. à l'extérieur de chez lui au cours de la première semaine de mars, et nous préviendra pour que nous puissions saisir les chiens. Rebelote, vous dis-je !

Le 3 mars, Patrice aperçoit Stojan V. qui se rend dans un magasin alimentaire. Il en profite pour aller devant chez lui, où un caniche roux assis près du portail se sauve à l'intérieur du terrain dès que mon collègue s'approche. Ce dernier réussit à le prendre en photo et remet les clichés au policier.

Stojan V. n'ira pas en prison.

Dans la nuit du 18 juillet, un incendie se déclare dans son gourbi et l'homme est interné. Nous avons enfin la permission d'aller chercher les deux chiens restés sur le site. Patrick Labega, Julien et Patrice parviennent à saisir un caniche roux haut sur pattes, très maigre et très craintif. Ne voyant pas l'autre, ils laissent une cage trappe. Le lendemain matin, Julien découvre un rat prisonnier… qui est relâché. Le voisin d'en face affirme qu'il a bien vu deux chiens : il préviendra notre service si l'autre apparaît.

Malgré nos recherches dans ce dépotoir, nous n'avons jamais retrouvé le corps du second, certainement mort dans les flammes.

Sur le refuge, le caniche, qui est une femelle, demeure prostré dans son box. Cette dernière survivante répond à présent au nom de Mirabelle. Au matin du 9 août, les salariés trouvent son box vide. La veille, elle a réussi à ramper sous le grillage et un agent animalier a dû consolider avec des planches cet endroit fragile. Or, les planches n'ont pas été poussées. L'acrobate a escaladé la clôture !

Plus d'un mois après, un dimanche de septembre, un garde-chasse la trouve dans un cabanon au milieu des bois, à 500 mètres du refuge. Il a cru au départ qu'il s'agissait d'un renard blessé ou malade. La chienne est squelettique.

Mirabelle est adoptée en décembre. Je contacte son adoptante peu après pour lui raconter l'histoire de la chienne et surtout prendre de ses nouvelles. Quel soulagement d'entendre que Mirabelle ne cherche pas à fuguer et qu'elle s'habitue avec bonheur à son nouvel environnement !

Quant à Stojan V., hébergé dans un meublé à Vichy avec une aide-ménagère à son service (après un séjour de plusieurs mois en hôpital psychiatrique), il est décédé début janvier 2012. Comme dit Patrick Labega, c'est la propreté qui l'a tué.

Un peu de rififi chez les Gens du voyage

Ce n'est pas la première fois que j'entre dans un campement de Gitans. Au début de l'existence de la cellule anti-trafic, j'y suis souvent allée seule ou avec Catie pour leur soustraire des chiens volés.

Mais en ce mois de mars 2004, j'ai réussi à convaincre les policiers de Riom de nous accompagner. Dans le Puy-de-Dôme, les campements sont légion. Les semaines précédentes, nous en avons repéré un inquiétant turn-over de chiens

Julie, qui assure le secrétariat depuis presque deux mois, a souhaité venir avec nous sur le terrain. Le lendemain, encore bouleversée, elle éprouve le besoin d'écrire ce qu'elle a vécu la veille. Je demande à ma hiérarchie que ce très beau texte soit publié dans *Animaux Magazine,* la revue de la SPA.

« Des chiens en enfer.

24 mars 2004, la cellule anti-trafic prépare une intervention au cœur de camps de nomades à Riom où plusieurs chiens sont en situation critique : volés, dressés au combat, livrés à eux-mêmes ou victimes de mauvais traitements.

Les policiers nous attendent devant la gare. Une patrouille va nous escorter dans notre entreprise de sauvetage. Nous sommes un peu fébriles, incertains et inquiets pour ces chiens que nous ne connaissons pas encore, mais dont nous pressentons la détresse.

Chacun d'entre nous appréhende la confrontation avec cet univers où l'animal a moins d'importance qu'un objet. Un chien casse, on le remplace. Les "cassés" disparaissent sans faire de bruit, sans comprendre le mal qu'ils ont pu faire pour mériter cela.

Dans la voiture, nous nous taisons et espérons que la douleur qui nous attend là-bas nous laissera assez de force pour la regarder dans les yeux. Plus nous approchons, plus l'espoir et la tension se confondent. Nous imaginons ce que nous allons trouver et répétons ce que nous allons faire, solidaires dans notre désir de sauver le plus grand nombre de chiens, de les délivrer d'un sort que jamais aucun animal ne souhaiterait à son prochain s'il pensait comme un homme.

Le camp est là, au bord de la route, révélant un alignement aléatoire de caravanes et de fourgons bigarrés. Les voitures de police s'y engagent et tout s'accélère. Comme dans un film, les images défilent à toute allure. Nous qui souhaitions n'en oublier aucune, nous ne pouvons en glaner qu'une ou deux au passage. Première caravane. Premier chien. Une petite chienne jaune couchée dans la poussière, somnolente, un œil tourné dans notre direction. Son attitude est un livre sur lequel s'écrit sa détresse. L'envie d'aller vers elle est impérieuse, mais il faut rester calme, garder le contrôle.

À peine avons-nous mis pied à terre que tous les habitants des lieux semblent alertés de notre présence. En quelques minutes, femmes, hommes et enfants nous encerclent comme autant de fourmis autour d'une proie égarée dans une fourmilière. Ils hésitent entre méfiance et défiance, eux qui ont l'habitude de voir des policiers et qui n'en ont plus peur. Très vite, nous nous dispersons, un peu au hasard, débordés par l'ampleur de la tâche. Très vite, nous cherchons les chiens.

Je m'approche de la chienne jaune, très doucement, faisant abstraction de l'agitation alentour. Il n'y a plus qu'elle et moi, face à face. J'approche encore. Elle recule, se terre. C'est un chiot qui n'a sans doute pas plus de quelques mois. Accroupie devant la caravane sous laquelle elle a trouvé refuge, je l'appelle en chuchotant. Elle recule. Je m'assois sur le sol à un mètre de distance. Elle hésite, j'espère. Dans ses mouvements comme dans son regard l'indécision devient palpable. Courbant toujours l'échine, elle frétille enfin, redevenue un chiot parmi tant d'autres. La partie n'est pourtant pas gagnée. J'avance la main et elle s'enfonce à nouveau sous son abri. Tout est à refaire, mais avec quelque chose, quelque part, qui vient de lâcher prise. Cette intuition se confirme lorsque, la main tendue vers elle, elle vient renifler mes doigts du bout de son museau et, finalement, les lécher. Avec précaution je caresse son museau, son crâne puis son dos très maigre. La peau, souple et flottante, trahit un état de déshydratation avancé. Soulevant ses oreilles, je n'y trouve aucun tatouage. À la place, des tiques en grand nombre gorgées de sang frais. La chienne hésite encore entre la peur viscérale et l'envie de se laisser aller à une douceur inattendue.

Quoi de plus désarmant que ces chiens développant une forme d'endurance à la douleur, une résignation et une perte de repères affectifs telles que tout témoignage d'amitié leur apparaît incongru ?

Déjà, certains nomades se sont repliés dans leurs caravanes en emportant des chiens que nous ne pourrons plus approcher. Notre incapacité à réagir nous paralyse. Il faut apprendre à aller au-delà de ce malaise : savoir se tourner vers les autres, ceux que l'on peut encore sauver. Je soulève la petite chienne jaune qui se laisse faire, vaincue par tant d'attentions amicales. Avec l'aide des policiers nous l'enfonçons dans le fourgon de l'association de protection des animaux (APA) qui, pour la circonstance, nous a prêté main-forte. Le coffre se referme sur elle. Elle est sauvée.

Sauvé aussi ce labrador noir découvert couché au milieu des ordures. Un chien douloureux jusque dans ses regards qui n'osent se poser nulle part. Lui aussi s'est laissé embarquer sans résistance. Une nouvelle vie l'attend, sans doute meilleure, difficilement pire. Lui pour l'heure n'est plus en état d'y croire. Il lui faudra du temps.

Sauvé encore, ce magnifique setter qui visiblement a connu le paradis dans une vie antérieure avant de basculer brutalement en enfer, arraché à sa vie paisible par des inconnus qui l'ont saisi au collier et l'ont fait monter dans leur voiture avant de démarrer en trombe. Sans une parole. Sans que personne ne se soucie de la douleur que tout ceci suppose, pour le maître comme pour son chien.

Un petit pitbull s'approche de nous en se tortillant comme un chiot qui serait né où il faut. Son museau est déjà couvert de cicatrices, contrastant avec sa joie de vivre et son infinie gentillesse. Les Gens du voyage ont décidé d'en faire un gladiateur sanguinaire, lui qui d'un regard désarme toute violence. Lui qui tente de monter dans notre voiture et que son "maître" récupère avant que nous puissions lui ouvrir la porte. Le jeune homme au visage dur en a décidé autrement : son chien restera un ange perdu du côté de l'enfer.

Il y a ce vieux braque dégingandé, flageolant, le regard vide, que l'on garde non parce qu'on l'aime mais parce qu'il est utile pour chasser le hérisson.

Il y a ce petit griffon noir, maigre et ébouriffé, emporté très vite dans une caravane tandis que des enfants tournent autour de nous en une danse haineuse. Une femme nous harangue : "Vous ne pouvez pas me prendre mon chien. Mon fils ne va plus dormir !" Et les maîtres à qui on l'a enlevé, croyez-vous qu'ils dorment...

Que sont les mots face aux murs d'indifférence humaine et de souffrances animales ?

Combien de fois avons-nous eu envie de tout abandonner ? Combien de fois avons-nous continué, pour qu'il reste quelqu'un qui n'abandonne pas ? Quelqu'un qui se batte pour ces animaux sacrifiés, victimes de ceux qui les ont kidnappés comme de ceux qui les ont oubliés, emmurés vivants dans un silence complice.

Petite chienne jaune, setter volé, labrador noir, vous êtes sauvés. Braque couvert de tiques, fox au collier enfoncé dans la chair, griffon sans tatouage, vous restez en arrière. Nous repartons avec trois de vos frères, sans nous retourner, étouffant notre colère, ravalant notre sentiment d'impuissance. Ne restent devant nos yeux que vos regards, vides ou insistants, auxquels nous n'avons pu répondre, auxquels il n'existe peut-être pas de réponse ? Nous voulons croire que si et continuons à en chercher une malgré tout, au-delà des obstacles les plus invraisemblables. Nous reviendrons. »

C'était la première intervention de Julie sur le terrain. Faut-il aimer les animaux pour faire ce métier ? Je crois que oui, malgré la douleur et la révolte que l'on ressent à chaque fois. Je crois que oui, pour ne jamais capituler malgré les difficultés inimaginables auxquelles nous tentons de faire face. Je crois que oui, pour écrire avec tant de sensibilité, comme l'a fait Julie.

L'AFFAIRE RUSSE

L'élevage de Nathalie B. se résume à une dizaine de chiens de races samoyède et spitz. Ils vivent avec elle, dans sa maison, bénéficiant d'un grand terrain pour s'ébattre, au grand dam des services vétérinaires qui les exigent détenus en box sur un sol en ciment. Mais Nathalie n'a jamais cédé aux fonctionnaires du ministère de l'Agriculture.

Patrice et moi lui avions rendu visite sur son domaine dans une petite commune rurale de montagne, dans le Puy-de-Dôme. Sa propriété ne respire ni le luxe ni la misère. L'endroit est d'un confort rudimentaire. Nathalie B. appartient au monde des éleveurs passion et déteste celui des éleveurs fric. Dès qu'elle a été témoin des dérives du commerce canin, elle nous a transmis les informations.

Le 15 juin 2004, cette femme d'ordinaire très calme me tient des propos inaudibles au téléphone. Ses mots se bousculent et je peine à la comprendre. Elle s'apaise et ce qu'elle m'explique est stupéfiant. Elle vient de recevoir un chèque d'un montant de 3 000 euros accompagné d'un courrier étrange signé d'un certain Dr Dominique S. Je demande à Patrice d'aller de suite récupérer une copie de ce courrier chez Nathalie B., qui lui remet les originaux ainsi qu'une attestation confirmant la réception de ces documents. Elle demande qu'une enquête soit effectuée sans citer son nom car elle craint des représailles.

À la lecture de la lettre du Dr Dominique S. nous sommes sidérés.

« Chère madame,

Je m'adresse à vous aujourd'hui à la demande des docteurs Henri-Paul F. et Jean-Claude G., directeurs de laboratoire au CNRS. Ceux-ci m'ont demandé de vous faire part de la proposition suivante : ils cherchent des animaux destinés à des fins expérimentales. Il va sans dire que nous possédons un large réseau permettant l'utilisation des chiens en notre possession. Il n'est pas important que les animaux appartiennent à une race définie. Ils n'ont à répondre à aucun critère particulier.

Les docteurs Henri-Paul F. et Jean-Claude G. sont prêts à se montrer fort généreux. Le prix de chaque spécimen est laissé à votre libre appréciation.

Vous percevrez ainsi, en plus du chèque ci-joint, une rétribution confortable et régulière.

Sachez, chère madame, qu'une participation de certains de vos collègues à notre entreprise sera très appréciée et généreusement récompensée.

Les docteurs Henri-Paul F., Jean-Claude G. et moi-même sommes tout particulièrement soucieux de la réussite de ce projet. Dans votre intérêt, je sollicite un dévouement et une discrétion sans faille de votre part.

Il nous est déjà fort agréable de penser que notre collaboration puisse être longue et profitable.

Les docteurs Henri-Paul F. et Jean-Claude G. étant très occupés, c'est donc à moi que vous devez vous adresser.

Dans l'attente d'une réponse rapide et positive de votre part, recevez, chère madame, mes plus vifs encouragements.

Puissent les jours à venir nous apporter entière satisfaction. »

L'adresse du mystérieux Dr Dominique S. est indiquée en haut à gauche de ce courrier qui est signé.

Dans un premier temps, nous pensons qu'il s'agit d'un canular et que le chèque est un faux, même si l'émetteur est bien Henri-Paul F., demeurant dans l'Essonne. De plus, il n'est pas difficile de consulter le site internet de l'éleveuse qui ne produit que deux races de chiens. Pourquoi démarcher Nathalie B. dont le petit élevage est perdu sur les hauteurs de l'Auvergne ?

Intriguée par cette affaire, mais encore un peu dubitative, j'effectue des recherches sur les trois protagonistes pour vérifier si leur existence est réelle.

Dominique S. est bien domicilié à l'adresse indiquée sur le courrier. Il exerce la profession de psychiatre en Indre-et-Loire.

Henri-Paul F. est directeur de recherche au CNRS. Il se rend régulièrement en Asie centrale et en Sibérie occidentale. Le 25 juin, alors que Patrice et moi sommes en déplacement dans la région parisienne pour un autre dossier, nous décidons de nous rendre devant le domicile du Dr Henri-Paul F. Il s'agit d'une petite cité pavillonnaire tranquille où les habitants appartiennent sans doute à la catégorie des cadres moyens. Aucun signe ostentatoire de richesse et la maisonnette du Dr Henri-Paul F est charmante, sans plus. Devant son habitation est garé un véhicule que nous ferons identifier par un ami gendarme. Il appartient bien à un membre de du Dr Henri-Paul F.

Quant à Jean-Claude G., il est également directeur de recherche au CNRS.

Reste à comprendre quel est le lien de ces deux hommes avec Dominique S.

Nous obtenons peut-être la réponse fin septembre 2004. En enquête avec Patrice près d'Amboise, nous décidons d'aller vérifier si le cabinet du psychiatre se trouve bien à l'adresse indiquée. Effectivement, quatre plaques concernant des praticiens sont apposées sur le mur d'un petit immeuble. Sur la première, en cuivre, figure le nom du Dr Dominique S. et de ses deux consœurs : « Psychothérapie enfants, adolescents, adultes, consultations sur rendez-vous ». Les autres plaques indiquent le nom d'une orthoptiste et de deux orthophonistes, dont une partage le nom de famille du Dr Henri-Paul F. Est-ce un hasard ? Tout ceci est incompréhensible. Pourquoi des archéologues et un psychiatre veulent-ils acheter des chiens à prix d'or et pour quelles expériences ?

Je contacte Nathalie B. en octobre. Elle n'a aucune nouvelle depuis la réception de ce courrier étrange. Nous ne savons pas si des animaux sont en danger et comment agir.

Nous pensons téléphoner à Dominique S. en nous présentant comme éleveurs ayant été informés par un ami du monde canin et fort intéressés par sa proposition. Mais il n'est pas question de parler de Nathalie, et nous ignorons dans quel milieu nous pouvons nous introduire.

Désemparée, j'adresse le dossier à Sophie Morel, ma collègue responsable du service juridique, à l'avocat de la SPA et à une amie magistrate au parquet de

Paris. Aucun ne peut nous venir en aide. Ils demeurent, comme nous, dans l'impossibilité d'apporter une réponse plausible à cette énigme.

Je ne veux pas archiver ce dossier que je laisse en *stand-by*.

Trois ans plus tard, j'apprends qu'une éleveuse de samoyèdes dans l'Ariège a vendu un chien à une jeune femme russe prénommée Svetlana en avril 2004. D'après la personne qui m'informe, il est important que je contacte cette éleveuse qui aurait des révélations à me faire.

Je téléphone donc début mars 2007à Mme B., qui attendait mon appel. Sur un salon du chien, une femme blonde, ancien mannequin et se présentant comme miss Russie et miss Europe 2002, lui a effectivement acheté un samoyède. Elle n'a donné que son prénom et le chien se trouve à Ekaterinbourg, en Russie, chez une certaine Irina K. Fin 2006, la même Svetlana l'a recontactée par mail, souhaitant acquérir une femelle samoyède. Mme B. a refusé la vente, prétextant qu'elle avait cessé la production de cette race : elle avait été alertée entre-temps par deux autres éleveuses de l'attitude suspecte de la jeune femme russe. Toujours sur un salon du chien, cette dernière, voulant absolument acheter un samoyède adulte, non confirmé, a fini par convaincre le vendeur en payant l'animal 3 000 euros en petites coupures de 20 euros. Elle était repartie, tirant le chien derrière elle, sans une caresse ni un regard. Les deux éleveuses qui avaient assisté à la scène en avaient parlé à Mme B. La description physique de cette personne correspondait à celle qu'elle connaît, et son nom serait Svetlana K.

J'effectue des recherches sur internet. Effectivement, Svetlana K. a été miss Russie. D'après un article de Reporters sans frontières publié en mai 2003, le journal *Belorusskaya Delovaya Gazeta,* qui a révélé une liaison entre elle et le président biélorusse, Alexandre Loukachenko, a reçu plusieurs mises en demeure puis a été interdit de publication pendant trois mois suite à des accusations de corruption du gouvernement.

Tout cela est fort obscur. Les seuls liens entre tous les faits évoqués sont la Russie et le samoyède. Mais pourquoi ce chien se retrouve-t-il au cœur de cet imbroglio ? Originaire de la Russie européenne et de la Sibérie occidentale, le samoyède est apprécié pour son épaisse fourrure d'un blanc immaculé et son célèbre sourire (en raison de la position de ses yeux et de ses babines, il semble sourire continuellement). Son prix de vente en France varie entre 900 et 1 400 euros.

Lassés de nous poser des questions pour lesquelles nous n'avons pas le début d'une réponse, sinon qu'il s'agit peut-être de blanchiment d'argent, nous fermons définitivement ce dossier. Affaire non élucidée.

Moitié arabe, moitié slovaque, entièrement trafiquant

L'ambiance est studieuse ce jeudi 5 août 2004 dans notre local, rue Dacher. Patrice est concentré sur la rédaction de ses rapports d'enquêtes effectuées la semaine précédente. Julie met à jour nos fiches de renseignements. Nous avons accumulé beaucoup de retard, car nous recevons toujours de nombreux témoignages. Quant à moi, j'ai la charge d'ouvrir de nouveaux dossiers. Jacky, lui, est en congé.

Alors que je recherche dans la revue numéro 58 de *Cynomag* les chiens mis en vente par un individu que nous avons dans le collimateur, je découvre, pour la première fois, qu'une société slovaque a publié une annonce. Elle propose plus de cinquante races avec ou sans pedigree, la garantie sanitaire est assurée. Il s'agit de la société S.A.P.A. S.R.O., et les numéros de téléphone, fax et mobile de l'éleveur sont indiqués. La Slovaquie est entrée dans l'Union européenne depuis le 1er mai dernier. Mais le pays étant non indemne de rage, les conditions d'importation des chiots et chatons restent les mêmes.

Nous décidons de joindre cet éleveur après nous être concertés sur le nom de l'entreprise que nous sommes censés représenter et son adresse. Patrice devient le gérant de l'animalerie « Droopy », qui va ouvrir prochainement, sise avenue de la République à Moulins.

Nous gardons les numéros de téléphone et du fax de la cellule anti-trafic, qui sont sur liste rouge.

Patrice, totalement investi dans son rôle, réussit de sa voix grave et assurée à établir le contact avec le Slovaque qui, par chance, parle un français approximatif mais compréhensible. Un peu réticent au début de la conversation, que nous enregistrons, il se montre finalement très loquace. Il se présente comme éleveur et grossiste, dit être Patrick S., le patron. Ses chiots sont vendus à l'âge de huit semaines minimum et il peut les livrer si le client en commande plus de dix. Depuis juin dernier, il possède une succursale en Espagne située à Lleida-Lerida, à 180 kilomètres de Barcelone. Il nous donne le numéro de téléphone de « Daic Europa », nous conseillant de nous y rendre car nous paierons 30 à 35 euros de moins par animal. Il connaît la société concurrente « Export Control » mais ses tarifs à lui sont plus attractifs. Il a travaillé pour « Animals Express » en Belgique. Désormais, il préfère l'Espagne.

Dans la foulée, afin de vérifier si « Daic Europa » existe bien, c'est à Julie, qui maîtrise l'espagnol, d'obtenir des informations. Elle se recommande de Patrick S. Son interlocutrice lui indique que « Daic Europa » est le plus grand centre en Espagne avec des entrepôts de plus de 2 000 m^2. On peut trouver toutes les races de chiots, vendus à deux mois, déparasités et primo-vaccinés. Une certaine Mercédès qui parle français sera de retour prochainement. Pour recevoir les tarifs des animaux à la vente, Julie lui notre numéro de fax ainsi que le nom de notre société, l'animalerie « Droopy ».

Dès que Julie raccroche le téléphone, un fax de « Daic Europa » nous parvient. Effectivement, les prix des animaux sont séduisants. Les chiens à la mode comme le chihuahua ou le jack russel sont revendus quatre fois plus cher en France. Des chiots pitbulls sont proposés à 231 euros. Alors que leur reproduction est interdite dans notre pays depuis la loi de 1999, il est aisé pour tous les voyous qui martyrisent ces pauvres chiens de s'en procurer de l'autre côté de la frontière. J'ai assez vu le chantage scélérat de la Justice ordonnant l'euthanasie de l'animal afin que l'abruti au bout de la laisse soit relaxé. Le coupable, condamné à mort, c'est le chien ; son maître est la victime.

Nous sommes en septembre quand Cyrille Massey, journaliste pour la société de production Galaxie Presse, me propose de participer à un tournage concernant le trafic de chiens. Il veut remonter une filière jusqu'à la source. République tchèque, Hongrie, Slovaquie, à nous de choisir. Je pense immédiatement à nos récentes informations. Nous organisons notre périple.

Mi-septembre, Julie reprend contact avec « Daic Europa » pour connaître les horaires d'ouverture et l'adresse. Son interlocutrice espagnole lui conseille de venir en début de semaine, car il y a un très grand choix. Elle va nous faxer un plan et demande qu'on lui téléphone une fois arrivés à Zaidin, car les locaux sont difficiles à trouver : elle nous guidera. Nous recevons également les nouveaux tarifs et l'inventaire des animaux qui seront disponibles le 15 décembre, 79 races de chiens et deux de chats. Je remarque une augmentation générale de 10 euros par chiot, de 40 euros pour le bouledogue français et de 90 euros pour le bouledogue anglais. Quant à la garantie sanitaire, elle est passée de 60 à 50 %.

De son côté, Patrice doit obtenir un rendez-vous avec l'éleveur slovaque. Pas de problème, lui répond-il, mais de préférence en fin d'année car il est très occupé à gérer les départs d'animaux vers différents pays. Son bureau se trouve à Topol'cany, à environ cent kilomètres de Bratislava. Il faudra le prévenir deux jours avant. Il nous proposera aussi des chats et des oiseaux.

Après concertation avec le journaliste, le tournage peut commencer. Par précaution, je prépare toujours deux ou trois autres dossiers, au cas où nous trouverions porte close ou un refus de nous recevoir.

Le mercredi 15 décembre, nous arrivons dans la soirée à Aix-en-Provence et tentons de repérer le hangar situé dans la zone industrielle de Cabriès dans lequel André B., tenancier d'une animalerie, entrepose les chiots. Personne n'est capable de nous renseigner, il est tard, nous rentrons à l'hôtel.

Le lendemain matin, Patrice et Carine Poidatz, camerawoman, trouvent enfin l'endroit après plusieurs tentatives auprès de nombreuses entreprises qui ignorent l'existence d'animaux dans cette zone. C'est une femme qui les reçoit, entrouvrant à peine la porte du hangar. Surprise par cette visite inopinée, elle consent tout de même à dire que son mari n'est pas éleveur : il achète les animaux en France, en Espagne et en Slovaquie. Son animalerie est, indique-t-elle, un dépôt-vente. Il est impossible de voir les chiots détenus à cause des maladies que nous pourrions apporter… Le ouple est défavorablement connu de la cellule anti-trafic depuis un certain temps, et plusieurs témoignages affirment que lors de ses déplacements, André B. cache les animaux dans les tambours de machines à laver.

Nous reprenons la route. La nuit est tombée lorsque nous arrivons vers 18 heures au Perthus. Cyrille gare la voiture sur le parking et nous demande de l'attendre. Il veut rencontrer les douaniers et savoir si des véhicules transportant des chiots ont déjà été contrôlés. Trois quarts d'heure s'écoulent. Nous commençons à trouver le temps long quand il revient, un grand sourire aux lèvres. Les douaniers sont au fond de leur local en train de fêter un anniversaire et veulent nous voir. Cyrille, hilare, nous prévient de leur état d'ébriété avancé. Nous nous retrouvons bombardés de questions plus ou moins confuses, la préoccupation de l'un d'eux concerne les chasseurs qui aiment les chiens, affirme-t-il entre deux hoquets. Le monsieur n'est pas content. Il a lu dernièrement dans la presse locale un article dans lequel je dénonce les conditions déplorables de détention des chiens de chasse dans son département. Mi-amusés, mi-sidérés, nous repartons vers Barcelone où nous allons dormir. L'ambiance est détendue. Cyrille a mis un CD de Michel Sardou et nous entraîne à chanter avec lui : « Terre brûlée au vent Des landes de pierres Autour des lacs, c'est pour les vivants Un peu d'enfer, le Connemara... »

Le vendredi 17 décembre 2004, nous passons une grande partie de la journée à Barcelone. Le journaliste a besoin de faire des plans dans différents endroits de la ville et veut m'interviewer. Il est déjà très tard lorsque nous arrivons à Lleida-lerida. Nous sommes fatigués, mais Cyrille, toujours aussi énergique, nous demande de venir avec lui pour repérer l'endroit où se trouve « Daic Europa ». Dans la nuit sombre, nous avons beau le chercher, nous ne trouvons rien. Et pour cause ! Nous comprenons le lendemain car la société n'est indiquée nulle part. Le plan qui nous a été faxé est pour le moins sommaire.

Samedi matin, alors que nous aurions aimé arriver à l'improviste, nous sommes obligés de téléphoner à deux reprises. Les indications données par notre interlocuteur sont embrouillées. Nous parvenons enfin à localiser « Daic Europa » en nous renseignant auprès d'un garagiste à Zaidin qui semble être le seul, parmi toutes les personnes que nous avons interrogées, à connaître cette société. À plus de six kilomètres de Zaidin, en direction de Fraga, nous découvrons enfin de longs bâtiments blancs, puis l'entrée dans une cour. Au-dessus de la porte est inscrit « villa Gumersindo ». Nous sommes accueillis par Carlos, un homme jovial, qui nous invite à pénétrer dans l'entrepôt pour voir les animaux. Une certaine Theresa, mince, blonde aux cheveux longs, nous rejoint. Carlos s'éclipse. Theresa ne parle pas français, mais espagnol et anglais. Son rôle est de guider les acheteurs, nous explique-t-elle en nous demandant d'où nous venons et le nom de notre animalerie. Elle aurait préféré nous recevoir lundi, car les chiots arrivent de Slovaquie le dimanche soir et il y a alors un grand choix. Aujourd'hui, il n'en reste qu'une centaine, les invendus de la semaine. Elle ajoute que « Daic Europa » va bientôt s'agrandir pour vendre aussi des oiseaux et des rongeurs.

Les animaux sont détenus dans des bacs en plastique. Quatre chatons chartreux pataugent dans l'urine à côté des chiots de toutes races qui ne disposent d'aucune gamelle d'eau. Certains semblent abattus, les yeux collés, prostrés dans un coin sur des copeaux en papier. Beaucoup sont très jeunes, à peine sevrés. Quelques clients espagnols qui vont d'une caisse à l'autre les manipulent avec brutalité ; un dalmatien âgé d'environ quatre mois essaie désespérément de sortir de son bac.

Theresa nous demande de la suivre dans son bureau. Elle nous présente le passeport d'un chiot sur lequel est mentionné le premier vaccin, mais aucun contre la rage, puis le reprend rapidement. J'ai le temps de voir qu'il est polonais, avec comme adresse « Cierno Palerma ». Les livraisons en France sont effectuées par Antonio à partir de dix animaux, mais sa clientèle est principalement espagnole. Theresa affirme que nous sommes dans le centre le plus important d'Europe où 1 200 animaux transitent chaque mois. Elle devient méfiante lorsque je demande à rencontrer le vétérinaire qui est installé, d'après elle, à l'étage. Elle sort du bureau pour voir s'il est présent et revient trois minutes après en nous annonçant que le praticien vient de sortir. Sur une carte de France épinglée sur un mur, je vois que « Daic Europa » a des clients à Toulouse, Narbonne, Auch, Montpellier.

Nous quittons ce lieu après avoir laissé les coordonnées de notre animalerie ainsi que le nom du boss : Patrice Tachet…

Ce soir nous dormirons à Perpignan. Mais, avant de retraverser la frontière, nous avons rendez-vous avec les douaniers du Perthus que Cyrille a contactés entretemps.

Cette fois, nous avons affaire à des hommes sérieux et affables. J'ignore si Cyrille leur a parlé de l'incident que nous avons vécu, mais le gradé aux tempes grisonnantes qui dirige les contrôles accepte d'être interviewé. Il explique que cinq jours auparavant, un camion polonais contenant trente chats et quarante chiots a été intercepté. Les animaux avaient tous le même tatouage et les carnets de santé étaient vierges.

Beaucoup de véhicules qui se présentent cette nuit à la frontière sont arrêtés. Nous espérons tomber sur un trafiquant. Soudain, Patrice indique aux douaniers un fourgon qui lui paraît suspect. Trois personnes sont assises à l'avant, deux femmes et un homme qui conduit. Les portes arrière ouvertes, les agents des douanes découvrent un entrelacs de ferrailles dans des caisses et des frigos rouillés. Le gradé les enjambe et se dirige tout au fond. Il trouve alors, cachés dans des petits sacs, des comprimés d'extasy. La surveillance est relâchée, tous se concentrent à présent sur la saisie de stupéfiants. Les trois présumés dealers sont conduits dans les locaux pour être interrogés, et Patrice regarde toujours avec intérêt la fouille qui continue dans le fourgon immobilisé sur un parking en contrebas.

Je suis seule sur le point de passage des véhicules, qui se font plus rares, avec une douanière qui travaille à quelques mètres. Subitement, un individu stoppe sa voiture devant moi et descend la vitre de la portière pour me présenter ses papiers. Il doit me prendre pour une stagiaire. Sur le siège du passager, un carton ouvert contient un pigeon qui bouge à peine. L'oiseau est blessé et le conducteur le ramène chez lui pour le soigner. « Vous n'allez pas le manger au moins ? » lui dis-je. Il me répond qu'il ne mange pas les animaux. Je rétorque alors à cet homme sympathique : « Vous allez attraper froid et votre pigeon aussi. Circulez ! » Carine, qui m'a rejointe, filme la scène.

L'équipe des douaniers a été mise en place pour les besoins du reportage. Un agent m'explique que la frontière du Perthus n'est pas surveillée tous les jours. Il le déplore, d'autant qu'il est aisé de la contourner. Il suffit de quitter l'autoroute et de suivre la nationale jusqu'à La Jonquière (La Jonquera), premier village en Espagne, sans compter les autres chemins de traverse. En deux décennies, cette petite cité catalane est passée d'un charmant endroit paisible à un horrible supermarché de réjouissances pour adultes. Peu d'authentiques touristes, mais des hordes de Français qui viennent y faire de bonnes affaires. Tabac, alcool, charcuterie, essence, drogue, chacun possède sa liste d'emplettes. Ici, à un vol de moineaux de la frontière, tout est possible et tout est moins cher. Sans parler des machines à sous et des nombreuses maisons closes. Nuit blanche, abus d'alcool, prostitution et carte bleue ont fait de La Jonquera le temple de la consommation, de la débauche et de la contrebande. Et nos douaniers français sont dans l'impossibilité d'accomplir au mieux leur mission.

Notre objectif, le dernier jour de tournage, vise des animaleries de la zone commerciale de Plan-de-Campagne près de Cabriès, dans les Bouches-du-Rhône, et principalement celle où les journalistes ont filmé en caméra cachée la propriétaire du hangar où sont stockés les chiots. Cette animalerie est un dépôt-vente, nous a-t-elle expliqué. Le son de cloche est différent dans le magasin, à la limite de la propreté. Les animaux proviennent de son élevage et uniquement d'éleveurs français, nous affirme l'individu présent.

Nous sommes de retour à Vichy le dimanche soir vers minuit.

Il nous faut désormais préparer la seconde partie du reportage. Patrice réussit à joindre à nouveau le patron de la société S.A.P.A. qui prétend se nommer Patrick S. Le rendez-vous est fixé pour le 8 janvier 2005. Le Slovaque va nous faxer l'itinéraire pour se rendre chez lui et offre de nous mettre à disposition une voiture avec chauffeur à l'aéroport de Vienne. Nous déclinons son aimable proposition, prétextant que nous en profiterons pour visiter le pays.

Nous retrouvons les journalistes le 7 janvier à l'aéroport de Roissy où nous prenons l'avion pour Vienne à 14 heures. Sur la route qui mène à Bratislava, de nombreux véhicules nous doublent, parfois sans visibilité. Malgré la chaussée souvent déformée et les nids-de-poule, les Slovaques conduisent très vite. Avant d'arriver à l'hôtel, nous faisons le tour de la ville, des quartiers touristiques tel le centre historique et d'autres moins attrayants où des blocs en béton de construction soviétique abritent sans doute les pauvres gens. Malgré le faible éclairage dans les rues, je peux voir beaucoup de fenêtres aux vitres cassées. Cyrille réfléchit aux endroits qu'ils devront filmer le lendemain.

C'est ainsi que samedi matin, nous traversons le Danube pour mieux voir le château baroque aux murs blancs et aux tuiles orangées perché sur une colline qui domine la capitale. Il n'y a aucun yacht sur le fleuve, mais des bateaux usés par les ans.

Nous arrivons à Topol'cany vers 16 heures, devant la station essence Slovnaft à l'entrée de la ville. Patrick S., prévenu par téléphone, nous rejoint très vite. Il descend de son véhicule, une Audi A4 bleu marine, qui contraste avec les vieilles Lada qui circulent majoritairement en Slovaquie. Après l'échange d'amabilités de circonstance, Patrice me présente comme étant son associée et les journalistes, ses neveux. L'homme, très souriant, de type légèrement maghrébin, nous invite à le suivre jusqu'à son domicile à Vel'ke Bedzany. Nous roulons pendant quelques kilomètres et découvrons une maison d'un grand standing qui détonne avec les masures alentour. La façade ainsi que les hauts murs qui entourent la propriété sont roses. Après l'ouverture du portail électrique, nous pénétrons dans le jardin où s'étale une magnifique piscine. Face à la porte d'entrée de la maison, un bâtiment en construction est destiné à détenir des animaux car le Slovaque va agrandir son business. Nous le suivons dans le sous-sol où une centaine de chiots en partance pour l'Espagne sont confinés dans quatre pièces obscures. Les lieux sont propres et les chiots éveillés, contrairement à ceux que nous avons vus chez « Daic Europa » qui présentaient, pour certains, des troubles de comportement évidents. L'éleveur nous montre les tranquillisants qu'il injecte aux animaux avant leur transport. Dans le garage, une multitude de cages contiennent des colibris et des perruches qu'il se procure sur les marchés locaux. Il veut acquérir de nouvelles espèces et accroître son commerce d'oiseaux vers les pays d'Europe de l'Ouest. Bien qu'un peu sur la réserve, l'éleveur se montre cordial et nous propose d'aller discuter dans ses bureaux situés dans le centre-ville de Topol'cany.

C'est alors que les affaires sérieuses commencent. J'ai l'idée de lui dire que nous avons réfléchi et que nous souhaitons créer un entrepôt où les marchands viendront se servir, plutôt qu'une animalerie. Ce projet lui plaît, d'autant qu'en France ses clients le paient toujours avec du retard et par chèque. Lui préfère être réglé en espèces. Il nous donne le nom de quatre animaleries, mauvaises payeuses, que nous connaissions déjà. L'une, à Replonges, dans l'Ain, fait l'objet d'une information judiciaire suite à notre dépôt de plainte. Dès mon retour, je transmettrai cette information au magistrat instructeur.

Je lui fais part de nos soucis concernant l'âge des animaux. Pas de problème ! (C'est son tic de langage.) Il est facile de détourner la législation. Il sait que les chiots pour l'export doivent avoir au minimum trois mois et être vaccinés contre la rage. Nous voulons des chiots pucés ? Il achète les transpondeurs électroniques en France ou en Belgique. Des chiots tatoués ? Pas de problème ! Il inscrit sur l'animal les trois derniers chiffres que nous utiliserons en France. Ces numéros figureront sur les papiers slovaques accompagnant les chiots pendant le transport. Une fois les animaux réceptionnés, il faudra compléter le tatouage et déchirer les passeports. Ni vu ni connu, les chiots seront nés en France. Les autorités de contrôle n'y verront que du feu aux frontières, car elles ne connaissent pas tous les systèmes d'identification de l'Union européenne. Ses explications ne sont pas vraiment claires. Il dit utiliser ce procédé pour l'Espagne.

Je sais que certains trafiquants détiennent des lots de transpondeurs électroniques correspondant aux pays destinataires. Parfois, la puce du pays d'origine est collée sous les poils des animaux. Pour les tatouages, nous ne comprenons pas sa démarche, mais nous n'insistons pas.

Concernant les vaccins, pas de problème ! Il peut falsifier les vignettes.

Je remarque que dès que je lui pose une question, il répond en s'adressant à Patrice. Un peu macho ce monsieur...

Il préfère vendre les animaux en Espagne où il n'y a aucun risque. Il s'y rend cinq à six fois par mois en empruntant l'autoroute qui longe les frontières de l'Autriche, de la Suisse, pour arriver à Grenoble, Monaco, Toulon, etc. Le trajet dure dix-huit heures. Nous pourrons être livrés sur une aire d'autoroute dans le sud de la France. Pour lui, le business des chiens rapporte plus que celui de la drogue et, suprême avantage, les chiens ne parlent pas, donc pas de problème !

La soirée s'avance et la fatigue commence à se faire sentir. La participation à un tournage n'est pas de tout repos. Certainement persuadé que nous deviendrons ses prochains collaborateurs, le Slovaque nous invite à dîner. Je refuse, car je crains qu'avec la tension, et la fatigue aidant, l'un de nous craque. Mais pour ne pas le vexer, je lui propose que nous prenions un verre avec lui dans un café proche. Il tient à payer l'addition et sort ostensiblement de ses poches des liasses de billets. L'établissement où nous nous trouvons semble être sa résidence secondaire tant il est accueilli avec égards. L'alcool aidant, il se livre davantage.

De père algérien et de mère slovaque, il est né dans ce pays et parle cinq langues : le français, l'anglais, l'arabe, l'allemand et le slovaque. Cela fait neuf ans qu'il officie dans le commerce des animaux, qu'il dit beaucoup aimer. D'ailleurs, il possède une petite femelle yorkshire, Jessica, ramenée d'Espagne. « En principe aucun chien ne vit dans la maison, mais elle, la sorcière, a réussi à conquérir le cœur de sa femme qui a peur d'eux. » Il est le père de deux filles et son épouse a un magasin de vêtements au rez-de-chaussée des bureaux de Topol'cany. Treize salariés travaillent pour lui et plus de la moitié des habitants des villages alentour font reproduire leurs chiens et lui vendent les portées. Ces ruraux ne travaillent plus. Le salaire moyen en Slovaquie étant de 400 euros, la production de chiots leur rapporte davantage, et sans aucun effort. Il faudra attendre pour le recontacter car dans cinq jours il part à Dubaï. Business, vacances ? Nous n'en saurons pas plus.

Bien que disert, Patrick S. regarde souvent le sac où Carine a caché la caméra, mais chacun ayant gardé son calme, pas de problème ! Nous réussissons même à obtenir une visite de son élevage le lendemain.

Après une courte nuit de sommeil, nous revoilà à 9 h 30 devant la station essence où il nous attend. Le Slovaque ne descend pas de voiture et nous fait signe de le suivre. En traversant les campagnes, je vois que des chiens sont dans les jardins de chaque maison, à l'attache. Des personnes vêtues en noir marchent le long des routes, sans doute pour se rendre à l'office religieux, nous sommes dimanche.

Nous arrivons enfin à l'entrée d'un chemin boueux, devant un bâtiment désaffecté gardé par deux chiens attachés, qui ressemblent vaguement à des saint-bernard, sans abri, placés de telle sorte que la porte est inaccessible. Patrick S. sort de son véhicule pour téléphoner. Il semble être contrarié. Il redémarre et nous le suivons à nouveau pendant une centaine de mètres, pour arriver près d'un immense hangar attenant à une maisonnette.

Il y a plusieurs bâtisses délabrées dans ce secteur et l'endroit est lugubre, perdu au milieu de nulle part. Trois hommes, grands et costauds, à la mine patibulaire, nous attendent. Nous ne comprenons pas ce que leur dit le patron mais il est évident qu'il est mécontent. Devant la petite maison, une femelle mâtin de Naples en liberté vient d'avoir une portée, au vu de ses mamelles, et une vieille chienne teckel tremble de tous ses membres. Au mois de janvier, il fait froid en Slovaquie.

Dès que nous pénétrons dans le hangar, un concert d'aboiements assourdissant s'élève. Plus de 150 femelles reproductrices de diverses petites races sont enfermées dans la quasi-obscurité. Certaines se jettent contre le grillage du parc où elles sont confinées par groupes de quatre ou cinq. D'autres ne réagissent pas, anéanties par cette détention. Une odeur âcre et suffocante nous pique les narines et nous brûle les yeux. C'est de l'ammoniac généré par les urines imbibant la paille qui n'est jamais changée. Les chiens vivent dans leurs excréments, ce lieu n'est pas sale : il est crasseux. Au bout du couloir central, des tôles nous cachent d'autres animaux couchés à même le sol. Le hangar n'est pas hermétiquement clos. Des renards peuvent s'y introduire, or la Slovaquie n'est pas indemne de la rage vulpine. Patrick S., un peu gêné, nous dit que ses employés n'ont pas eu le temps de nettoyer... J'ai vu des élevages en batterie en France, mais jamais une telle détresse. Ici, c'est le malheur absolu. Je m'arrête devant une petite chienne repliée sur elle-même et lui parle doucement. Elle lève la tête, s'approche timidement et commence à grignoter les quelques croquettes collées dans une gamelle. Soudain, je ne peux contenir mes larmes et je sors très vite, le temps de me ressaisir. Il ne faut pas que les Slovaques s'aperçoivent de mon trouble. Dehors, les grands chiens vivent dans des boxes recouverts d'un morceau de tôle. Une vingtaine de reproductrices, labrador, mâtin de Naples, akita inu, dogue de Bordeaux, ne sont pas mieux loties que leurs congénères. Elles ne bénéficient d'aucun couchage, ni de protection contre le vent et le froid. Dans cet endroit sordide, il n'y a que des femelles, aucun mâle et aucun chiot. Les chiennes sont certainement enfermées là en attendant la période des saillies. Nous demandons à l'éleveur ce qu'elles deviennent plus tard. Il les donne lorsqu'elles ont cinq ou six ans car elles sont usées, nous répond-il. Il les donne ? À qui ? Nous n'osons pas trop le questionner : nous sommes censés être des commerçants, non des protecteurs.

Patrick S., qui a certainement ressenti notre malaise, tient à nous montrer un élevage familial qui lui fournit des chiots. Nous reprenons la route. Dans la voiture, l'ambiance est lourde d'émotion. Les journalistes aussi sont touchés par cette misère animale. C'est dans ces moments-là que je mesure notre impuissance. Je pense à toutes ces chiennes laissées derrière moi qui ne connaîtront jamais une caresse humaine alors que je sais leur sensibilité et la confiance innée que ces animaux ont en nous. Nous sommes très éprouvés. Cyrille téléphone régulièrement à son agence de presse pour indiquer l'endroit où nous nous trouvons. La plongée dans l'univers des mafieux l'a rendu prudent.

L'homme qui nous reçoit dans une belle maison est de type asiatique. Au fond de son jardin, détenus dans la pénombre, des chiens de race beagle et cavalier King Charles constituent son élevage. Au moins 80 cages sont empilées à l'intérieur du garage, dans lesquelles se trouvent des chinchillas et des lapins nains confinés à deux ou trois dans un espace réduit. Les chiots sont entreposés au sous-sol et certains tètent encore leur mère. D'autres, à peine sevrés, sont réservés à Patrick S. et attendent le départ, serrés les uns contre les autres, à même le sol, derrière une barricade en carton. Ce lieu est moins sale que l'horrible élevage que nous venons de quitter, mais il n'en demeure pas moins que les chiots ne sont pas socialisés. Et pour ceux qui arriveront à destination, nous savons que certains mourront de maladie ou auront des troubles de comportement qui les conduiront à l'abandon.

Notre « futur associé », qui semble toujours y croire, nous propose de visiter d'autres élevages où il s'approvisionne. Nous déclinons son offre mais, afin de ne pas l'inquiéter, nous demandons à vérifier si ses véhicules de transport sont aux normes. En France, il y a parfois des contrôles et ce serait stupide d'être interpellés ! Nous sommes des gens sérieux, lui dis-je. Pas de problème ! Pendant une trentaine de kilomètres, nous sillonnons de nouveau la campagne slovaque gelée et triste en cette saison.

Nous ne sommes pas invités à entrer dans la grande maison de son chauffeur. Lui aussi élève des chiens pour le patron. Dans un enclos sur le côté de la cour des femelles bouledogue français et bouledogue anglais cohabitent. Un mâle est enfermé un peu plus loin. C'est le reproducteur, nous dit fièrement le chauffeur, et il aime manger des citrons !

Patrick S. possède deux véhicules : un fourgon Iveco garé chez un autre employé et le fourgon frigo Mercédès surélevé présent sur les lieux. Carrosserie blanche, cabine bleue, il est climatisé et très propre. Trente cages sont aménagées pour les 140 chiots transportés à chaque voyage. Je note discrètement son numéro d'immatriculation. Nous prenons congé après avoir remercié le Slovaque, devant jouer le jeu jusqu'au bout.

À 22 heures, nous atterrissons à Paris.

Le commerce de Patrick S. est florissant. Pendant le temps que nous avons passé avec lui ces 8 et 9 janvier 2005, son téléphone portable n'a pas arrêté de sonner.

Nous avons répertorié plus de trente sociétés d'export d'animaux en Slovaquie, autant en République tchèque. D'autres en Hongrie, Russie, Ukraine, Roumanie, Pologne, Serbie, Bulgarie, Italie, Luxembourg, Portugal, Espagne, Suisse, Pays-Bas, Belgique, Bénin, Maroc, République dominicaine... Très peu de risques pour beaucoup d'argent. Pas de problème !

Je suis retournée plusieurs fois en Slovaquie et en Tchéquie avec d'autres journalistes pour d'autres investigations, dans l'espoir que les téléspectateurs français deviennent plus vigilants lors de l'achat d'un chiot ou d'un chaton.

Je me souviens particulièrement de deux anecdotes.

D'abord chez un vétérinaire, éleveur et grossiste, à Kalacno, en République slovaque, qui ne voulait plus travailler avec les Français car il y a trop de contrôles et surtout… Brigitte Bardot.

Puis à Zvolen, où nous voulions rencontrer des homologues qui tenaient un refuge d'État. Drôle d'endroit qui ressemblait davantage à un mouroir où les chiens étaient destinés, soi-disant, à l'Allemagne. Les individus présents se montraient assez agressifs et le chef avait ouvert un tiroir de son bureau pour que Patrice, tout proche, voit l'arme à feu qu'il détenait. J'ai réussi à les amadouer en leur offrant des cigarettes. Mon paquet de gitanes a été vidé en deux temps, trois mouvements.

En revanche, à Bratislava, nous avons fait la connaissance de vrais militants de la protection animale. Leur local, plus que rudimentaire, se trouvait à l'étage d'un immeuble vétuste sur les murs extérieurs duquel couraient des gros câbles électriques entremêlés. Sans aucun moyen d'agir, ils comptaient sur nous pour dénoncer la maltraitance. Nous communiquions en anglais, la langue que les jeunes utilisent pour parler avec les étrangers.

La pauvreté transpire partout dans ce pays, excepté chez les trafiquants d'animaux que nous avons rencontrés.

Le reportage de Cyrille Massey, diffusé le 30 avril 2005 sur TF1, s'intitule « Petits chiens et gros trafics ».

La petite chienne de Mme Jourdan

Elle n'est pas femme à se laisser faire. Dans la cité où elle vit avec sa fille, Mme Jourdan ne ressemble pas aux autres habitants. Elle ne longe pas les murs les yeux baissés, n'a pas déserté et n'est pas complice des voyous. Elle leur tient tête.

Le 25 mars 2008, elle nous appelle au secours et nous fait parvenir un premier dossier de 45 pièces. Il y a cinq ans, presque jour pour jour, son calvaire a commencé dans la cité Pierre et Marie Curie, à Ivry-sur-Seine, dans le Val-de-Marne.

Demeurant au rez-de-chaussée, elle se heurte chaque fois qu'elle sort de chez elle à des individus qui squattent le hall d'entrée du bâtiment. Souvent drogués et alcoolisés, ils l'injurient en la traitant de « putain, salope, sale juive »... Mme Jourdan essaie de dialoguer avec eux : elle travaille et aimerait pouvoir dormir la nuit, alors que la bande de dealers présente devant sa porte écoute de la musique tonitruante et fait du bruit jusqu'à 3 heures du matin. Le chefaillon de ce groupe de jeunes ne supporte pas qu'une femme ose l'importuner. Il a environ 18 ans et se prénomme Thomas. Sa mère, Dalhila H., est employée comme gardienne par l'organisme qui gère ce « quartier sensible ».

En mars 2003, Mme Jourdan dépose une première plainte auprès du commissariat de police. Frappée par deux vauriens, son état de santé nécessite un arrêt de travail de dix jours. En janvier 2004, elle est convoquée pour identifier ses agresseurs, mais les photos qui lui sont présentées sont floues. Elle pense les reconnaître, mais ne veut surtout pas se tromper. Aussi écrit-elle au procureur de la République de Créteil pour lui demander d'avoir accès à des clichés corrects, les policiers s'étant montrés peu coopératifs. Malgré les écrits de deux personnes qui témoignent avoir assisté aux injures, jets de pierres, menaces de mort à son encontre, la plainte est classée sans suite le 23 janvier. C'est le début d'une longue série. À chaque fois que Mme Jourdan est victime d'une exaction de la part de la bande des délinquants, elle se rend au commissariat ou informe le procureur. Elle demande de l'aide et veut simplement vivre en paix. Est-elle procédurière, est-elle naïve ? Ses persécuteurs sont fichés par la police, et pourtant elle n'a que deux solutions : subir et se taire, ou déménager.

En avril 2003, Andrée L. est invitée à dîner chez Mme Jourdan :

« En fin de soirée, vers 23 h 30, en raison de mon âge et de l'environnement, Mme Jourdan a souhaité me raccompagner en voiture jusqu'à la plus proche station de métro. À la sortie de son appartement j'ai constaté que le hall était envahi de fumée émanant de substances prohibées que consommait sur place une huitaine de jeunes individus, joint à la main, alcool, coca, détritus jonchant le sol, emballages, papiers gras, urine dans les escaliers…

Dès notre passage Mme Jourdan fut apostrophée, insultée et fit l'objet de menaces. Je cite : salope, vieille peau, je vais te crever sale pute. De son côté,

Mme Jourdan ne s'est pas départie de son calme, ni de sa dignité. Je dois dire en cela que son comportement a été exemplaire, qu'elle a préféré feindre d'ignorer ces manifestations d'agressivité d'autant plus infondées qu'elles s'adressaient à une personne respectable et respectueuse d'autrui. Révoltée, j'étais tentée d'intervenir, Mme Jourdan m'a priée de n'en rien faire.

Ceci n'est pas un fait isolé car depuis qu'elle et sa fille ont aménagé dans cet immeuble elles sont en but à diverses manifestations d'agressivité que j'ai constatées à chacune de mes visites. »

La violence à son égard s'amplifie quand la gardienne s'introduit dans l'appartement de Mme Jourdan en son absence en octobre 2003. Des objets ayant disparu, une plainte déposée contre X met le feu aux poudres. Les harcèlements sont de plus en plus fréquents envers Mme Jourdan et la bande de vauriens entraînée par Thomas s'enhardit, vu l'absence totale de répression.

Le fils de Dalhila H. lui donne un violent coup de pied dans le dos entraînant une tuméfaction paravertébrale dorsale établie par un certificat médical. Son véhicule est dégradé en février 2006 puis incendié et détruit totalement en mars 2007. Elle en rachète un second qui subira le même sort quatre mois plus tard. D'ailleurs les voyous la préviennent : « T'auras plus de voiture, on te les brûlera. » De la glue est mise dans sa serrure et elle retrouve des jets de ketchup et un pigeon mort accroché par une corde sur sa porte où est gravé le mot salope. Les « jeunes » installent un canapé dans le hall et le font brûler, accusant Mme Jourdan de cet acte. Ils incendient également la sonnette de son appartement auquel ils tentent de mettre le feu. Les pompiers interviennent.

Les policiers se déplacent parfois, mais personne n'est interpellé.

En janvier 2007, Mme Jourdan écrit à la commissaire de police d'Ivry-sur-Seine : trois fonctionnaires ont refusé d'enregistrer sa plainte, lui reprochant de trop souvent faire appel à leur service. Ils lui conseillent de faire profil bas, lui disent qu'elle est fragile mentalement et que sa place est à l'asile psychiatrique. Ils refusent de réceptionner le devis d'un serrurier, alors qu'elle a besoin du dépôt de plainte pour être remboursée par son assurance. À partir de ce moment, les crapules qui la persécutent la traitent de folle, de cinglée. Curieux, non ?

Son médecin traitant est inquiet et rédige un certificat expliquant que sa patiente est très choquée sur le plan psychique, car elle est régulièrement agressée dans son quartier (insultes, jets de pierres...). Le lundi 26 mars, sa voiture calcinée a été évacuée sous ses yeux et depuis elle ne peut plus parler, se trouve dans un désarroi total et ne se sent plus en sécurité. Le praticien ajoute qu'il faut aider sa patiente, la soutenir et la défendre.

Personne ne vient au secours de Mme Jourdan, malgré les courriers qu'elle envoie à Nicolas Sarkozy, alors ministre de l'Intérieur, au procureur, au maire d'Ivry-sur-Seine, au préfet. À ce dernier, elle adresse le 17 avril 2007 un courrier signé par plus de cinquante personnes :

« Nous subissons depuis plusieurs mois des nuisances insupportables par des jeunes connus des services de police.

Ils se regroupent dans les halls d'entrée et premiers étages où ils boivent, fument de la drogue, vomissent, urinent, font leurs besoins, utilisent des appareils à musique.

De ce fait nous ne pouvons plus tolérer que le hall et l'escalier de chaque immeuble soit considéré comme dépendance pour leur propre usage jusqu'au petit matin.

Au surplus ils se servent des jardins comme circuit à l'utilisation de motos tout terrain au pot d'échappement débridé.

Le caractère anormal des nuisances de bruits excessifs, de niveau sonore inadmissible et les rassemblements troublent le repos et la tranquillité des locataires. En dépit de nos plaintes répétées la situation perdure... En l'attente de votre intervention... »

Fenêtres brisées, incivilités et injures quotidiennes... Comme si cela n'était pas suffisant, Mme Jourdan est attaquée par un individu encapuchonné qui, arrivant derrière elle, lui fait un crochepied la projetant au sol. Non content de son exploit, Dhadiana F., un habitué des services judiciaires, lui porte un coup au visage. Mme Jourdan connaît à présent l'identité de ses persécuteurs, mais renonce à prévenir la police qui, de toute façon, est impuissante à rétablir l'ordre. Elle dépose directement plainte auprès du parquet. Est-elle obsessionnelle ou juste déterminée à faire respecter ses droits ?

Pourtant, Mme Jourdan commence à capituler. Dans une lettre destinée au magistrat du parquet de Créteil, elle se montre très explicite quant à ses craintes pour son devenir.

« Monsieur le procureur de la République, depuis plusieurs mois je fais l'objet d'agressions incompréhensibles, dénuées de cause et qui aujourd'hui atteignent un paroxysme. Très récemment, mon véhicule après avoir été vandalisé a été incendié, on a tenté de brûler mon appartement qui, de justesse, a été épargné. Je suis avec ma fille et mon petit chien l'objet de menaces permanentes, d'invectives et d'insultes simplement en sortant de mon appartement, des cailloux et des œufs sont fréquemment projetés sur moi-même et mon logement…

Toutes ces exactions constituent des signes précurseurs d'actes plus graves qui peuvent mettre en péril ma personne, ma fille, mon petit chien et mes biens.

Toutes les plaintes déposées et les mains courantes enregistrées n'ont donné lieu à aucune mesure susceptible de corriger les incivilités dont je suis victime.

C'est pourquoi, me sentant en danger, je demande à être relogée avec ma fille dans un quartier plus paisible.

Je formule la présente sous forme de recommandé avec accusé de réception pour donner officiellement à ma requête un caractère juridiquement opposable au cas où un malheur surviendrait.

Je vous remercie de l'attention que vous voudrez bien porter à ce courrier qui demande assistance pour une personne en danger.

Je vous prie de croire, monsieur le procureur de la République, à l'expression de ma considération distinguée. »

Les craintes de Mme Jourdan étaient fondées.

Le 22 mars 2008, à 8 h 30, Mme Jourdan promène Taffie, sa petite chienne west highland terrier (westie) âgée de six ans, au pied de son immeuble. Elle ne la tient pas en laisse, l'environnement étant calme. Sa chienne marche derrière elle. Soudain, Mme Jourdan se retourne et constate sa disparition. Un voisin lui dit qu'un homme de type africain a pris Taffie sous le bras et s'est enfui en courant. À partir de ce moment, Mme Jourdan, désespérée, n'aura de cesse de chercher sa petite chienne.

En avril, elle nous fait parvenir la suite de son dossier relatant toutes les démarches qu'elle effectue pour retrouver Taffie. Elle a reçu plusieurs appels anonymes lui demandant de payer une rançon. Un policier du commissariat d'Ivry-sur-Seine accepte de prendre sa plainte, mais se montre très désinvolte. Patrice, mon collègue, lui téléphone le 16 avril. Son interlocuteur lui répond qu'une enquête de proximité a été effectuée mais qu'aucune piste sérieuse n'a été trouvée. Il doit entendre une autre personne suite au relevé d'appels téléphoniques sur la ligne de la plaignante. Il explique aussi que Mme Jourdan est connue, car elle a souvent des problèmes avec les gens de la cité, et ajoute que c'est une personne qui fait des histoires.

Les copains de Thomas, filles et garçons, encouragés par le chef de bande, ricanent au passage de Mme Jourdan, l'invectivent et lui assurent que sa chienne a été brûlée. D'autres la narguent : « Ta chienne, on l'a découpée en morceaux ! »

Dans une lettre très touchante adressée cette fois au procureur de la République de Paris, elle fait part de ses recherches, du refus des policiers à prendre certains éléments en compte. Elle dit pleurer jour et nuit sa petite chienne adoptée dans un refuge quatre ans auparavant, être toujours dans un état second, très choquée (ainsi que sa fille) par ce vol.

« Taffie est un être mortel faisant partie de notre famille, cette petite chienne est considérée comme notre bébé. Tous les matins elle accompagnait les enfants à l'école. Une fillette de couleur qui avait peur des chiens avait eu la patience de se faire apprivoiser, cette petite aujourd'hui vient de me dire d'une voix timide "Taffie me manque." Je vous en prie, faites mener toutes les investigations à la recherche de Taffie, notre petite chienne. »

Malgré ses deux véhicules incendiés, les vitres de son appartement brisées, la tentative de mettre le feu à son logement, les coups reçus (confirmés par des certificats médicaux), l'identité de ses agresseurs qu'elle a révélée et enfin, le vol de sa chienne, la police dit manquer de preuves.

Mme Jourdan enregistre discrètement toutes les personnes qui la menacent et les conversations qu'elle a avec des témoins du vol de Taffie. Nous recevons une copie du DVD le 25 septembre 2008, qui est la dernière pièce répertoriée n° 83 de ce dossier.

C'est ainsi que nous écoutons Catherine C. lui dire qu'elle a vu sa chienne dans les bras d'une adolescente prénommée Anastasia qui pleurait car elle voulait la garder, mais sa mère l'a rendue à un homme noir. Catherine C. répète à plusieurs reprises qu'elle aime les chiens, qu'une personne de sa connaissance a reconnu Taffie tirée au bout d'une laisse par cet individu. La petite chienne refusait d'avancer. Mme Jourdan essaie de la convaincre de venir avec elle pour témoigner au commissariat de police, mais elle a très peur des représailles (d'autant que la mère d'Anastasia est proche de Thomas, le meneur de la bande de délinquants). Cet enregistrement fait à l'insu de Catherine C. a eu lieu le 4 mai 2008. Mme Jourdan, espérant toujours retrouver Taffie, a prévenu le procureur et la commissaire de police. Elle n'a reçu aucune réponse.

Nous n'aurons plus de nouvelles de Mme Jourdan, « la putain, la salope, la juive, la raciste, la folle, la cinglée ». Ces lâches ont tué la petite Taffie, nous en sommes certains. Et nous n'avons rien pu faire.

Les premières années de la cellule anti-trafic, je suis souvent allée (seule ou avec Catie) dans des camps des Gens du voyage récupérer des chiens volés. À Narbonne, avant d'entrer dans la grande cité gitane des Platanes, j'avais demandé à Dominique de rester près du véhicule de la SPA afin qu'on le retrouve intact. Quand j'ai franchi l'entrée, des femmes se sont montrées agressives, mais je ne me suis jamais sentie en danger. Dans les pays étrangers, surtout en Slovaquie, je me suis retrouvée au cœur de la mafia sans éprouver la moindre crainte. Inconscience, peut-être… Mais dans ces zones de non-droit en France, il est impossible d'enquêter. Impossible de délivrer les chiens détenus dans les caves, pitbulls et leurs congénères servant à l'entraînement aux combats. Et que dire des chats, particulièrement martyrisés, comme ceux retrouvés morts, la tête enfoncée dans une boîte de conserve dans une « cité sensible » de Persan ? Que dire de ceux qui furent crucifiés ou les yeux arrachés avec un couteau, comme je l'ai vu quand j'habitais dans la cité des 3000 à Aulnay-sous-Bois ?

En France, au XXIe siècle, nous n'avons rien pu faire pour Taffie.

UN COIN DE CAMPAGNE SI TRANQUILLE

« Le roi des cochons est bourbonnais. Ses cochons sont les champions du salon de l'agriculture. À 82 ans, Henri P. s'apprête à y participer pour la 57e fois. C'est l'éleveur préféré des politiques. » Le journaliste de *La Semaine de l'Allier* écrit, en février 2012, un article élogieux concernant ce paysan.

Pourtant, le bonhomme n'est pas facile. Il vit dans une ferme au lieu-dit Troussière dans le bocage de Liernolles, petite commune de 220 habitants, dans le département de l'Allier. Ne jamais dire que nous sommes en Auvergne mais dans le Bourbonnais, berceau des rois de France, je l'ai appris de suite en arrivant à Vichy.

Le local de la cellule anti-trafic se trouve encore à Narbonne quand, en octobre 1996, la responsable d'un refuge de protection animale de Moulins me téléphone pour me signaler qu'Henri P. élève des chiens dans une ancienne porcherie. Les femelles reproductrices sont enfermées dans l'obscurité, 17 chiots de toutes races confinés dans un box, et malgré une belle façade fleurie, l'envers du décor est sale et sordide.

Je demande à ma collègue qui vient de prendre la direction du refuge SPA de Brugheas de bien vouloir aller constater les faits qui m'ont été rapportés. Un mois plus tard, elle m'informe que tout a été visité, que la cour de la propriété est propre avec de jolis bacs à fleurs, donc rien à signaler.

Trois ans plus tard, je repère des petites annonces au libellé fantaisiste : aucun matricule des chiens mis à la vente n'existe, seul le numéro de téléphone est correct et appartient à Henri P. Je mets ces annonces de côté. Uniquement secondée par Cécile qui assure le secrétariat quelques heures par semaine, il m'est impossible de tout gérer.

En septembre 2001, je suis contactée par Roselyne B. qui m'informe qu'un ami a acheté un beagle mâle âgé d'un an et demi qui était enfermé dans une bétaillère et demeure terrorisé. Cet ami ne parvient pas à obtenir le carnet de santé, le certificat de vente et la carte de tatouage. Il n'a vu que des chiens de chasse chez Henri P., des fox-terriers, des beagles, et surtout des épagneuls. Les animaux sont détenus dans des soues avec les cochons. Les chiots sont enfermés au fond du jardin. L'acheteur a payé ce chien 100 francs. L'éleveur en voulait le double. Il a beaucoup de commandes de ses copains chasseurs.

Le 14 novembre 2001, je demande à Patrick Labega de m'accompagner chez Henri P. Mon collègue est le pompier de service de la SPA, et les dirigeants lui ont demandé de mettre de l'ordre sur le refuge de Brugheas après le licenciement de l'ancienne équipe. Patrick a reçu des informations sur la maltraitance subie par les animaux de l'agriculteur.

Nous quittons la petite route de campagne pour emprunter le chemin qui mène à la ferme. Trois chiens maigres et craintifs sont en liberté dans la cour. Nous déclinions notre identité et Henri P. rechigne à nous montrer son élevage de chiens. Je le rassure en prétendant que les gens sont mauvaises langues, que notre travail est de vérifier leurs dires et que, s'il me permet de photographier ses installations, je pourrai faire taire les rumeurs. Il accepte, semble toutefois mal à l'aise, vociférant contre ceux qui le dénoncent par jalousie, affirme avoir le bras long et connaître Jacques Chirac.

Dans une sorte d'étable face à la maison, une femelle griffon vendéen vit enfermée avec dix chiots. Une bassine est remplie d'eau croupie, les croquettes dans les gamelles sont mélangées à la paille qui recouvre le sol. La chienne semble résignée. Henri P. referme la porte sur sa solitude.

Derrière l'habitation du paysan nous découvrons trois chenils grillagés dont la construction est récente, nous explique-t-il. Le sol en terre battue est boueux. Dans chaque enclos une niche en parpaings est censée protéger les quatorze chiens maigres qui n'ont pas d'eau à leur disposition et tremblent de froid.

Henri P. veut nous montrer la porcherie qui est sa fierté. Je suis à deux doigts de perdre mon calme. La détention des cochons est pire que celle des chiens.

Tranquillisé par notre attitude, Henri P. nous invite à entrer chez lui. « Venez donc boire un coup ! » Proposition que nous déclinons poliment.

En quittant les lieux, nous sommes certains de ne pas avoir tout vu. Nous avons trop peu d'éléments et une plainte pour mauvais traitements, si elle aboutit, condamnera Henri P. à une simple amende alors que je suis déterminée à sortir les chiens de cette vie misérable.

Installée depuis quatre ans à Vichy, j'obtiens enfin du renfort fin 2002 avec l'arrivée de Jacky.

Sa première enquête le conduit chez l'éleveur médaillé de cochons. Son rapport est accablant : 42 chiens pataugent dans leur urine et leurs excréments, sur de la terre battue, les gamelles sont vides et crasseuses, certains chiens sont enfermés dans une soue avec les porcs et, le plus alarmant, beaucoup d'animaux sont anormalement craintifs.

Quelques jours plus tard, le 6 décembre, je me rends à la gendarmerie du Donjon avec Patrick Labega. Nous avons déjà travaillé avec les militaires sur un autre dossier et nous souhaitons qu'ils nous accompagnent pour constater toutes les irrégularités de l'élevage d'Henri P. Malheureusement, l'endroit dépend de la brigade de Jaligny-sur-Besbre. Le gendarme du Donjon nous dit que cela fait des années que ça dure et qu'Henri P. n'a pas besoin de vendre des chiens pour vivre.

L'accueil à la gendarmerie de Jaligny est très inamical. Il n'y a pas d'officier de police judiciaire (OPJ), donc il est inutile, me dit-on, de porter plainte. Les deux gendarmes présents affirment aller deux fois par an chez Henri P. qui a le mérite agricole. Pas de problème à leur connaissance. J'apprendrai plus tard par l'agriculteur que les gendarmes de cette brigade ont droit à un jambon pour les fêtes de fin d'année. Ainsi va la vie dans le France rurale…

Le 13 janvier 2003, je dépose plainte au nom de la SPA auprès du parquet de Cusset. Deux jours après, j'obtiens un rendez-vous avec le substitut du procureur. Patrick Labega m'accompagne. Nous remettons la copie de notre plainte en évoquant les difficultés rencontrées avec les gendarmes et la DSV, contactée en 2001, qui n'a jamais bougé.

Le procès se tient le 17 avril 2003. Henri P. est condamné à payer 600 euros d'amende pénale et 800 euros à la SPA. Le procureur demande que les installations soient mises aux normes et que l'état d'avancement des travaux soit contrôlé en juillet.

Mais qui va vérifier ? Patrice et Jacky, qui vont à Liernolles en septembre.

Les chenils derrière la maison d'habitation ont été démolis et du sable recouvre le sol. Henri P. leur montre les plans de la construction des futurs boxes. En attendant, c'est la porcherie qui abrite les chiens, car les travaux n'ont pas commencé. Cependant, il assure que tout sera terminé en décembre. Mes collègues relèvent l'absence de toute indication sur des carnets de santé pré-tamponnés par le vétérinaire complaisant de l'éleveur. Quant aux chiens, ils vivent toujours dans la saleté. En montant sur le pare-chocs arrière d'une bétaillère, Patrice découvre qu'un braque allemand y est détenu. Henri P. intervient : « Attention vous allez tomber. Un chien ? Je ne sais pas comment il est entré là-dedans. Allez les gars, venez boire un coup ! »

Pas question de lâcher Henri P. et d'abandonner les animaux.

Le 11 décembre, mes deux collègues retournent chez lui, mais il est absent et son fils refuse de les recevoir. Des aboiements proviennent d'un hangar sur la gauche de la cour.

Cinq jours plus tard, Patrice et Jacky sont à nouveau chez l'éleveur, présent cette fois. Il leur montre l'avancée minime des travaux, stoppés, dit-il, à cause des intempéries. Dans la porcherie sont enfermés une chienne et ses chiots, deux épagneuls et un rat mort. Les décisions de justice importent peu à ce monsieur qui se dit intouchable et continue son commerce en toute illégalité. Il tatoue les chiens à la pince alors qu'il n'est pas agréé par la Société centrale canine, et les annonces qu'il continue de publier sont fausses. Mais malgré les remarques de mes collègues, il garde un ton jovial : « Allez les gars, venez boire un coup ! »

Le temps passe et Henri P. propose toujours des chiens à la vente en publiant de faux tatouages. Le bonhomme est têtu, moi aussi.

Patrice et Jacky sont à nouveau en route pour Liernolles le 13 octobre 2004. Cette fois, ils comptabilisent 46 chiens détenus dans les mêmes conditions lamentables. Les chenils ne sont pas construits. Un véhicule entre dans la cour. Ils sont intrigués par l'attitude d'Henri P. qui s'empresse d'aller parler aux deux occupants, qui font aussitôt demi-tour. Patrice relève le numéro d'immatriculation. La voiture appartient à Monique D., qui habite un peu plus loin. Nous nous retrouvons à présent avec deux éleveurs de chiens pour le prix d'un ! Pourtant, Liernolles est un petit coin de campagne si tranquille...

Que faire quand les services de l'État ne vérifient rien et qu'un jugement n'est pas respecté ?

Je dépose une nouvelle plainte auprès du procureur de la République de Cusset le 26 octobre 2004.

Le procès doit avoir lieu le 24 janvier 2006. Auparavant, Jean-Michel et Jacky vont vérifier fin décembre si les installations chez Henri P. sont enfin correctes, car si tel est le cas nous savons qu'il sera relaxé. C'est leur fils qui leur fait visiter l'exploitation et les autorise à prendre des photos. Henri P. a fait l'effort de mettre enfin le chenil en conformité. Cependant, dans les anciennes loges à cochons, trois cockers sont enfermés, et dans un enclos au fond du jardin, quatre chiens pataugent dans la boue, sans aucune gamelle d'eau à leur disposition. Les conditions d'hygiène et d'hébergement des animaux ne sont toujours pas appliquées. Dehors, près d'une porcherie, un sanglier se promène en liberté, et trois autres sont parqués à l'intérieur. Le fils d'Henri P. précise qu'ils seront tués d'ici la fin de l'année et que la DSV est au courant. Nous soupçonnons cette charmante famille d'élever des sangliers en toute impunité.

J'ai souvent vu dans le sud de la France, lors d'enquêtes, des sangliers en enclos afin que les chasseurs entraînent leurs chiens. Puis ils les relâchent dans la nature pour mieux les assassiner. Ils se plaignent ensuite de la prolifération de ces animaux qui évidemment justifie, selon eux, leurs tueries. Quant aux chiens, combien de chenils exigus, isolés dans la garrigue, renfermant des canidés faméliques hors de la saison de chasse ? Il n'est pas facile d'affronter ces Tartarins qui, prétendent-ils, prélèvent le gibier pour le bonheur de leurs chiens.

Ah ! Jouez-moi encore
ce petit air exquis
du chasseur au cœur d'or
qui préfère, au fusil,
du chien la compagnie…

Le 20 décembre 2005, je poste au tribunal de grande instance de Cusset le rapport rédigé par mes collègues avec les photos prises par Jean-Michel.

Au mois de janvier suivant, je reçois l'appel téléphonique d'un OPJ de la brigade de Lapalisse. Le procureur lui a transmis le signalement de la cellule anti-trafic concernant les sangliers et vingt infractions ont été relevées à l'encontre d'Henri P. : détention non conforme des porcs, cadavres d'animaux mangés par les chiens qui vivent dans des conditions inadmissibles... « Je n'ai jamais vu ça ! » me dit le gendarme qui me donne le numéro de procès-verbal afin que la SPA se constitue partie civile.

Des signalements parviennent au refuge SPA de Brugheas et Patrick Labega nous les transmet. Ainsi, Mme X, qui s'est rendue chez Henri P. pour acheter un cocker, dénonce l'éleveur qui vend ses chiens à un prix élevé et ne les soigne pas. Elle a vu un chiot dont la patte était blessée, un autre avec un œil crevé, et un mâle se frottant les yeux sur le sol. Les témoignages que nous recevons sont immédiatement transmis aux gendarmes pour qu'ils soient joints à la procédure.

Le second procès a lieu le mardi 24 janvier 2006. Henri P. n'est pas seul sur le banc des prévenus. Monique D., son acolyte, lui tient compagnie. Les gendarmes ont bien travaillé. Tous deux sont condamnés à une peine d'emprisonnement de quinze jours avec sursis, 300 euros d'amende et 450 euros à verser à la SPA. En cas de nouvelles infractions, ils encourront des peines de récidive... Si peu pour tant de misère. Pourquoi le tribunal est-il si clément ?

Des plaintes d'acheteurs floués continuent d'être envoyées à la gendarmerie de Lapalisse et la saisie des chiens chez Henri P. a lieu le 9 août 2006, suite à la réquisition judiciaire ordonnée par Mme Carpentier, substitut du procureur de la République.

La DSV est présente. Mme Grigi a succédé à M. L., sur qui nous n'avons jamais pu compter. Quand je rencontre un gendarme, un policier, un douanier, un magistrat, un fonctionnaire de la DSV, je sais de suite s'il est sensible à la cause animale. C'est le cas de Mme Grigi. Elle dépend du préfet qui a décoré Henri P. de l'ordre du mérite agricole l'an dernier. Inutile de dire qu'elle marche sur des œufs...

Les gendarmes de Lapalisse et un agent de police judiciaire du Donjon encadrent l'opération. Pour la SPA, c'est Patrick Labega et Patrice, mon adjoint, qui œuvrent sur le terrain avec des salariés de la SACPA, où les chiens seront conduits en attendant qu'ils nous soient définitivement confiés.

Lorsqu'il s'agit d'une saisie judiciaire, c'est l'affaire de quelques mois pour que les animaux rejoignent nos refuges, sauf si le propriétaire fait appel de la décision de justice, ce qui prolonge le délai. La saisie administrative est plus compliquée, car il faut attendre le procès pour savoir s'ils nous seront confiés ou non. La SPA a passé un contrat avec la SACPA qui s'est engagée à héberger, nourrir et soigner les animaux jusqu'à leur cession à notre association. Nos dirigeants ont fait ce choix, car il est impossible de garder trop longtemps des chiens, surtout les chiots, dans nos structures, le public ne comprenant pas que nous n'avons pas le droit de les faire immédiatement adopter. D'autre part, souvent malades, les animaux provenant d'une saisie nécessitent une mise en quarantaine.

Vers 14 heures, la saisie étant terminée et les salariés de la SACPA repartis avec les chiens, les intervenants vont déjeuner dans un petit restaurant du coin qui les a attendus. Le soleil brille et tout le monde s'installe sur la terrasse. L'ambiance est cordiale, mais les cœurs sont lourds. Une guêpe obstinée tourne autour des convives depuis un certain temps quand elle se pose sur la salade dans l'assiette de Patrick Labega. Il s'apprête à l'éliminer en levant sa fourchette mais, devant tous les regards posés sur lui, se ravise et souffle sur l'intrépide qui s'envole… ainsi que la salade qui atterrit sur l'uniforme d'un gendarme assis en face. Le gendarme est taché, Patrick un peu vexé, mais la guêpe est sauvée.

Malgré ce petit moment de détente, Patrice demeure bouleversé par ce qu'il a vu. 23 chiens adultes et 25 chiots ont été sortis de leur prison sordide ce matin. Une quarantaine d'animaux confinés dans cinq chenils de 5 m^2 chacun, d'autres enfermés dans les parcs à cochons, dans l'obscurité totale, sans eau ni nourriture. Un chevreuil qui va perdre la vie y était également détenu. Dans un trou au milieu des hautes herbes, des chiots gémissaient. Alain P. s'est étonné de leur présence et a avoué que son père devait les assommer depuis quelques jours. Côté administratif, le registre entrée-sortie des animaux, obligatoire sur un élevage, n'est pas tenu, et Henri P. ne dispose pas du certificat de capacité. Des carnets de santé et des cartes de tatouages se trouvent en sa possession alors qu'il y a longtemps que les chiens ont été vendus.

L'OPJ qui a dirigé l'opération conseille à Patrice de déposer plainte, ce qui est fait le jour même auprès de la gendarmerie de Lapalisse.

Lors de l'audience qui a lieu le 5 avril 2007, l'avocat d'Henri P. et Alain P. ne manque pas d'évoquer le harcèlement de la cellule anti-trafic à l'égard de ses clients. Mais ce qui conduit à la relaxe, ce sont les vices de procédure soulignés par le bâtonnier, leur conseil. En effet, les gendarmes de Lapalisse ont fait des erreurs sur l'heure et la date de plusieurs procès-verbaux. Je me pose une question légitime : si ce procès avait concerné de la maltraitance envers des enfants, leur bourreau aurait-il été relaxé de la même façon ? Bien sûr que non, et fort heureusement !

Le président du tribunal déclare la nullité de procédure et la restitution des scellés. Après tout, ce ne sont que des chiens… La SPA est dans l'obligation de rendre les animaux à la famille P., ce qu'elle refuse de faire. Elle paiera plus de 100 000 euros pour que les chiens ne retournent pas chez leurs maîtres indignes.

Depuis la saisie de ses animaux, et malgré l'interdiction qui lui a été signifiée, Henri P. continue de vendre des chiens. Il indique désormais sur les annonces le nom de l'élevage de « Moligon », lequel, curieusement, est le même que celui de Monique D.

Monique D., Henri P., les deux faces de la même médaille, les mêmes obstinés à déjouer les décisions de justice, les mêmes insensibles aux animaux qu'ils exploitent, le même combat pour la cellule anti-trafic. Cependant, une petite différence existe entre les deux compères : Henri est riche et Monique l'est apparemment beaucoup moins.

Depuis sa condamnation en janvier 2006, Monique D. ne fait plus parler d'elle… jusqu'au contrôle de la DSV le 31 mai 2007, qui dresse un procès-verbal pour la centaine de chiens détenus alors que sa capacité d'hébergement est de trente places. Elle doit se mettre en conformité avant fin octobre. Le rapport des infractions retenues contre l'éleveuse est transmis au préfet de l'Allier ainsi qu'à Mme Carpentier, substitut du procureur auprès du TGI de Cusset.

Comme pour l'affaire Henri P., nous sommes à nouveau les acteurs d'un mauvais feuilleton. Des témoignages de particuliers dénonçant l'état lamentable de l'élevage nous parviennent, plusieurs s'indignent de la détention d'un berger allemand dans une cage si petite qu'il ne peut ni se lever ni se coucher, de beaucoup de chiens blessés ou enfermés dans l'obscurité d'un garage dont la porte a été désespérément rognée par les animaux prisonniers, d'un chat mort en état de décomposition avancée déposé dans une cage de transport, de la crasse omniprésente – sans doute aussi dans la maison d'où Monique D. sort des chiots pitoyables pour les proposer aux visiteurs : elle prétend vendre des chiens de race et exige d'être payée en espèces. Elle publie des petites annonces avec de faux numéros de tatouage et n'a pas le certificat de capacité obligatoire pour exercer.

Je dépose une première plainte contre Monique D. le 30 juillet 2007. Elle est classée sans suite le 7 février 2008, notamment parce que le gendarme en charge de l'enquête trouve que les chiens ne sont pas si mal détenus que ça, l'éleveuse ayant aménagé des coffres de voitures pour en abriter certains.

Je demande à Jean-Michel, ancien adjudant-chef dans la Gendarmerie nationale, de se rendre sur l'élevage.

C'est un homme mesuré et son avis m'importe. Après tout, Monique D. a peut-être amélioré le sort de ses animaux. Patrice l'accompagne en ce matin de septembre. Les faits constatés sont intolérables. Henri P. ressemble presque à un enfant de chœur à côté de Monique D. Mes collègues me décrivent l'horreur.

Huit jours plus tard, le 19 septembre 2007, je suis reçue par M. Sanesi, procureur de Cusset. Je lui remets la photocopie de notre plainte, la synthèse du dossier, le rapport d'enquête rédigé par Jean-Michel, ainsi que douze planches de photographies de l'élevage de Monique D. Le magistrat accepte notre demande de saisie conservatoire, qui devrait être exécutée rapidement. Mais notre plainte est classée sans suite, cette fois-ci à cause des tergiversations de la DSV. Les fonctionnaires ont effectué un nouveau contrôle en novembre, et Monique D. ayant construit un chenil composé de huit boxes cimentés, ils ont demandé la levée de la mise en demeure qu'ils avaient prononcée à l'encontre de l'éleveuse. Peu importe les années de maltraitance envers les animaux, le travail dissimulé… Un petit chenil est construit et le registre entrée-sortie est à jour, alors rien à signaler !

La DSV (DDPP) se manifeste à nouveau en mai 2012. La supérieure hiérarchique de Mme Grigi a changé et cette dernière a davantage d'autonomie. Elle me téléphone pour m'informer qu'elle a transmis un PV au parquet et que Monique D. est convoquée le 7 juin au tribunal. Les infractions retenues concernent les conditions de détention des animaux, la poursuite de l'activité sans autorisation et sans la tenue d'un registre, l'absence de certificat de capacité. L'éleveuse, au dernier comptage, détenait 78 chiens. Mme Grigi aimerait que la SPA se constitue partie civile pour être présente lors de l'audience et soutenir le dossier.

Cette fois Caroline, qui fait partie de l'équipe de la cellule anti-trafic depuis plus d'un an, est dépêchée sur l'élevage du « Hameau de Moligon ». Son rapport détaillé et les photographies qui sont jointes me permettent de déposer le 23 mai 2012 une seconde plainte contre Monique D.

Le procès a lieu en juin et l'éleveuse n'a pas interjeté appel. Elle est condamnée à payer trois amendes pénales de 150 euros chacune, 1 000 euros à la SPA et 800 euros à deux autres associations de protection animale qui se sont constituées partie civile. Elle a l'interdiction d'exercer une activité avec des animaux pendant cinq ans et, surtout, nous obtenons la confiscation de tous les chiens.

Nous avons rendez-vous à 9 heures ce vendredi 27 juillet devant la gendarmerie du Donjon, à une cinquantaine de kilomètres de Vichy. Sont présents Patrick Labega, la DSV, et deux responsables de refuge avec leurs salariés qui doivent prendre en charge les animaux. Patrice et Sandra, la plus jeune de l'équipe de la cellule anti-trafic, m'accompagnent. Nous suivons les gendarmes sur une distance de 8 kilomètres pour parvenir devant l'élevage de Monique D. Je découvre ce lieu qui m'a été parfaitement décrit par mes collègues.

Ici, contrairement aux seuls endroits abjects où Henri P. enfermait les animaux, tout n'est que crasse, boue, herbes folles, cages rouillées, excréments éparpillés sur un terrain restreint. Il s'avère hasardeux d'y marcher. Une bâche pend sur le toit de la maison où il manque des tuiles. Nous n'entrerons pas dans la demeure supposée abriter les chiots, mais l'urine qui s'écoule sous la porte d'entrée nous renseigne sur l'état des lieux.

La saisie est sportive. L'éleveuse a lâché certains chiens qui ne sont pas agressifs mais affolés. Ils courent dans tous les sens ; la plupart sont des croisés. Monique D. prétend n'élever que des chiens de race, épagneuls bretons et setters irlandais, et être obligée de vendre les chiens croisés 50 euros, non tatoués et sans certificat de vente. Son compagnon, un ancien gendarme qui semble dépassé par les évènements, incrimine leur ami Henri P. car, dit-il, ses chiens s'échappent souvent et viennent saillir les femelles de leur élevage en sautant par-dessus le portail du jardin. Un chien nommé Fégor s'est sauvé pendant l'intervention : Monique D. devra le conduire sur le refuge de Brugheas. Patrice aperçoit derrière une lucarne du grenier des chats enfermés.

La sexagénaire, bonne comédienne, réussit à convaincre les agents de la DSV de lui laisser quelques chiens qui, d'après elle, se laisseraient mourir s'ils partaient. Sa requête est acceptée, nous ne pouvons pas nous y opposer, ce sont les représentants de l'État qui ont toujours le dernier mot. Ainsi sont laissés sur place Rick, un teckel âgé de 12 ans, aveugle, Étoile, une femelle épagneul qui a la mâchoire bloquée (elle devra être stérilisée), Déesse, femelle croisée labrador, épileptique (elle devra également être stérilisée), Opium et un autre épagneul breton sans nom, tous deux sont âgés de 14 ans, Tongo, croisé setter irlandais, et Vandick, un épagneul identifié au nom d'Henri P.

Monique D. garde également cinq chiots mâles de trois mois avec l'accord de la DSV. Quant à Pierre M., son compagnon, il est autorisé à conserver les huit chiens qui, prétend-il, lui appartiennent. Ce jour-là, 48 chiens sont retirés de ce cloaque, mais quinze demeurent sur place, dont neuf chiennes non stérilisées. Nous ne comprenons pas les décisions de la DSV et supposons que les deux intervenantes ont eu pitié de « ces pauvres gens »... Mais pour nous, l'avenir de l'élevage est prévisible.

Patrick Labega veut récupérer Fégor et retourne chez Monique D. avec Patrice le 9 août. Ils trouvent porte close, les animaux sont seuls. À travers le portail, ils en comptent 25 qui sont en liberté. Des aboiements proviennent de la maison. Deux semaines après la saisie, Monique D. a commencé à reconstituer son cheptel.

Les faits sont aussitôt rapportés à Géraldine C. S., directrice des services de la DSV (DDPP) de l'Allier qui était présente lors de la saisie de juillet. Elle ne compte plus faire de cadeau à Monique D. et me dit qu'elle va programmer une autre intervention, ainsi que chez Henri P.

Le 23 août, Patrick Labega, déterminé à conduire Fégor sur le refuge de Brugheas, est accompagné de Caroline. L'éleveuse est présente. Dans la cour, de nombreux chiens et chiots de race cocker et croisés se prélassent au soleil. Les chiots semblent être en bonne santé, mais les adultes présentent des maladies de peau (à un stade avancé pour deux d'entre eux). Tous se grattent, les vieux chiens ont les yeux purulents et peinent à se déplacer. Trois femelles attendent des petits. Une chienne berger allemand est détenue dans une cage trop petite et paraît très âgée. Pourtant, elle n'a que six ans et appartient au compagnon de Monique D. qui avoue ne pas avoir fait stériliser les femelles car le vétérinaire voulait attendre la fin des chaleurs. Quant à Fégor, ajoute-t-il, il est impossible de l'attraper sans se faire mordre. Patrick exige que le chien lui soit remis. Monique D. le lui apporte, le tenant dans les bras, en pleurant et en assénant des coups de pied aux autres animaux s'approchant d'elle. *Comendiante ! Tragediante !*

Fin septembre, la directrice de la DSV veut effectuer une dernière visite chez Monique D. avant l'éventuelle saisie des animaux restés sur place. Elle souhaite la présence de Patrick Labega et d'un salarié de la cellule anti-trafic. Caroline est disponible, les autres collègues sont partis en enquête. Elle renâcle, estimant avoir beaucoup d'autres dossiers à traiter, et je ne peux lui donner tort. Nous en avons tous par-dessus la tête de l'affaire Monique D. Caroline râle, mais son côté rebelle est largement compensé par son implication sans faille pour la cause animale.

À son retour au bureau, Caroline me fait le compte rendu de cette énième incursion dans l'enfer des chiens. Il ressort que la situation a empiré, que Monique D. joue la victime mais ne trompe plus personne. Elle ne cesse de se justifier comme elle peut, ses arguments ne sont pas crédibles. D'après elle, tout le monde lui en veut et ne l'a jamais laissée faire son travail correctement. Elle affirme constamment, des larmes de crocodile aux yeux, adorer ses animaux et que son élevage est propre. Quant aux chats, elle en possède trois qui ne sortent jamais de la chambre ; deux femelles qui prennent la pilule contraceptive et un mâle qu'elle doit faire castrer… un de ces jours.

Les félins doivent avoir un hologramme ou des dons d'ubiquité car Patrice est formel, il les a vus à plusieurs reprises dans le grenier. Monique D. se montre incapable de donner le nombre exact de chiens vivant sur l'élevage. Elle se perd dans des explications décousues, dit garder les animaux de personnes gravement malades… bref ! C'est tout juste si elle ne nous explique pas que certains sont arrivés par hasard.

Le mardi 9 octobre 2012, nous sommes à Liernolles dès 8 h 30 du matin pour la seconde intervention chez Monique D. Patrick Labega participe aux réjouissances et je suis également de la fête avec mes trois collègues, Caroline, Julien et Patrice, la DSV et trois salariés de la SACPA. Deux gendarmes assurent le bon déroulement de l'opération. Cette saisie s'avère aussi difficile que la première. Monique D. se tient à l'écart, mais son conjoint se montre plus coopératif. Il me donne sa carte de visite afin « d'avoir des nouvelles des animaux ». Une planche vermoulue est posée sur la fosse septique ; Patrice, concentré sur la capture des chiens qui courent dans tous les sens, ne la voit pas et monte malencontreusement dessus. La planche craque et mon adjoint est baptisé sur la jambe gauche jusqu'à la taille. Pierre M. se précipite dans la maison et revient avec un slip et un pantalon rigidifiés par la crasse. Il les tend aimablement à Patrice pour qu'il se change. Mes collègues viennent à son secours et arrosent copieusement avec un jet d'eau qu'ils ont trouvé le vêtement souillé.

Chaque animal est photographié. Ce sont 38 chiens et 11 chiots qui sont retirés à l'éleveuse. Le lendemain, un vétérinaire les auscultera et constatera que les animaux souffrent : d'otite conjonctivite, de cachexie, de fracture de la mâchoire, de pulicose, de luxation de la glande lacrymale, de la gale, de grenouillettes (kystes des glandes salivaires).

Il est près de 14 heures, nous avons soif et faim. Crottés, sales, fatigués mais heureux, nous nous retrouvons dans un petit café du Donjon où nous décompressons en riant avec Patrice de sa mésaventure. J'autorise les membres de mon équipe à rentrer chez eux pour prendre une douche et se changer. Je monte dans la voiture de Patrick Labega qui a hâte, lui aussi, de se laver, car les puces ne l'ont pas épargné. Moi, j'ai de la chance, les puces ne m'aiment pas.

Moi pas s'appelle

Tels sont les mots qu'aurait pu me dire ce petit chiot femelle de tout juste deux mois, amorphe, dans un bac en plastique. Elle aurait pu ajouter : « Moi pas comprendre, moi suis perdue. »

Il pleut, il fait froid et le soir tombe sur le « Domaine de l'Ecafaut » à Tracy-le-Mont, dans le département de l'Oise. Julien et moi, ce mardi 17 novembre 2009, attendons patiemment que les autorités nous permettent de pénétrer dans l'élevage de Patricia D. La veille s'est tenue la réunion préparatoire dans les locaux de la gendarmerie de Compiègne, comme avant chaque saisie. Mme Delaunay-Weiss, procureur de la République, a autorisé les journalistes Chloé Vienne et Gautier Delobette, réalisant un tournage auquel nous participons, à filmer toutes les étapes de l'intervention. Cette fois, pas de caméra cachée. Le reportage sera diffusé sur TF1 le 24 avril 2010.

C'est en début 2008 que nous recevons les premières doléances de clients mécontents. Les courriers et témoignages se succèdent. « Au domaine de l'Ecafaut, grande vente de chiots, du plus petit au plus grand, pucés, vaccinés, garantis et contrôle vétérinaire effectué. Tarifs entre 380 et 1 350 euros suivant les races. Facilités de paiement en 3, 4, 6 ou 10 fois. » Alléchées par cette annonce, beaucoup de personnes se sont déplacées sur l'élevage pour acquérir un animal. La suite de cet achat, nous la connaissons : des frais vétérinaires non prévus nécessaires pour le chiot qui souffre de la toux du chenil, de parvovirose, d'anorexie, d'ectopie testiculaire bilatérale, de gale des oreilles, de troubles du comportement... Tel était le cas de Crunch, le beagle de Stéphanie C. Ce chien était hyperactif, destructeur, potomane, et malgré tout leur amour et leur patience, Stéphanie C. et son époux ont dû se résoudre à le faire euthanasier, Crunch étant devenu ingérable.

Les documents remis aux acheteurs sont souvent fantaisistes. Ainsi celui de Dora, la chienne de Gérard F., vaccinée contre la rage le 7 avril 2008 par le Dr S. en Hongrie et identifiée par puce électronique le même jour par le Dr R. à Geldrop, aux Pays-Bas. Dora, femelle de type pékinois, est morte d'une parvovirose sept jours après son achat. Elle avait quatre mois.

Je m'aperçois que le nom Dr R. à Geldrop revient souvent sur les carnets de santé des chiots. Or, à la demande de Luc Challemel du Rosier, inspecteur en chef de la santé publique vétérinaire et directeur de la DSV (DDPP) de Paris, je suis allée avec Patrice aux Pays-Bas quelques semaines plus tôt. M. Challemel soupçonne un certain Antonius V. de fournir les animaleries sur le quai de la Mégisserie avec des animaux d'origine slovaque, mais il ne pouvait pas se rendre à l'étranger.

Nous avons trouvé son domicile à Tilburg et ses chenils désaffectés au bord d'un canal aux confins de la ville, mais l'homme d'affaires spécialisé dans l'import-export d'animaux fut introuvable. Sans doute était-il à Geldrop, où sont entreposés les chiots à destination de la France. Sans adresse précise, nous avons cherché un entrepôt dans Geldrop, en vain. Cependant nous sommes revenus avec la certitude qu'il n'y a aucun élevage dans la belle maison avenue Leijparck Weg et que le long du canal à Tilburg, l'endroit où il y avait des animaux est à l'abandon depuis un certain temps. Seule demeure une pancarte « Attention aux chiens ». Plus tard, je retrouverai une coupure de presse du journal *Le Monde* datant d'avril 1980 : un charnier avait été découvert sur l'« Élevage du bois doré » à Allonne, près de Beauvais, contenant près de 100 cadavres de chiens en partie dévorés par les rats. Les chiots, trop jeunes, malades, arrivaient des Pays-Bas, plus précisément de Tilburg. Ils étaient livrés dans des boîtes à chaussures. Les chenils d'Antonius V. étaient alors utilisés.

En août 2008, je demande à Jean-Michel d'aller enquêter au « Domaine de l'Ecafaut ».

Il s'y présente le mardi 5 en qualité d'acheteur potentiel. L'homme qui le reçoit est Jean-Pierre L., le mari de Patricia D. Il gère aussi, à Neufchâtel-Hardelot dans le Pas-de-Calais, le « Chenil de la Côte d'Opale », qui sera radié fin septembre. Quant à sa femme, elle avait auparavant une animalerie à Nogent-sur-Oise, « Beauty dog », fermée en 2007. Leur élevage pension « Les Liladelles », sur le « Domaine de l'Ecafaut », est propre et la condition de détention des animaux correcte.

Jean-Michel découvre une ancienne ferme agricole isolée, au milieu des champs, formée par un long bâtiment divisé en trois parties : élevage, maternité, salle de vente. À gauche de l'entrée se trouve un grand chenil extérieur composé d'une dizaine de parcs, puis une maison d'habitation bourgeoise. Les parcs, équipés de niches en plastique, sont spacieux. Un autre chenil extérieur contient des chiens adultes sur la droite. Mon collègue peut tout visiter, sauf la maternité. Dans la salle de vente réservée au public il voit plusieurs chiots d'importation et d'autres issus de l'élevage du couple. Huit races de chiens sont produites : westie, cavalier King Charles, cocker anglais et américain, pékinois, yorkshire, shih tzu, jack russel. Les éleveurs possèdent une centaine d'animaux reproducteurs. Quatre salariés travaillent sur les lieux. Jean-Pierre L. affirme que les chiots d'importation disponibles proviennent d'un seul et unique éleveur hollandais, mais refuse de donner son identité. Il précise cependant que dès leur arrivée au domaine, ils sont mis en quarantaine et que le transport des animaux, qui se fait dans un fourgon aménagé, dure 4 heures maximum.

Après concertation avec Jean-Michel, nous décidons d'adresser un signalement au procureur de la République auprès du tribunal de grande instance de Compiègne le 19 août. Nous lui détaillons les dossiers reçus par les clients floués, mais nous ne déposons pas plainte car aucune maltraitance avérée n'a été constatée : notre constitution de partie civile ne serait pas recevable. Certaines personnes ont bien porté plainte auprès de la gendarmerie ou d'un commissariat de police, ici et là, mais ces dossiers sont éparpillés et n'aboutiront pas, d'autant que les acheteurs mécontents habitent parfois dans d'autres départements. Bref, nous n'avons guère d'illusion sur une possible suite donnée à ce courrier.

Aussi, je suis étonnée d'être contactée le 26 novembre par Pascale Borfiga, gendarme au poste permanent à cheval de Compiègne. Pendant plusieurs mois, nous transmettons à l'équipe très motivée de cette gendarmerie tous les témoignages qui continuent à nous parvenir.

Un an plus tard, nous pénétrons dans le « Domaine de l'Ecafaut ».

Une camionnette immatriculée aux Pays-Bas est stationnée dans la cour, les militaires s'affairent autour du véhicule qu'ils ont intercepté alors que le conducteur s'apprêtait à quitter les lieux après avoir déchargé 12 chiots. À l'intérieur, il reste 20 autres chiots destinés à deux animaleries du quai de la Mégisserie à Paris. Ils sont enfermés par lot de 5 ou 6 à l'intérieur de caisses en bois empilées les unes sur les autres. Le fourgon n'a pas d'aérateur. Le chauffeur ne parle pas français (mais une interprète a été prévue par les enquêteurs). Il travaille au noir pour Antonius V. et gagne 10 euros de l'heure. Cet homme, retraité, ne voit jamais son patron dont l'entreprise est en liquidation judiciaire depuis 2007, mais continue à livrer 400 chiots par mois en France avec des employés non déclarés. Le chauffeur explique que son interlocuteur, Ruud M., est le responsable du site de Geldrop où les animaux sont stockés dans un hangar en briques rouges situé derrière une maison d'habitation. Il est conduit en garde à vue et les chiots enfermés dans la camionnette sont confiés à la SPA.

En décembre 2011, nous rencontrerons Ruud M., qui est dans le business depuis trente-trois ans. Il travaille en flux tendu, les chiots repartent le lendemain de leur arrivée, car il préfère qu'ils tombent malades ailleurs. Mis en confiance, il nous donnera le nom de ses clients (nous connaissons la plupart) et nous relatera le problème qu'il a rencontré lors d'une livraison chez Patricia D. qui lui a fait perdre 25 000 euros, sans parler de son véhicule immobilisé en France plus de six mois.

Tous les intervenants sont occupés par la saisie des chiens qui débute à 17 heures et se termine à 23 h 30. Les 49 chiots, uniquement d'importation, sont enlevés ce jour-là. Chacun est répertorié, photographié et examiné par un vétérinaire expert auprès des tribunaux. Une prise de sang pour le titrage des anticorps antirabiques est effectuée sur les petits animaux fatigués par le voyage, mais cette procédure s'avère indispensable. Sur les 31 chiots en provenance de Hongrie, 26 n'ont pas l'âge conforme, ainsi que 9 sur les 10 en provenance des Pays-Bas et 6 sur les 8 venant de Slovaquie. Le protocole vaccinal n'est pas respecté pour 38 animaux.

Patricia D. se montre très calme et prétend travailler dans les règles car, dit-elle, elle aime les animaux. Son mari est moins coopératif et met en cause le vétérinaire de l'élevage. Fait rarissime, Madame le procureur est présente. C'est la seconde fois que je vois un magistrat se déplacer sur le terrain.

Les gendarmes ont travaillé sur cette affaire avec rigueur et une réelle motivation, mais il reste le verdict de la Justice, lequel sera, une fois de plus, très décevant.

Le procès a lieu le 5 octobre 2010. Patricia D. est poursuivie pour escroquerie, vente d'animaux malades, exercice illégal de la médecine vétérinaire, faux en écriture, abus de biens sociaux, échanges intra-communautaires non conformes... Elle et son mari sont condamnés à trois mois de prison avec sursis et 2 000 euros d'amende. La relaxe est prononcée pour le vétérinaire de l'élevage. Pour moi, ce n'est pas une sentence mais un encouragement à la récidive.

Au mois de mai 2012, les douaniers allemands contrôlent Patricia D. sur l'autoroute : elle est en possession de 41 chiots non identifiés dans son camping-car. Elle leur indique s'être trompée de route en livrant les animaux à Forbach, en Moselle, et se retrouver par erreur en Allemagne. Les Allemands, ne connaissant pas la législation française, contactent la DSV de l'Oise... qui ne retient rien contre elle et l'invite simplement à faire identifier les chiots.

À présent, avec son nouveau compagnon, elle achète les chiens en Hongrie et en Slovaquie. Patricia D. a étendu le cercle de ses relations mafieuses. Elle s'est acoquinée avec des malfrats qui se moquent totalement de la Justice et pour qui les gendarmes et la cellule anti-trafic sont encore pires que la Gestapo... Jusqu'à mon départ fin 2014, j'aurai des informations sur les exactions commises par Patricia D.

Ce mardi 17 novembre 2009, Julien a pris le relais pour photographier les chiots de la saisie. Je profite de ce moment de répit pour regarder les jeunes animaux détenus dans des bacs en plastique au fond de la salle. Certains sont éveillés et semblent intéressés par l'activité des humains, beaucoup somnolent paisiblement, en apparence.

Je ne fais jamais cela d'habitude. Sur le terrain, je m'enferme dans une bulle afin de rester professionnelle : si je suis envahie par l'émotion, je ne serai plus efficace. Ce sont les jours et surtout les nuits d'après qui me rattrapent.

Une petite chienne bouledogue français blanche et noire, isolée dans son bac, est assise sur son derrière tout rond, le regard dans le vague. Elle n'a pas huit semaines et vient de Hongrie. Je m'approche et lui parle doucement. Elle plonge alors ses yeux dans les miens et je peux lire son grand étonnement. À cet instant précis, je suis certaine que personne ne lui a jamais parlé. Finalement, elle n'aura de cesse de me suivre jusqu'à la fin de l'intervention en poussant des petits cris pour que je revienne vers elle.

La SPA obtiendra la cession définitive de tous ces animaux et les mettra à l'adoption dans ses refuges. Je téléphonerai téléphoné à l'adoptante de la petite chienne pour lui relater son histoire. Cette femme, touchée par ma démarche, m'enverra des photos illustrant la vie paisible de sa chienne. Ici, elle dort dans un panier douillet, là, elle est couchée au flanc de son copain berger allemand. Moi pas s'appelle a désormais un nom : Circa.

Les Roms, de bien braves gens

Un peuple exsangue, des milliers d'enfants vivant dans la rue, échappés d'orphelinats mouroirs ou jetés sur les routes par des parents démunis ne pouvant pas les nourrir, trouvant refuge dans les égouts pour certains, et 200 000 chiens errants rien qu'à Bucarest : tel est l'héritage du « Génie des Carpates ». Nicolae Ceausescu, le dictateur communiste, a dirigé la Roumanie avec sa femme Elena pendant vingt-quatre ans, avant leur exécution le jour de Noël 1989.

Le problème des chiens errants remonte à la destruction de Bucarest par le despote mégalomane. Pour réaliser ses rêves d'architecte fou, il faisait alors expulser, parfois en une heure, des familles entières qui n'avaient pas d'autre choix que d'abandonner leurs animaux. Les maisons ont été rasées pour faire place à des barres d'immeubles de construction soviétique.

Les chiens et les chats sont restés dehors et, au fil des années, ils ont proliféré au point d'atteindre un niveau intolérable.

Au début des années 2000, le maire de la capitale, Traian Basescu, décide d'éradiquer tous les chiens. Quoique peu enclin au dialogue, il met au point avec la fondation Brigitte Bardot un programme de capture, de stérilisation, d'identification et enfin d'adoption des canidés. Puis il change d'avis et des hordes de tueurs, les « hingheri », entrent en action. Ce sont des brutes avinées rémunérées au cadavre, qui reçoivent chaque jour une prime de rendement supérieure au salaire mensuel en Roumanie.

Le Dr Bernadette Brésard, de retour de Bucarest où elle a sauvé des dizaines de chiens, nous rapporte un témoignage épouvantable : « La mise à mort des chiens est d'une sauvagerie inimaginable. Quand il s'agit d'animaux difficiles, au cou trop gros pour être étranglés, les tueurs procèdent à des injections qui leur font faire des bonds d'un mètre, se tordre et hurler de douleur pendant quinze minutes. Les chiots sont exécutés à coups de talon, au couteau, aux tessons de bouteille, pendus, dénuqués. Les récalcitrants qui ne meurent pas assez vite sont punis, c'est-à-dire torturés davantage : oreilles coupées, nez raccourcis, maxillaires rompus, ventres tailladés. Le passant découvre sur le trottoir des chiens ligotés, encore vivants, le regard terrible, à qui on a tronçonné les pattes. Des centaines de fusillés ou tués à coups de barres de fer gisent au-dessus des fosses communes où ils sont précipités. »

Les « hingheri » frappent jour et nuit, encouragés par les autorités, et le massacre de ces sadiques s'étend dans tout le pays.

La salubrité publique évoquée par les donneurs d'ordre a bon dos. Tous les cadavres ne restent pas à pourrir dans les rues, ce n'est que l'aspect visible destiné à effrayer les Roumains. La majorité des chiens tués entre dans le circuit de la commercialisation. La viande est vendue comme du mouton et la pratique est si répandue que la direction des services vétérinaires, très attentionnée envers les consommateurs, indique dans la presse comment, chez le boucher, distinguer le chien de l'agneau : aux dents. La majorité des cadavres est transformée en farines animales destinées aux veaux, mais le pire est le commerce des peaux envoyées en Italie pour l'industrie du cuir fin. Cela explique-t-il le silence assourdissant de l'Union européenne ? Et que dire des sommes considérables versées par des associations à la Roumanie pour stériliser les animaux, des subventions détournées... ? Un chien mâle castré porte un collier bleu, une femelle stérilisée, un rouge. Pourtant rien n'arrête les barbares qui les assassinent aussi.

Le pays est divisé entre les anti et les pro-chiens. Tous les Roumains ne sont pas des monstres et beaucoup nourrissent ou cachent les chiens communautaires appelés « maïdanezi » (anges gardiens). Ils le paient parfois très cher, comme cette vieille femme battue en venant à l'aide à ses propres chiots, cette jeune fille sauvagement frappée en pleine rue alors qu'elle soignait un chien, ce retraité demeurant au sixième étage d'un immeuble où plusieurs voisins ont fait irruption pour défenestrer ses cinq animaux. Florina, une femme de 52 ans qui laissait toujours un peu de nourriture à Sali, une petite chienne qui avait élu domicile près du local à poubelles au pied de son habitation, explique : « Le jour où j'ai appris que des équipes d'équarrissage ratissaient la ville, j'ai acheté un collier et l'ai mis au cou de Sali. Ils l'ont prise quand même. »

Mais ceux qui souffrent le plus de ces atrocités commises devant eux sont les enfants perdus de Bucarest. Ils sont en première ligne pour sauver leur compagnon, leur réconfort, leur seul chauffage l'hiver pour dormir.

Les « maïdanezi » sont leurs fidèles copains. Ils n'ont plus rien, ils n'ont qu'eux.

L'écrivain Romulus Vulpesco se confie au Dr Bernadette Brésard : « C'est pire qu'un crime, c'est une horreur ; absolument atroce ; un cauchemar. Vous imaginez le maire de Paris lancer des commandos sur tous les chiens qui passent ? C'est un carnage, une liquidation pure et simple. » Même le Prince Paul de Roumanie supplie : « Laissez nos chiens en vie ! »

Beaucoup d'associations sont venues au secours des chiens roumains, réussissant à en sauver, et les médias de l'Europe de l'Ouest ont montré l'horreur dans des reportages. En France, pour l'année 2001, TF1 a diffusé deux fois un sujet consacré aux « maïdanezi » de Bucarest, tout comme France 2 et Arte. Cela n'a aucunement infléchi les autorités, dont la seule obsession est d'avoir la peau des chiens.

Les années 2000 marquent à jamais la Roumanie du sceau de la cruauté.

Au même moment, des pauvres chiens roumains envahissent les trottoirs de Paris, puis ceux des grandes villes de France. Les Roms, qui ont désormais l'interdiction de mendier avec des enfants depuis 2003, se sont rabattus sur les animaux pour apitoyer le chaland. En leur donnant de l'argent, et parfois en achetant les chiens, les bonnes âmes sont tombées dans le piège. Ainsi débute l'engrenage infernal d'un trafic qui, cette fois, est au vu et au su de tous.

Je ne parle pas ici de la communauté des Roms dans son ensemble, mais de ceux qui, sous prétexte de mendicité, se livrent au commerce illégal des animaux et surtout les maltraitent.

C'est à partir de fin 2007 que la cellule anti-trafic est prévenue. Les années suivantes, elle devient réceptionnaire de centaines de courriers, témoignages, photos, mails, appels à l'aide. Jamais autant d'indignation ne s'était manifestée jusqu'alors dans une affaire de trafic d'animaux.

Ce commerce illégal de vente de chiots envahit tous les arrondissements de Paris, jusqu'aux quais du métro. Sur la ligne Clignancourt-Orléans, une femme accompagnée d'une jeune fille sont présentes chaque jour vers 13 heures à la station de la gare de l'Est, proposant à la vente des chiots et des adultes de petite taille pour un prix allant de 800 à 1 800 euros. La passagère qui nous prévient nous affirme avoir signalé les faits à la police, mais les fonctionnaires alertés ont pris, d'après elle, le sujet à la rigolade.

Les Roms ne se cachent plus derrière une pseudo mendicité. Faux passeports européens des animaux (pour ceux qui en ont), absence d'identification, chiennes accouchant sur le bitume et leurs petits vendus trop jeunes, le plus souvent entre 50 et 1 000 euros, suivant l'opportunité, risque d'atteinte à la santé publique concernant surtout la menace de la rage, animaux drogués, dénutris, battus, maintenus de force, malades, épuisés... Malgré les nombreuses plaintes déposées par les fondations Brigitte Bardot et 30 millions d'amis, l'association Stéphane Lamart, la SNDA, des militants, des particuliers qui s'insurgent et de nombreux relais dans les médias, les forces de l'ordre refusent d'intervenir. Les vendeurs à la sauvette de tours Eiffel miniatures semblent davantage les motiver que tous ces animaux en grande souffrance (principalement des chiens de petite taille, des chats, et parfois des lapins).

Une circulaire ministérielle de mai 1984 interdisant la mendicité avec des animaux est remplacée en mai 2011 afin que les SDF ne soient pas poursuivis. Dans ce nouveau texte, les mauvais traitements, la vente sur la chaussée et l'absence d'identification sont sanctionnables. Ici, il ne s'agit pas de SDF, mais de bandes organisées.

À présent, comme dans tout trafic qui s'étend grâce à l'absence de répression, des caïds le chapeautent avec distribution d'animaux chaque matin et approvisionnement régulier de chiens en provenance de Roumanie. Je soupçonne ces individus de se fournir auprès des tueurs de Bucarest. On me signale des locaux de stockage à La Courneuve, une fourgonnette blanche conduite par un Rom dans laquelle sont enfermés de nombreux chiens à la gare Saint-Lazare, des déchargements d'animaux place de Budapest, rue Auber, rue de Caumartin.

Leur quartier général se trouve dans le IXe arrondissement de Paris, où ils sont les plus nombreux. Les policiers se montrent très cléments envers eux. Après avoir contrôlé les documents, le commandant W. du commissariat leur restitue aussitôt les animaux. Stéphanie R., qui mène une action remarquable pour venir en aide à toutes ces petites victimes, dépose plainte auprès de l'IGS (inspection générale des services) contre ce commandant. Elle écrit aussi à plusieurs reprises au procureur de la République en joignant à son courrier photos et vidéos... sans obtenir la moindre réponse. Fin décembre 2009, lors d'une intervention pour récupérer deux animaux maltraités, les policiers du VIIIe arrondissement lui confient qu'ils ont repéré un chiot très mal en point détenu par un Rom, mais que la DSV a décrété que le chiot n'était pas en si mauvais état et qu'il pouvait rester dans la rue. D'après Stéphanie R., beaucoup de jeunes policiers voudraient saisir les animaux, mais apparemment, ça bloque tout en haut de l'échelle...

Pourtant, mi-décembre 2009, suite au dossier envoyé par Stéphanie R. au préfet de Paris, ce dernier adresse une note d'attention à tous les commissariats de la capitale et de la banlieue afin que les chiens des Roms soient contrôlés. C'est grâce à cette note que des policiers du IIe arrondissement prennent l'initiative de retirer un animal à un homme leur présentant de faux papiers.

Certains fonctionnaires de police, les plus humains, interviennent, mais le problème est exponentiel et la majorité de leurs collègues refusent, s'abritant derrière l'avis de la DSV. Au mieux, ils se contentent de contrôler vaguement les documents des animaux, quand ils en ont, puis les laissent à leurs bourreaux. Les trafiquants de drogue seraient ravis si la même indulgence leur était accordée... Un Parisien venu demander l'aide des forces de l'ordre pour constater la vente à la sauvette de chiens boulevard Haussmann s'entend répondre : « Volez-les ! »

Stéphanie R., mais aussi Julie, Natalia, Muriel, photographient et répertorient chaque jour, dans chaque rue, les Roms et leurs animaux. Ces clichés sont publiés sur le site Désespoirdogs. Catherine H., avec qui je suis très souvent en relation, dénonce deux frères, Nicolae C. et Vasile C., deux hommes qui n'ont jamais les mêmes chiens et qui les martyrisent. Ainsi ce cocker, peut-être volé, maintenu assis de force toute la journée, tenant dans la gueule un panier où des passants déposent de l'argent. Dès qu'il ose bouger, il est étranglé par le collier à pointes autour de son cou. Catherine H. achète des chiens qu'elle veut sauver à tout prix. Les constats des vétérinaires qui les examinent sont accablants.

En mars 2010, alors que Julien et moi sommes en enquête à Paris sur le quai de la Mégisserie, nous voyons passer deux camions bleus sur les côtés desquels des panneaux publicitaires dénoncent le trafic d'animaux. Ils montrent des photos de chiens et de chats détenus par les Roms et comportent une inscription en lettres majuscules : « Mais que fait la police ? »

Cette initiative vient de l'association Stéphane Lamart, qui fait circuler huit véhicules dans la capitale pour protester contre l'inertie des pouvoirs publics. Je trouve cela très courageux. Plus de 180 affiches sont également posées sur les murs des quais du RER et du métro, mettant en garde les éventuels acquéreurs : « N'achetez pas les animaux dans la rue ou dans le métro car vous ne feriez qu'alimenter le trafic. » Cette campagne, également financée par la SNDA (société nationale pour la défense des animaux), a été annoncée dans les médias et dure quinze jours. Elle se termine par une manifestation de plusieurs associations le 27 mars 2010 place du Châtelet, au cours de laquelle la police et la DSV sont régulièrement mises en cause par les participants. Cela va coûter sa place à Stéphane, qui est policier, mais peu lui importe. Trop, c'est trop.

Le lendemain, 16 mars 2010, Julien et moi dînons avec lui. Nous décidons de créer un fascicule comportant tous les textes de loi à destination des commissariats, de la préfecture, des ministères de l'Agriculture et de l'Intérieur. La cellule anti-trafic se charge de la rédaction et Stéphane de l'impression. Le fascicule est créé par notre service, mais ne sera jamais imprimé, faute de budget. La SPA est alors sous la tutelle de Maître Lebossé, administratrice judiciaire, et il s'avère très compliqué de demander une aide financière... d'autant que cette personne n'est aucunement motivée par la souffrance animale.

Nous avons essayé, nous aussi, de lutter contre ce scandaleux commerce, mais il nous est impossible de passer notre temps à Paris. J'ignore si mes collègues du service des enquêtes au siège social de la SPA ont réalisé des interventions, mais de passage dans la capitale j'ai vu dans le bureau de « warning » des piles de dossiers entreposés à même le sol concernant ce trafic. Ces dossiers auraient dû nous être transmis, mais peu importe, nous avons assez d'éléments pour déposer plainte.

Le 6 juin 2009, Julien et moi sommes très gentiment reçus au commissariat de police du Xe arrondissement. Une place de stationnement nous a été réservée et Jacques R., le commissaire, vient nous saluer.

Lors d'une fête de famille à Pâques, j'ai fait la connaissance d'un couple de policiers parisiens proches de la compagne de mon frère. Je leur ai parlé de ce problème qui semble insoluble, et la capitaine Christine M. m'a proposé de l'aide. Je pense avoir trouvé une porte d'entrée.

Ce 6 juin, je remets à l'OPJ dix-huit pièces jointes à la plainte en signalant les noms, adresses et coordonnées téléphoniques des témoins, ainsi que celles de Sylvie Robe, appartenant à l'association CDA (club de défense des animaux à Paris), qui nous a beaucoup aidés. D'après Christine M., c'est la section S1 du parquet de Paris ou la section P2 (parquet général) qui va gérer cette affaire.

Un mois plus tard, la capitaine de police m'informe que notre plainte a été envoyée à M. Perisse, procureur, et que le parquet va transmettre ce dossier au service d'investigation transversale qui dépend de la police urbaine de proximité.

Bien que connaissant la lenteur de la Justice, surtout lorsqu'il s'agit de faire appliquer les lois de protection animale, j'espère que des décisions vont être prises pour arrêter ce trafic.

Notre cellule étant toujours destinataire de nouveaux et nombreux témoignages, le 3 août 2009, je téléphone au secrétariat du parquet afin de savoir à qui je dois transmettre les compléments d'information que nous recevons. Il m'est répondu que notre dossier, après avoir été adressé à un service incompétent dans ce domaine, est revenu puis reparti au pôle financier, section S1, spécialisé dans les violences faites aux animaux.

Je parviens à joindre Mme Obadia, vice-procureur, qui dit connaître vaguement le problème des Roms qui mendient avec des animaux, mais n'avoir aucune preuve de vente et de maltraitance. Elle n'a pas encore reçu notre dossier et me demande de le lui adresser dans sa totalité, ce que je fais dès le lendemain.

J'entre alors dans le grand bazar de la justice qui me balade de service en service. Même l'avocate de la SPA ne parvient pas à obtenir une réponse précise : notre plainte est égarée...

Le 26 mars 2010, je passe la journée au téléphone pour essayer d'aider Stéphanie R. qui se bat pour soustraire une chienne croisé pékinois des griffes de Vasile C. La petite femelle épuisée est prête à accoucher à l'angle des rues Rambuteau et Saint-Martin. Stéphanie R., seule en face de cet individu agressif, demande aux policiers du commissariat de la rue aux Ours d'intervenir. Ils refusent. Je suis mise en relation avec l'un d'eux qui se montre très arrogant, décrète qu'il a autre chose à faire que de s'occuper des animaux, et annonce qu'il ne fera rien sans la DSV.

Je réussis, après de nombreuses tentatives, à joindre un fonctionnaire des services vétérinaires de Paris, un certain Daniel F., qui ne comprend rien au problème et préfère rester au calme dans son bureau. J'appelle alors la préfecture. Une policière très désagréable me raccroche au nez puis me rappelle et, sur le même ton, me dit que ses collègues connaissent leur travail.

Le lendemain, des participants à une manifestation contre le trafic organisé par les Roms enlèvent la chienne détenue par Vasile C. Elle est inerte, a de nombreuses dents manquantes, et paraît âgée d'une dizaine d'années alors qu'elle n'a pas deux ans. Deux chiots sont vivants, les trois autres morts sur le trottoir. La DSV se serait finalement déplacée et n'aurait rien trouvé à redire...

Je me sens impuissante à aider toutes ces personnes courageuses qui arpentent chaque jour les rues de Paris pour tenter de sauver ces chiens, ces chats. Beaucoup d'associations ont aussi déposé plainte et se trouvent dans la même impasse. Si la situation est révoltante, elle n'est pas incompréhensible. Surtout pas de vagues ! C'est politique…

Le phénomène se propage progressivement partout dans tout le pays. La cellule anti-trafic est contactée par des habitants de grandes, moyennes et petites villes touristiques, écœurés par le spectacle de misère animale qu'ils ne peuvent que contempler, impuissants. Là encore, les forces de l'ordre acceptent très rarement d'intervenir.

Lille, Amiens, Bordeaux, Lyon, Lourdes, Grenoble, Chambly, Versailles, Saint-Denis, Nîmes, Caen, Marseille, Cannes, Nice, Menton, Juan-les-Pins, Antibes, Vichy…

C'est surtout du département des Alpes-Maritimes que nous parviennent le plus d'informations. De nombreuses personnes se mobilisent, en majorité des femmes, évidemment, pour venir en aide aux animaux. Ici, pour échapper à la vigilance des riverains, les Roms enferment les chiots et les chatons dans des sacs à provisions en quittant leur campement. Là, plusieurs couples chien-chat sont détenus dans des poussettes, ficelés afin qu'ils ne puissent pas bouger. Visiblement dénutris, ils ont les yeux vitreux et l'air hagard. Et que dire de ce petit chiot bichon, tabassé à coups de poing, qui hurle de douleur avenue Jean Médecin, à Nice ?

Certains parlementent avec les Roms, essayant de les amadouer. Et quand le chien adulte vu la veille a soudain disparu, l'explication qui leur est donnée est toujours la même : « Écrasé ! écrasé ! » D'autres n'hésitent pas à retirer l'animal, comme Annie C. le relate le 5 août 2011 dans son témoignage :

« Voici la photo d'une petite chienne blessée que j'ai retirée d'autorité au Roumain qui semble être alcoolique car il l'obligeait à marcher en la traînant, alors qu'elle se trouvait dans un état d'épuisement total.

Je suis donc intervenue et sans ménagement avec cet homme, j'ai pris la petite chienne aidée de quelques passants choqués par la brutalité de ce type.

Dès le lendemain, j'ai dû déployer tout un stratagème pour les convaincre de la mort de la petite chienne, les autres Roumains étant venus en commando pour la récupérer.

Soyez rassurée, elle n'est pas morte et se trouve aujourd'hui dans une famille où elle peut enfin se reposer dans la douceur et l'affection.

Chez moi, elle a dormi plusieurs jours et a mis trois semaines pour retrouver un meilleur état de santé. Elle a environ sept ans et a fait de nombreuses portées. »

La presse intervient également. *Nice-Matin* titrait, le 19 février 2010 : « Des chiots vendus sous le manteau ! »

Excédés par l'inertie des policiers, des particuliers décident d'écrire au procureur de la République de Grasse. Nicole Vallauri, déléguée-présidente de la SPA, lui remet un dossier conséquent. Je dépose plainte auprès de ce même magistrat le 23 septembre 2011 (plainte qui sera, un an plus tard, classée sans suite).

Pourtant, nous connaissons à présent l'identité complète d'une trentaine de trafiquants. En effet, ces petits malins se rendent dans les dispensaires de la SPA pour faire identifier et vacciner leurs chiens qui bénéficient alors d'un passeport européen français. Même s'ils confirment à mes collègues que les animaux proviennent bien de Roumanie, ils savent qu'ainsi l'obligation de la vaccination antirabique n'est plus de mise. En cas de contrôle, ils diront que les chiens sont nés dans notre pays.

Quant aux chats, cela demeure un mystère. Après l'évacuation en août 2013 d'un camp de Roms sur le domaine de Bayssan, à Béziers, une promeneuse égarée sur le site découvre avec stupeur la présence d'une multitude de chats et de deux chiens cachectiques. Elle alerte aussitôt Nathalie Chartrain, présidente de l'association « Les chats libres », qui se rend sur les lieux et comptabilise plus de 150 chats qui errent dans cette décharge à ciel ouvert, tels des zombies sortant de nulle part, blessés malades et affamés. De nombreux cadavres jonchent le sol, principalement des chatons. Il faudra plus d'un mois aux bénévoles de l'association pour mettre hors de danger tous les félins, sauvages pour beaucoup, mais familiers aussi pour la plupart d'entre eux. Ceux qui ont la chance d'être identifiés sont rendus à leur propriétaire, car ils ont été volés.

Nathalie Chartrain est furieuse. Elle explique que « non seulement les forces de l'ordre, lorsqu'ils ont demandé aux Roms de partir, n'ont prévenu aucune des cinq associations de protection animale du Biterrois, mais en plus, quand je vais déposer une plainte contre X pour abandon en masse, soit on refuse catégoriquement la plainte en s'empressant de m'indiquer la porte de sortie du commissariat de police, soit à la gendarmerie on me rétorque que les Roms pourraient se retourner contre moi pour diffamation. Les chats volés, retrouvés dans les détritus ont, d'après la police, migré en nombre sur le camp de cette communauté ! »

Ce phénomène est d'autant plus inquiétant qu'il se reproduit lors du démantèlement, en septembre et octobre 2013, d'autres camps à Lille-Sud et à Villeneuve-d'Ascq, dans le département du Nord. Une question demeure : que font les Roms, qui montrent leur absence totale de compassion envers les animaux, avec tous ces chats ?

À Vichy, trois individus se sont installés dans la rue commerçante devant le Monoprix avec deux chihuahuas et un pékinois. Ils ne se contentent pas de mendier : ils proposent à certains passants attendris par les animaux de leur vendre des chiots pour la somme de 300 euros. Si le chiot ne leur plaît pas, ils peuvent en présenter d'autres dès leur retour de Roumanie.

Le vendredi 16 novembre 2012, nous sommes prévenus par Mme C. qu'une personne de sa connaissance a rendez-vous vers 14 heures pour acheter un animal. Après avoir prévenu la police, Patrice se rend sur place, déterminé à prendre cet homme en flagrant délit. Il patiente deux heures, en se tenant à l'écart parmi les badauds, mais le vendeur ne vient pas.

Mon collègue a pris ce dossier en main et retourne sur les lieux en décembre. Cette fois, les trois Roms sont présents, une femme et deux hommes. L'un, âgé d'une trentaine d'années, est assis contre un mur et tient un petit pékinois mâle adulte dans ses bras. Le chien est en bon état et porte même un manteau rouge en laine qui le protège du froid. Son maître dit à Patrice, qui joue à l'acheteur, se nommer Valentin M. et, ne parlant pas bien le français, lui montre son numéro de portable sur un iPhone dernier modèle. Un rendez-vous est pris pour le lendemain, mais là encore l'homme ne vient pas.

Fin janvier 2013, nous recevons un témoignage signé par quatre personnes dénonçant la maltraitance exercée sur un chihuahua frappé par une femme brune, assez forte, qui fait partie du trio et mendie au même endroit. Nous décidons de déposer plainte.

Patrice est entendu au commissariat de police le 15 février. Nous savons que cette plainte n'aboutira pas, mais nous pensons que l'OPJ fera le nécessaire pour dissuader ces personnes d'entreprendre un commerce illégal qui semble en être à ses prémices (les policiers de Vichy ont toujours favorablement répondu à nos sollicitations d'intervention en faveur des animaux).

Nos trois protagonistes sont convoqués et mis en garde. Nous n'entendrons plus jamais parler de vente de chiots ou de mauvais traitements... et Valentin a toujours Bobby, le petit pékinois au manteau rouge.

Au bout du chemin : les Thénardier

Il est impossible d'accéder discrètement à l'élevage de Violette et Bernard F. Au bout du petit chemin à découvert, devant le portail, deux chiens en liberté préviennent bruyamment de toute arrivée.

Ce 14 septembre 2006, Jean-Michel peine à trouver le lieu-dit où le couple F. s'est installé dans le Lot-et-Garonne. Parvenu enfin à destination, mon collègue, à peine descendu de son véhicule, est interpellé par une femme de petite taille, corpulente, d'aspect négligé, aux cheveux grisonnants, longs et crasseux, âgée d'une cinquantaine d'années. D'emblée, elle se montre suspicieuse. Finalement autorisé à pénétrer sur le terrain, Jean-Michel découvre une vieille ferme avec la maison d'habitation au centre, une grange à droite, prolongée par un bâtiment inachevé, deux chenils construits en parpaings recouverts d'un toit en tôle ondulée, et un troisième qui fait face à la cour intérieure. Le sol en terre battue est boueux et les chiens observés, caniches, cotons de Tuléar et bouviers australiens, ne disposent d'aucune gamelle d'eau. Dans un pré, il aperçoit un cheval blanc très maigre. L'éleveuse dit produire trente races et avoir disponibles des chiots inscrits au LOF (livre des origines françaises) à prix cassés, 450 euros au lieu de 800. Mais en raison de l'extrême méfiance de Violette F., il ne peut visiter tout l'élevage et observer les conditions de détention des animaux.

Toutefois, ce qu'il voit corrobore les faits dénoncés dans les courriers qui, depuis quelques mois, nous alertent. Comme celui de Gérard R., adressé deux ans auparavant au préfet, au directeur de la DSV du Lot-et-Garonne et au président de la Société centrale canine, et qui vient de nous parvenir. Il résume tous les témoignages des personnes qui sont récemment allées chez le couple F. pour acheter un chien.

« Je me suis rendu dans cet élevage avec l'intention d'y acquérir un chiot. Je ne suis pas un procédurier ; mais tout de même, je trouve inadmissible que l'État autorise une personne à exercer en qualité d'éleveur et vendre des chiens avec une inscription au LOF. En effet, j'ai pu observer avec effroi dans quelles conditions ces pauvres chiens sont élevés et traités.

Jusqu'à aujourd'hui, je pensais que le label LOF était synonyme de garantie et de bonne origine. À la vue de ce déplorable spectacle je me rends compte que je me suis trompé.

Voici en détail ce que j'ai pu voir le matin de ma visite :

— Une cour où je ne pouvais pas faire un pas sans mettre le pied sur un excrément et dans laquelle règne un capharnaüm incroyable (sacs-poubelles, carcasses de voitures, débris divers) et au milieu de tout ce bric-à-brac plusieurs chiens en liberté et même un cheval couvert de cicatrices.

— Un bâtiment de parpaings non achevé, sans porte ni fenêtre, ouvert à tout vent que cette éleveuse a baptisé "nurserie".

— Devant l'habitation un espèce d'enclos en grillage où se trouve à même le sol couvert de déchets une chienne tremblante de froid avec ses six chiots. Évidemment ni nourriture, ni eau, aucun confort et par-dessus tout, pas d'abri.

— Dans le soi-disant bureau j'ai pu voir plusieurs chiens de races différentes et dans une cage prévue pour contenir un animal il y avait une chienne avec sept chiots marchant et vivant dans leurs excréments. Encore une fois j'ai déploré l'absence d'eau.

— Par ailleurs, l'horreur est à son comble car de l'extérieur tout un chacun peut constater l'existence de boxes et de cages gérés de façon anarchique.

Au cours de l'entretien accordé par cette dame celle-ci m'a précisé produire plus de 40 races. Cet élevage me laisse songeur et perplexe d'autant qu'elle a ajouté nourrir ses animaux avec “des carcasses de volailles crues élevées en batterie et crevées”. Quel comble !

Violette F. qui se prétend éleveuse m'a avoué ne pas avoir 100 euros d'économie pour la castration de son second cheval qui vit toujours enfermé.

Il est vraiment inadmissible que de telles choses soient tolérées, les mauvais traitements infligés aux animaux dans un seul but faire du profit.

Telles sont les informations que je tenais à porter à votre connaissance afin que vous puissiez, dans les meilleurs délais possibles, apporter des solutions adaptées remédiant à cette situation vraiment désastreuse. »

J'ai suffisamment d'éléments pour déposer plainte le 29 septembre 2006 auprès du tribunal de grande instance d'Agen.

Une année s'écoule.

Le 11 décembre 2007, alors que Patrice et moi sommes en enquête dans le Lot-et-Garonne, sans nouvelles de notre plainte, nous nous rendons à l'élevage de La Bernardière chez le couple F. où nous nous présentons à la matrone qui nous reçoit comme salariés de la cellule anti-trafic.

Les lieux dégagent une odeur pestilentielle et la cour est jonchée de détritus divers. Des aboiements proviennent de bâtiments fermés au fond de la ferme. Sur la droite, à l'entrée, deux bovins détenus dans l'espace réduit d'une sorte de grange pataugent dans la boue. Au travers des vitres très sales de la maison d'habitation, nous apercevons trois caniches dont les poils sont remplis de bourres et un chien nu. Violette F. ne semble pas ravie par notre visite et affirme n'avoir pas le temps de nous montrer les animaux. Elle refuse de nous en donner le nombre. Elle précise que son élevage est de type familial et qu'elle possède des chiens par passion et non pour le peu d'argent que cela lui rapporte. Elle est fière d'avoir gagné de nombreux prix lors d'expositions canines en France et à l'étranger. Puis elle nous congédie car, mère de dix enfants dont le plus jeune est âgé de cinq ans, elle a, dit-elle, beaucoup de travail.

Le lendemain, nous allons au tribunal d'Agen pour savoir ce qu'il est advenu de notre plainte. Celle-ci a été transmise à la DSV et le numéro parquet nous est indiqué. Nous décidons alors de rencontrer le directeur de la DSV, M. C., qui accepte de nous recevoir. Ce dernier confirme avoir reçu notre plainte. Malgré la mise en demeure de son service, le couple F. détient 144 chiens sevrés alors qu'il a une autorisation pour 70 animaux. Le dossier va être repris dès janvier 2008.

En repartant, Patrice et moi sommes indignés. Comment peut-on encore autoriser, dans de telles conditions, la détention de 70 chiens ?

Commence alors une longue partie de cache-cache, loin d'être amusante, avec la DSV.

Nous sommes à peine étonnés lorsque nous prenons connaissance d'un arrêté préfectoral en date du 19 juin 1997 ordonnant la suspension de l'élevage de Bernard F. et Violette F. jusqu'à sa mise en conformité : les époux F. se sont vu notifier à cette date l'interdiction d'introduire de nouveaux chiens, de les faire se reproduire, et l'obligation d'améliorer l'état sanitaire de l'élevage ainsi que d'assurer les soins aux animaux encore présents.

Nous sommes début avril 2008 et Patrice décide de prendre l'affaire en main. Il téléphone chaque jour pendant plus d'une semaine à la DSV pour s'entretenir avec M. C., le directeur, qui n'est jamais disponible et ne donne aucune suite à ses messages. La secrétaire lui propose de le mettre en relation avec un autre interlocuteur, M. B., technicien. Ce dernier lui apprend qu'il vient juste de prendre connaissance du dossier, à la demande de sa hiérarchie, et qu'il doit organiser un rendez-vous avec l'éleveuse afin de vérifier les installations. Il sera accompagné par le directeur et le Dr M., vétérinaire.

M. B. précise à Patrice avoir contrôlé l'élevage en 2006 et constaté un manque d'hygiène dans toute la propriété, des enfants en bas âge vivant dans une maison au sol jonché d'excréments, d'autres enfants étant enfermés dans un chenil, et la présence d'environ 180 chiens et de plusieurs animaux de ferme. M. B.

ajoute qu'il va prochainement signaler au procureur les conditions de vie des enfants, notamment de ceux qu'il a vus dans un chenil.

Au mois de mai, Patrice déterminé, à faire bouger les autorités, contacte M. B. qui se montre plus coopératif que ses collègues. Une réunion a eu lieu à la préfecture d'Agen, à laquelle ont participé le préfet, des salariés de la DASS, le Dr M. et lui-même. Une visite de l'élevage est prévue à la fin du mois. M. B. a eu connaissance du rapport d'enquête de la gendarmerie, transmis au parquet, qui est très défavorable au sujet des conditions de vie des enfants et des animaux.

Un contrôle est effectué le 3 juin 2008 par messieurs. C. et B. ainsi que le Dr M. de la DSV du Lot-et-Garonne. Les fonctionnaires demandent au couple F., qui détient 131 chiens, de se séparer de 40 animaux. Ils voient sur l'élevage les races suivantes : lévrier, braque de Weimar, setter, labrador, griffon, dalmatien, caniche, colley, berger australien, berger allemand, rottweiler, podengo.

Le 20 juin, c'est M. B. qui téléphone à la cellule anti-trafic pour m'informer que Violette F. a cédé 51 chiens adultes, dont beaucoup ont plus de dix ans, à des refuges locaux. Certains animaux sont encore détenus dans l'obscurité totale et le stock de croquettes de l'élevage est épuisé.

Juillet, août, septembre, octobre 2008 se succèdent et ces messieurs de la DSV nous baladent ; un pas en avant, deux pas en arrière...

Une autre réunion s'est tenue à la demande du procureur avec les mêmes participants que précédemment et les enfants vont être suivis par une assistante sociale. Au cours d'un nouveau contrôle, Bernard F. a confié au technicien qu'il faudrait retirer tous les chiens car la situation financière est catastrophique et que sa femme n'a donné qu'une vingtaine d'animaux aux refuges. Le dossier sera rouvert au retour de vacances du vétérinaire, le Dr M., et devra être bouclé mi-novembre, soit par un arrangement à l'amiable, soit par voie judiciaire. Bref, l'immobilisme des services de l'État permet à Violette F. de poursuivre son sinistre commerce. C'est elle qui gère « L'élevage de la Bernardelle », qu'elle rebaptise « Les coteaux de Soubirous » sur les annonces illégales de vente de chiots qu'elle publie régulièrement. Elle exerce sans autorisation, sans certificat de capacité, sans registre entrée-sortie...

Mes collègues et moi sommes exaspérés. Nous ne comprenons pas l'utilité des services vétérinaires censés faire respecter la loi et le bien-être animal. La Justice s'aligne sur leur appréciation, alors que les gendarmes sont tout aussi compétents et se montrent bien plus humains.

Fin octobre 2008, Maria F., assistante vétérinaire, me contacte. Elle s'est rendue chez le couple F. pour acheter un chiot. Bouleversée par ce qu'elle a vu, elle va remuer ciel et terre pour faire cesser la souffrance des animaux. Elle écrit à la DSV, au ministère de l'Agriculture, au préfet :

« Je viens par la présente attirer votre attention sur une situation qui n'a que trop duré car elle concerne des êtres vivants que nous avons le devoir, collectivement, de protéger. [...] Il y a deux ans je me suis rendue dans l'élevage de Violette F. sur les conseils d'un président de club de race. J'ai demandé à voir le chenil, on m'a refusé la visite mais en rentrant dans la maison, j'ai pu me faire une idée des conditions de vie insalubres des animaux et des enfants (nombreux). Je ne confonds pas insalubrité et vétusté. On peut vivre dans des lieux vétustes ou simples et bien s'occuper des animaux.

J'ai constaté un grand nombre de chiens de diverses races, des cages avec des chats sous la table de la cuisine parsemée de déchets et de chiffons sales entassés partout. J'y suis allée pour voir une portée et je suis repartie avec un chien adulte pour le sortir de là. Dès le lendemain j'ai téléphoné au président du club de race qui m'avait envoyée chez elle, car je voulais faire un signalement à la SPA. Il a réussi à me convaincre de ne rien faire.

J'ai remarqué début août 2008 sur internet des placements de chiens venant de chez elle. Cela m'a interpellée et j'ai essayé de comprendre pourquoi et comment ces chiens s'étaient retrouvés dans des refuges.

Je me suis rendue dans les refuges de Brax et de Caubeyres pour voir les animaux qui sont tous en mauvais état m'ont précisé les responsables.

J'ai découvert une situation encore bien plus grave que ce que j'avais pu voir à l'époque :

– environ 150 chiens (source DSV),

– de gros problèmes financiers qui la rendent incapable de nourrir et soigner ses animaux (source maire de Laussou),

– de gros problèmes sanitaires dans cet élevage,

– mais surtout un élevage qui exerce en toute illégalité car : pas de déclaration en préfecture, non respect sur les établissements classés, aucune structure aux normes pour accueillir les animaux, non respect de la réglementation sur la protection animale, non respect des normes environnementales. [...]

Cette situation dure, semble-t-il, depuis dix, vingt ans, trente selon certains. Je pense que ce n'est pas un service à lui rendre que de la laisser s'enfoncer chaque jour un peu plus dans l'endettement. [...] Il est utopique de penser qu'elle va changer. J'ai eu des explications qui ne m'ont pas satisfaite sur ce dossier, du genre :

– ça fait trente ans que ça dure, ce n'est pas aujourd'hui que cela va changer,
– ça fait dix ans que j'essaie de faire quelque chose,
– il faut bien qu'elle nourrisse ses enfants,
– on ne peut rien faire car elle a beaucoup d'enfants,
– il y a pire !

Je pense qu'il faut cesser de tout excuser, la misère ne doit pas servir à couvrir des agissements illégaux et à perpétuer la malnutrition, la souffrance et les maladies des animaux. »

Dans le courrier que nous recevons le 7 octobre, Lyne P. fait les mêmes constats :

« Le cousin de mon mari a voulu acquérir un chien de race bouvier australien assez difficile à trouver en France. En cherchant sur internet, nous avons trouvé cet élevage et sommes allés sur place pour acheter le chien. Quand nous sommes arrivés, j'ai voulu faire demi-tour de suite car, moi-même étant éleveuse, je ne pouvais pas croire ce que je voyais. Des animaux de toutes sortes (vaches, chevaux...) dans des granges non closes qui marchaient dans leurs excréments d'une épaisseur incroyable (cela arrivait presque aux genoux des chevaux) et d'une maigreur à faire peur.

Des chenils remplis de chiens de toutes races que je n'ai pas réussi à compter tant ils étaient nombreux et pour lesquels il nous a été formellement interdit de les approcher.

Des dizaines de caravanes avec des chiens enfermés à l'intérieur qui hurlaient à la mort et le pire, dans la maison remplie de cages où des femelles venaient de mettre bas au milieu de la pièce qui, apparemment, était le lieu de vie de toute la famille. Quand j'ai vu cela j'ai demandé à mon mari de partir vite car je n'en pouvais plus. [...] Il me semble qu'il y a des lois qui sont votées, elles doivent être appliquées. »

Cela fait deux ans que nous avons déposé plainte et j'avoue regretter le temps des commandos où des animaux étaient sortis des laboratoires d'expérimentation animale et de chez des éleveurs véreux. Mais, appartenant à présent à la SPA, je ne peux mettre mon association en danger (car la Justice, alors, est impitoyable). Il est difficile de travailler dans la légalité quand les services de l'État se révèlent incompétents ou complices des hors-la-loi.

Dans une ultime tentative, j'adresse un courrier au préfet du Lot-et-Garonne fin octobre, résumant la situation et lui indiquant que nous attendons avec impatience que la décision de fermeture définitive de ce mouroir pour animaux soit prise. Je lui précise que nous sommes à sa disposition pour les accueillir, comme nous le faisons à chaque réquisition de justice. À la lecture de sa réponse en date du 10 novembre, je me demande à quoi ont servi les réunions avec la DSV, car il ne semble pas être au courant de ce dossier : « Je vous informe que j'ai demandé à monsieur le directeur départemental des services vétérinaires de bien vouloir m'adresser toutes les informations en sa possession au sujet de cette affaire, de manière à mettre un terme aux différentes infractions qu'il me signalerait. Je ne manquerai pas de vous tenir informée des suites qui seront données. »

À la sortie d'une énième réunion avec les services vétérinaires le 7 novembre, une des deux présidentes des refuges du département m'informe que la DSV veut réduire le nombre d'animaux. Cependant, ils ne peuvent pas être accueillis dans leurs structures qui sont malheureusement au complet.

Six jours plus tard, le vétérinaire, le Dr M., me téléphone pour solliciter notre aide afin de récupérer les chiens excédentaires sur l'élevage du couple F. car il a été décidé d'en laisser 49 et pas un de plus. Il y a une légère amélioration et son service n'a pas constaté de maltraitance, les chiens étant nourris et soignés, me confirme-t-il. Violette F. doit s'être débarrassée des chiens en surplus avant le 30 novembre, sinon la DSV interviendra dès le 1er décembre et demandera l'aide de la SPA. Je m'abstiens prudemment de lui dire combien je trouve cette décision stupide. Violette F. maltraitant ses animaux depuis si longtemps et faisant fi de la loi, je suis certaine qu'elle continuera son activité dans les mêmes conditions.

Le 21 janvier 2009, j'adresse un courrier au procureur de la République près le tribunal de grande instance d'Agen pour demander une saisie conservatoire urgente pour tous les animaux (chiens, chats, équidés, bovins) détenus par les époux F. Je lui signale aussi les conditions de vie des enfants du couple et joins à ce courrier tous les nouveaux éléments en notre possession depuis notre dépôt de plainte du 29 septembre 2006. Le lendemain, le gendarme G. de la brigade de Monflanquin me contacte : il a effectué plusieurs contrôles sur l'élevage, a dressé de nombreux procès-verbaux et a transmis un rapport négatif au parquet d'Agen.

Le ciel est bas, le temps morose ce mardi 10 février 2009. Marie-Christine, que j'appelle simplement Christine, en stage pour un mois à la cellule anti-trafic, nous accompagne Patrice et moi-même. C'est la première fois qu'elle va assister à une intervention, et elle restera très marquée par cette journée. À 9 heures, sur le parking de la zone industrielle de Villeneuve-sur-Lot, nous retrouvons les salariés de la SACPA qui vont prendre en charge les animaux.

La veille, je me suis rendue dans les locaux de *La Dépêche du Midi* afin de remettre aux journalistes le résumé de cette affaire et de les informer de l'opération qui est programmée. Il est hors de question que l'attitude de la DSV reste ignorée des citoyens, d'autant que je ne suis pas seule à la condamner. L'Ordre des vétérinaires se serait manifesté lors d'un procès au tribunal de police en février 2004 où Violette F. avait été jugée pour mauvais traitements envers les animaux et avait dû payer une amende de 100 euros… Sympa la Justice, non ?

Nous sommes soutenus par de nombreuses personnes, par des présidents de club de la Société centrale canine, par les associations de protection animale locales, par une adjointe au maire demeurant près de l'élevage et chez qui des chiens cachectiques viennent se réfugier, comme ce saint Bernard à bout de forces qui est mort dans son jardin.

Le portail de la ferme est grand ouvert lorsque nous arrivons à Laussou. Il est environ 9 h 45, nous repartirons deux heures plus tard avec trente chiens. Il ne s'agit pas d'une saisie mais d'un abandon des animaux confiés à la SPA que Violette F. choisit, car c'est elle qui commande. Les deux représentants de la DSV, M. B., technicien, et le Dr M., vétérinaire, se contentent d'approuver ses choix. Quelques minutes après notre arrivée, les journalistes se présentent à l'entrée de l'élevage. Ils se font copieusement insulter par un ami de la famille et par Bernard F. qui entre dans sa maison et en ressort armé d'une carabine. Je suis plus bas sur le terrain et quand Christine vient m'avertir, je lui demande de se réfugier immédiatement dans notre véhicule garé à l'extérieur. Les journalistes sont partis et Bernard F. retourne chez lui alors que les gendarmes arrivent, prévenus par le Dr M., livide de peur. Il a téléphoné pour demander leur protection, car il craint de recevoir un coup de fusil, me dit-il, comme cela s'est produit il y a quelques années pour des agents de l'inspection du travail qui contrôlaient un agriculteur.

Pendant toute la durée de l'opération, je ne cesse d'exprimer mon désaccord sur son déroulement au Dr M. Ce dernier, petit mec suffisant et arrogant, ne veut rien savoir. Son collègue, M. B., fait discrètement des confidences à Patrice. Il avoue être tenu par le Dr M., son supérieur hiérarchique, et ne pas apprécier la façon dont se passe l'intervention. Il ne comprend pas pourquoi les quelques chiots ne sont pas retirés.

Une jeune fille du couple F. qui aide sa mère sur l'élevage m'apprend que beaucoup de chiens et de chiots ont été placés chez des amis et dans la famille pour échapper aux exigences de la DSV qui, évidemment, a prévenu le couple d'éleveurs en lui donnant la date de notre venue. C'est la seule qui apporte un peu de douceur aux animaux. Elle intervient quand un ami de la famille traîne brutalement un chien en laisse qui rampe de terreur (dès qu'il s'approche d'eux, tous les chiens s'aplatissent au sol). Cette jeune fille déplore de ne plus avoir d'antibiotiques depuis longtemps pour les animaux blessés. Sa mère m'assure du contraire quand elle m'entraîne dans son bureau pour que j'admire ses trophées. Sur les meubles trônent les coupes qu'elle a gagnées lors d'expositions canines. Cette pièce est la seule qui soit propre dans la saleté repoussante du reste des lieux.

En fait, Violette F. n'aime pas les animaux de son élevage qu'elle sacrifie à sa passion : être reconnue dans le milieu canin en tant qu'éleveuse exceptionnelle, la frime sociale, en quelque sorte, dans toute sa splendeur. C'est ainsi qu'elle produit des chiens de races assez rares en France tel le podenco ibicenco et canario, le chart polski, le spinone italien, le shipperke. Ses champions sont bien traités ; les autres sont destinés à monnayer son hobby.

Cette matinée est un vrai cauchemar. Parmi les chiens récupérés, certains sont blessés, beaucoup sont maigres, tous sont craintifs et très sales, dans un état pitoyable. Le Dr M. est satisfait et suivra l'évolution de l'élevage, nous assure-t-il. Nous repartons en laissant derrière nous une cinquantaine d'animaux en enfer, sans parler des chevaux, des chats et des bovins.

Dès le lendemain, un article est publié par *La Dépêche du Midi*, dans lequel tous les protagonistes ont la parole. Violette F. refuse le terme de maltraitance et dit « qu'on a pas sept champions de France si on maltraite les animaux ».

Dix jours plus tard, le *Sud-Ouest* titre : « La SPA accuse les services vétérinaires de laisser faire une éleveuse du Laussou. » Sur internet, les réactions en défaveur de l'élevage abondent. C'est raté pour la DSV qui voulait agir en catimini.

Christine S., présidente du refuge de Brax, a fait parvenir aux services vétérinaires le bilan de santé des neuf chiens que Violette F. avait consenti à abandonner en 2008. Bouvier des Flandres : taille inférieure à la moyenne, chute importante de poils. Teckel : faiblesse du train arrière, gale importante. Braque de Weimar : craintif, morsures par peur. Coton de Tuléar : otite bactérienne, souffle au cœur. Podenco : nécrose de l'oreille droite suite à blessure exigeant l'amputation. Setter anglais : très craintif, morsures par peur...

Les animaux récupérés le 10 février 2009 sont dans le même état.

Dans les mois qui suivent, je constate que l'éleveuse continue allègrement son business en proposant à la vente diverses races de chiots et de chats sur Leboncoin. Elle participe toujours, avec ses futurs champions, à des concours canins aux quatre coins du pays et à l'étranger. Qui paie les frais engendrés par ses nombreux déplacements ?

Nous apprenons par le bureau d'ordre du tribunal de grande instance d'Agen, auquel Patrice téléphone en juillet, que notre plainte a été classée sans suite le 14 avril 2009 au motif que la régularisation de l'élevage à la demande du parquet a été effectuée. Les enquêtes de la gendarmerie étaient défavorables, contrairement à celles de la DSV…

Les années se succèdent et nous recevons encore des témoignages et appels à l'aide pour les animaux détenus dans cet élevage sordide, tel celui de Sandra Z., éleveuse de chart polsky, qui se trouvait en août 2011 au « Dog Show Mondial » à Paris. Le chien âgé de cinq ans présenté par Violette F. était un squelette ambulant, triste, les yeux éteints. Le juge, lui, l'a trouvé très bien. À ma demande, Sandra Z. nous envoie la photo de ce chien.

En septembre, Arnold, inspecteur pour la fondation 30 millions d'amis, nous apprend qu'une fermeture administrative est prévue chez le couple F., décidée par le préfet. Le couple pourra reprendre son activité quand les structures seront mises aux normes et le nombre de chiens présents sur le site respecté. En effet, et c'était prévisible, Violette F. a recommencé sans état d'âme à augmenter son cheptel.

En octobre 2011, je suis contactée par Mme X, qui travaille à la direction départementale des services vétérinaires. Contrairement à ses mollassons de collègues, elle souhaite que l'élevage soit définitivement fermé et les époux F. interdits d'exercer. Le directeur de la DSV a donné jusqu'à fin novembre à Violette F. pour qu'elle revienne au nombre de 49 chiens sevrés…

La fondation 30 millions d'amis, sollicitée pour une éventuelle saisie en janvier 2012, est promenée comme nous le fûmes par la DSV qui repousse sans cesse l'intervention. Au mois de septembre, Mme X, écartée du dossier par le Dr M., profite de l'absence de ce dernier pour adresser au parquet du TGI d'Agen et à la préfecture le rapport du dernier contrôle : 63 chiens sont présents sur le site, correctement nourris mais terrorisés ; Violette F. continue à faire reproduire ses chiennes ; elle prétend être tatoueur agréé, ce qui est faux, elle n'a pas le certificat de capacité et aucune autorisation pour exercer ; elle cache des chiens chez des amis, chiens qui apparaissent à nouveau sur l'élevage puis disparaissent encore ; une proposition d'arrêté de fermeture a été rédigée ; Violette F. fait également pension canine ; un chien volé a été retrouvé sur l'élevage ; l'assistante sociale qui suit la famille trouve que tout va bien.

Mme X s'est rendue sur les lieux deux jours auparavant. Pour elle, c'est l'horreur et tout cela relève de la psychiatrie. Elle me dit qu'il faut cesser de soutenir l'insoutenable.

De son côté, Maria F., l'assistante vétérinaire qui travaille dans une clinique privée, ne lâche pas l'affaire. Elle remue ciel et terre, interpellant tous les services de l'État susceptibles d'agir : l'URSSAF, la MSA (mutuelle sociale agricole), la délégation nationale de lutte contre les fraudes, le délégué du conseil de l'Ordre des vétérinaires, le service environnement du département, la brigade nationale des enquêtes vétérinaires, le maire de Laussou, la brigade financière... Il lui est invariablement répondu que la situation est bloquée, que les époux F. doivent nourrir leurs nombreux enfants, qu'il s'agit de pauvres gens et, qu'après tout, ce ne sont que des chiens…

Une pétition est mise en ligne sur internet demandant la fermeture immédiate des « Coteaux de Soubirous », l'élevage de la honte, et réclamant justice pour les chiens.

Vendredi 19 octobre 2012, à Laussou, des salariés de la fondation 30 millions d'amis pénètrent sur le site des époux F. De nombreux représentants de refuges sont également sur place pour organiser l'acheminement des animaux vers les structures d'accueil.

Les 56 chiens retirés vivaient sans eau, détenus en box dans l'obscurité, le sol était recouvert de souillures et les animaux n'avaient pas accès au terrain de la propriété.

Mme X me confirme dans les jours qui suivent l'exactitude des informations que Maria F. m'a transmises. « Il s'agit d'une saisie administrative qui n'a pas été simple, Violette F. ayant fait semblant d'avaler des cachets pour se suicider. Les pompiers et les gendarmes sont intervenus. Cinq chiens ont été laissés, car ils appartiennent à la fille, ainsi qu'un équidé blanc et une vache qui s'est sauvée dans les champs. L'éleveuse a fait euthanasier des chiens, d'après elle suite aux pressions de la DSV. Des cadavres d'animaux brûlés ont été découverts. Le petit Dr M. n'a pas fait appel à la SPA car "il se méfie". »

Pour une fois, je lui donne raison. Si le travail avait été fait le 10 février 2009, nous n'en serions pas là. Presque quatre ans de souffrance supplémentaire infligée aux animaux à cause de lui.

Mais tout cela n'empêche pas Violette F. d'être présente à l'exposition internationale d'Angers en mars 2013, avec 13 chiens de races différentes : caniche, barzoï, lévrier polonais, bouvier australien, podenco, azawakh...

J'apprends qu'une nouvelle procédure est en cours. Après des recherches, je récupère le numéro parquet afin que la SPA se constitue partie civile.

Le procès a lieu le vendredi 13 février 2015 en correctionnel au tribunal de grande instance d'Agen. Violette F. est condamnée à trois mois de prison avec sursis, la confiscation définitive des animaux saisis, l'interdiction d'exercer pendant cinq ans, 300 euros d'amende et le remboursement des frais engagés.

Elle interjette appel et le 20 janvier 2017 sa condamnation est alourdie à six mois de prison avec sursis, une mise à l'épreuve pendant trois ans, l'interdiction d'exercer pendant cinq ans une activité en relation avec des animaux, l'obligation d'indemniser toutes les parties civiles, la confiscation définitive des animaux saisis.

Cinq ans après la saisie conservatoire confiée à la fondation 30 millions d'amis, les chiens vont enfin pouvoir être adoptés.

Une vie si courte, parfois brisée à jamais. Vamba faisait partie des 70 chiens que Violette F. avait consenti à abandonner à la SPA le 10 février 2009. Il était né en décembre 2008. Il avait été adopté par Sylvine M. qui, un an après son adoption, m'avait fait part de son désarroi :

« J'ai toujours aimé les animaux. Depuis toute petite, c'est comme ça. [...] Je suis allée adopter un chien qui m'avait bouleversé au fond de moi. Après m'être entretenue avec les bénévoles et les comportementalistes du refuge je l'ai ramené chez moi, à Brest. Je voyais bien qu'il était très craintif mais il était fragile et gentil, j'étais sûre de pouvoir lui redonner goût à la vie, lui laissant le temps d'adaptation nécessaire. Le sortir était très difficile car il avait peur de tout, des voitures, des bus, d'un cri. Un groupe d'hommes et c'était la panique. À la maison il nous avait adoptés les enfants et moi-même. Pour mon mari c'était plus compliqué car il en avait peur mais tolérait malgré tout ses caresses. Il était d'une gentillesse absolue, une crème de chien mais demeurait ingérable. Si quelqu'un venait à la maison il allait se cacher ou tournait en rond dans la pièce, haletant, totalement stressé. Le seul endroit où il se sentait bien était sur la plage quand il retrouvait d'autres chiens. [...] Il ne pouvait pas manger en la présence de quelqu'un, même de la mienne, je devais l'enfermer pour qu'il s'alimente. Les pipis cacas n'ont pas cessé et les jours de gros stress, si nous recevions des amis par exemple, il régressait. C'était devenu impossible de le garder avec des enfants en bas âge dont un hémiplégique qui l'adorait. Pourtant Wamba était leur rayon de soleil. J'ai essayé de le socialiser en le sortant régulièrement à l'extérieur mais je n'ai jamais pu croiser un homme avec lui en laisse tant il avait peur. Un jour une personne a claqué la portière de sa voiture et mon chien, de terreur, a sauté dans la poussette de mon fils. Il ne supportait pas de rester seul dans notre jardin. J'ai dû, contrainte et forcée, trouver une solution et le refuge de la SPA de Brest l'a recueilli. Il devait partir en famille d'accueil chez une comportementaliste. Ce chien n'était heureux qu'en liberté sur la plage.

Depuis je lutte contre l'envie d'aller le chercher tout en sachant qu'il ne sera pas bien chez moi. Je suis malade d'avoir abandonné ce chien qui avait plein de qualités mais avait été cabossé, écrasé, rendu en bouillie de l'intérieur, qu'a-t-il vécu pour être comme cela ? On voyait qu'il avait envie d'aller vers mon mari mais il ne pouvait pas…

Qui sont ces éleveurs pour faire naître des animaux et les casser ainsi ? Je ne sais même pas si mon chien sera heureux un jour et nous, nous l'aimions.

Ce sont des éleveurs ces gens-là, qui ne connaissent pas la psychologie du chiot, qui ne font rien pour le préparer à sa future vie d'adulte ?

Lui traînera toute sa vie ces mois de carence affective dans cet élevage de la honte. Je n'imagine même pas le stress des femelles gestantes, et celles devant allaiter leurs petits dans un hangar où se mêlent la peur, la puanteur et la saleté la plus abjecte.

J'ai honte pour cette femme qui ne pense qu'à produire du beau chien comme elle dit sur son site. C'est sûr, mon chien est un beau podengo, mais un peu moins beau et ayant reçu un peu plus d'amour aurait été préférable pour lui. Wamba serait encore avec nous, il partirait en vacances avec nous, il irait aussi chez mes parents qui possèdent un grand pré où mon chien adorait courir. »

J'ignore ce que Wamba est devenu, mais je sais que tous les chiens de l'élevage de Violette et Bernard F. resteront terrorisés par l'homme. J'espère toutefois que leurs nouveaux maîtres ont réussi à adoucir leur vie.

Jeu de piste en Loire-Atlantique

Quatre prénoms, huit noms de famille, de nombreux pseudonymes, neuf adresses différentes, plus d'une quinzaine de numéros de portable et des centaines d'animaux à vendre, voilà comment un quatuor de petits malins a tenté de dissimuler son trafic d'animaux.

Dans la famille G., je pioche Géraldine, la mère, Catherine et Aurélie, les filles, et Sefa S., le mari d'Aurélie. Il aura fallu trois ans pour démêler les fils de cet incroyable imbroglio.

Le 18 octobre 2010, la cellule anti-trafic reçoit un mail de Mme B. Cette dernière donne des chiots de race beagle, et une personne intéressée l'a contactée. En effectuant des recherches sur internet, Mme B. s'est aperçue que cette femme vend toutes sortes de chiens et de chats. Cela lui paraissant suspect, elle tient à nous prévenir en nous communiquant le nom de son interlocutrice, une certaine Aurélie Armand, demeurant à Orvault.

Je demande à Pépita de contacter Aurélie Armand. Ma collègue, avec sa une voix douce et posée, peut parfaitement passer pour une particulière voulant acquérir un animal.

Pépita téléphone à la vendeuse fin octobre. Elle n'a plus de chiots disponibles, mais prend les réservations car elle sera livrée dans trois semaines. Les animaux proviennent de l'élevage de sa sœur, demeurant à Paris.

Elle l'aide à écouler les invendus. Questionnée sur cet élevage, l'interlocutrice de Pépita demeure silencieuse.

Un mois plus tard, ma collègue rappelle pour savoir si la livraison des chiots a eu lieu et pour tenter d'obtenir les coordonnées du soi-disant élevage. Aurélie Armand n'a plus de chiots disponibles : il faut la recontacter dans quelques semaines.

Pépita téléphone à nouveau mi-décembre. Aurélie Armand se montre plus aimable que la dernière fois et propose le seul chien qui lui reste, vendu 130 euros. Il s'agit d'un bichon croisé cocker. D'après elle, les prix sont attractifs car ce n'est pas un chien de pure race. De plus, l'animal n'est ni vacciné ni identifié. Elle affirme qu'il n'est pas obligatoire de faire identifier son chien, et que cela coûte trop cher. Elle demeure évasive, puis change brusquement de conversation quand Pépita aborde le sujet du fameux élevage. Un rendez-vous est tout de même acté : lundi 20 décembre à 16 heures. Aurélie dit cette fois-ci s'appeler Mme Roman et habiter à Orvault. L'adresse qu'elle donne existe bel et bien, une certaine Andrée L. y réside, et son numéro de téléphone est indiqué, parmi de nombreux autres, sur les annonces de sites internet proposant les animaux à la vente. Il devient évident que nous sommes face à un trafic organisé et que les chiots et chatons proviennent peut-être de l'étranger.

Si Aurélie s'exprime correctement en français, son orthographe, par contre, laisse à désirer.

Fin décembre, Morgane L. m'adresse un e-mail accompagné de treize pages d'annonces de vente de chiots et de chatons publiées sur internet. Il est aussi proposé des chiots qui vont naître en janvier prochain, de race american staffordshire terrier, non-inscrits au LOF, ce qui signifie qu'il s'agit de chiens de première catégorie, interdits de reproduction et de commerce en France. Morgane L. a prévenu la direction des services vétérinaires de Loire-Atlantique.

« Bonjour, je mapelle darling je suit une femelle noir et blanche americainstaffshire qui est prete a acoucher avant le 20 janvier 2011 ça va pas tardééé !!!!!

Sur les fotos les chiots c de ma première porté il y a 1 ans et la c ma deuxième porté dans la 1re il y a eux des gris des blanc des noir des marron et blanc moi personnellement je suit noir et blanche jais 2 ans et le papa marron et blanc 2 ans

Il es en foto dailleur voice les prix

Male 550 euros

Femelle 600 euros

Tatouer vacsiné et loof

Si vous vouler les oreilles couper nous prendrons 100 euros de pluse sinon le prix restre a son prix merci de contacter jusqua minuit edemie possible. »

Cette annonce n'a pas échappé aux internautes (d'autant qu'elle sera suivie de quelques autres) qui préviennent la cellule anti-trafic.

Neuf chiots sont nés. Le paiement est possible « en 2 fois mais à éviter ». Les prix varient également : ils sont vendus 400 euros deux jours plus tard. La puce électronique de la femelle reproductrice n'est mentionnée qu'une seule fois : il s'agit bien de Darling, née en décembre 2008, qui appartient à Mickaël P., demeurant à Nantes. « Détail » : l'otectomie est désormais interdite dans notre pays.

À ce stade, nous sommes encore dans le brouillard. Différentes boîtes mail plus fantaisistes les unes que les autres, de nombreux numéros de portable et de téléphone fixe, 16 races de chiens et 11 races de chats mis à la vente, sans compter les croisés... Nous n'avons qu'une certitude : les photos, les fautes d'orthographe, les lieux se recoupent, et c'est la même personne qui répond aux appels téléphoniques, une certaine Aurélie.

Fin janvier 2011, Corine P., bénévole dans une association de protection animale locale, me contacte. Elle s'est rendue à Orvault en tant qu'acheteuse potentielle, comme convenu lors d'un entretien téléphonique avec Aurélie. La jeune fille l'a reçue, ainsi que sa mère et un homme d'origine turque qui s'est présenté comme étant le copain d'Aurélie. Il lui a déclaré pouvoir obtenir n'importe quelle race de chien, et ce dans un délai très court, la sœur d'Aurélie étant éleveuse dans la région parisienne. Si elle veut acquérir un des neuf chiots de la portée qui vient de naître, il affirme que pour 100 euros de plus, il peut lui couper les oreilles. Corine P. a relevé le numéro d'immatriculation de la voiture garée devant la maison et l'a fait identifier. Ce véhicule appartient à Sefa S., demeurant bien à cette adresse.

Le 2 février, elle fait une déclaration de main courante au commissariat de Nantes.

Le jeudi 3, elle nous informe qu'un policier d'Orvault qui l'a auditionnée au sujet des animaux lui a appris que la PAF (Police aux frontières) avait un dossier concernant des travailleurs clandestins. Elle nous donne les coordonnées de ce policier.

Le vendredi 4, Julien téléphone à M. M. ; la procédure sur les travailleurs clandestins est terminée. Il ne va pas faire de procédure incidente pour le commerce des animaux, des chiens ont été vus dans la maison et sur le balcon et des ossements canins ont été trouvés dans le jardin. Chaque matin, le couple quitte les lieux entre 10 heures et 10 h 30 à bord d'une Opel rouge et revient avec des chiens. Mon collègue lui suggère d'adresser les éléments en sa possession à Franck Verger, de la Brigade nationale des enquêtes vétérinaires et phytosanitaires (BNEVP).

Nous sommes obligés de vérifier les informations que nous recevons, car certains renseignements sont imprécis. En revanche, la corvée de recherche des petites annonces publiées sur différents sites internet nous est épargnée, plusieurs personnes nous les envoyant régulièrement.

Ainsi, Françoise P. nous adresse ses échanges de mails avec Aurélie en février 2011, concernant la vente de chiots classés en première catégorie.

« Bonjour les parents sont lof mes pas les chiots il seront pucer vacsiner vermifuger a la vente jais vue sa avec le veterinaireet vous pourrer le metre vous meme le lof c 30 euros »

« Faux ! chiens de première catégorie. Envoie de votre annonce chez les flics. »

« C pas faux desoler deuxiemement je mant fiche des flic il sont deja venue je leur est deje dit et alor quece qui ya je suis morte non !!!! c a prendre ou a laisser vous ete pas le premier client ok monsieur. À vous de voir faite comme vous vouler pour vous les flic c le monde c dieu mes desoler les flics save pas travailler c tout. Moi jais ete chez le veto je lui est demander ce quil fallais faire il ma dit pucer vacsiner vermifuger et jais dit le lof ? Il a dit c pas obligatoire donc c pour sa que je les pas fait. A bientos. »

Corine P. nous apprend que le chef de la police à Nantes a été mis au courant de cette affaire et qu'une enquête serait ouverte. Les animaux proviendraient de chez la sœur d'un des trafiquants, installée en Bretagne.

En effectuant des recherches sur le numéro de téléphone qui revient le plus souvent sur les annonces, Julien réussit à identifier sa propriétaire, Aurélie G. qui demeure dans le département du Maine-et-Loire. La ligne est ouverte depuis le 1er juillet 2010. Poursuivant ses investigations, il découvre que sur Facebook, Aurélie G. est amie avec Sefa S. et qu'elle se présente comme professeur depuis novembre 1992.

Une information, de source sûre, nous parvient fin mars : un policier du commissariat d'Orvault a pris le dossier en main et le procureur de la République a autorisé les réquisitions.

Je dépose plainte auprès du parquet de Nantes le 16 mai 2011.

Au mois d'octobre, Enora C. écrit à la cellule anti-trafic. Suite à la parution d'une annonce sur Leboncoin, elle a acheté 250 euros une petite chatte de type persan, inscrite au LOOF (livre officiel des origines félines) d'après les dires de la vendeuse, une certaine Aurélie Saunaire. La transaction s'est déroulée à Nantes. La jeune femme qui a reçu Enora C. est âgée d'environ 25 ans, a les yeux marrons et les joues charnues. Elle a demandé avec insistance le règlement en espèces. Sa grand-mère, présente, âgée d'environ 60 ans, est plutôt enrobée et a les cheveux gris. Il s'avère difficile de circuler aisément, l'appartement étant très étroit et encombré. Des chiens se trouvent dans la cuisine. Le chaton mis en vente est sale et couvert de puces. Deux jours après l'achat, Enora C. le conduit en urgence chez le vétérinaire qui diagnostique le typhus. Le jeune animal décède dans la nuit. Enora C. prévient la vendeuse et lui demande un arrangement à l'amiable, le typhus étant un vice rédhibitoire. Aurélie Saunaire ne répondra plus à Enora C.

Pépita découvre que l'adresse à Nantes correspond à une résidence sociale composée de 149 logements. Le 22 décembre 2011, elle appelle au numéro qu'Enora C. nous a indiqué. Son interlocutrice confirme se nommer Aurélie Saunaire et donne la même adresse à ma collègue en précisant qu'il s'agit d'un foyer, que l'interphone est cassé et que Pépita devra la prévenir par téléphone une fois arrivée devant les lieux. Un rendez-vous est convenu pour ce jour à 15 heures et la vendeuse exige d'être payée en espèces, prétextant rentrer de vacances et avoir eu des problèmes avec sa carte bancaire. Le chaton est vendu 110 euros et Pépita aura le choix.

Beaucoup trop de particuliers, par l'intermédiaire d'internet, donnent leurs animaux « contre bons soins », suivant la formule consacrée. Dans le département du Maine-et-Loire, des personnes ont été sollicitées par une certaine Aurélie qui se propose de les adopter. Mais son attitude étrange les a alertées et plusieurs ont prévenu notre service.

Dans le même temps, elle publie des annonces, cherchant des chiens et des chats à adopter sous des pseudonymes et numéros de portables différents. Nous savons qu'il s'agit d'elle, car tout est déjà répertorié.

« moi et ma maman habitont en très grande maison et nous avons décidé d'adopté un chaton de chaque couleur cette a dire un roux un tigré un tricolor un noir un gris un gris tigré un tigré blanc un noir et blanc exseteras pour nous une 15aine de chats nous conviendrait car nous adoronts les animaux onts reve de ça depuis longtemps et si onts en prend autemp c'est parce quond a les moiyen de les nourire voilas en vous remercient a bientos. »

Si nos informateurs comprennent nos difficultés pour faire aboutir ce dossier, d'autant qu'il n'est pas le seul que nous ayons à traiter, il arrive que certains s'agacent. Ainsi Stéphane, qui nous écrit : « J'ai compté au moins 250 annonces en même temps, pour un particulier ça fait beaucoup. Certaines chiennes sont revendues alors qu'elles sont déclarées trouvées. Les petits sont en vente avant deux mois... Les chiennes peuvent même être vendues pleines avec un conseil de césarienne. [...] Personne ne bouge, j'en ai assez d'être seul à dénoncer cette ordure. »

Mais que fait la SPA ? Cette interrogation, nous l'avons parfois entendue, souvent exprimée de façon agressive. Cela nous fait de la peine, mais nous savons aussi que nos accusateurs ignorent la complexité de notre travail, qui s'arrête quand les autorités et la Justice prennent ou non le relais. Je comprends leur colère, même si elle est injuste, car ils souffrent de leur impuissance à mettre fin à la maltraitance animale.

Le temps passe et les annonces se multiplient. Françoise L. nous apprend en avril 2012 que des chatons de race sibérien sont mis en vente. La personne contactée lui dit habiter dans le département du Morbihan, elle est joignable sur un téléphone fixe.

Le lendemain, Patrice compose le numéro. Son interlocutrice prétend être Catherine Poirier, demeurant à Ploerdut. Elle affirme que sa fille, Aurélie, est une éleveuse. Un rendez-vous, afin d'obtenir l'adresse précise, est pris pour le jeudi suivant afin d'acheter une femelle husky.

Le numéro correspond à celui d'Aurélie G. ; l'adresse est exacte. Cinq jours plus tard, je demande à Caroline et Sandra d'effectuer une enquête aux deux endroits qui, nous en sommes certains, sont habités.

D'abord, la rue D. à Orvault, où mes collègues se présentent le 17 avril en fin de matinée. La maison semble à l'abandon : le jardinet est rempli d'herbes folles et les volets fermés sont en mauvais état. Une voisine nous explique que la propriétaire, Mme Andrée L., a loué cette maison à une personne assez âgée qui est rarement visible. Caroline sonne au portillon et une femme d'aspect très négligé vient à leur rencontre. Vêtue d'une robe de chambre informe et sale, les cheveux gris très longs, elle a environ 60 ans et il lui manque des dents. Les enquêtrices de la cellule anti-trafic lui disent avoir vu une annonce de vente de chiots sur internet et être intéressées. Ne montrant aucune méfiance, elle leur remet son numéro de portable pour être contactée de temps en temps, car il ne reste qu'un chiot disponible, un husky croisé beauceron. Elle garde les animaux de sa fille qui n'a pas la place pour les héberger. À la demande de mes collègues, elle donne son nom de famille : c'est Géraldine G., la mère d'Aurélie G.. Devant la maison est stationnée une voiture de couleur rouge bordeaux immatriculée dans le Morbihan.

Mes collègues se rendent ensuite à Nantes. Elles trouvent la résidence composée de logements sociaux. Le nom de Géraldine G. est inscrit sur une boîte à lettres. Dans le hall d'entrée se trouve le bureau d'accueil où une intervenante sociale les reçoit. Elles se présentent en tant que salariées de la SPA et demandent si Géraldine G. demeure ici. L'intervenante sociale répond immédiatement par l'affirmative et ajoute que cette femme lui semble bien louche quant au va-et-vient permanent de chiens et surtout de chats dans son appartement, alors qu'il est interdit de détenir des animaux dans cet établissement. Elle a prévenu Géraldine G. plusieurs fois, d'autant que les voisins de palier se plaignaient des odeurs incommodantes. Elle a réussi à entrer une fois chez elle, au mois d'août 2011, et a vu une vingtaine de chats et chatons enfermés dans une pièce. Elle n'a jamais su ce que Géraldine G. faisait avec tous ces animaux, les chiens ne restent pas longtemps et sont récupérés par des individus étrangers à la résidence. Intriguée, elle a prévenu sa direction, qui lui a répondu qu'il ne fallait pas faire de vagues dans ce genre d'établissement. La travailleuse sociale append à mes collègues que Géraldine G. dispose de ce logement depuis octobre 2010 et cherche à acquérir une petite maison. Sa fille, Aurélie, vient souvent la voir ; elle aurait un élevage dans le Morbihan. Maman depuis mars 2012, Aurélie s'est récemment mariée avec un Turc arrivé en France pour la naissance de l'enfant. Mes collègues font la description physique de la femme qu'elles ont vue le matin à Orvault : il s'agit bien de la même personne. La travailleuse sociale est choquée par ce que lui apprennent Caroline et Sandra, car elle ignorait que Géraldine G. louait une maison dans une autre commune... alors qu'elle perçoit les aides de l'État (APL, RSA...) pour son logement à Nantes. Mes collègues lui demandent si elle veut bien témoigner : elle répond qu'il lui faut l'accord de sa direction.

Caroline et Sandra poursuivent leurs investigations jusqu'en Maine-et-Loire, autre adresse qui nous a été mentionnée. Elles se rendent à la mairie et apprennent qu'Aurélie G. n'habite plus à cet endroit. En effet, les volets de la petite maison mitoyenne sont fermés et personne ne demeure plus en ce lieu.

Le 25 mai 2012, alors que ce dossier traîne en longueur, Pépita téléphone au bureau d'ordre du TGI de Nantes pour s'enquérir de la suite donnée à notre plainte. Il lui est répondu que le dossier a été ouvert au nom d'Aurélie G., qu'il est en cours d'enquête au commissariat de Nantes, et que cette affaire économique et financière demande plus d'investigations, ce qui explique que le délai soit plus long.

Caroline découvre sur Facebook qu'Aurélie est née en novembre 1992 et qu'elle s'est mariée en Turquie avec Sefa S. en décembre 2011. Elle vivait avec lui depuis plus de cinq ans, il a vingt ans de plus qu'elle, c'est un musulman pratiquant, il a quatre enfants, sans compter la fille qu'il a eue avec Aurélie. Il a vécu quatre ans en France puis est parti en Turquie sans pouvoir revenir sur le sol français. Il a obtenu l'autorisation le 29 avril 2012. Aurélie se présente comme professeur de turc. Elle dit rechercher une maison avec jardin ou garage, car elle compte s'installer avec Sefa S. Le couple toucherait 900 euros par mois au RSA et détient une femelle bouvier bernois âgée de 4 ans qui va mettre bas prochainement. Quant à la mère, Géraldine G., elle est née en janvier 1956.

D'autres annonces de vente de chiens type labrador, croisé bouledogue français, croisé cocker, braque pure race, pointer croisé labrador, bâtard de grande taille et de chatons apparaissent. Le numéro de téléphone à joindre est en Turquie.

À présent, c'est une brigade de recherches d'une gendarmerie dans le Morbihan qui a le dossier en charge, mais le jeu de piste n'est pas terminé pour autant. Nous retrouvons ces trafiquants d'animaux installés à Savenay, hébergés par des complices, ainsi qu'à Prinquiau, en Loire-Atlantique.

Le 11 octobre 2012, Sylvie H. nous écrit.

« Nous avons perdu notre chien boxer âgé de 15 ans et avons recherché sur internet un petit chiot de cette race à acheter. Un rendez-vous a été pris avec Aurélie G. à Savenay le dimanche 7 octobre. Là, nous avons été très choqués par l'état de maigreur de la mère des chiots, enfermée dans l'obscurité totale au fond d'un garage avec 9 petits. Les chiots n'avaient pas les yeux ouverts et ne tenaient pas encore sur leurs pattes. Il est évident qu'ils n'étaient pas sevrés, mais la dame nous a dit qu'ils commençaient à manger et qu'il suffisait de leur donner de la pâtée. Elle vendait le chiot 450 euros et l'annonce a été publiée par Tosun4444.

Dans le jardin nous avons constaté la présence de plusieurs chiens : un terre-neuve, un golden retriever, un bouledogue français, une femelle bouledogue anglais qui venait d'avoir des bébés au vu de l'état de ses mamelles, des chiots american bully et bouvier bernois ainsi que de nombreux chats. Nous ne savons pas d'où ils viennent mais cela ne nous a pas paru bien clair d'autant que Aurélie G. nous a dit que sa sœur avait aussi des chiots à vendre. Le mari présent se tenait à l'écart. Nous sommes repartis sans acheter de chiot.

Le lendemain matin je suis retournée sur le site pour revoir l'annonce que j'avais consultée au départ et j'ai remarqué que les animaux mis à la vente ne sont pas les chiots présentés au domicile. Ma stupeur fut au comble lorsque j'ai vu que cette dame a mis en vente la mère contre 50 euros. [...] Je suis prête à témoigner devant un tribunal si nécessaire. »

Il y a plus d'un an que j'ai déposé plainte et le dossier se balade au gré des différentes adresses d'Aurélie G. Le parquet de Saint-Nazaire en a désormais la charge et l'enquête est confiée aux gendarmes de la Brigade territoriale autonome de Savenay.

Stéphane L. recontacte la cellule anti-trafic en novembre 2012. Depuis près de trois mois, il s'efforce de dénoncer un trafic d'animaux car depuis le vol de son chat de race maine coon, il effectue des recherches incessantes sur internet dans l'espoir de le retrouver. Il a répertorié sept identifiants différents sur les annonces, douze races de chats et seize de chiens, et toujours les mêmes lieux, les mêmes fautes d'orthographe et les mêmes photos. Je fais un point avec lui sur cette affaire, car nous possédons déjà tous ces éléments mais sommes tributaires des autorités. Stéphane L. est très en colère contre la Justice de notre pays qui méprise les animaux.

Il n'est pas le seul... D'autant que les gendarmes ne semblent pas être motivés. Les infractions retenues contre ces trafiquants ne les concernent pas. D'après eux, c'est une procédure civile. Le substitut du procureur pense la même chose.

L'exécution d'un travail dissimulé, du civil ? L'élevage, l'exercice à titre commercial de vente de chiens et de chats sans certificat de capacité, du civil ? La cession d'un chien non identifié, du civil ? La cession de chiens de première catégorie, du civil ? Les mauvais traitements, du civil ?

En février 2013, nous apprenons qu'Aurélie G. a été interpellée par les gendarmes qui ont retenu contre elle l'exercice d'un travail dissimulé. Quid des animaux ?

Dans les bureaux de la cellule anti-trafic, Sandra a pour mission de répertorier les vols et les disparitions inexplicables d'animaux. Elle me prévient souvent du nombre inquiétant de chiens et de chats qui se volatilisent en Loire-Atlantique, dans un périmètre autour d'Orvault, de Nantes et de Saint-Nazaire. Ainsi, neuf petits chiens de races bichon et coton de Tuléar sont recherchés par leurs maîtres. Ils ont disparu à Dréfféac, Séverac, Pornic, Saint-Lyphard, Nozay,

Bouguenais, Les Touches. Ainsi qu'à Rieux, dans le Morbihan...

Si nous soupçonnons les membres de la famille G. d'être les auteurs de certains vols, nous n'en aurons jamais la preuve.

Notre plainte n'a pas abouti.

Le 13 juin 2013, Aurélie G. écope d'un simple rappel à la loi de la part du procureur de la République. Ce qui signifie qu'elle doit cesser ses activités illégales, sinon elle risque de se retrouver face à la Justice qui, cette fois, pourra éventuellement la sanctionner...

La dame ne se montre nullement intimidée et continue son business de plus belle :

« Bonjour je vien d'enménager en campagne et je recherche un gros chien et un petit chien (femelle uniquement) de 7 mois à 5 ans race axsepter : saint-bernard, bouvier bernois, terre neuve, staffie, rotweileur, americainstaff, mastiff, bouldogue français, chihuahua, yorkshire, dogue de bordeaux, dogue allemand, bouldogue anglais, autre faite proposition a donner ou prix resonable envoyer un e-mail merci [...] je peux me deplacer a 200 km maximum 44, 49, 56, 22, 29, 35, 36, 37, 41, 42, 85. la chienne doigt sentendre avec les autre chiennes et doit pas etre steriliser merci. »

Un peu plus tard : « Vends 3 chiots croiser cocker couleur noir oreille courte poil court 130 euros ager de 2 mois sevrer apeller au [...] le numero es long c normal aurelie. »

Et encore : « D'autre chiots vons arriver dans l'élevage petit prix tout le temps a venir chercher sur orvault urgent contacter par tel si sa ne marche pas esseyer un e-mail et laisser votre numero. »

À présent, Franck Verger est la seule personne qui puisse nous aider. À la Brigade des enquêtes vétérinaires et phytosanitaires, il gère le trafic des animaux de compagnie et, inutile de le préciser, il est débordé. Nous continuons à lui faire parvenir les éléments que nous recevons. Mais malgré sa compétence, son action se heurte aux décisions prises par le parquet.

Le procureur de Saint-Nazaire est plutôt frileux. Il va poursuivre Aurélie G., mais attend qu'une mise en demeure soit rédigée par la DSV de Loire-Atlantique. Vive l'administration française !

Fin novembre 2013, les gendarmes, eux aussi dépendants du magistrat, décident de reprendre le dossier à zéro, d'autant qu'ils réceptionnent de nombreuses plaintes concernant des vols de chats. Ils travaillent en « off », car le parquet n'est pas du tout enclin à les suivre.

Les annonces sont toujours publiées. Le dossier étant bloqué par la Justice, notre jeu de piste prend fin.

Plus de deux cents petits chiens blancs détenus dans des fosses

Lorsque les habitants de cette petite ville d'Eure-et-Loir passent sur la grande route, ils aperçoivent une succession de bâtiments typiques de l'élevage de poules en batterie. Mais beaucoup ignorent que dans le dernier hangar, le couple Martine et Philippe E. détient des chiens et que les femelles reproductrices sont attachées dans de petits enclos en contrebas, surmontés par une passerelle en béton.

Vingt-six ans ! Il aura fallu vingt-six ans pour que l'élevage de la « Croix Saint-Jacques » soit définitivement fermé.

C'est en 1998 que, pour la première fois, j'entends parler de ce lieu sordide.

À cette époque je travaille seule puisque, suite à un plan social, mes collègues Catie et Dominique ont été licenciées. Dans le petit local sur le refuge SPA de Brugheas où je viens d'être mutée, les dossiers s'empilent et il m'est impossible de faire face à toutes les demandes d'intervention qui me parviennent chaque jour.

Le témoignage de Monique D. est alarmant. Rédigé en mai 1997, il était destiné à une autre association qui, ne pouvant pas agir, me l'a envoyé.

Je suis victime de la réputation de la cellule anti-trafic. Beaucoup de gens pensent qu'il suffit de m'informer pour que cesse la maltraitance envers les animaux. Ils ne savent pas combien cela est difficile, parfois désespérant, combien je me sens souvent, malgré ma volonté, terriblement impuissante.

Ce que cette femme écrit dépasse toutes les horreurs dont j'ai eu connaissance :

« Les femelles vivent dans des fosses creusées dans le sol avec de la paille rarement curée, attachées par de grosses chaînes en fer et sans jamais voir le jour. Quand les chiennes ont des difficultés à mettre bas, l'éleveur les abat d'un coup de fusil. Apparemment aucun vétérinaire de la région ne veut avoir affaire à lui. J'ai su également que Philippe E. vendait ses chiens à un laboratoire, au poids. Il y a quelques mois, un incendie a détruit entièrement un bâtiment qui contenait des poules, les pauvres bêtes n'en ont pas réchappé. Une enquête a été effectuée par les gendarmes de Châteauneuf-en-Thymerais pour déterminer s'il s'agissait d'un incendie accidentel ou criminel. Le gendarme V. chargé des investigations a pu pénétrer dans le hangar où se trouvent les chiens et a été très surpris. Il a interrogé un employé qui lui a confirmé que les chiennes sont abattues au fusil en cas de problèmes lors de la mise bas. »

Bien que ce témoignage soit daté et signé, Mme Monique D. rapporte les propos que lui a tenus une éleveuse. Comme il peut s'agir d'un règlement de comptes lié à la concurrence, je demande à Pilar, une amie qui vit dans un département limitrophe, d'avoir la gentillesse de se rendre à l'élevage de la « Croix Saint-Jacques » au prétexte d'acheter un chiot.

Les époux E. publiant régulièrement des annonces qui mentionnent un grand choix d'animaux, ils ne se méfieront pas. Ils proposent à la vente, en plus des poulets, des dindes et des moutons, des chiens de race lhassa apso, pékinois, shih tzu, west highland terrier, cairn terrier, bichon maltais, bichon frisé et boxer.

Le compte rendu de la visite de Pilar conforte les dires de Monique D. :

« Les chiens sont enfermés dans un grand hangar sans fenêtre, donc en permanence dans l'obscurité. À ma grande surprise aucun n'a aboyé lorsque je suis entrée. Ils sont détenus dans des sortes de cuves ou fosses en béton, plus bas que le sol. Les boxes sont petits et entourés de parois en bois. Martine E. m'a présenté, en allumant une lumière au-dessus d'un enclos, une femelle boxer allaitant sa portée et des chiots sevrés. Aucune des chiennes que l'éleveuse m'a montrées n'a manifesté un signe de plaisir en me voyant. Certaines allaient se cacher, une était particulièrement maigre et semblait très apeurée. Il n'a pas été possible de visiter tout l'élevage. Cependant j'ai demandé à voir le père des chiots boxer. Deux mâles étaient détenus dans un petit enclos de 3 m^2 et derrière eux, dissimulées par de hautes parois et l'obscurité, se trouvaient les autres femelles en gestation. Sur le côté, enfermés également dans des boxes restreints, 4 boxers, environ 25 bichons et d'autres petits chiens adultes n'étaient pas disponibles à la vente. L'éleveuse m'a indiqué les garder pour la reproduction. J'ai eu l'impression horrible d'avoir en face de moi des animaux produits à la chaîne qui ne voient jamais la lumière du jour, ne sortent pas de cette prison et ne peuvent à aucun moment courir. J'ai demandé pourquoi les chiens n'avaient pas d'enclos extérieurs de détente ; l'éleveuse m'a répondu qu'ils risquaient de prendre froid s'il pleuvait !

Les chiots sont cédés sans papiers car, d'après Martine E., il y a en moyenne deux mâles pour dix femelles et il lui est impossible de surveiller et noter qui a sailli qui : cela se passant la nuit elle ne peut pas être présente en permanence ! Ils sont tatoués par son mari avant la vente au prix de 2 200 à 3 000 francs suivant la race.

Vous comprendrez qu'il est urgent que les services vétérinaires interviennent. »

Pilar a raison. J'ai trop peu d'éléments pour déposer plainte et, de toute façon, si le procureur ne la classe pas immédiatement sans suite, il demandera l'avis de la DSV. Aussi, j'écris le 17 juin 1998 au directeur des services vétérinaires d'Eure-et-Loir. Je n'obtiendrai aucune réponse à ce courrier.

Au mois de mars 1999, suite à une conversation téléphonique, Céline Ravenet, qui deviendra quatre ans plus tard responsable du refuge SPA d'Hermeray, m'adresse la photocopie du témoignage qu'elle a envoyé en septembre dernier au siège social de notre association. Elle s'est rendue sur l'élevage du couple E. Son rapport est éloquent ; il confirme les conditions de détention horribles des animaux et m'apprend qu'un employé vient les nourrir une fois par semaine. Le reste du temps, un système automatique distribue les croquettes qui tombent dans la paille souillée par l'urine et les excréments. Les chiens sont abreuvés de la même façon.

De son côté, Sophie M., qui dirige le service juridique de la SPA, m'informe qu'elle prend cette affaire en main. Elle dépêche un délégué-enquêteur sur le site en avril 1999, puis un inspecteur salarié, Jacky, fin 2000. Ce dernier, qui rejoindra la cellule anti-trafic en novembre 2002, constate qu'aucune amélioration n'a été faite sur l'élevage, malgré plusieurs signalements adressés à nouveau aux services vétérinaires.

Une plainte est enfin déposée en février 2001.

Ma collègue relance trois fois le parquet en 2003.

Je ne suis pas seule à m'impatienter, car les bénévoles du refuge d'Hermeray ne comprennent pas qu'une telle situation perdure ainsi. J'adresse au service juridique un nouveau rapport établi par Joëlle D. en date du 7 janvier 2004, ainsi que des photographies l'accompagnant. Devant le manque d'intérêt évident du procureur pour ce dossier, il faudrait saisir un juge d'instruction ou demander une citation directe. Quant à la DSV, inutile de compter sur la moindre compassion de sa part envers les animaux.

En mars 2004, Olivier L. me demande de lui transmettre toutes les informations en ma possession concernant les activités des époux E. Il appartient au G.I.R. 75. Les groupements d'intervention régionaux sont des services qui luttent contre la délinquance financière sous toutes ses formes et sont composés de gendarmes, de policiers, d'agents des douanes, des impôts, de l'URSSAF, ainsi que de l'inspection du travail. Les G.I.R. coordonnent également les missions de ces administrations.

Ayant appris par un ancien salarié de Jean-Pierre L., que Philippe E. a également travaillé pour le gérant de la plupart des animaleries du quai de la Mégisserie à

Paris, je me doute que c'est la relation entre ces deux hommes qui intéresse le G.I.R.

Philippe E. aurait négocié son départ en obtenant 100 chiots femelles.

Toujours dans l'attente d'une réponse, Sophie M. relance le parquet, puis l'avocat conseil de la SPA écrit en juin 2004 à la DSV et au procureur de la République pour insister sur l'urgence à intervenir dans cet élevage.

Un premier procès a lieu au tribunal correctionnel de Chartres le 6 janvier 2005. Les époux E. sont jugés pour travail clandestin.

Le 4 février, seule Martine comparait devant le tribunal de police de Dreux. Il lui est reproché : manipulation, entreposage ou vente de denrées animales ou d'origine animale dans des locaux non protégés contre les souillures ou toute source de contamination ; mise à disposition de local, terrain ou équipement en vue d'abattage rituel d'animal en dehors d'un abattoir ; abattage rituel d'un animal par un sacrificateur non habilité.

Par le délibéré rendu le 1er avril, Martine E. est condamnée à s'acquitter du paiement des amendes d'un montant total de 1 572 euros.

J'apprendrai un peu plus tard que les fonctionnaires de la DSV se sont rendus à plusieurs reprises chez le couple d'éleveurs et ont dressé des procès-verbaux. Ce n'est pas le sort de ces pauvres volailles qui les motive, mais l'atteinte à la santé publique. On ne mange pas de chiens en France, donc le silence sur leur détention aussi atroce qu'illégale est assourdissant.

En revanche, grâce à l'intervention de notre avocat, une information judiciaire a été ouverte concernant les mauvais traitements envers les animaux commis par un professionnel.

À 13 h 30, le 12 mai 2005, l'audience débute à Chartres, au tribunal correctionnel, et Philippe E. est assis sur le banc des accusés. Sur la longue liste des méfaits commis par le prévenu, concernant principalement son activité d'élevage de poules et de dindes, la Justice n'a pas oublié d'ajouter l'absence de certificat de capacité et la maltraitance clairement établie envers les chiens. Au cours du procès, les techniciens de la DSV font cependant état des importants travaux réalisés par l'éleveur et d'une mise en conformité progressive des lieux, ainsi que d'un meilleur respect des règles par son personnel. Le tribunal doit tenir compte de cette attitude, d'autant que les autorisations provisoires données par les services préfectoraux permettent un contrôle régulier des installations...

Les magistrats écoutent les recommandations de la DSV et « dans la voie de la régularisation et d'un respect scrupuleux de la réglementation, à titre d'encouragement les peines délictuelles seront assorties d'un sursis partiel et la peine complémentaire de fermeture définitive de l'exploitation ne sera pas prononcée ».

Lors du délibéré rendu le 30 juin, Philippe E. est condamné pour l'ensemble de son œuvre mortifère à six mois de prison avec sursis, 3 500 euros d'amende, et 400 euros à la SPA et à la fondation Brigitte Bardot reçues dans leur constitution de partie civile.

On peut naïvement penser que, bénéficiant d'une telle mansuétude, les époux E. vont enfin travailler différemment et apporter des conditions de vie décentes aux animaux qu'ils exploitent.

Bien que leur élevage soit en liquidation judiciaire en novembre 2007, je reçois encore des appels téléphoniques m'alertant sur la détention inchangée des chiens.

Cette situation incompréhensible est surtout intolérable. Il nous faut agir.

À son arrivée le lundi 7 avril 2008 à Tremblay-les-Villages, Jean-Michel trouve l'élevage fermé. La propriété entièrement clôturée et arborée se compose d'une maison d'habitation en préfabriqué, d'un abattoir et de cinq bâtiments agricoles longs d'une centaine de mètres.

Dès le lendemain matin, mon collègue retourne sur les lieux et gare son véhicule devant un hangar sur la porte duquel est inscrit sur un panneau en bois : « Élevage de la croix Saint-Jacques ». Ahmed, un des salariés de l'exploitation, vient à sa rencontre. Il est impossible de rentrer dans l'élevage des chiens, la patronne n'étant pas là. Jean-Michel lui propose de contacter cette dernière afin d'obtenir l'autorisation de visiter les locaux en son absence. C'est ainsi qu'il est autorisé, se présentant comme un acheteur potentiel, à pénétrer dans le bâtiment et à prendre des photos.

À l'intérieur, une centaine de chiens de petites races sont détenus dans le noir. Le bâtiment a une capacité d'accueil de plus de 400 chiens. Les adultes sont dans la rangée de droite en entrant. De la paille, qui fait office de litière, a été posée sur le sol en terre battue imbibée d'urine et d'excréments. On peut voir sur la gauche des chiots âgés entre 3 et 6 mois de race shih tzu, bichons et croisés, qui ne disposent d'aucune gamelle d'eau mais d'un récipient contenant de la viande hachée mélangée à la paille.

Vingt minutes plus tard, Martine E. arrive. Il s'agit d'une femme âgée de 45 ans environ, de forte corpulence, cheveux courts et yeux marrons. Elle se montre loquace avec Jean-Michel, lui expliquant qu'elle gère l'élevage canin depuis vingt ans et que son mari est responsable de la volaille. Il y a une décennie, elle a été victime d'un incendie criminel qui a ravagé les deux premiers bâtiments. Les chiots qu'elle vend sont tatoués par elle-même et les parents sont visibles sur le site. Auparavant, elle produisait dix à quinze races, mais à présent elle se limite aux bichons et shih tzu.

Confortée par les récents témoignages et l'excellente enquête de Jean-Michel, je dépose plainte le 23 avril 2008 contre Philippe et Martine E. en demandant une mesure conservatoire d'urgence au vu des conditions de détention catastrophiques des animaux.

À cinq reprises, dans les mois puis les années qui suivent, Pépita effectue des relances auprès du bureau d'ordre du tribunal de grande instance de Chartres, car nous sommes sans nouvelles. À chaque fois il lui est répondu que le dossier est bloqué à la DSV depuis le 8 septembre 2008. Malgré les rappels effectués par le tribunal, il n'y a toujours pas de retour. Son interlocuteur lui conseille de le rappeler plus tard : ils ont de gros soucis, lui dit-il, avec la DSV qui met parfois plus de deux ans pour rendre un rapport d'enquête. Deux dossiers concernant ces personnes sont en attente…

Afin de savoir si l'élevage est toujours en activité, Pépita téléphone en octobre 2010. Une femme lui répond avoir actuellement à la vente des bichons maltais ainsi que des croisés bichon et shih tzu au prix de 450 euros pour les femelles, de 420 euros pour les mâles. Elle se présente comme étant Martine E.

À moins d'un miracle, je ne sais pas comment sortir de cette impasse.

Et sans allumer de cierge ni réciter de prière, le miracle se produit un matin de janvier 2011, quand je réceptionne le courrier électronique de Sébastien G., qui a racheté l'entreprise des époux E. :

« Bonjour, je suis salarié d'une société qui a acheté, suite à une liquidation judiciaire, un site qui comporte 4 poulaillers de 600 m^2, un abattoir et un élevage de chiens normalement arrêté. Je dis bien normalement car, en réalité, l'activité continue de manière totalement clandestine. Je suis responsable de ce site dont j'ai pris possession le 13 septembre 2010 pour élever et vendre mes volailles et quelle surprise de voir que l'élevage de chiens continuait toujours alors qu'il avait été liquidé presque 2 ans auparavant (fin 2008). C'est un élevage de plus de 120 chiens de petites races type bichon.

J'ai rencontré l'ex-propriétaire qui s'occupe des chiens et je lui ai clairement fait comprendre qu'il était hors de question que je tolère ça sur mon site et de faire le nécessaire pour vendre et recaser ses animaux. Cette conversation a eu lieu mi-septembre.

Je lui avais donné un délai jusqu'à fin 2010 mais début 2011 elle n'a absolument rien fait.

Je me suis renseigné auprès des services vétérinaires mais du fait que ce soit dans mes locaux, la mise en demeure me serait adressée ! Un comble ! [...] Concernant l'élevage en lui-même, c'est un ancien poulailler abandonné qui a été compartimenté en une centaine de boxes où s'entassent des chiens qui n'ont jamais vu la lumière naturelle de leur vie !

Les animaux sont sur une litière en paille qu'elle se permet de curer et de vider devant mes bureaux.

Quand je vois les obligations que m'impose la DSV pour mes bâtiments de volailles, je suis scandalisé ! De plus, elle ne paie ni eau, ni électricité car les compteurs sont maintenant à mon nom, ça ne peut plus continuer.

Le site est basé dans l'Eure-et-Loir sur la commune de Tremblay-les-Villages.

Je vous laisse les coordonnées [...] pour plus amples informations. »

Je téléphone aussitôt. L'homme, d'un ton bourru, me fait part de son exaspération. Il compte sur la SPA pour libérer au plus vite le bâtiment dont il a besoin – et, ajoute-t-il, les animaux lui font pitié. Il fournit la paille gratuitement, sinon ces pauvres chiens vivraient sur le sol froid. Si seulement il avait la même compassion pour les poules qui seront inévitablement entassées à leur place.

Le 27 janvier, j'adresse un mail à l'avocate de notre association lui demandant de bien vouloir intervenir auprès du parquet, les fonctionnaires des services vétérinaires n'ayant toujours pas rendu leur rapport.

Le lendemain, Sébastien G. m'apprend qu'un homme l'a contacté, prétendant avoir racheté le cheptel des époux E. L'individu se prénomme Jean-Pierre et attend que l'éleveuse lui donne le nombre exact et le détail des chiens, ce qu'elle semble incapable de faire. Il espère pouvoir les prendre dans une quinzaine de jours, les chiots seront vendus dans ses animaleries parisiennes et il mettra les reproducteurs corrects dans ses deux élevages qui se trouvent dans les départements des Yvelines et de l'Oise. Il demande à Sébastien G. s'il connaît des refuges de protection animale dans la région où il pourrait abandonner les reproducteurs trop vieux ou malades.

Nous convenons d'un rendez-vous et le 3 février 2011, accompagnée de Julien, je suis devant le hangar n° 5. Sébastien G. nous invite à entrer, allume les néons... Nous sommes ébahis à la vue d'une multitude de petits chiens, en contrebas, qui tendent leur museau vers nous. Impossible de les compter, car ils se déplacent d'un box à l'autre, ceux-ci étant ouverts sur un côté. La scène est hallucinante et je mesure toute la différence qui existe entre écouter un récit appuyé par des photos et être visuellement confronté à la réalité.

Sébastien G. nous explique que l'abattoir des volailles du temps du couple E. était halal, qu'il a été contrôlé trois fois par la DSV pour son élevage de poules, mais que cette même DSV a refusé de contrôler l'élevage canin. D'après lui, les époux E., propriétaires d'hôtels et de restaurants, étaient très riches mais ont été victimes d'un arnaqueur. Il nous autorise à filmer l'endroit et nous invite à prendre notre temps :

l'éleveuse ne viendra pas car il lui a dit que les services vétérinaires venaient faire un nouveau contrôle. Quand il referme la porte derrière lui, je me retrouve face à toutes ces petites frimousses inquiètes, indifférentes ou suppliantes. Julien filme tandis que je prends un maximum de clichés. Comme je voudrais les emmener de suite loin d'ici ! Ce sont des chiens de différentes races (bichons, shih tzu, bouledogue français, jack terrier, spitz roux, cavalier King Charles), de nombreux petits croisés et quelques chiots.

À droite, dès l'entrée, sur le bureau de Martine E., je trouve des documents en vrac. Je prends des notes à partir du registre entrée-sortie qui n'est pas à jour et me paraît vraiment fantaisiste. Dans un courrier non daté, Jean-Pierre L. a établi la liste des 18 chiens lui appartenant qu'il a mis en pension. En fait, ils sont en métayage, mais il a pris ses précautions au cas où la DSV interviendrait...

Je demande à monsieur G. s'il peut me photocopier ce document et il me répond que je peux emporter ce qui est utile pour la Justice. Il est chez lui et si les chiens, d'après la DSV, sont sous sa responsabilité, les dossiers lui appartiennent aussi.

En quittant les lieux, j'ai le cœur lourd, mais je sais que nous reviendrons. Sur le chemin du retour, un silence pesant règne dans la voiture. J'aimerais discuter avec Julien sur ce que nous venons de vivre, mais il me répond de façon laconique et je ne parviens jamais à savoir ce qu'il pense vraiment. Autant avec mes autres collègues il est aisé d'échanger nos points de vue, avec lui je suis renvoyée au mutisme. Pourtant, parler soulage un peu le chagrin. Avec un tel coéquipier, je pèserai bientôt une tonne… Peu importe, les photos, la vidéo et les documents vont nous permettre de passer outre l'avis de la DSV, d'autant que Sébastien G. menace de louer un camion pour transporter puis décharger tous les chiens devant la préfecture.

De retour à Vichy, j'étudie les notes que j'ai prises sur le registre entrée-sortie et je relève de nombreuses anomalies. Les animaux de Martine E. sont tatoués et beaucoup de matricules sont inconnus. Plusieurs chiennes sont déclarées cédées deux fois et Couette, femelle shih tzu, a été vendue quatre fois en 2010. Des chiens sont décédés suite à des bagarres… Quant aux 18 animaux appartenant à Jean-Pierre L., ils sont identifiés par une puce électronique qui indique leur provenance : Slovaquie, Hongrie, République tchèque, Pays-Bas. Ils appartiennent aux animaleries « La perruche bleue » et « Au paradis des oiseaux », sauf un chihuahua et une femelle shih tzu répertoriés au nom d'un élevage dans l'Oise et d'un autre en Normandie, tous deux défavorablement connus de notre service.

L'élevage n'étant plus officiel, il faudra faire appel à la gendarmerie après la décision du parquet. Une fois de plus, Franck Verger, de la Brigade nationale des enquêtes vétérinaires, qui a reçu le dossier, vient à notre secours. Il contacte le procureur de la République, la gendarmerie de Châteauneuf-en-Thymerais et la DSV, qui lui confirme avoir fait une visite chez Martine E. fin janvier 2009, avoir constaté que l'éleveuse noyait certains chiots âgés de 2 mois, et avoir établi un rapport catastrophique, sans dresser de procès-verbal pour autant (et sans le retourner au parquet).

Trois jours plus tard, Mme Pauline A. de la DSV m'informe que la saisie des chiens va avoir lieu : il faut attendre la confirmation de la date.

Le 21 février 2011, à 7 h 30 du matin, dans les locaux de la gendarmerie, après le débriefing habituel, nous attendons le départ. Arrivés devant l'élevage vers 8 heures, les militaires et les trois fonctionnaires des services vétérinaires pénètrent dans les lieux tandis que les salariés de la SACPA et nous-mêmes sommes priés d'attendre au bord de la route. Une heure interminable s'est écoulée quand nous recevons le feu vert pour la saisie des chiens qui prend fin à 13 heures ; 224 chiens arrachés à l'enfer vont enfin connaître une vie meilleure.

Sur une petite table installée à l'entrée, ma collègue du service juridique vérifie le tatouage ou le transpondeur électronique de chaque chien apporté par les salariés de la SACPA. Ce sont des professionnels qui manipulent les animaux avec douceur. Les chiens sont craintifs, mais peu montrent d'agressivité.

Pendant toute la durée de l'intervention, les techniciens de la DSV se tiennent les bras croisés, surveillant l'opération, l'air hautain. Seule Pauline A. inscrit le matricule des animaux sur un registre CERFA. Les divers documents de l'éleveuse posés sur le bureau à trois mètres d'eux ne les intéressent pas, ni les médicaments, ni le contenu du frigo et du congélateur. D'ailleurs Martine E. vient tout récupérer vers 11 heures sans être inquiétée.

Sébastien G. m'explique discrètement qu'il est furieux car la saisie a failli ne pas avoir lieu, la DSV ne constatant aucune maltraitance. Il a dû une fois de plus menacer Pauline A. de déposer les chiens devant la préfecture.

Cette dernière tient un double discours, m'affirmant qu'« il est normal de fermer ce site car les refuges de protection animale sont contrôlés, donc il faut être juste ».

Il ne reste plus qu'un gros sac de croquettes dans le bâtiment. De nombreuses femelles attendent des petits et beaucoup de naissances ont eu lieu depuis notre venue le 3 février. Des chiots sont nés la veille de la saisie. En attendant que la SPA en obtienne la garde définitive, tous les animaux sont acheminés dans les locaux de la SACPA. Trois chiennes mettront bas dans la nuit.

Je n'oublierai jamais toutes ces petites bêtes, sans défense, réfugiées dans les bras de leurs sauveteurs, légères comme un fétu de paille, ne comprenant pas, mais confiantes malgré tout. Comment peut-on martyriser ainsi une telle innocence ? Et comment la DSV peut-elle affirmer que cet élevage ne présente aucun problème de maltraitance ?

Les certificats établis par les vétérinaires le lendemain de la saisie attestent des problèmes suivants : cataracte bilatérale, entropion de l'œil, dents entartrées, alopécie de la queue, hernie inguinale, luxation, ergots trop longs entrant dans la chair, cristallin luxé et opaque, boiteries, ulcères cornéens, prognathisme, keratoconjonctivite, mammite, infection oculaire, pyodermite généralisée, otite, écoulements vaginaux sanguinolents, plaies sur le corps, luxation de la glande de Harder, présence de vers dans les selles, pertes de pièces dentaires, chiens très peureux...

Julien a filmé une partie de l'intervention que la SPA met en ligne sur son site internet. Un communiqué de presse est relayé par *La République du Centre* :

« Eure-et-Loir : 224 chiens maltraités confisqués à leur éleveur. Une saisie massive de chiens de race a eu lieu lundi dans un élevage canin de Tremblay-les-Villages. Alertée par la SPA, la gendarmerie a mis la main sur 224 animaux victimes de maltraitance. »

Ils ne seront plus que 218 placés à l'adoption dans nos refuges, six d'entre eux étant décédés, dont la chienne la plus âgée après une énième mise bas.

Mi-mars 2011, Sébastien G. m'apprend que trois cadavres de chiots ont été trouvés par un employé qui dégageait un tas de fumier entreposé derrière le hangar, et que Jean-Pierre L. est venu récupérer le matériel restant sur place, gamelles, lampes à infrarouge, le sac de croquettes.

Le mercredi 6 avril, le procès est prévu à 16 heures en correctionnel, au tribunal de grande instance de Chartres. Julien et moi attendons l'ouverture de l'audience quand les époux E. accompagnés de Jean-Pierre L. viennent s'asseoir en face de nous. Afin d'éviter une confrontation qui serait très mal vue des magistrats, nous sortons dans la rue.

Le procès est reporté car Philippe E. a demandé une mise sous tutelle qui doit être étudiée par le tribunal. Quant à Jean-Pierre L., il réclame les 18 chiens mis « en pension » lui appartenant... et la procureur lui répond qu'il va donc, lui aussi, être poursuivi pour mauvais traitements.

Il est absent lors de l'audience du 15 juin 2011 : il a renoncé à récupérer ses chiens.

Plusieurs associations de protection animale se sont constituées partie civile et leurs avocats sont prêts à plaider pour la fondation Brigitte Bardot, la fondation 30 millions d'amis, la fondation Assistance aux Animaux et l'association Stéphane Lamart.

Martine et Philippe E. nient toutes les accusations de mauvais traitements envers les chiens. Éleveurs depuis vingt-cinq ans, ils n'ont jamais eu de problème avec la Justice et, bien évidemment, ils aiment les animaux…

À la demande du président, je suis entendue comme témoin à la barre.

Les réquisitions de Mme Goerens, procureur, sont un émouvant plaidoyer : « Je suis le porte-parole des chiens. Je poursuis en leur nom. Eux aussi sont la vie. Ils souffrent, ont peur, geignent comme nous. Les chiens sont aussi d'un grand secours à de nombreux humains, guide pour les aveugles, chiens de décombres, de handicapés, de personnes seules… »

Ses paroles me font un bien fou. Il existe donc une justice pour les plus vulnérables entre tous, ceux qui sont à notre merci : les animaux. À la fin de l'audience, je ne peux m'empêcher d'aller discrètement la remercier.

Lors du délibéré prononcé le 18 août, aucun appel n'ayant été interjeté, le tribunal suit les réquisitions de la procureure. Philippe E. est condamné à six mois de prison ferme et 2 000 euros d'amende, sa femme à six mois de prison dont trois avec sursis et 1 000 euros d'amende. Les deux individus ont l'interdiction d'exercer l'activité d'éleveur pendant cinq ans, mesure assortie d'exécution provisoire. Les chiens saisis sont remis à titre définitif à la SPA et le couple doit s'acquitter de la somme de 48 154 euros auprès de notre association au titre des frais engagés : hébergement, soins, alimentation, entretien, frais de matériel et de personnel.

Les associations de protection animale recevront 1 000 euros pour préjudice moral et 400 euros au titre de l'article 474-1 du Code de procédure pénale.

Aujourd'hui encore, si je rencontre un petit chien blanc qui se promène et semble heureux avec ses maîtres, je me dis qu'il est peut-être né dans cet endroit sinistre, là-bas, à Tremblay-les-Villages.

17 JANVIER 2012

Il est presque 6 heures dans le matin glacial. Cela fait dix minutes que nous sommes à l'intérieur de la voiture, engourdis par le froid. Impossible d'allumer le chauffage sans faire tourner le moteur et risquer de réveiller les clients de l'hôtel. Mes collègues, répartis dans quatre fourgons, sont comme nous : proches de l'hypothermie. L'arrivée des gendarmes met fin à notre attente et le cortège des véhicules démarre lentement dans l'obscurité de la nuit qui s'achève. Nous traversons les campagnes aux terres gelées et des villages encore endormis. Après une demi-heure de route, le convoi s'arrête devant une boulangerie qui vient d'ouvrir. Deux gendarmes en ressortent les bras chargés de croissants chauds. La prochaine étape sera dans leurs locaux pour le débriefing avant l'intervention.

Le jour s'est levé lorsque nous pénétrons dans la cour de la gendarmerie de Saumur. Une trentaine de personnes est présente : un représentant de la DDCCRF, Franck Verger, technicien de la BNEVP, les enquêteurs de la Brigade de recherches aidés de leurs collègues des gendarmeries du secteur, deux membres de la cellule anti-trafic, la responsable du service juridique de la SPA, quatre salariés de la SACPA et deux fonctionnaires de l'incontournable DSV (rebaptisée DDPP). Café et viennoiseries nous sont offerts et directives données. Puis les gendarmes nous conduisent sur un parking éloigné de l'élevage d'un couple : Arnold B.

et Magali B. C'est la même procédure à chaque saisie judiciaire. Nous devons attendre la fin des perquisitions et des éventuelles mises en garde à vue avant d'accéder aux animaux. Je suis inquiète, car je sais que les agents de la DSV n'ont pas les mêmes critères que les nôtres sur la maltraitance animale. Vont-ils minimiser les faits une fois de plus ?

L'appel téléphonique des autorités trois heures plus tard nous donne le feu vert. C'est, pour moi, la récompense de presque deux années de travail et le moment le plus émouvant. Nous allons enfin pouvoir sortir ces animaux d'un quotidien qui n'est que souffrance.

Nous ouvrons le dossier en août 2010, à la réception d'un témoignage très étayé provenant d'une stagiaire employée sur l'élevage qui s'intitule alors « Le clos des loups », situé dans la Sarthe :

« Ce que j'ai pu voir est inadmissible et relève de la maltraitance animale. Chez Arnold B., les chiens sont stockés dans différentes sortes de boxes que je vais vous décrire. Il y a tout d'abord les soues à cochons. Pour que vous visualisiez un peu mieux, je vais vous décrire chacune d'elles. Il y en avait une séparée en deux par des planches de contreplaqué qu'il fallait visser et dévisser pour accéder à la seconde partie, ce qui donnait deux minuscules boxes dans lesquels il y avait devant trois shih tzu et derrière une bouledogue.

À côté, suivant le même schéma de la soue séparée en deux afin de créer un espace extrêmement restreint, il y avait derrière deux cockers anglais et devant un shar-pei. Puis trois autres soues contenant trois boxers, quatre bassets hound et trois braques de Weimar. Les petites ouvertures de ces soues à cochons étaient bouchées par des pierres, ce qui laissait les chiens en permanence dans la pénombre. Ensuite il y a une dépendance sans aucune entrée de lumière avec deux shih tzu dans le noir total en permanence et une chaufferie tout aussi sombre contenant... huit boxers. Il y avait aussi un tout petit box à ciel ouvert avec juste une plaque de tôle inclinée contre le mur contenant deux lhassa apso à côté du portail. Puis toute une série de petits boxes en parpaings sur lesquels Cédric, son ancien employé, avait trouvé à mettre misérablement quelques plaques de tôle sur le coin en guise de seul toit. Le sol étant légèrement incliné vers l'intérieur, l'eau, les déjections et toute la saleté s'accumulaient et il était impossible de complètement nettoyer. En face, se trouvait un genre de bâtiment fait de boxes en contreplaqué. L'urine de ces pauvres chiens entassés entre quatre planches s'imbibe dans les parois de ces cages en bois et une odeur très forte se dégage de ce lieu. La maternité/nurserie est faite de petits boxes en planches vissés les uns aux autres dont les vis dépassent de partout ce qui est très dangereux pour les animaux mais également pour le personnel (les cicatrices de Cédric peuvent en témoigner). Dans cette nurserie sont entreposées quelques cages de transport dans lesquelles des chiens vivent ! Arnold B. les détient là car il n'a plus de place. À côté de cet endroit se trouve un chalet rempli d'objets et de saletés en tous genres. La chaleur y est étouffante et c'est ici qu'il met ses chartreux. Les chats n'étaient pas nourris tous les jours, ils étaient affamés et les litières débordaient d'excréments. La salle de bains, une pièce tout aussi dégueulasse que les parties chenil, servait de maternité aux chats.

Dans le couloir de la maison il y avait aussi quelques chats de différentes races dont un persan qui avait des écoulements orange sur tout son visage. Son pelage n'était plus que boules de poils, dures comme de la pierre et grosses comme un poing qui tiraient tellement sur sa peau toute tendue qu'il peinait à se déplacer. Inutile de vous parler de l'état de leurs litières.

Maintenant je vais vous rapporter certains propos qu'Arnold B. m'a tenus. Concernant les chiens détenus dans le noir, il prétend que c'est bon car cela les fait stresser et le stress peut déclencher les chaleurs ce qui permet une meilleure productivité. Pour ce qui est du nombre de chiens autorisés, Arnold B. me tient des propos de magouilleur vis-à-vis de la DSV. Il m'a clairement dit que lorsqu'on était éleveur, il était très facile d'entuber ces fonctionnaires et qu'il fallait être plus malin qu'eux. Ainsi, il m'a donné un exemple, je cite : "Quand tu as une autorisation pour 150 chiens, tu en prends 300 et tu fais deux registres entrées et sorties. Comme ça, quand tu as un contrôle, tu n'en présentes qu'un et ça passe." Il se vante beaucoup d'avoir énormément de chiens chez des amis, des collègues, de la famille. [...] Du fait de mon âge, cet homme a sans doute pensé qu'il pourrait me formater et me bourrer le crâne de toute cette crasse, ce qui fait qu'il m'a parlé comme ça très naturellement et avec beaucoup de fierté. Il rappelle sans cesse qu'il doit produire, produire, toujours plus produire pour honorer les contrats qu'il a dans de nombreuses animaleries. Il ne voit de l'élevage que le côté lucratif et cite régulièrement certains de ses chiens en disant "ça, ça va dégager, ça produit pas assez". Aussi, la plupart de ses animaux ont des problèmes de peau, des plaques, des démangeaisons, des croûtes. [...] Certains chiens étaient atteints d'un champignon dû à l'humidité. Les tatouages de ses chiens ne sont pas nets non plus. [...] J'ai oublié de préciser que les chiens qu'il détient ne sortent absolument jamais de l'enfer de leurs boxes et ne voient donc que les quatre murs qui les enferment et leurs copains de galère (sauf le temps des saillies où ils vont dans un box encore plus miteux et sale). [...] J'espère ne rien avoir oublié. [...] Merci de vous pencher sur le cas de ce pourri ! »

Nous avons obtenu ce témoignage daté et signé par l'intermédiaire de la présidente de l'association « Boxer'Ami », qui nous informe le 23 août que le couple B. a récemment quitté les lieux en laissant des animaux dans les locaux qu'il louait. Elle nous donne les coordonnées de la propriétaire que nous tentons de joindre.

Ce n'est qu'en septembre que nous y parvenons. Nous recevons alors la photocopie du courrier qu'elle a adressé début juin à la DSV. En voici quelques extraits :

« Pour commencer, il était prévu que ce monsieur installe ses chiens en dehors de la partie habitation dans des boxes de taille correcte fabriqués par ses soins et c'est d'ailleurs pour cette raison que je lui ai loué la maison. Au mois de mars, à la deuxième visite, les chenils n'étaient toujours pas faits et les chiens enfermés dans des soues à cochons dans le noir permanent. Quand Arnold B. a ouvert l'une des portes, une dizaine de chiens apeurés clignaient des yeux à cause de la lumière du jour. À la chaufferie 10 boxers d'une maigreur infernale étaient entassés dans leurs excréments. Dans la salle de bains où je me suis rendue avec son autorisation, derrière la porte dans le noir se trouvaient des chatons et leur mère apeurés. Ce monsieur me paie le loyer en liquide quand il y pense et sort de sa poche une grosse liasse de billets. [...] Donc à ce jour, je vous demande de faire le nécessaire pour ces animaux. »

Je vous fais grâce de la réponse laconique reçue plus d'un mois après.

L'association « Boxer'Ami » a prévenu la gendarmerie qui doit intervenir le 25 août au matin pour retirer les animaux encore sur place, mais lorsque nous téléphonons, un gendarme nous apprend qu'Arnold B. est présent dans leurs locaux pour déposer plainte pour le vol des dix boxers restés sur les lieux. Il n'y a plus aucun animal à Précigné. Une association est passée par là.

Les gendarmes, plus intéressés par le vol de ces chiens que par leur condition de détention ignoble et illégale, tentent d'obtenir des informations de notre part. Nous avons toujours donné le maximum de renseignements aux enquêteurs de police, douane, gendarmerie, car sans eux nos plaintes n'aboutiraient jamais. Mais cette fois, il n'est pas question de trahir des amis qui n'ont pas volé les chiens mais les ont délivrés. L'essentiel pour nous est de retrouver le couple d'éleveurs.

Arnold et Magali B. déménagent souvent. Avant de s'installer à Précigné en janvier 2010, ils ont demeuré à Beaufort-en-Vallée. Lui avait créé une entreprise de cuisine aménagée, mais a fait faillite après avoir escroqué plusieurs personnes. Elle travaillait comme femme de ménage à l'hôpital. Puis les époux se sont lancés dans l'élevage en 2006, en s'installant à Bocé, dans le Maine-et-Loire, où ils ont eu des problèmes avec un voisin, de nombreux chiens morts attirant les rats.

C'est dans ce département qu'ils reviennent après avoir quitté la Sarthe, où, je l'apprendrai plus tard, la DSV avait commencé à s'occuper de leur activité illégale.

Nous les localisons en septembre 2010 grâce au témoignage d'une jeune femme en stage sur « L'Élevage du bois de Cheviré » géré par Chantal M. Le couple B. sévit alors à Neuvy-en-Mauges. Une amie leur a fait une place sur le domaine qu'elle loue. J'ouvre une parenthèse car je connais bien Chantal M., leur chère amie. Elle aussi a la bougeotte.

Remontons dans les années 2000.

Patrice et moi avions effectué de nombreuses surveillances autour d'une belle et vaste propriété appartenant au vétérinaire d'origine brésilienne, Mauricio B. Il possédait un élevage de chiens qui n'était pas catastrophique, mais importait illégalement des chiots de toutes les races et des chatons de République tchèque. Après un dépôt de plainte classé sans suite dans un premier temps (la DSV ayant rendu un rapport favorable), la saisie de 118 animaux avait eu lieu le 8 novembre 2005, chez lui, à Montigné-lès-Rairies. Soixante-dix gendarmes avaient pénétré sur les lieux au petit matin tandis qu'un hélicoptère survolait la propriété : le grand jeu pour un gros gibier. Son fournisseur et associé ne s'attendait pas à trouver un tel comité d'accueil alors qu'il venait livrer des animaux. Alexander V., gérant de la société « Zoo Kontakt », possédait également un site en Slovaquie. Cet ancien colonel de l'armée slovaque était brutal mais son bras droit, un certain Miroslav, était un fou furieux qui maltraitait les chiens et leur injectait des piqûres d'un antibiotique destiné aux bovins, porcins, équins et ovins, pour les endormir pendant le transport. Alexander V. avait l'intention de rapatrier des femelles en gestation en France afin que les chiots naissent dans l'Hexagone, puis de réexpédier les mères en République tchèque et en Slovaquie. Il fut condamné, ainsi que Mauricio B., en mars 2010... ce qui n'empêcha pas le Slovaque, après avoir respecté l'interdiction d'importation pendant cinq ans, de poursuivre son activité très lucrative, ce commerce lui assurant un revenu mensuel entre 10 000 et 15 000 euros. En février 2008, lors d'un tournage en Tchéquie avec le journaliste Stéphane Haussy, j'eus la confirmation qu'il fournissait des chiots et des chatons en Espagne et chez des trafiquants que nous connaissions, dont l'un qui officiait à Bar-le-Duc, dans la Meuse. Quant à Mauricio B., il cessa définitivement son activité et expliqua à Chloé Vienne venue l'interviewer en 2010 combien la technicienne de la DSV du Maine-et-Loire l'avait conforté dans ce business délictueux. D'un ton assuré, me regardant dans les yeux, il m'avait affirmé être un repenti.

C'est en août 2009 que je découvre l'existence de Chantal M., qui a installé son activité de zoothérapie sur une partie du domaine du repenti.

Déclarée famille d'accueil, cette enseignante hébergeait auparavant des adolescents en difficulté dans sa maison de Saint-Laurent-du-Mottay, où elle avait déjà un élevage de chiens non déclaré, avant d'obtenir l'agrément de la PJJ (protection judiciaire de la jeunesse). Le but de son association « Au paradis des ânes » est d'éduquer et de canaliser la violence des jeunes délinquants en perdition par le contact avec des animaux. Le lieu qui servait à stocker les chiots d'importation de Mauricio B. est devenu une ferme pédagogique de 2,5 hectares, composée d'un bâtiment d'habitation contenant des chambres, des locaux techniques, un bureau, une salle commune, etc. Un bâtiment abritant douze boxes pour chevaux se trouve dans la continuité de l'habitation, un autre est destiné à accueillir des poneys et des ânes. Enfin, un hangar est censé abriter le foin. Ce projet, très sympathique sur le papier, se révèle un véritable fiasco. Je découvre avec stupéfaction l'inconcevable réalité à la lecture de témoignages adressés par trois éducateurs à la SPA :

« 20 août 2009, mesdames, messieurs, j'atteste sur l'honneur l'exactitude des faits suivants concernant "Le Paradis des Ânes" situé à Montigné-lès-Rairies et géré par Chantal M. J'ai travaillé pour le compte de Chantal M. du 4 avril 2007 au 19 mars 2008 en tant qu'éducateur et j'ai constaté de très nombreux problèmes sur le plan de la gestion des animaux et aussi sur la gestion des jeunes que la justice lui confie. [...] Le but de cette association est d'apprendre à ces jeunes à connaître, soigner et respecter les animaux pour, a fortiori, respecter la vie et reprendre confiance en eux. [...] De très nombreux animaux vivent donc sur place, ou plutôt devrais-je dire essaient de survivre. [...] Tout d'abord une multitude de chats, non stérilisés, non vermifugés, non vaccinés, non tatoués qui vivent tant bien que mal dans un endroit rempli de déjection dans tous les coins.

Certains sont malades ou blessés mais ne voient jamais le vétérinaire.

Des oiseaux de basse-cour meurent régulièrement et n'ont pu bénéficier qu'une seule fois de granulés de vermifuge. Quand j'en réclamais à Chantal M., la réponse était : "Je vais pas faire des kilomètres pour vermifuger des poules, des dindes et des canards !"

Une trentaine de chèvres étaient sur place avec de nombreuses blessures aux pattes, des abcès, des plaies ouvertes et même des fractures. Elles n'ont jamais vu le vétérinaire malgré mes demandes et celles des jeunes. Elles étaient toutes très maigres et au moment des naissances, c'était l'hécatombe.

Sur 15 naissances 3 ou 4 chevreaux passaient la première semaine. Malgré les réclamations de tout le monde Chantal M. refusait d'appeler le vétérinaire et quand les jeunes trouvaient un chevreau qui pleurait de douleur, ils lui amenaient pour qu'elle le voit et réagisse, en tous cas, ils l'espéraient. Sa réponse était "laisse-le dans la boîte, fous le dehors, demain il sera mort" et forcément ils insistaient et, là, elle hurlait "c'est mes animaux, je fais ce que je veux avec". Une jeune a donc pris la décision d'abréger leur souffrance en les étouffant. Et les cadavres jonchaient le sol pendant plusieurs jours jusqu'à ce que Madame trouve le temps de les balancer dans les fossés, elle me demandait de le faire mais je refusais catégoriquement, ou alors je les enterrais quand j'avais encore un peu de courage.

Quand je lui disais que ce qu'elle faisait était interdit et qu'il fallait appeler l'équarrisseur, sa réponse était : "Mais oui, je vais payer l'équarrisseur pour des chèvres, mais t'es pas bien toi !"

Deux chevreaux que la mère ne voulait pas allaiter ont été nourris au biberon par les jeunes pendant deux mois. Ces chevreaux étaient devenus comme des petits chiens et jouaient avec eux ; ils étaient devenus les mascottes, les jeunes prenaient leur alimentation et leur éducation très au sérieux.

C'étaient leurs bébés comme ils disaient, on y était au but recherché, ça faisait plaisir à voir mais évidemment, Chantal M. en a eu marre de les avoir dans la cour toute la journée et a exigé qu'ils repartent avec les autres à l'extérieur. On lui disait que si les autres n'étaient pas vermifugés avant, ce n'était pas raisonnable, ces jeunes chevreaux allaient mourir comme les autres. Sa réponse "c'est moi le patron ici", donc, comme prévu, quelques semaines après la petite femelle est morte et la réponse de Chantal M. fut "septicémie, c'est la nature" !

Enfin une trentaine d'ânes et quelques chevaux vivent aussi sur place, les soins apportés à ces animaux étaient également inexistants. [...] Notamment Noisette avec une plaie énorme sur un antérieur. [...] Ou encore Duchesse, une ânesse avec des sabots très fragiles qui deviennent comme des éponges dans l'humidité, à tel point que l'animal ne marchait quasiment plus ou mettait une demi-journée pour aller à l'abreuvoir. En 2007 je l'avais rentrée contre la volonté de Chantal M. pour qu'elle ait les pieds au sec et j'avais fait du forcing pour qu'elle soit vue par le vétérinaire qui venait pour soigner Maya, sa chienne saint Bernard (sa préférée). Le docteur B. a prescrit des antibiotiques et des vitamines et a conseillé de laisser Duchesse au sec en lui donnant un traitement journalier pour que la corne qui repousse au niveau des sabots soit saine. Elle avait trop souffert et ne voulait plus marcher. Au bout d'une semaine, les sabots ayant durci, nous avons commencé sa rééducation avec les jeunes qui ont pris le problème très au sérieux et ont soigné l'ânesse de façon exemplaire. Mais bien évidemment l'animal est reparti dans la boue et aujourd'hui, on peut encore voir un âne seul dans le pré, très amaigri qui met un temps interminable pour se rendre à l'abreuvoir.

Encore, une tortue de Floride vit dans un abreuvoir à chevaux, dans de l'eau croupie, alors que je lui avais proposé de lui faire, avec les jeunes, un joli petit parc avec un bassin, des galets, mais sa réponse était "c'est pas ça qui va faire avancer les travaux". Aujourd'hui les travaux sont finis et les animaux vivent dans les mêmes conditions.

Quand des poussins naissaient, elle les enfermait dans un box à chevaux sans lumière, sans verdure, sans nettoyage. "Qu'ils meurent là ou dans une casserole, je ne vois pas la différence", affirmait-elle.

Au début elle possédait 3 chiens dont une femelle boxer qui passait sa vie dans un box au prétexte qu'elle était dominante. [...] Je la sortais le plus souvent possible et cela déplaisait à Chantal M. "De quel droit tu prends la décision de sortir mon chien, tu te crois le patron ici !" Puis cette chienne a été opérée d'une tumeur mammaire et remise dans son box dégueulasse. La plaie s'est infectée et 3 jours après elle l'a fait euthanasier.

En ce qui concerne son incapacité, à mon avis, à gérer ces jeunes, je vais argumenter et je reprécise qu'ils sont placés par la protection judiciaire de la jeunesse, j'insiste sur le mot "protection".

Tout d'abord, elle a présenté un projet bien ficelé avec un suivi de qualité pour chaque jeune, des activités éducatives... et quand je lui rappelais qu'elle devait s'y conformer et ne pas faire juste une garderie pour ces jeunes, sa réponse était : "Bah ça, c'est sur le papier. Maintenant j'ai l'agrément, je fais ce que je veux, je suis chez moi, c'est moi le patron ici." Lorsque je lui demandais de discuter avec certains jeunes qui en terrorisaient d'autres, sa réponse était "ils se débrouillent", et parfois même "il est idiot celui-là, c'est un plouc". [...] Je devais m'occuper des travaux de rénovation, des animaux et des jeunes. Au départ cela marchait plutôt bien, les jeunes étaient contents de leur travail et apprenaient à rénover et aussi à connaître les différents animaux, mais au bout d'un certain temps ils ont demandé à sortir pour souffler un peu. Aller au cinéma, boire un verre en ville, mais Chantal M. refusait au prétexte qu'elle n'avait pas de monnaie et qu'ils n'étaient pas là pour ça. Moi, je devais pallier à leur crise de nerfs après les refus, le harcèlement et le rythme de travail que leur imposait cette personne totalement incompétente. [...] De plus, il y avait parfois du cannabis et quand je l'en informais, elle disait "bah, je fais quoi ?" et elle ne faisait rien, préférant que les jeunes soient chez elle car, comme elle me l'a dit plusieurs fois "je ne fais pas ça pour la gloire", mais bien évidemment pour l'argent. [...] Je précise également que pendant cette période Chantal M. était en arrêt maladie pour dépression, cependant elle passait ses journées soit à nous prendre la tête, soit à traîner et dépenser l'argent de l'association. C'est ce qu'on appelle une belle arnaque.

Aujourd'hui elle possède une cinquantaine de chiens qui vivent dans les boxes à chevaux. Elle fait donc de l'élevage canin alors qu'elle n'a pas d'autorisation préfectorale. [...]

Ci-joint le premier courrier adressé au procureur d'Angers en avril 2008, les photos qui ont été données aux gendarmes, une copie de ma plainte datée de juillet 2008 avec son classement sans suite. Il y a non seulement des animaux maltraités mais aussi des jeunes en difficulté. C'est pourquoi nous sommes amenés à faire cette diffusion de témoignages que nous envoyons à une multitude de services pour que, nous l'espérons, quelqu'un s'occupe enfin de faire la lumière sur la structure et sur cette personne complètement incompétente qui a trouvé le bon filon pour se payer sa propriété, merci aux contribuables. Pendant ce temps des animaux souffrent et meurent derrière les murs et les jeunes sont un peu plus abîmés chaque jour, la honte du système judiciaire du département.

Mesdames, messieurs, j'espère sincèrement que ces témoignages vont retenir votre attention et qu'enfin les bonnes décisions vont être prises car aujourd'hui, malgré les tentatives multiples d'alerter les institutions compétentes, rien ne se passe. »

Les éducateurs envoient leur courrier aux ministères de la Justice et de l'Agriculture, au procureur général et au doyen des juges d'instruction d'Angers, à la direction des services vétérinaires du Maine-et-Loire, au préfet de région, au président du conseil général et à celui du conseil régional, à la DDASS, aux journalistes du *Courrier de l'Ouest* et de *Ouest France*, ainsi qu'à la SPA.

Lors de leur enquête, Patrice et Sandra rencontrent Mme Clément, maire de Montigné-lès-Rairies, qui a fait le nécessaire pour que les jeunes délinquants soient retirés et depuis le 5 mars 2010 : il ne reste que les animaux sur le site. Mme Clément ne veut pas d'animaux maltraités sur sa commune et nous propose son aide.

Quant à Chantal M., elle a fait prospérer son élevage de chiens : mes collègues en comptabilisent une soixantaine sur l'exploitation, ainsi que des chevaux et des ânes… tous dans un état lamentable.

Ayant vérifié les neuf témoignages reçus et après avoir rencontré madame le maire, qui nous confirme leur véracité, je dépose plainte auprès du parquet de Saumur en demandant qu'une mesure de saisie conservatoire d'urgence de tous les animaux soit prise.

Après avoir vendu les chèvres et les volailles, Chantal M. finit par déménager en emportant les chiens, mais en laissant sur place les équidés ainsi que de nombreux chats faméliques et malades que des associations de protection animale locales récupèrent avec beaucoup de difficulté.

Ses pérégrinations incessantes ne sont pas terminées pour autant.

Alors que la saisie de 47 chiens doit intervenir le 17 décembre 2010 au matin à Saint-Laurent-du-Mottay, l'adjudant de gendarmerie nous informe que

Chantal M. les a évacués dans la nuit et que, placée en garde à vue, elle ne veut rien dire. Ce serait un vétérinaire contacté par les gendarmes qui l'aurait prévenue…

En février 2011, elle crée une association « Dartagnan-Athena et compagnie », dont l'objet est la défense et la protection des animaux d'élevage et de compagnie, activités animalières diverses destinées à apprendre au public le respect des animaux, faire respecter des conditions de vie décentes pour les animaux placés en élevage, dénoncer les abus en déposant plainte contre les auteurs. Elle ne manque pas de culot la Chantal !

En 2012, elle se présente aux élections législatives sur une liste écologiste et déclare être passionnée par les animaux et la nature en général. Je passe sur les incessants rebondissements de cette affaire…

Suite à une nouvelle enquête effectuée par Patrice, je dépose une seconde plainte contre Chantal M. le 18 octobre 2012, la première ayant été classée sans suite grâce à la DSV.

Au mois de juillet de l'année suivante, elle quitte le Maine-et-Loire pour s'installer en Moselle, où elle détient ses chiens sur deux sites, dans des conditions toujours aussi déplorables. Mes collègues salariés sur le refuge SPA de Thionville sont alertés par les gendarmes d'Uckange qui leur demandent de les accompagner sur les élevages de Chantal M. où se trouvent, en plus des 50 chiens, une multitude de chats faméliques, des lapins, des ânes et quatre équidés.

Aucune des actions entreprises contre ses agissements n'aboutira. Dans ce département, la redoutable Mme B. des services vétérinaires défend bec et ongles

les éleveurs maltraitants. J'ai eu affaire à elle dans le dossier d'un garagiste qui frappait des chiens détenus dans des boxes exigus à coups de barre de fer. À cette brute qui terrorisait les animaux, la fonctionnaire de la DSV avait délivré un certificat de capacité.

Toujours est-il que si, en septembre 2010, Chantal M. n'avait pas ordonné à une jeune stagiaire d'aller à Neuvy-en-Mauges aider ses chers amis qui venaient de s'installer, je n'aurais pas retrouvé aussi rapidement Arnold et Magali B., un mois après leur départ précipité de Précigné.

Lorsque Caroline et Sandra effectuent une enquête en octobre, le couple est encore en cours d'installation. L'élevage est isolé, très loin des autres habitations. Mes collègues ne voient rien de catastrophique, les quelques chiens présents sont correctement hébergés. Arnold B., pensant recevoir deux clientes, leur explique qu'une fois les travaux terminés, il va rapatrier plus de 200 chiens qui se trouvent chez des copains dans la Sarthe : elles auront alors un grand choix si elles souhaitent toujours acquérir un chiot. Il prétend fournir des animaleries en Bretagne et produire également des chats de races persan, maine coon, norvégien, bengal, chartreux et exotic shorthair. Il leur remet sa carte de visite sur laquelle figure un nouveau nom d'élevage : « Le domaine des Mauges ».

La lune de miel des chers amis prend fin à l'été 2011. Le couple B. vient de déménager à la cloche de bois en laissant derrière lui une ardoise d'environ 15 000 euros dans une entreprise de matériaux divers. Virginie R., la propriétaire qui avait loué à

Chantal M. sa maison d'habitation et le terrain de Neuvy-en-Mauges, est furieuse. Non seulement elle a reçu la visite d'un huissier, mais elle a retrouvé sa demeure couverte d'immondices et les boiseries des portes abîmées par les griffes des chats. De plus, Arnold B. s'est permis d'utiliser un hangar qui était interdit d'accès. Il a cassé des parpaings pour réaliser des ouvertures, creusé des canalisations et monté des rangées de boxes en contreplaqué remplis de puces. Les lieux sont sales et dévastés.

Françoise F., déléguée-enquêtrice de la SPA, me signale au mois d'août qu'elle a localisé les époux B., toujours en Maine-et-Loire. Elle vient de leur rendre visite et la description qu'elle fait de ce nouvel endroit n'est pas rassurante. L'élevage s'intitule à présent : « Des dogs du Baugeois ».

Au bureau, Pépita recherche sur internet des annonces que les éleveurs ont publiées. Effectivement du 10 au 25 août 2011, Arnold B. a mis en ligne les offres de vente suivantes : chiots boxer et shih tzu à 550 euros, braque de Weimar à 500 euros, un lot de cockers adultes et un lot de westies. Après vérification auprès de la Société Centrale Canine, Pépita constate que les identifications indiquées sont fausses.

À ce moment, nous sommes en relation avec Maxime Blondet, jounaliste, qui prépare un reportage, « Les nouveaux sauveteurs des urgences animales », dont la diffusion aura lieu sur TF1 en juin 2012. Il nous informe qu'un procès se tiendra dans la Sarthe le 22 septembre prochain, suite aux procès-verbaux établis par la DSV contre Arnold B. et transmis au parquet. C'est sans doute pour cela qu'il a mis l'élevage au nom de son épouse.

Nous devons agir vite, avant qu'il déménage à nouveau. Plusieurs bénévoles au sein d'associations locales le surveillent et ont la gentillesse de nous téléphoner dès qu'ils ont de nouvelles informations. Mais je crains toujours un faux pas, car le couple B. est sur le qui-vive, conscient de l'illégalité de son activité.

Le 21 septembre 2011, Julien et Maxime se rendent à Chigné. Ils trouvent une ferme située en pleine campagne, à l'écart du bourg. Mon collègue et le journaliste quittent la départementale pour emprunter un long chemin de terre sur la gauche duquel, dissimulés par des haies épaisses, des chiens de chasse sont détenus dans un enclos. Un peu plus loin, toujours à gauche, se trouve un hangar bâché qui semble contenir un grand nombre de chiens dont les aboiements trahissent la présence. Arrivés au bout du chemin, où un portail grillagé empêche l'accès à la ferme, une quantité de chiens de petites races, en liberté dans la cour, se précipitent au-devant des visiteurs. Arnold B. sort aussitôt de la maison, reste derrière le portail et s'enquiert de l'objet de leur venue. L'homme est petit, râblé, les cheveux noirs ondulés, âgé d'environ 40 ans. Il se montre peu avenant, et surtout très méfiant.

Julien se présente : il veut offrir un chiot bichon à sa mère dont l'anniversaire est dans deux mois. Maxime observe. À leur grande surprise, l'éleveur dit ne pas avoir de chiots disponibles, car ils viennent de naître (la veille, lors d'un appel téléphonique de Pépita, il avait proposé des cotons de Tuléar et des bichons.) Il précise vendre surtout aux animaleries. Mis en confiance, il affirme produire 500 chiots par an, avoir presque 30 races différentes, se vante de travailler correctement, contrairement à ceux qui importent des chiots des pays de l'Est, et donne le nom de certains en précisant que les autorités devraient s'en occuper. Julien insiste pour réserver un chiot dès qu'il sera sevré, fait semblant de ne pas bien connaître les chiens, et demande à voir la reproductrice pour avoir une idée de l'aspect qu'aura le chiot à l'âge adulte. Arnold B. leur refuse l'entrée dans sa propriété, mais après quelques minutes de négociation il demande à une jeune stagiaire d'aller chercher la mère des chiots. Cette dernière entre dans un bâtiment sur la droite et revient en portant une chienne très sale, sentant fortement l'urine, avec de la matière fécale collée sur son arrière-train. Julien insiste pour voir un petit, et Arnold B. lui propose de regarder dans la nurserie à travers la fenêtre, à droite du portail. Julien et Maxime s'exécutent, tandis que l'éleveur à l'intérieur du bâtiment leur montre un chiot âgé de quelques jours. Cette fenêtre crasseuse est la seule source de lumière dont bénéficient les animaux, qu'il est impossible de comptabiliser. Le sol est en béton, une odeur prégnante d'urine s'échappe des interstices du mur. De retour derrière la grille, l'éleveur propose à Julien de contacter une animalerie, car tous ses chiots sont réservés. Mais, possédant 50 hectares de terrain, il pourra lui présenter d'autres races un peu plus tard, car il a de nombreux chiens.

Julien et Maxime quittent les lieux alors qu'Arnold B. les suit du regard jusqu'à leur arrivée sur la route départementale. Julien est déçu : il n'a pas pu pénétrer sur la propriété et n'a vu que l'intérieur de la nurserie dans la quasi-obscurité.

Je me demande quel est l'organisme qui dépêche des stagiaires sur de tels lieux et si les élevages sont visités avant d'y envoyer travailler des jeunes, généralement proches des animaux. D'ailleurs, ce sont souvent eux qui, révoltés par ce qu'ils voient, nous informent.

Nous décidons de déposer plainte contre les époux B., le 29 septembre 2011, auprès du procureur de la République en joignant à notre courrier les témoignages les plus conséquents. Nous sollicitons une mesure de saisie conservatoire urgente pour tous les animaux.

Je suis inquiète : je crains le classement sans suite car, même si nous sommes certains qu'il s'agit d'un élevage de l'horreur, le savoir est une chose et le prouver en est une autre.

Un nouveau témoignage me parvient le 9 novembre, celui de Rachel M. :

« Hier, mardi 8 novembre 2011, je contacte un éleveur afin de faire l'acquisition d'un chien de race westie. Je prends rendez-vous pour l'achat et me rends donc sur l'élevage…

Impossible de trouver l'endroit, je descends donc de mon véhicule pour essayer de trouver une personne et une odeur de putréfaction s'empare de moi, je parcours 300 mètres de plus et redescends l'odeur était encore plus forte, proche de celle que l'on peut percevoir lorsque l'on suit un camion de l'équarrissage. Je décide de contacter l'éleveur par téléphone qui me dit que je suis en face ! En face oui ! D'un hangar en forme de gymnase avec aucun parc de détente accolé pour les chiens, aucune arrivée de lumière extérieure, ce qui prouve que les chiens sont renfermés dans le noir tout le temps.

Je m'approche et constate que les chiens ne sont pas toilettés, ne vont pas très bien (sur 3 westies : 1 avec une tumeur violacée, les 2 autres atteintes de dermatite atopique non soignée), les 3 dans un état de crasse épouvantable, les abords du soi-disant "chenil" désastreux, sales, puants et je n'exagère pas. Je dis à l'éleveur qu'il n'est pas possible que j'achète un de ses chiens dans l'état où ils se trouvent et il me répond, avec un sang-froid extraordinaire qu'il est éleveur professionnel, que ses installations sont aux normes, qu'il a 250 chiens dans le hangar et produit 600 chiots par an, qu'il est le plus grand éleveur de France ! Même qu'il paie 2 800 euros de MSA par mois, que ce n'est pas moi particulière qui va lui apprendre son métier, que la DSV le contrôle régulièrement et que tout va bien, il est exemplaire. Il me dit : "Qu'est-ce que vous en avez à foutre que la chienne ait une tumeur, elle est faite pour faire des petits et si un jour elle doit avoir une césarienne on la finira, vous vous en foutez vous."

Je lui demande également comment il fait pour élever des chiens dans le noir sans cours extérieures et il me répond qu'il a 10 stagiaires en permanence et 1 employé en plus de sa femme. Moi je suis restée une heure et je n'ai vu personne sortir les chiens !

Ce monsieur dégage la même odeur que l'environnement dans lequel il exerce. [...] De plus comme il commence à s'énerver car je refuse de prendre une chienne à 1 000 euros, il négocie jusqu'à me faire une offre à 250 euros les 3 westies. Devant mon refus sa colère continuant de monter, je décide de partir car cet homme m'effrayait un peu étant seule avec lui en pleine campagne.

Je n'ai pas dormi de la nuit hantée par ce que j'avais vu et senti. Ce matin je décide de contacter la DSV d'Angers. Monsieur C. me dit être au courant de l'affaire, que ce soi-disant éleveur est suivi, qu'il n'a aucune autorisation, qu'il est connu, qu'il déménage régulièrement, qu'effectivement il a au moins 200 chiens dans les mêmes conditions que ce que je décris, même pires, qu'il a déjà fait de la prison, etc. [...] Monsieur C. me conseille donc de faire un courrier à son service ainsi qu'à la mairie et à la préfecture, ce que je vais faire ce jour, je pense également en faire parvenir un exemplaire au ministère de l'Agriculture.

Je vous contacte donc vous aussi. [...] Je ne vais pas me gêner de relater les faits pour que cette affaire soit dévoilée auprès d'un maximum de gens, je relate aussi les faits sur les sites de réseaux sociaux et si cette personne porte plainte à mon encontre enfin la justice sera au courant de cette affaire. »

Rachel M. est révoltée par ce qu'elle a vu, et pourtant elle n'est pas entrée dans le fameux hangar. Je le suis tout autant. Ainsi les sous-doués de la DSV connaissent le problème. Mais qu'attendent-ils pour intervenir, eux qui sont en charge du bien-être animal ?

Jeudi 10 novembre, Patrice décide de se rendre chez Magalie A., qui demeure à Bellerive-sur-Allier, commune attenante à la ville de Vichy. Il a reçu des informations mettant en cause cette personne qui possède deux femelles de race chihuahua qu'elle fait reproduire. Il est reçu par ladite Magalie A., étonnée de la visite de mon collègue. Elle a effectivement une chienne bouledogue français qui est stérilisée et n'a jamais eu de petits et une chienne chihuahua qui a eu deux chiots l'année précédente. Ce fut la seule portée.

Alors que Patrice s'apprête à partir en expliquant être obligé de vérifier les faits qui nous sont rapportés, Magalie A. lui donne raison en ajoutant qu'elle a certainement eu affaire à un trafiquant. Elle a vendu les deux chiots identifiés et vaccinés. Le mâle est chez un particulier de sa connaissance, mais elle craint que la femelle soit tombée entre de mauvaises mains. Répondant aux petites annonces qu'elle avait publiées sur internet, un homme a parcouru 400 kilomètres pour venir lui acheter. Il s'est présenté en tant qu'éleveur, mais lui a précisé que la petite chienne tiendrait compagnie à sa femme. Le chèque remis par Arnold B. le jour de la vente est revenu sans provisions. Furieuse, Magalie A. est allée à Chigné accompagnée par son mari et un voisin. Arnold B. a refusé de lui montrer la chienne mais lui a payé la somme due.

Ainsi, le bonhomme n'hésite pas à parcourir la France pour se procurer des animaux. Je suis certaine qu'il écume les annonces de particuliers qui donnent leur chien contre bons soins. Les sites hébergeurs de ces transactions sont éminemment responsables, mais n'en ont cure. Les dirigeants de la SPA ont rencontré le directeur du plus célèbre d'entre eux, sans résultat.

Il nous faut absolument entrer sur l'élevage du couple B. pour voir les conditions de détention des chiens dans le hangar. Patrice et moi avons l'idée suivante : Arnold B. prétendant travailler surtout avec les animaleries, nous allons en créer une, fictive.

Le 16 novembre 2011, mon collègue se trouve devant le portail de la ferme et explique à l'éleveur être le futur exploitant d'une animalerie située dans le centre du pays. Il indique rechercher des professionnels susceptibles de l'approvisionner régulièrement en chiots. Arnold B. lui dit être intéressé par sa demande, mais ne peut le recevoir car il a peu de temps à lui consacrer : Patrice doit téléphoner pour obtenir un rendez-vous. Mon collègue lui rétorque qu'il a déjà essayé de le joindre à plusieurs reprises, vainement, qu'il est de passage dans le Maine-et-Loire et qu'il doit rencontrer un autre éleveur dans la soirée. À l'énoncé du nom de son concurrent, Arnold B. se ravise et invite Patrice à entrer dans sa propriété.

Magali B. est assise dans la pièce principale de la maison. Elle est âgée d'environ 40 ans, a les cheveux courts et blonds, est légèrement corpulente et surtout très souriante. Patrice est questionné sur le lieu et la date d'ouverture de son commerce, la quantité de « marchandise » qui devra être fournie. Mon collègue ayant réponse à tout, l'éleveur lui explique le fonctionnement de son entreprise, lui remet la liste des tarifs, et affirme avoir demandé à la DSV l'autorisation d'agrandir son élevage, car il compte produire 800 chiots par an. Coïncidence, il reçoit alors un appel téléphonique des services vétérinaires lui indiquant la date de la venue prochaine des fonctionnaires... Arnold B. a une douzaine de jeunes apprentis en formation sur l'élevage et dit à Patrice avoir entièrement confiance en une certaine Corinne, qui est en fin de stage. C'est avec elle qu'il pratique les césariennes, son vétérinaire se trouvant dans la Sarthe, à plus d'une heure de route. Il poursuit en donnant le nom des animaleries qu'il fournit, parle d'un copain juge à la Société centrale canine qui lui a confirmé un chien au LOF alors que cela avait été refusé ailleurs... En cas d'invendus dans les animaleries, il récupère les animaux pour la reproduction.

Patrice demande à visiter l'élevage, mais c'est impossible aujourd'hui car un client doit venir. Cependant, il montrera tous les lieux à Patrice s'il revient après avoir pris rendez-vous. Patrice donne son numéro de portable et dit qu'il va rappeler rapidement après avoir étudié ses tarifs avec son associé.

Deux heures plus tard, Patrice confirme au téléphone que son associé est intéressé par les prix de vente des animaux et veut obtenir la certitude qu'il pourra visiter l'élevage. Arnold B. accède à sa demande ; il lui montrera aussi la nurserie.

Pépita s'informe auprès du bureau d'ordre du tribunal de grande instance d'Angers du devenir de la plainte que j'ai déposée. On lui donne le numéro parquet et lui dit que le dossier est parti en enquête fin octobre. D'après son interlocutrice, il faut compter entre quatre et six mois pour le retour. Elle ne peut pas donner le nom du magistrat en charge de cette affaire, car ils changent régulièrement.

J'apprends un peu plus tard, de source sûre, que notre dossier a été envoyé à la compagnie de gendarmerie de Saumur et que la Brigade de recherches va pouvoir l'intercepter. Le maréchal des logis-chef

Jean-Pierre Le Gal, particulièrement motivé, devrait s'en occuper.

La chance va-t-elle enfin nous sourire ?

De son côté, Patrice persiste. Il veut visiter l'élevage. Après plusieurs messages laissés sur les répondeurs des téléphones fixe et portable d'Arnold B., l'éleveur répond finalement à un e-mail qui lui est adressé le 28 novembre. Patrice est attendu le 30 novembre à 14 heures.

Ce mercredi, Arnold B. accueille mon collègue, mais semble un peu sur la réserve. Il consent tout de même à lui montrer une partie des lieux. D'abord la maison d'habitation, où neuf chiens sont visibles, dont une femelle spitz avec ses chiots âgés d'un mois. Les autres sont des chihuahuas et des bouledogues français. Les reproducteurs sont enfermés dans le hangar de 300 m^2 environ, séparé en deux parties. La première est composée d'une trentaine de boxes contenant chacun deux chiens. C'est à peu près propre. Arnold B. montre à Patrice un appareil acheté 50 euros, lequel, d'après lui, permet de contrôler les chaleurs des chiennes afin de les faire saillir au bon moment et obtenir davantage de chiots, à savoir trois fois par an...

La visite de la seconde partie du hangar est interdite, car ce sont des chiens de chasse qui y sont détenus (nous comprendrons le jour de la saisie pourquoi Arnold B. en a refusé l'accès : ce lieu est l'horreur absolue.) La nurserie restera également fermée, malgré les promesses faites à mon collègue. Arnold B. prétexte faire attention aux maladies.

Patrice demande alors à voir les chats, ce que l'éleveur n'avait pas prévu. Après un temps d'hésitation, il consent à les montrer. Les pauvres félins sont enfermés dans de minuscules réduits hermétiquement clos qui se trouvent sous une sorte de grande remise ouverte à tout vent. Six chats vivent dans l'obscurité totale et le froid glacial. Leur état physique est lamentable. Patrice serre les dents et s'apprête à repartir quand l'éleveur, visiblement satisfait, lui apprend que les chiots et les chatons les plus beaux lui seront réservés si les paiements s'effectuent en espèces au moment de la livraison.

Excellent enquêteur, mon collègue fait mine d'apprécier cette offre. Il a toujours su garder son calme, ce qui est particulièrement difficile lorsqu'on est sensible à la détresse animale. De plus, un faux pas dans ce milieu sordide pourrait s'avérer dangereux.

La Brigade de recherches de la gendarmerie me contacte et j'adresse tous les éléments de notre dossier à Jean-Pierre Le Gal. Patrice et moi sommes conviés pour une audition dans ses locaux à Bagneux, commune rattachée à Saumur, le 15 décembre 2011. D'emblée je fais confiance à cet homme calme, réservé, rigoureux. Je perçois sa détermination à agir et je reprends espoir. Patrice, lui, est auditionné dans le bureau voisin.

Six jours plus tard, je reçois à Vichy Joël A., du Service national des enquêtes de la direction générale de la répression des Fraudes (DGCCRF.) Il souhaite obtenir la copie de notre dossier qui, enfin, intéresse les autorités. Pour la première fois, je reprends espoir.

17 janvier 2012. Nous quittons le parking où nous sommes stationnés depuis le début de la matinée, giflés

par un vent hivernal qui nous oblige régulièrement à interrompre nos conversations pour trouver refuge dans nos véhicules. Julien ouvre la route.

Arrivés sur la départementale, je vois soudain le toit vert de la bâche qui couvre une partie du hangar. Je reconnais immédiatement les lieux que mes collègues m'ont décrits. Nous nous garons au bout du chemin, près du portail. À peine descendue de voiture, un technicien de la DSV me demande de le suivre pour photographier ce qu'il pense être un charnier. Bien que sa démarche me surprenne, je m'exécute volontiers : l'heure n'est pas à la polémique. Il ne me réclamera jamais les clichés. Le staff des intervenants est installé autour d'une table improvisée ; chacun connaît la tâche qui lui incombe. Les salariés de la SACPA, vêtus d'une tenue de protection, vont chercher les chiens, l'un après l'autre. Chaque animal est examiné puis répertorié par ma collègue du service juridique qui note le sexe, la race ou le type, et le numéro de l'identification pour ceux qui en ont une. J'ai la charge de prendre tous les animaux saisis en photo.

Le premier chien dans mon viseur est un boxer très maigre. Il grelotte. Dans son enclos, il ne bénéficiait d'aucune protection contre les intempéries. Comme tous ses congénères qui vont lui succéder, il est enfermé dans une spacieuse caisse de transport, à l'abri du froid, dans un fourgon. Les heures défilent, les petites têtes canines aussi. Ils sont amorphes dans les bras des salariés de la SACPA, aucun ne se débat, presque tous ont un sillon tracé sous les yeux, la vallée des larmes. Un cavalier King Charles présente un thorax défoncé. Il mourra dans la nuit. Beaucoup ont des tumeurs, tous sont sales, hirsutes.

Maxime Blondet, le journaliste, et son cameraman arrivent en début d'après-midi, mais les gendarmes leur interdisent l'accès à l'élevage. Cela ne nous empêche pas de leur montrer les animaux dès qu'un véhicule les transportant quitte le chemin de terre pour s'engager sur la départementale.

Vers 16 heures, avant de nous occuper des chiens dans la nurserie, je profite d'un moment de répit pour entrer dans le hangar désormais vidé de tous ses occupants. Le bâtiment A, celui dont Arnold B. avait refusé l'accès à Patrice, est lugubre. Dans cette ancienne étable à veaux reconvertie, 41 chiens destinés à la reproduction étaient emprisonnés, parfois à quatre, dans des sortes de cases en bois d'une superficie inférieure à 5 m^2. Le grillage sur le devant, souvent coupé, blessait immanquablement les animaux au niveau des yeux. L'odeur nauséabonde qui émane de ce lieu résulte des excréments accumulés sur les caillebotis jamais nettoyés, sur lesquels survivaient les chiens. Les insectes et les rongeurs peuvent pénétrer dans cet endroit sans problème.

J'ai vu un bon nombre d'horreurs, mais incontestablement, Arnold B. remporte la palme d'or française de la cruauté.

Vient le tour du bâtiment servant à stocker les médicaments, du matériel divers, et abritant les femelles gestantes ou allaitantes. Là encore, tout n'est que vétusté, saleté et désordre. Les dates de péremption de plusieurs médicaments sont dépassées, d'autres remèdes sont interdits. Des chiennes présentent des inflammations des yeux, des dermatoses, et ne bénéficient pas de soins. Arnold B. n'a d'ailleurs fait appel à aucun vétérinaire pour la surveillance sanitaire de son élevage.

Les animaux malades ou blessés ne sont pas isolés, des femelles reproductrices, âgées de plus de 10 ans pour certaines, présentant des tumeurs mammaires ou des hernies inguinales, n'ont pas été opérées. Cette cause de souffrance importante pour l'animal est due à la volonté délibérée de l'éleveur de ne rien faire.

La nuit commence à tomber lorsque nous finissons la saisie en nous rendant dans la chatterie. Treize félins sont sortis un à un de sortes de petits cagibis étroits, souillés, sans le moindre confort. Il est difficile de différencier la tête de la queue pour le premier extirpé de sa geôle tant il est recouvert de bourres agglutinées par la crasse. Je n'avais jamais vu ça. Ce soir, ils seront nourris, abreuvés, et dormiront au chaud, peut-être pour la première fois de leur vie, échappant au sort de leur congénère que l'on vient de retrouver mort dans une poubelle.

Engourdie par le froid, j'ai du mal à marcher. J'ai récemment subi une opération du genou et la position debout commence à être très douloureuse. Alors que je demande à Magali B., qui n'a pas été placée en garde à vue, de rentrer ses chiens personnels enfermés dans les enclos des boxers le temps de la saisie, mon pied heurte un fil de fer et je tombe lourdement du haut de la petite murette. Les fourgons de la SACPA sont repartis, nous sommes attendus à la gendarmerie pour sabler le champagne… et je me retrouve sur une civière dans le camion des pompiers, direction l'hôpital : j'ai une fracture de l'humérus.

Ce 17 janvier 2012, nous avons délivré 135 chiens, 33 chiots et 13 chats qui seront définitivement confiés par réquisition du procureur à la SPA fin février, les époux B. n'ayant pas contesté cette décision. Mis à l'adoption dans nos refuges, ils trouveront une famille. Cependant, douze d'entre eux n'auront pas cette chance : ils décéderont rapidement des conséquences de la maltraitance subie (chihuahua, boxer, shar-pei, bouledogue français, spitz, cavalier King Charles, yorkshire). Un jeune chiot aux pattes arrière atrophiées sera opéré avec succès.

Arnold B. cherche un appui auprès de certains élus de la petite commune qu'il invitait à chasser sur ses terres. Mais la presse locale et nationale ayant relaté les faits, aucune de ses relations ne veut se compromettre.

Nous attendons patiemment le procès quand, le 3 mai, je reçois un appel téléphonique de Virginie R., la propriétaire du site de Neuvy-en-Mauges. Elle me dit avoir retrouvé des cadavres de chiens éparpillés sur sa propriété après le départ des époux B., mais elle veut surtout m'informer qu'un éleveur, Robert G., l'a contactée. Il recherche Arnold B. auquel il a vendu six chiens par l'intermédiaire du site Leboncoin. Un spitz a été payé 500 euros en espèces, mais Arnold B. lui a rédigé un chèque de 4 000 euros pour les chihuahuas… et la banque refuse de l'encaisser.

Dès le lendemain, je joins Robert G. au téléphone. Il m'explique avoir localisé l'escroc suite à des articles de presse concernant la saisie. Il s'est rendu à Chigné dans la nuit du 2 mai dernier et a récupéré ses cinq chihuahuas, mais n'a pas vu le spitz. Les animaux se trouvaient dans la nurserie, il les a pris en ouvrant le loquet de la fenêtre extérieure. Il y avait une quarantaine de chiens de petites races et des aboiements de grands chiens parvenaient de la pièce à côté. Dans un étroit cagibi, il a remarqué une table sur laquelle reposaient une tête, des boyaux, des queues et des oreilles, avec du sang partout sur les murs. La tête devait être celle d'un mouton. Robert G. ajoute que ses chihuahuas sont traumatisés. Cette fois, Arnold B. se garde bien de porter plainte pour vol…

Je préviens aussitôt les gendarmes de la BR de Saumur, en prenant soin de ne pas nuire à notre témoin qui n'avait pas le droit d'entrer chez Arnold B. Une nouvelle intervention a lieu le 19 juin et les douze chiens restant sur l'élevage sont saisis, dont le spitz que Robert G. avait vendu à Arnold B. À présent, mis à part les sept chiens de la famille, il ne reste plus d'animaux à Chigné, excepté l'âne et le poney qui observaient l'agitation du 17 janvier par-dessus la demi-porte ouverte de l'écurie. J'ai insisté pour qu'ils soient retirés, mais n'ai pas obtenu gain de cause, car les équidés ne figuraient pas dans la procédure.

Après plusieurs renvois, le procès a lieu le 15 octobre 2012. J'ai averti les associations qui nous ont aidés, « Boxer'Ami » et la fondation Brigitte Bardot, afin qu'elles se constituent partie civile si elles le désirent.

La salle d'audience du tribunal correctionnel d'Angers est pleine à craquer. En plus des habituels curieux, beaucoup de représentants d'associations nationales sont présents, ainsi que des clients floués et, bien sûr, les journalistes.

Debout face aux juges, les prévenus n'en mènent pas large. Envolée, l'arrogance ! On dirait un couple de naufragés. Elle répond de manière laconique à la présidente du tribunal ; lui bredouille des inepties : il savait que les animaux étaient malheureux mais ce n'est pas de sa faute, il s'est vite trouvé débordé... Lors de ses réquisitions, la procureur affirme : « Cette cruauté-là nous est à tous insupportable. »

Maître Naud, qui représente la SPA, demande la réquisition de l'âne et du poney, hélas non accordée. Les époux B. sont en récidive sur beaucoup de faits qui leur sont reprochés. Arnold a déjà six mentions sur son casier judiciaire et Magali a été condamnée le 22 septembre 2011 au Mans pour travail dissimulé et mauvais traitements envers les animaux.

Le délibéré rendu le 14 janvier 2013 répond à nos attentes.

Arnold B. est condamné à deux ans de prison ferme, 1 100 euros d'amende, l'interdiction définitive d'exercer une activité d'élevage d'animaux, 10 000 euros d'amende et la fermeture de sa dernière société « Dogs du Baugeois », 80 532 euros dus à la SPA (correspondant à la nourriture, l'hébergement et les soins apportés aux animaux saisis avant leur cession à l'association), 1 200 euros pour le préjudice moral ; les fondations Brigitte Bardot, Assistance Aux Animaux, 30 millions d'amis et l'association Stéphane Lamart, reçues dans leur constitution de partie civile, devront recevoir chacune 800 euros.

Quant à Magalie B., elle écope de douze mois de prison avec sursis (c'est une mère de famille), d'une mise à l'épreuve pendant deux ans, de l'interdiction d'élevage pendant cinq ans et de 1 100 euros d'amende avec l'obligation d'indemniser les victimes.

Pris, quai de la Mégisserie

Sur l'île de la Cité, le palais de justice avec ses dédales de couloirs étroits qui n'en finissent pas, en face, sur la rive droite, une succession d'animaleries, de jardineries et, entre les deux, coule la Seine.

Paule Drouault, militante engagée pour la cause animale, journaliste à *Charlie Hebdo*, publie le 1er août 1990 l'article suivant :

« Marchandise en souffrance.

J'avais rendez-vous avec une copine près du Châtelet. Tête en l'air, je me suis retrouvée en train de longer les cages du quai de la Mégisserie. Et vous savez ce que c'est, une fois dans le bain, on se laisse avoir par la curiosité. Je n'ai même pas songé à traverser, pourtant, de l'autre côté les bouquinistes et leurs vieux papiers me tendaient les bras. Une ambiance autrement plus saine et à l'ombre ! Généralement, je fuis cet endroit comme la peste. Et même si je sais ne trouver que là une certaine variété de géranium dont je rêve, je préfère m'en passer. Tant pis si je me prive et si je boycotte les marchands de fleurs, c'est à cause des marchands d'animaux. Ce sont quelquefois les mêmes d'ailleurs, voir l'oisellerie Vilmorin.

Ce jour-là, le thermomètre marquait 32° sous abri. Et combien en plein soleil ? Cela ne fait rien, les proxénètes animaliers avaient sorti la marchandise sur le trottoir. Exposition au sud. Les cages sont entassées à ras des voitures, des motos, des autobus qui passent en rugissant et en lâchant leurs gaz. Je me dis qu'une heure seulement à la place de ces bestioles, dans la chaleur, les odeurs, le boucan... Police-Secours viendrait me chercher sur une civière. Suis-je donc moins "solide" qu'une chèvre ou un canard ? Pas vraiment, mais moi si je m'écroule, je ne suis pas remplacée sur-le-champ sans qu'on voit la différence. Et échanger la pintade qui est tombée en syncope par sa sœur jumelle se fait sans alerter le badaud par le chant des sirènes.

Vous me direz qu'un commerçant n'a quand même pas intérêt à jeter sa camelote à la poubelle. Évidemment, mais il faut bien accrocher le promeneur, celui qui ne voit pas n'achète pas. Rassurez-vous, les pertes sont largement compensées par les ventes. [...]

Les oiseaux exotiques sont à l'intérieur. Le pavé parisien n'est pas ce qui se fait de mieux pour eux. N'empêche qu'en regardant bien dans les fonds de cages, on peut voir des petites choses inertes, ébouriffées, le bec ouvert, les yeux mi-clos qui n'en ont plus pour longtemps à respirer. Mais le vendeur veille, il aura vite fait de subtiliser l'agonisant avant qu'un client ne lui en fasse part, ça la ficherait mal dans ces lieux essentiellement fréquentés par des "z'amis" des animaux.

Me référant au tarif "oiseaux" de la société Afrique-Océan, je peux comparer les prix avec ceux pratiqués quai de la Mégisserie. Une marge bénéficiaire à faire bondir de jalousie les pharmaciens, réputés drôlement gâtés dans ce domaine. Une paire de bengalis aux joues orange qui vaut 14 francs est vendue 150 francs. Pis, les tisserins qui valent 11 francs la paire sont à 150 francs pièce et les perruches à collier à 60 francs le couple sont proposées 750 francs l'unité. Quant aux perroquets gris, la société Afrique-Océan les vend entre 500 et 700 francs pièce. Je les découvre entre 5 et 7 000 francs. Là, c'est raisonnable, le prix n'est multiplié que par dix... Avouez que de tels bénéfices, même en comptant les cacahuètes et le chènevis au prix fort, autorisent la casse et qu'il serait plus coûteux pour le marchand de chouchouter ses animaux plutôt que d'en laisser crever la moitié.

L'hiver dernier, l'histoire de huit cents écureuils de Corée retrouvés plus ou moins en putréfaction à Roissy a fait du bruit. Personne ne peut ignorer aujourd'hui, avec cette histoire et tant d'autres du même tonneau, qu'un animal exotique vivant n'est qu'un rescapé qui traîne derrière lui un cortège de cadavres. À chaque fois qu'on en achète un, on porte la responsabilité d'en faire mourir cinquante, entre la capture, les transports et l'attente en boutique. Eh bien, il ne s'est pas trouvé un homme, une femme, un enfant pour s'apitoyer en voyant la petite bête en pyjama rayé, pédaler, pédaler sans fin sur une roue dans une cage minuscule. Il n'y avait que des faces hilares autour d'elle. Et devant les tortues, les gerbilles, les pythons, les oies, les poules, les chiens et les chats... c'est pareil. La misère de tous ces animaux, qu'ils soient d'ici ou d'ailleurs, glisse sur le sourire niais du promeneur. À croire que c'est un Zombie.

On raconte depuis plus de vingt ans que les marchands du quai, pour avoir tant de culot, seraient "protégés". Par qui ? Les hommes politiques changent, eux restent. Et si c'était tout simplement la bêtise crasse de la clientèle qui les protège ? »

À la fin du Moyen-Âge, son nom était quai de la Saunerie, car il accueillait les gens des métiers du sel qui faisaient venir leur marchandise par la Seine. Puis se sont installés sur la chaussée quelques marchands de vieux fers, et il est devenu le quai de la Ferraille. Auparavant, la partie qui s'étendait de la place du Châtelet à l'abreuvoir Pépin était appelée « vallée de la misère », à cause des bouchers qui y installaient leurs étals où ils égorgeaient les animaux. L'autre partie était occupée par les mégissiers, des tanneurs spécialisés dans la transformation des peaux de chèvres, moutons et chamois, d'où l'appellation de quai de la Mégisserie. Dès le XVIIe siècle, à côté de ces tanneurs (qui seront ensuite déplacés, tant les odeurs étaient insupportables), le marché aux fleurs avait lieu les jeudis et les samedis. Les fleuristes et les animaliers commencèrent à se sédentariser et à ouvrir des boutiques, dont certaines sont toujours là. Ainsi l'animalerie Vilmorin, l'une des dernières à subsister sur le quai, créée en 1743, qui n'était à ses débuts qu'une simple grainière : « Le coq de la Bonne Foy ».

À l'aube du XIXe siècle, le marché aux oiseaux s'établit place Louis Lépine, dans l'île de la Cité, face au quai de la Mégisserie. Aujourd'hui, chaque dimanche, les promeneurs s'agglutinent autour des volatiles et autres petits piafs encagés. C'est un lieu de trafic. D'ailleurs, la LPO (ligue de protection des oiseaux), dont le président est Allain Bougrain-Dubourg, a déposé plainte contre la France auprès de l'Union européenne.

Après-guerre, les bistrots et estaminets du quai se sont mis à vendre des oiseaux, puis des animaleries se sont ouvertes l'une après l'autre entre le pont Neuf et la place du Châtelet.

Si les animaux ne sont plus exposés à tout vent sur les trottoirs depuis la législation encadrant ce commerce, il suffit d'entrer dans une boutique pour constater leur misère. Ce quartier très touristique de Paris a toujours été celui de la maltraitance animale. Et l'homme qui contrôle la grande partie de ce business, qui gère la plupart des animaleries, qui est le nabab du quai se nomme Jean-Pierre L.

C'est en février 1996 que j'entends pour la première fois parler de lui. Éric Pelletier, journaliste au *Figaro*, me contacte pour savoir si la cellule anti-trafic a des éléments concernant les animaux vendus par Jean-Pierre L. Une perquisition vient d'avoir lieu dans un château, en Seine-et-Marne, où il réside. Les policiers, qui enquêtent suite à une plainte déposée contre lui pour viol sur mineur, ont découvert, stupéfaits, une centaine d'animaux morts enfermés dans deux gros congélateurs : panthères, macaques, tortues, lamas, lémuriens de Madagascar, chiens. Les services vétérinaires ont été appelés en renfort pour ouvrir d'autres congélateurs bloqués par la glace. Deux panthères vivantes, l'une noire et l'autre tachetée, étaient enfermées dans une cage, ainsi que deux singes. Un poney se promenait en liberté dans le parc.

Si le châtelain admet « de simples attouchements sexuels » sur un garçon de 16 ans, il se montre plus disert concernant les animaux découverts par les forces de l'ordre. Il reconnaît les avoir achetés vivants par le biais des filières d'importation clandestine et avoir revendu les cadavres intacts à des taxidermistes, quelques animaux servant aux cérémonies de magie noire.

La presse écrite publie plusieurs articles. « Des animaux congelés. Ils servaient au rite vaudou » titre *Le Figaro* dans son édition du 20 février. Ce même jour, *Le Parisien* publie : « Faits divers : accusé de viol et de trafic, le marchand d'animaux faisait un drôle de commerce. » Pour *France-Soir*, l'affaire se résume en ces quelques lignes : « Pédophile arrêté. En fin de la semaine dernière, la police a arrêté un pédophile présumé, âgé de 45 ans. Les enquêteurs ont découvert incidemment, au cours d'une perquisition au domicile de ce gérant de magasins, une centaine d'animaux congelés, dont des panthères et des singes. L'enquête avait débuté après la plainte d'un garçon de 16 ans visant le suspect qui possède cinq boutiques sur le quai de la Mégisserie à Paris. »

Jean-Pierre L. est mis en examen et placé sous contrôle judiciaire. La SPA se constitue partie civile dans ce dossier. Après une condamnation légère, Jean-Pierre L. reprend sans problème ses activités.

Le 8 mars, je reçois un appel téléphonique d'un homme qui a des révélations à nous faire. Christian Godon est le patron d'un parc animalier privé situé sur le domaine de La Borderie, à la Sauvetat-du-Dropt, près de Marmande, dans le Lot-et-Garonne. Il me dit recueillir des animaux de cirque.

Le mardi suivant, Catie et moi sommes à 10 heures du matin devant la grille d'entrée, accueillies par cet homme qui semble être sensible à la cause animale. Il tient à nous montrer tous ses protégés vivant sur son domaine, et nous assistons à la naissance d'un petit dromadaire. Dans un grand enclos, un lion profite du soleil, il somnole, tranquille. Christian Godon m'invite à pénétrer avec lui dans l'enclos, m'assurant qu'il n'y a aucun risque. Je lui fais confiance, le vieux lion repu et affalé sur le sol nous ignore. J'apprécie toutefois la porte de sortie... Nous passons devant l'espace réservé à trois tigresses, très douces, nous précise-t-il, avant de prendre place dans un local qui lui sert de bureau. Il nous raconte alors qu'il connaît Jean-Pierre L. et sa bande de copains qui, d'après lui, magouillent tous dans le commerce des chiens et de la faune sauvage. Parmi les noms qu'il nous cite, quelques personnes sont déjà défavorablement connues par notre service. Mais nous ignorions leurs relations avec Jean-Pierre L. Nous apprenons qu'il cache des fauves chez un ami, Serge H., dompteur dans la Somme, et que son compagnon, Marc B., qui a été jadis incarcéré pour violences sur mineur, lui sert de prête-nom pour la vente des chiots dans l'animalerie « La Perruche Bleue. » Christian Godon dessine les plans du château et nous indique l'endroit où se trouve un charnier de chiens. Jean-Pierre L., qui ne vit pas sur place, entreposerait une soixantaine d'animaux dans la maison du gardien située à l'opposé du château. Si Christian Godon fait preuve d'une réelle envie de nous aider, il refuse de témoigner par écrit : ces gens sont dangereux, nous dit-il... et il craint des représailles sur ses protégés. Nous le quittons après avoir été gentiment invitées à déjeuner.

Il continuera à nous donner des informations jusqu'au drame qui lui coûtera la vie.

À la tombée de la nuit, le dimanche 15 septembre 1996, les fauves étant anormalement agités, Christian entre dans leur cage pour les calmer. C'est alors que Carola, une tigresse qu'il connaît pourtant bien, l'attaque à la jambe puis à la gorge. Christian succombe à ses blessures, Carola est endormie et abattue.

J'ai de la peine et j'éprouve un sentiment de grande injustice. Christian ne vivait que pour ses animaux.

Quatre mois plus tôt, jour pour jour, j'ai déposé plainte auprès du parquet d'Auxerre, deux des principaux comparses de la bande à Jean-Pierre L. demeurant dans l'Yonne, à Grandchamp. Leur société, « Bet'Seller », est enregistrée dans le Loiret. J'ai des éléments solides pour dénoncer leur activité délictueuse, principalement ceux d'une voisine révoltée par les mauvais traitements infligés aux animaux.

Au mois d'août, le chef C. de la gendarmerie de Charny me demande notre dossier. Malgré tous les éléments que je m'efforce de lui envoyer au fur et à mesure que je les collecte, la plainte est classée sans suite. Parmi les personnes indiquées par Christian Godon, trois sont restées dans le circuit, et l'une d'elles s'est reconvertie dans le dressage d'animaux pour le cinéma…

Nous sommes en novembre 2000, je suis seule à gérer les nombreuses affaires qui parviennent à la cellule anti-trafic. Mutée depuis deux ans à Vichy, j'attends toujours du renfort. Fred, une connaissance du milieu de la protection animale, m'informe qu'il a rencontré un salarié de Jean-Pierre L. et me propose de nous mettre en relation.

Après plusieurs tentatives, je réussis à joindre Lionel Carambot, employé comme chef d'élevage au château depuis juin 2000. Il me dit qu'une centaine de chiens et de chiots vivent sur du fumier au domicile de son patron, ou demeurent maintenus dans des cages exiguës, isolés dans les étages des dépendances délabrées. Ce sont les invendus destinés à la reproduction. Leurs petits contribuent à alimenter les magasins du quai de la Mégisserie. Rien ne se perd chez Jean-Pierre L. Il peut me faire parvenir le plan des charniers – privés de soins, beaucoup succombent. De nombreux animaux morts protégés par la convention de Washington (qui réglemente le commerce international des espèces de faune et de flore sauvages menacées d'extinction) sont enfermés dans les congélateurs. Il dénonce un trafic en provenance de l'Europe de l'Est via la Belgique avec de faux documents français. Il ajoute que Jean-Pierre L. organise de grandes fêtes au château où les invités seraient servis par de jeunes Sri-Lankais à table et... au lit. Du « beau monde » se trouverait parmi les convives. Son gardien, un Ivoirien prénommé André, veille sur le domaine. Jean-Pierre L. posséderait des albums photos de sexe avec de jeunes garçons, se rendrait souvent au Maroc pour affaires et se vanterait de connaître la famille royale.

Je parviens à convaincre Lionel Carambot d'adresser son témoignage à Mme Anne Vosgien, premier substitut du procureur de la République près le tribunal de grande instance de Paris. J'ai eu la chance de rencontrer cette magistrate quelque temps auparavant et je dois dire qu'elle m'a réconciliée avec la Justice. Une femme de loi et une femme de cœur qui a créé l'association juridique internationale de réflexion sur les animaux (AJIRA), ce qui n'a pas été sans déplaire à certains de ses pairs. L'association souhaite regrouper tous les professionnels qui ont un lien juridique avec l'animal et sa protection : avocats, juges, procureurs, policiers, vétérinaires, techniciens, élus locaux et membres de la protection animale. L'AJIRA a comme objectifs principaux : faire appliquer la loi, faire en sorte que les plaintes soient prises en compte, tant au niveau des forces de l'ordre qu'au niveau des juridictions, et définir enfin le trafic d'animaux, organiser sa répression. L'association veut apporter aux élus son expertise juridique afin de renforcer les textes existants et d'en proposer de nouveaux. « L'animal est un être sensible à l'égard duquel nous avons des devoirs », affirme haut et fort Anne Vosgien.

Lionel Carambot lui adresse un courrier très détaillé, mais demande à rester anonyme tant qu'il est engagé par Jean-Pierre L. En janvier 2001, il démissionne. Il peut alors être entendu par la Justice.

À la fin de ce mois de janvier, les services vétérinaires inspectent l'animalerie « Au paradis des oiseaux » et dressent un procès-verbal pour diverses anomalies concernant les registres entrée-sortie et sanitaire de la boutique. Plusieurs chiens proposés à la vente ont des lésions évoquant la teigne ou la gale. De plus, des plaintes d'acheteurs dont l'animal est tombé malade ou est décédé parviennent au procureur. Début mars, sous l'impulsion du parquet de Paris, une vaste opération de contrôle est organisée simultanément dans les quatre animaleries par les douaniers et les policiers, tandis qu'une perquisition effectuée par les agents des douanes, de l'office national de la chasse et les gendarmes a lieu au château, au domicile du commerçant. Une nouvelle fois, ils découvrent l'horreur.

Dans les animaleries, ce sont des chiots qui n'ont pas 8 semaines et des chatons malades ainsi que des iguanes, des mygales et des pythons détenus sans le permis CITES et sans factures d'achat.

Au château, ce vendredi 2 mars, quinze cadavres de chiens de races différentes, des tortues, une tête de cerf, un renard et une panthère emballés dans des sacs-poubelles s'alignent recroquevillés au pied de la bâtisse. Dans les étages, 42 chiots jack russel terrier jappent, empilés dans des conditions effroyables. Beaucoup d'animaux sauvages sont gardés dans de vastes congélateurs (lamas, cerfs, blaireaux, tortues, perroquets, une panthère, un renard). Sur ce domaine de 35 hectares, les enquêteurs découvrent dans une ferme attenante au château la présence de nombreux chiens sales ainsi que quatre cochons de petite taille vivant dans des cages, privés d'eau, dans la quasi-obscurité, sans aération. Dans le pigeonnier, ils trouvent des rats, des poules, des lapins, des pigeons, des canards et deux chiots malades. Tous les animaux retirés sont confiés à la fondation 30 millions d'amis. *Le Parisien* et *Le Figaro* se feront l'écho de l'affaire au mois de mai.

De son côté, le parquet de Paris ordonne la saisie des animaux détenus illégalement dans les animaleries.

Il s'agit d'une récidive, une de plus, car entre mai 1999 et janvier 2001, Jean-Pierre L. a eu affaire huit fois à la Justice, devant le tribunal d'instance, au sujet de ses commerces. Le 30 juin 2000, les services vétérinaires adressaient au procureur de la République de Paris un signalement concernant l'animalerie « Aqua Lumineux » sur le quai de la Mégisserie. Au cours d'une inspection, la présence de quatre chauves-souris appartenant à l'espèce roussette d'Égypte avait été constatée alors qu'aucun des vendeurs n'était titulaire du certificat de capacité. Ces chauves-souris, sensibles au virus de la rage, étaient susceptibles de la transmettre à l'homme. Afin de prévenir tout risque épidémiologique, elles furent euthanasiées.

Le 17 octobre 2001, le parquet de Paris ouvre une information judiciaire contre Jean-Pierre L. sur les chefs de tromperie, mauvais traitements, détention irrégulière de marchandises prohibées, défaut d'identification d'animaux domestiques, actes de cruauté.

Entendu pour la première fois début janvier 2002 par le magistrat instructeur, Jean-Pierre L. explique alors avoir débuté le commerce d'animaux en 1973 et acheté au fil du temps quatre boutiques sur les quais de Seine. Il soutient que les animaux destinés à la vente proviennent exclusivement de Hollande et de chez « Animals Express », en Belgique, et réfute toute participation à un trafic en provenance des pays de l'Est, le système très strict de traçabilité mis en place ne lui permettant pas de frauder et de tromper les acheteurs. Il affirme que certains des animaux congelés retrouvés dans son château sont des bêtes auxquelles il tient particulièrement, et qu'il comptait les faire naturaliser. S'agissant des chiens détenus chez lui, il nie tout élevage clandestin et tout acte de cruauté à leur égard, arguant du fait qu'ils étaient bien nourris. Bref, l'homme a réponse à tout.

Le 13 mai 2003, je décide de déposer plainte auprès du procureur de la République de Paris en joignant à mon courrier les dossiers de plusieurs acheteurs bernés, ainsi que nos éléments concernant les sociétés « Animals Express » et, en Espagne, « Export Control ». Les enquêtes effectuées par notre service prouvent que les chiens et chats vendus proviennent de Slovaquie, de République tchèque, de Russie... ce que Jean-Pierre L. ne peut ignorer. D'ailleurs, le gendarme T. de la Brigade de recherches de Céret, dans le département des Pyrénées-Orientales, m'a informée que Jean-Pierre L. se procure des animaux auprès de Michel D., gérant d'« Export Control », ce que je précise dans le courrier.

En juin, au cours d'un voyage, je sympathise avec Alain T., personnalité du milieu artistique et surtout virtuose du toilettage de chiens et de chats, exigeant, puriste, internationalement reconnu dans ce domaine et passionné par le caniche royal. Nous parlons du sort désastreux réservé à beaucoup de chiots issus du trafic et, peu à peu, la conversation glisse sur les agissements de Jean-Pierre L., que mon interlocuteur semble bien connaître et peu apprécier. Je reste prudente et le laisse parler. Dans les années 1980, me dit-il, Jean-Pierre L. travaillait avec Gustave A., dit « le manchot », une brute épaisse, et achetait des chiots en Hollande chez Sanders, qu'il ramenait en France dans son Alpine Renault. Les cages avaient un double fond dans lequel il cachait de la drogue, principalement de l'héroïne. En relation avec des célébrités du show-biz, il les fournissait en stupéfiants. Alain T. tient à me mettre en garde car, ami avec des hauts fonctionnaires, Jean-Pierre L. a le bras long.

Lionel Carambot se manifeste à nouveau au mois de janvier 2004 : il a appris que le gardien du château est parti et que Jean-Pierre L., qui doit beaucoup d'argent à l'État, est en train de monter une société au Maroc avec comme couverture l'élevage de tortues. Son compagnon, Marc B., est déjà sur place. Exproprié, il va s'installer dans un autre château, toujours en Seine-et-Marne.

Chaque information est immédiatement transmise à Bruno L., du GIR 75, qui m'a sollicitée : il travaille aussi sur cette affaire concernant l'économie souterraine.

L'excellente avocate de la fondation Assistance aux Animaux, Maître Eva Souplet, a fait en octobre la demande d'acte suivante auprès de la juge d'instruction : sur la nécessité de mener des investigations en Belgique auprès de la société « Animals Express » ; sur l'audition de Franck Verger de la Brigade nationale des enquêtes vétérinaires, spécialiste en France du trafic animalier ; sur un véritable commerce international mis en place par Jean-Pierre L. avec l'importation d'animaux d'Afrique protégés (il apparaît qu'il souhaite revendre des magasins et qu'il a organisé des échanges d'animaux avec le Togo, la Tanzanie, le Maroc, le Burkina Faso ; il a déjà acheté des tortues et un zébu) ; sur l'audition de M. Carambot qui dénonce les mauvais traitements et actes de cruauté subis par les animaux (il paraît intéressant de l'entendre afin qu'il développe des explications précises sur lesdits faits).

Mais la magistrate a rejeté la demande d'acte, à l'exception de l'audition de Lionel Carambot. En effet, l'article 2-13 du Code de procédure pénale ne permet aux associations de défense et de protection des animaux de se constituer partie civile qu'en ce qui concerne les infractions relevant des sévices graves ou actes de cruauté et les mauvais traitements, ainsi que les atteintes volontaires à la vie d'un animal. Cela ne nous facilite pas vraiment la tâche...

L'avocat de la SPA, qui souhaite que je sois entendue, obtiendra la même réponse.

Par le jugement rendu le 22 septembre 2006, Jean-Pierre L. est relaxé pour les faits qualifiés de contrebande de marchandise prohibée, de détention de chien d'attaque non stérilisé, d'introduction en France ou d'importation de chien d'attaque (chien de première catégorie), et est reconnu coupable pour les faits qualifiés de mauvais traitements d'animal placé sous sa garde par exploitant d'un établissement recevant des animaux de compagnie.

Il est condamné à une amende délictuelle de 5 000 euros, de l'interdiction d'exercer une activité professionnelle en relation avec les animaux domestiques pendant trois ans. Il doit en outre verser la somme de 1 500 euros à la SPA, à la fondation Brigitte Bardot, à la fondation 30 millions d'amis, à la fondation Assistance aux Animaux, à l'association One Voice, à la confédération nationale des SPA de France.

Ce jugement ne satisfait personne puisque Jean-Pierre L., le procureur de la République et les associations de protection animale décident d'interjeter appel.

Le verdict des juges de la cour d'appel de Paris, prononcé publiquement le mercredi 6 juin 2007, est différent. Si les associations bénéficient de 300 euros de plus, si l'amende délictuelle passe à 6 000 euros et si Jean-Pierre L. est condamné à trois mois de prison avec sursis, l'interdiction professionnelle d'exercer n'est plus à l'ordre du jour.

Les juges sont-ils incompétents ? Non. Les textes de loi relatifs au trafic d'animaux ne sont pas évidents à appliquer dans ce contexte, d'autant que Jean-Pierre L. a fourni des factures justifiant l'achat des animaux en Afrique et ailleurs. Comment vérifier leur authenticité alors que la magistrate instructeur a refusé des investigations hors de France, par manque de personnel et de crédits ? Il lui a semblé impossible d'ouvrir une commission rogatoire internationale. Chacun sait que le ministère de la Justice est sinistré, ce qui permet à Jean-Pierre L. de poursuivre son sinistre commerce.

Les dossiers qui continuent à nous parvenir de la part de clients de ses animaleries prouvent que rien n'a changé. Alexandre, un jeune homme parisien, sensible à la détresse des animaux, se rend régulièrement les prendre en photos, persuadé qu'un jour tous nos efforts pour mettre fin à leur souffrance aboutiront. Je suis beaucoup moins optimiste. À plusieurs reprises, Julie, Patrice, Jean-Michel, Julien et moi-même sommes allés quai de la Mégisserie et nos rapports d'enquête étaient probants.

À la demande des services vétérinaires de Paris, Jean-Michel a effectué une surveillance autour du château pendant deux jours, et l'homme se présentant comme gérant d'animalerie nous a expliqué combien ses concurrents sont des magouilleurs et comment ils procèdent, ce que nous savions déjà. Nous sommes tous très déçus par le verdict rendu à l'encontre de Jean-Pierre L.

Malgré la mansuétude de la Justice, le châtelain, très mécontent, dépose plainte contre la SPA le 2 décembre 2008, pour dénonciation calomnieuse, auprès du doyen des juges d'instruction.

D'après son avocat, c'est à cause de la cellule anti-trafic que Jean-Pierre L. a perdu deux de ses principaux clients, les établissements « Truffaut » et la société « Vitakraft », qui le considèrent dès lors comme un individu peu recommandable. Toujours selon son avocat, « le problème venait du fait que la SPA voulait la fermeture des animaleries afin que les personnes aillent directement adopter les chiens dans les chenils qu'elle gère ». Jean-Pierre L. affirme ne pas savoir comment la SPA a obtenu les informations le concernant, mais ne pense pas que celles-ci proviennent de la presse. Pour son avocat, « la SPA était très bien informée. En visant le trafic international de chiens, elle cherchait la médiatisation des faits, sachant parfaitement que son client n'était pas impliqué puisque les écoutes téléphoniques ne le mettaient pas en cause. »

Le juge estime que la cellule anti-trafic qui a procédé à des investigations auprès de la société « Export Control » en Espagne est composée de membres qualifiés et que les informations remises à la Justice sont fiables. Il ajoute que le volet du trafic d'animaux n'a pas débouché, faute de coopération internationale policière et douanière.

En décembre 2010, un non-lieu est requis pour le délit de dénonciation calomnieuse. Jean-Pierre L. persiste et fait appel de la décision. Il veut que la SPA soit condamnée, mais le tribunal de la cour d'appel confirme le 8 avril 2011 l'ordonnance de non-lieu au profit de la SPA.

Un an plus tard, le commerçant animalier confie aux deux journalistes auteurs de *La peau de l'ours* ne pas en vouloir à la SPA, dont il reconnaît même l'utilité… Il se montre surtout étonnamment serein quand il résume un parcours judiciaire de plus de dix ans en déclarant que c'était « beaucoup de bruit pour rien »…

Ce qu'il ignore alors, c'est que sans le chercher, nous continuons à accumuler les preuves de ses méfaits. En effet, nous le retrouvons souvent lorsque nous intervenons dans d'autres affaires. Chez Patricia D., dans l'Oise, le jour de la saisie des chiots, d'autres animaux enfermés dans des caisses en bois dans le véhicule du Néerlandais sont destinés à Jean-Pierre L. Beaucoup d'animaux n'ont pas l'âge légal et certains proviennent de Slovaquie. Chez Martine E. et Philippe E., en Eure-et-Loir, il a placé en métayage 18 chiens détenus dans des conditions abjectes au milieu des 200 petits chiens blancs du couple. Les animaux sont identifiés au nom de deux animaleries appartenant à Jean-Pierre L., « Au Paradis des Oiseaux » et « La perruche bleue », avec des puces électroniques de République tchèque, de Hongrie, de Slovaquie et des Pays-Bas. Un seul est répertorié au nom de Stéphanie, la Normande, défavorablement connue par notre service. Également en relation avec Francis D., qui fut un temps le courtier numéro 1 en France, tout le milieu connaît Jean-Pierre L.

Les renseignements les plus fiables nous parviennent, quasiment en temps réel, des trois employés de la société belge « Animals Express » qui sont devenus nos informateurs. Ils nous indiquent la venue de Jean-Pierre L. chez Christiane C., sa grande copine. Il est comme chez lui dans l'immense magasin où il fait son marché en toute quiétude avant de s'enfermer dans le bureau de la patronne pour discuter des tarifs. Ainsi, fin novembre 2009, nous apprenons qu'un certain Jean-Pierre du quai de la Mégisserie est venu chercher des chiots et des chats qui ont été transportés à Paris par la société « Valenciennes Express ». Il revient le 2 décembre accompagné par deux hommes auxquels il explique comment choisir les animaux. Ils entrent dans les boxes dans l'indifférence générale.

Les véhicules étrangers arrivent le mardi et les petits malades sont mélangés aux autres. Le lendemain, les négociants français sont là, mais parfois certains en achètent la veille au cul des camions. Patrice le constatera et, un peu plus tard, Julien pourra filmer la scène. Contrairement à ce que Jean-Pierre L. a déclaré à la juge d'instruction, il est parfaitement au courant du fait que ces animaux proviennent d'Europe de l'Est et d'Europe centrale, qu'ils n'ont pas l'âge légal et que les passeports sont bidouillés.

Début 2010, des acolytes du châtelain viennent chaque semaine se servir chez « Animals Express ». Le 27 janvier, Jean-Pierre L. repart avec vingt caisses, soit environ 40 chiots et chats. Un dénommé Ridha H., habitué des lieux, fait sa commande le matin puis revient un peu plus tard chercher les animaux qu'il charge dans sa Peugeot 607 ou dans son Alfa Roméo. Il est en contact avec Jean-Pierre L., il a repris la gérance de « La Perruche Bleue ».

Nous connaissons également le nom des fournisseurs d'« Animals Express ». Nos dernières informations datent du mercredi 3 avril 2013, quand Jean-Pierre L. prend 17 chiots qu'il entasse dans sa Dacia. Rhida H. vient toujours régulièrement et repart avec toutes sortes d'animaux : chiots, chatons, lapins… Christiane C. vend aussi des chiens au Congo et à Dubaï.

Malheureusement, nos contacts sont désormais aux abonnés absents : l'un a été licencié et les deux autres ont démissionné.

Tout est retransmis à la Brigade nationale des enquêtes vétérinaires, au GIR, au Service national de douane judiciaire, comme les enquêteurs nous l'ont demandé, car ils n'ont jamais baissé les bras. De plus, je peux maintenant orienter les propriétaires qui ont acheté des animaux malades vers le commissariat de police du Ier arrondissement de Paris. Le capitaine Arnaud G. reçoit les plaintes contre les animaleries du quai de la Mégisserie et entend les victimes avant de transmettre ses procédures au magistrat du pôle financier qui a la charge du dossier.

Nous allons devoir patienter jusqu'au printemps 2014.

Le 28 mars, Thierry H., adjudant-chef du peloton d'autoroute de la Gendarmerie nationale d'Arras, avec qui nous avons été en relation dans une autre affaire, nous prévient qu'un véhicule a été contrôlé la veille au soir. À son bord, des chiots enfermés dans des caisses de transport ainsi que des lapins, des oiseaux, des chatons… Le conducteur a été interpellé pour non-présentation du justificatif de l'agrément par convoyeur d'animaux vertébrés vivants. Entendu par les gendarmes, Jean-Pierre L. a déclaré revenir de Belgique où il se rend deux fois par mois, dans la banlieue de Bruxelles, pour acheter auprès de la société « Animals Express » des animaux destinés à l'exportation. Il a dit être propriétaire de deux animaleries et s'est engagé à adresser par fax ou par courrier une copie de son certificat de convoyage, ajoutant qu'il se fait normalement livrer via une société de transport agréée, « Express 59 », qu'il y a souvent des contrôles vétérinaires dans ses établissements et que s'il a fait l'objet de procédures, il n'a jamais eu de condamnation concernant le commerce animalier. Beaucoup de passeports européens des chiens sont tchèques.

L'adjudant-chef veut savoir si cet individu est connu par la cellule anti-trafic. Nous l'orientons vers les enquêteurs du GIR.

Un peu plus tard dans la journée, nous recevons un mail du Service national de douane judiciaire nous informant qu'une opération se prépare : des perquisitions vont avoir lieu dans sept animaleries du quai de la Mégisserie ainsi que dans le cabinet de deux vétérinaires et au château. Notre service est sollicité pour les saisies des chats et des chiens. Nous serons prévenus quand la date de l'intervention sera définitivement fixée.

Mi-mai, nous sommes informés par une note confidentielle que l'intervention est prévue le 10 juin à 11 heures du matin. Une centaine de policiers, douaniers et autres agents de l'État seront présents. Le procureur de la République et le magistrat instructeur feront le déplacement. La circulation sera interdite sur une partie des voies. Nous devons prévoir la récupération d'environ 150 chats et chiens sur les différents sites. La journaliste Chloé Vienne a obtenu les autorisations nécessaires pour suivre les équipes du GIR. Une réunion préparatoire, pour caler le dispositif, est prévue le 3 juin avec tous les intervenants. « Jean-Pierre L. a beaucoup de relations parmi les élus et les fonctionnaires des différentes administrations de Paris, c'est un homme très influent. Il est impératif de garder le plus grand secret concernant cette opération. »

Ce mardi 10 juin 2014, je dois rester à Vichy. Opérée pour la troisième fois de ce satané genou, il m'est impossible de participer avec mes collègues à la saisie des animaux.

Le lendemain, la presse parisienne et les journaux télévisés relatent « la descente de police dans les animaleries des quais de Seine » et « la fin d'un dossier historique », ou encore « le marché de la honte », comme le surnomment de nombreux Parisiens.

À son retour, deux jours plus tard, Julien me raconte le déroulé de l'opération. Ce ne sont pas 160 animaux qui ont été saisis, comme l'indique la presse, mais 221, soit 154 chiens et 65 chats, ainsi que deux tortues qui ont été confiées au zoo de Beauval.

Dans les six animaleries visées par les autorités, la plupart des chiots étaient de petites races à la mode (chihuahua, jack russel, spitz, bouledogue français, cavalier King Charles, yorkshire, bichon, etc.) et la majorité d'entre eux étaient identifiés par une puce électronique étrangère. Quant aux chats, beaucoup n'avaient pas de race définie : des « européens » avec une identification française. Ces chatons mis à la vente provenaient très certainement de particuliers, contents de se débarrasser des portées. Dans certains magasins, des animaux survivaient enfermés dans des sous-sols humides, une femelle berger allemand décédée a été découverte à l'intérieur d'un réfrigérateur, les cages d'oiseaux vétustes étaient surpeuplées, des traces de blessure dues au stress ont été observées chez les pigeons, les rongeurs ne bénéficiaient d'aucun confort. Des centaines de rats et de lapins ainsi que des poissons n'ont pu être saisis : les services vétérinaires doivent s'en occuper.

Mais pour Julien, le pire se trouvait au château. Les chiens et les chats étaient détenus dans des espaces réduits, dans le noir absolu, maigres, galeux, « pourris ». Des chatons, des chiots et des adultes berger allemand, boxer, rottweiler, dogue allemand, loulou de Poméranie, croisé yorkshire ... 22 animaux en perdition et, pour certains, à l'agonie. Maladies infectieuses, pattes cassées, problèmes cutanés, troubles comportementaux inhérents à leur condition de détention ... La liste est longue. Des cassettes pédophiles et zoophiles auraient été trouvées chez le châtelain. Julien a vu des cages étranges dans lesquelles des instruments de torture entreposés évoquaient, lui semble-t-il, des pratiques de sadomasochisme.

Une nouvelle perquisition devrait avoir lieu dans le château, car il y a des pièces secrètes. Jean-Pierre L. et Marc B. sont incarcérés et deux vétérinaires mis en examen. Ridha H. se trouve au Qatar, huit autres personnes sont mises en garde à vue après la saisie.

Julien ajoute que le chiffre d'affaires des animaleries du quai de la Mégisserie s'élevait à 7 millions d'euros par an.

Je sais parfaitement que la Justice s'intéresse davantage au présumé détournement financier qu'aux animaux. Cependant, grâce à la motivation des enquêteurs du GIR, du Service national de douane judiciaire et de Franck Verger, ils sont enfin secourus. « La seule chose nécessaire au triomphe du mal est que les gens de bonne volonté ne fassent rien. »

Notre collègue du service juridique nous informe que deux jours après l'intervention, un chiot chihuahua est décédé de parvovirose. Deux chiots yorkshires ainsi que deux chatons dans un état critique ont été conduits en urgence chez le vétérinaire, de même qu'un chien ayant les deux pattes avant fracturées. Quelques jours plus tard, sept autres chiots mourront de la maladie de carré.

Fin juillet 2014, nous obtenons la permission de placer les animaux saisis à l'adoption dans nos refuges.

Avoir osé s'attaquer à ce lieu mythique de la maltraitance animale ne nous a pas apporté que des amis.

Il y a ceux qui savent, et distribuaient quelques mois auparavant des tracts aux passants devant les animaleries, comme les bénévoles de l'association Stéphane Lamart ou ceux de la fondation Brigitte Bardot, qui sont nos alliés.

Mais il y a aussi les touristes, souvent innocents, et surtout ceux qui adoraient venir voir les jolis petits animaux… Et enfin, le PRODAF (syndicat professionnel de l'animal familier), très mécontent de la mauvaise publicité faite aux animaleries. Luc Ladonne, son représentant, expliqua à l'AFP que la SPA outrepassait ses droits…

Jean-Pierre L. s'est confié en 2012 aux auteurs du livre *La peau de l'ours*.

Il est décrit comme petit, avec de fins cheveux bruns qui lui tombent à la hauteur des joues, portant des chaussures de marche et une doudoune sans manches par-dessus son pull. L'homme ressemble davantage à un travailleur d'extérieur qu'à un dirigeant d'entreprise.

Né en 1950, dès l'âge de 14 ans il prenait le train tous les vendredis pour venir sur le quai de la Mégisserie vendre des lapins nains issus de l'élevage familial installé en Normandie. Plus âgé, il avait continué en transportant les animaux dans sa voiture. Engagé comme vendeur dans l'une de ces boutiques, il avait appris le métier. À 22 ans, il avait acheté un premier magasin, puis un second, dans lequel il vendait des poissons et, plus tard, des reptiles. Il s'était ensuite lancé dans l'élevage professionnel de chiens pendant douze ans, avec une trentaine de races et 600 femelles reproductrices. Il fournissait ainsi les chiots pour ses magasins mais aussi (sûrement avec les invendus) le laboratoire pharmaceutique Mérieux contre des prestations et des vaccins gratuits. Il avait arrêté cette activité en 1992.

Nous sommes en mai 2021. Sept ans après la saisie des animaux, nous espérons beaucoup du procès qui doit se tenir pendant cinq jours au tribunal correctionnel de Paris. Neuf prévenus sont attendus à la barre, dont Jean-Pierre L. Cette fois la Justice a retenu contre lui les mauvais traitements exercés par un professionnel, ce qui est un délit. Mais patatras, le procès semble renvoyé aux calendes grecques !

En attendant, ses animaleries demeurent fermées, et Jean-Pierre L. est toujours présumé innocent.

Le douloureux point final

La cellule anti-trafic a vingt ans, du moins depuis son appellation officielle. Les dirigeants de la SPA ont décidé de fêter son anniversaire le 25 avril 2013 à 18 heures dans la salle des fêtes de la mairie du XVIIe, à Paris.

Nous arrivons en début d'après-midi. Mes collègues du service de presse, Maryline, Khadija, Orianne et Andrée, ont tout organisé de façon remarquable. À 18 heures, j'entre en piste sans appréhension, mais avec une certaine tristesse – qu'évidemment je dissimule. J'ai obtenu de Maître Lebossé, administratrice judiciaire, la présence de Jacqueline Faucher, qui a permis la création de la cellule. Une centaine de personnes ont répondu à l'invitation. Après leur avoir souhaité la bienvenue, Maître Lebossé me donne la parole. Comme d'habitude, je n'ai rien préparé, je ne sais qu'improviser (quand j'étais marionnettiste, je n'ai jamais écrit un seul texte, mes camarades et moi avions une trame serrée à partir de laquelle nous faisions des digressions selon notre public). Pendant plusieurs minutes, je présente mon équipe, notre mission, nos victoires et nos difficultés, ainsi que le sort affligeant réservé aux animaux.

La soirée se poursuit par la diffusion d'un émouvant court-métrage qui résume ces vingt ans de lutte contre l'insupportable maltraitance exercée envers les animaux. La jeune réalisatrice, Eva Dia, venue à Vichy pour nous interviewer Patrice, Julien et moi, était repartie avec une quinzaine de cassettes VHS que je lui avais confiées. Il s'agissait d'enregistrements de reportages auxquels nous avions participé. Par un astucieux montage, elle réussit à montrer les missions de la cellule anti-trafic, les vols, les combats de chiens, les importations frauduleuses et les dérives de l'élevage en France.

Arrive le moment qui va me permettre de remercier ceux qui nous ont aidés en leur décernant le diplôme d'honneur de la SPA. Jacqueline Faucher se trouve à mes côtés sur la scène et leur remet ce document symbolique après que je les ai présentés.

Plusieurs journalistes sont présents dans la salle. Tous ont été motivés pour filmer objectivement ce que nous dénonçons, mais ne pouvant pas récompenser tout le monde, c'est Christine D'Hauthuile que j'ai choisie, car elle a été là dès le début, nous permettant de faire sortir de l'ombre le trafic des chiens et des chats. Cinq militaires de la gendarmerie lui succèdent, le général Jacques Morel, l'adjudant-chef Patrice Reiller, le maréchal des logis-chef Jean-Pierre Le Gal, le major José Escudéro et le maréchal des logis-chef Pascale Borfiga. Là encore, beaucoup d'autres gendarmes ont fait leur travail avec humanité, je ne les oublie pas (mais ne veux pas me souvenir de ceux qui ont refusé, avec l'arrogance que leur confère le pouvoir, de soutenir nos plaintes).

C'est au tour des agents du Service national de douane judiciaire de la Haute-Garonne et du Val-de-Marne, qui sont venus en nombre. Ces derniers ont œuvré à la fermeture des animaleries du quai de la Mégisserie. Un tonnerre d'applaudissements retentit quand Franck Verger reçoit le fameux diplôme. Je lui dis qu'il est la clé qui ouvre les chenils, car sans sa détermination et son intégrité cela aurait été plus compliqué. Il apporte son savoir aux enquêteurs qui visiblement l'apprécient.

Une personne que je voulais mettre à l'honneur n'est pas présente : quelques heures plus tôt, elle a été obligée de s'occuper d'un soudain problème familial. Danièle Gautier m'a prévenue, désolée. Travaillant au fichier de la Société centrale canine, cela fait des années qu'elle m'est d'un grand secours. La protection animale lui doit beaucoup. Je regrette de ne pas pouvoir enfin la rencontrer.

Tous les diplômes sont remis. Je souhaite remercier aussi mes collègues du siège social, le service juridique et le service de presse avec qui nous sommes souvent en relation, ainsi que les deux salariés de la SACPA, assis devant la scène, pour leur efficacité et leur douceur envers les animaux lors des saisies.

* * *

Dans la soirée du mercredi 31 décembre 2014, quand j'ai refermé la porte du bureau derrière moi pour la dernière fois, je me souviens avoir ressenti un étrange soulagement. Trop de fatigue, trop de solitude, trop de souffrance. À 66 ans, je n'ai pas eu d'autre choix que de partir à la retraite. Pourtant, à ce moment-là, je ne savais pas encore que l'on ne sort pas indemne de quarante années de protection animale.

Aujourd'hui, j'ai le recul nécessaire pour confirmer que les services vétérinaires (rebaptisés « DDPP » depuis quelques années) ont été responsables de la maltraitance envers les animaux dans les élevages par leur entrave à nos actions. Nous déposions entre soixante et quatre-vingts plaintes par an, et malgré la véracité des faits rapportés, la moitié d'entre elles donnait lieu à un classement sans suite.

Pourquoi ? Parce que le procureur envoyait un soit-transmis aux gendarmes ou, plus rarement, aux policiers, puis sollicitait les services vétérinaires officiellement compétents dans ce domaine. Si les constatations des militaires confirmaient le plus souvent le bien-fondé de nos plaintes, les services vétérinaires minimisaient systématiquement les faits. Notre mission était éprouvante, surtout pour ceux qui voyaient les conditions lamentables de détention des animaux, leur détresse, leur courte vie martyrisée, sans pouvoir leur venir en aide rapidement. Certains de ces fonctionnaires ont fait preuve d'humanité, mais je les compte sur les doigts d'une main. Dépendant du ministère de l'Agriculture, appliquant les directives à la lettre, bien formatés, ils ne voulaient surtout pas faire de vagues, même si les animaux payaient le prix fort. À part chez Philippe Vasseur, ministre de 1995 à 1997, je n'ai jamais ressenti la moindre compassion. Je me demande toujours comment sont faits ces gens-là.

Au début de mon engagement, j'ai souvent entendu : « Vous feriez mieux de vous occuper des enfants ! » Pour autant, ceux qui me tenaient ces propos ne s'investissaient pour personne. Je me souviens d'une intervention à Lodève, chez un trafiquant qui détenait des chiots dans un chenil mouroir. Le jour même, les membres d'une association de protection de l'enfance venaient retirer de jeunes gamins confiés à cet homme. L'entente entre nous fut parfaite. Au fond, nous avions la même volonté de secourir des êtres innocents.

Une autre phrase m'a longtemps poursuivie et m'isolait inévitablement de la société : « Vous êtes trop sensible ! » Je recevais ces mots en plein cœur, un reproche incompréhensible. À présent, ma réplique ne se fait pas attendre : « C'est vous qui ne l'êtes pas assez, d'où le malheur en ce monde. »

Au bureau, nous avions trois classeurs renfermant les doléances d'associations de protection animale et de particuliers concernant les services vétérinaires. J'avais inscrit sur leur tranche « Mikado » : le premier qui bouge a perdu.

Les services vétérinaires contrôlent avec zèle les élevages corrects ou les refuges, mais oublient volontairement les autres, car c'est compliqué, cela demande trop de travail, « ils sont trop peu nombreux ». Il est arrivé qu'ils soient obligés d'intervenir pour étouffer une affaire scandaleuse révélée dans les médias, solutionnant une situation intolérable qu'ils ont laissée s'installer par le vide : l'euthanasie des animaux.

Suis-je la seule à dénoncer l'insupportable indifférence des DSV qui osent prétendre veiller au bien-être animal ?

« L'absence de toute décision pour assurer la protection des animaux détenus dans des conditions déplorables et le laxisme des services vétérinaires à faire respecter la réglementation sur les élevages canins ne peut plus être ni compris ni admis. » Tels sont les mots d'une responsable de refuge en Ille-et-Vilaine.

« Je suis agent des douanes et à Grenoble où je suis en poste nous avons arrêté une camionnette tchèque toute pourrie avec deux chauffeurs assez "crades" au volant. On ne savait pas ce qu'ils transportaient et on a trouvé 72 chiots de toutes races dans des cages à chats, sans eau, sales et très petits. [...] On leur a donné à boire et appelé la DSV parce que nous ne pouvions pas retirer du "vivant", nous n'avions pas de locaux et pas d'infraction douane. Ces chauffeurs avaient des liasses de documents pré-signés et visés par un vétérinaire du Vaucluse qui stipulait avoir vu les animaux le jour même ! Or les chiots avaient voyagé depuis la République tchèque pendant 14 heures environ destinés à un éleveur du Vaucluse qui les revend aux animaleries. [...] La DSV a été nulle. On a amené le fourgon chez eux mais une fonctionnaire nous a dit qu'à 18 heures il était trop tard. Elle ne voulait pas se retrouver avec des chiots sur les bras. Pourtant ça sentait le faux certificat vétérinaire à plein nez. Sans la DSV de Grenoble on ne pouvait rien faire. Mais elle nous a laissés en plan. Nous étions scandalisés quand le fourgon est reparti. »

Nous connaissions ce pseudo éleveur, un coriace qui se vantait d'être ami avec un technicien de la DSV du Vaucluse. Première enquête de la cellule anti-trafic en 2001 ; nombreux dossiers d'acheteurs floués ; plainte déposée auprès du parquet de Carpentras en 2008. Le Service national de douane judiciaire a l'affaire en charge, appuyé par la Brigade nationale des enquêtes vétérinaires. Saisie conservatoire en décembre 2010 de 154 chiots ; ordonnance autorisant la cession des animaux à la SPA en avril 201... L'ami Frédéric fait appel de cette décision pour se désister un mois plus tard. Mis en examen avec l'interdiction totale de pratiquer une activité en relation avec les animaux durant toute l'information judiciaire, il continue son business sous le nom d'une autre société gérée par son fils, et entreprend de nombreuses requêtes en annulation de pièces rejetées par la chambre d'instruction. Procès le 7 décembre 2017 en correctionnel à Carpentras et relaxe prononcée le 5 juillet 2018 ; appel interjeté par le parquet, le conseil national de l'Ordre des vétérinaires, la SPA, l'association Stéphane Lamart, l'Antac, la SPA vauclusienne ; procès en appel le 12 septembre 2019 à Nîmes ; condamnation à un an de prison avec sursis, 70 000 euros d'amende et 2 000 euros pour les parties civiles. La vétérinaire complice a été condamnée à six mois de prison avec sursis, 30 000 euros d'amende et les mêmes sommes pour les parties civiles. Ils sont tous deux présumés innocents, puisque leurs avocats ont annoncé qu'ils déposeraient un pourvoi en cassation…

L'agent des douanes de l'Isère avait vu juste. Les salariés de ce marchand de chiens ont témoigné devant le magistrat instructeur : « Certains chiots cherchaient encore à téter. Parfois c'était la taille tout petit, tout petit. Il y avait aussi un autre critère : le gros ventre. En fait quand un chiot est petit, sa mère lui lèche le ventre pour ramollir les selles et éviter la constipation. Dans certains cas nous étions obligés de masser le ventre, voire même avec le doigt d'enlever le bouchon de l'anus. Il est arrivé que des chiots chihuahua et des yorks arrivent les yeux encore fermés. Il arrivait aussi qu'on soit obligés de les nourrir avec des seringues emplies de lait maternisé pour chiots. Certains n'avaient pas encore de dents. D'autres voulaient téter la chienne de M. X, une jack russel, quand elle rentrait dans le box. »

Mais revenons à mes classeurs « Mikado » (le premier qui bouge a perdu).

« J'ai acheté un chiot Bouledogue français dans le centre canin Au bec au vent. Il est mort quatre jours plus tard malgré les soins appropriés. Il n'était pas sevré, anorexique et surparasité. Tous les chiens présentés dans ce centre proviennent de Slovaquie. Il y a derrière le regard de ces jolies petites bouilles un trafic odieux. Que fait la DSV qui autorise l'ouverture de ce genre d'endroit ? » Karine B., avril 2005.

« Monsieur le ministre, permettez-moi par ce courrier d'attirer votre attention sur une problématique qui concerne l'animalerie Point dog à Beauvais. Les services préfectoraux et la DSV locale ont d'ailleurs été saisis du dossier. De nombreux clients se sont regroupés pour dénoncer la vente de chiots malades. [...] Tous les acheteurs tristes et lésés suspectent un trafic de chiots. Beaucoup ont écrit à la DSV mais n'ont obtenu qu'une réponse type qui ne les satisfait aucunement. » Olivier Dassault, député de l'Oise, 24 avril 2008.

« Le 29 juin 2006, le service des douanes de Verdun procède dans le département de la Meurthe-et-Moselle à un contrôle d'un fourgon slovaque transportant 91 chiots. Suite à ce contrôle la DSV de Bar-le-Duc a été alertée, les animaux étant destinés à la société "G'Tout tou" sise à Erize-la-Brûlée dans la Meuse. Lors du contrôle des passeports des chiots il a été constaté plusieurs anomalies : vaccins antirabiques effectués en décembre 2005 sur des animaux nés en mars 2006 et même date de naissance pour l'ensemble des chiots.

À l'issue de l'intervention les chiots sont transportés dans les locaux de la SPA de Thierville dont la présidente est Martine Schmitt. Le premier juillet, sur décision du magistrat après consultation avec M. V., technicien des services vétérinaires, il est ordonné que les animaux soient restitués à la société slovaque Eurokennels. Martine Schmitt s'oppose à cette décision. Le fonctionnaire a alors menacé Mme Schmitt d'euthanasier les chiens en surnombre dans son refuge en cette période d'abandon alors qu'il n'a pas hésité à confier à ce refuge de 49 places les 91 chiots saisis par le service des douanes. Très énervé il a ajouté qu'il fera un contrôle approfondi du refuge en vue de sa fermeture... »

Dans l'excellent livre publié en 2009 et intitulé *Le scandale de l'animal business,* Caroline Lanty, qui fut présidente de la SPA, écrit ceci : « On peut se demander quel intérêt ont les services vétérinaires à laisser proliférer ces importations illégales car les risques de rage chez les animaux provenant de pays étrangers existent réellement. Pourquoi les techniciens vétérinaires sont-ils si laxistes dans leurs contrôles ? Pourquoi se laissent-ils abuser par des trafics aux ficelles aussi grosses que des cordes d'amarrage ? Ces contrôles sont aisés à établir, alors pourquoi ne sont-ils pas faits ? Traditionnelle excuse de l'absence de moyens. [...] Je préférerais presque que la DSV n'existe pas, au moins, on n'en attendrait rien. »

Lors de la pose de la première pierre du nouveau refuge SPA de Brugheas le 9 septembre 2009, la technicienne de la DSV est présente. C'est une femme avec qui le dialogue est possible, contrairement à son prédécesseur. Depuis sa prise de fonction, nous ne rencontrons pas de problèmes majeurs avec la DSV de l'Allier. Aussi, quand elle m'apprend qu'il a été autorisé l'extension de l'élevage de Jean-Pierre D. à 556 reproducteurs pour une production annuelle de 1 680 chiots, je suis atterrée. Nous connaissons cet individu, auparavant installé dans l'Essonne, le Loiret puis l'Oise. Il détient un sacré palmarès de cruauté envers les animaux. En 1985, il est jugé au tribunal correctionnel d'Évry. Les médias relatent les faits : « Le bourreau des animaux se fait passer pour fou. Le propriétaire d'un chenil de Montgeron coupable d'avoir transformé son établissement en camp de concentration. [...] L'horreur. Lorsque les représentants des services vétérinaires de l'Essonne pénètrent dans le chenil tenu par Jean-Pierre D. ce 12 août 1983 ils découvrent un spectacle hallucinant de souffrance et de détresse. Les cages dans lesquelles s'entassent les animaux placés pour la plupart par leurs maîtres partis en vacances sont dignes des "supplices de Louis XI" comme le déclarait hier à l'audience le président du tribunal. Des chiens de toutes races, des chats, des oiseaux et même des singes s'entassaient prostrés, mourants ou en proie à une agressivité maladive par manque de nourriture dans des cages exiguës, dans l'obscurité, pataugeant dans les excréments, n'ayant pour seule pâture que quelques restes de viande avariée distribuée parcimonieusement par celui à qui les propriétaires d'animaux avaient fait confiance moyennant un prix de pension variant entre 40 et 50 francs par jour. Un peu plus loin on découvrira un charnier d'une vingtaine de chiens. [...] Loin de manifester un quelconque remords, Jean-Pierre D. a prétexté une envie pressante pour fausser compagnie aux policiers. » *Le Quotidien de Paris,* 6 novembre 1985. *Le Parisien, Libération* et *France-soir* ont également publié des articles concernant cet « épouvantable commerce animalier ».

Quand j'explique cela à mon interlocutrice, elle n'en revient pas. Pourtant, me dit-elle, ses collègues de l'Oise ont été contactés et n'ont rien signalé concernant l'activité de Jean-Pierre D. De toute façon, cela n'aurait rien changé, car elle est tributaire des décisions de sa hiérarchie. À peine un an plus tard, la DSV avait des problèmes avec ce marchand de chiens et de chats qui avait augmenté sans autorisation son cheptel d'une centaine d'animaux. Un élevage-usine de plus en France...

Je pourrais continuer ainsi à exposer les doléances de toutes les personnes dénonçant les DSV. Il faudrait des pages et des pages.

Vanessa, qui travaillait dans un endroit semblable, a témoigné auprès de la fondation 30 millions d'amis en avril 2019 : « Ce qui est impressionnant quand on rentre dans ces hangars, c'est le bruit et l'odeur ; c'est un mouroir à chiens, un cauchemar. [...] Toutes les semaines on devait ramasser les chiots morts, les boxes de maternité étaient beaucoup trop étroits pour les chiennes qui écrasaient leurs petits. [...] Une petite chienne coton de Tuléar après la mise bas de deux chiots n'arrivait plus à pousser. Elle était épuisée et souffrait énormément. Le chiot était coincé à l'entrée de la vulve. J'ai essayé de l'aider mais il n'y a eu rien à faire. La patronne a refusé d'appeler le vétérinaire. Elle m'a poussée en me traitant de bonne à rien et m'a conseillée de m'endurcir. Elle a tiré de toutes ses forces, la chienne hurlait de douleur, c'était l'enfer. Le bébé est mort-né et la mère n'était plus un animal mais un objet. C'est quelque chose que je n'aurais jamais imaginé voir dans un élevage. Les femelles produisaient à chaque chaleur jusqu'à l'âge de dix ans. Le lendemain, j'ai démissionné. »

Les services vétérinaires appliquent les directives du ministère de l'Agriculture. Combien de fois ai-je pris mon bâton de pèlerin pour rencontrer, dossier à l'appui, les hauts fonctionnaires rue de Varenne ? Ces messieurs-dames me reçurent toujours avec courtoisie, me proposant parfois un « petit café », mais demeurèrent imperméables à la souffrance animale tout en m'affirmant que ce problème les intéressait. Ne quittant pas leurs bureaux, j'avais compris qu'ils ignoraient la réalité du terrain et qu'elle leur importait peu... Pas de vagues !

J'ai essayé de motiver ceux du ministère de l'Économie et des Finances. Après tout, beaucoup de ces mafieux ont pignon sur rue et réalisent une économie souterraine très importante. Il est inadmissible qu'un citoyen honnête, en phase avec les règles de la société, s'acquitte de tous les impôts alors que ces trafiquants trichent avec le fisc, sans aucun contrôle ni aucune sanction. Là encore, il m'a été répondu que les sommes détournées n'étaient pas assez importantes.

À l'été 2004, Patrick Labega a reçu une invitation pour la venue, à Vichy, du ministre de l'Économie. Étant le responsable du refuge SPA, il faisait partie des VIP, ce qui l'amusait beaucoup. Il n'avait pas l'intention de s'y rendre, mais j'ai réussi à lui faire changer d'avis pour l'accompagner. Je venais d'écrire un document intitulé « Chien et chats, trafic, importation et négoce ». C'était l'occasion de le remettre directement à Nicolas Sarkozy.

Ce mercredi 21 juillet, la foule était dense dans le salon de l'hôtel de ville. Je devinais la présence du ministre au fond de la salle et la difficulté que j'aurai pour parvenir jusqu'à lui. J'ai décidé de l'attendre près de la porte de la sortie et lorsqu'il est passé devant moi je l'ai arrêté en le tenant par l'épaule. J'ai vu son garde du corps s'avancer aussitôt d'un pas. Me présentant brièvement, j'ai pu lui donner mon dossier. Nicolas Sarkozy, étonné par ma démarche, m'a gentiment énoncé la phrase de circonstance : « Soyez certaine madame que j'en prendrai connaissance. » Puis il s'est éloigné, entouré de ses courtisans. En sortant, j'ai vu que le grand gaillard de garde du corps feuilletait le document que lui avait confié le ministre. Le 9 août, je recevais un courrier signé par Nicolas Sarkozy :

« Madame, vous avez eu l'amabilité de m'adresser un rapport relatif au trafic des chiens et des chats.

J'ai pris connaissance de votre dossier avec une grande attention et j'ai bien noté de l'important travail d'investigation que vous avez réalisé. Je vous félicite pour l'action que vous menez en faveur de la protection des animaux ; soyez assurée de mon soutien.

Je vous prie de croire, madame, à l'assurance de ma considération distinguée. »

Le soutien, je l'ai vainement attendu.

Être responsable de la cellule anti-trafic n'est pas un métier, mais une mission qui grignote chaque jour davantage la tête et le cœur.

Je n'en veux plus à personne, ni à moi-même. J'ai fait tout ce que j'ai pu, le mieux possible, mais j'avoue avoir parfois été tentée de baisser les bras tant ce parcours était celui d'un combattant sans arme.

J'attends beaucoup des générations suivantes. J'espère que les jeunes gens investis dans la protection animale demeureront militants, ce n'est pas un gros mot, et surtout qu'ils seront courageux car le chemin est encore long et semé d'embûches.

Au fond, le seul bonheur est d'avoir sorti de l'enfer près de 6 000 animaux : des chevaux, lorsque j'étais à Narbonne, que l'association « Cheval du 3e âge » d'Édith Joos a recueillis, une majorité de chiens et de chiots, des chats et chatons, mais aussi des cochons, des chèvres, des tortues, des oiseaux, des lapins et des cochons d'Inde. Oui, ce fut mon seul bonheur, mais comme le chantait Léo Ferré, « le bonheur ça n'est pas grand-chose, c'est du chagrin qui se repose ».

La cellule anti-trafic perdure. Une nouvelle équipe déterminée et compétente a été mise en place sous la direction de Christelle Sollier.

En 2021 ce sont 1 189 animaux qui ont été secourus.

Quant aux services vétérinaires (DDPP), il semblerait qu'une volonté de s'investir contre les trafiquants et la misère animale qui en découle ait enfin vu le jour. Les anciens fonctionnaires ont été remplacés au fil des ans par des jeunes sans doute plus sensibles et plus motivés.

De plus, la société française demande à présent aux autorités d'agir contre les tortionnaires d'animaux.

Postface

Plus importante et plus ancienne des associations de protection animale, la SPA est née en 1845, c'est-à-dire sous le règne de Louis-Philippe.

Pourtant, l'époque ne s'y prêtait guère, la misère du prolétariat citadin et la précarité des ruraux ne plaçant pas la maltraitance infligée aux animaux au rang des préoccupations de nos ancêtres, dont le quotidien était celui de la survie.

Ce sont donc des précurseurs que ceux qui entourent alors le Dr Étienne Pariset et qui consacrent leurs forces – souvent leur vie – à la sauvegarde des animaux et à l'émergence d'une éthique fondée sur le respect que l'Homme doit à ses compagnons et que notre association continue à porter au quotidien, tant le chemin est long et difficile.

Le parcours de la SPA illustre l'esprit associatif. Pendant des décennies, chaque refuge a rempli – souvent seul – sa magnifique mission dans son périmètre géographique immédiat, en s'appuyant sur les bonnes volontés, la générosité et le dévouement de ses compagnons de route. Il s'agissait alors d'agir en urgence pour sauver localement les animaux abandonnés et dénoncer les actes de maltraitance, mais sans envisager d'actions transversales, coordonnées ou de portée nationale.

Malgré tout, leur formidable engagement nous a offert la visibilité et la respectabilité qui sont les meilleurs garants de l'action séculaire de la SPA et l'a durablement inscrite dans l'inconscient collectif. Nul Français, de tout âge et de toute condition, n'évoquerait la protection animale sans citer notre association.

Si ce modèle a parfaitement fonctionné pendant des décennies, arrive cependant, inéluctablement, le moment où il ne suffit plus. Victime de son succès, la SPA ne pouvait plus se permettre l'amateurisme et ne pouvait limiter sa démarche au seul sauvetage des animaux abandonnés ou maltraités par des particuliers.

C'est au tournant des années 1990 que son action a dû gagner en hauteur de vue, notamment en s'autorisant des domaines d'intervention plus étendus.

La SPA se lance alors dans des actions de protection qui ne sont plus seulement des sauvetages individualisés d'animaux, mais des combats de principe, d'éthique, tels celui mené, encore aujourd'hui, contre la corrida ou contre la marchandisation de l'animal.

Selon la même logique, cette démarche stratégique va s'incarner dans un nouveau domaine.

C'est là qu'intervient l'auteure de cet ouvrage qui crée, en 1993, la cellule anti-trafic, autrement dit la CAT, dont l'acronyme anglicisé offre un clin d'œil qui n'échappera à aucun ami des animaux.

Sa volonté est simple : dépasser le domaine de la maltraitance opéré par des particuliers pour dénoncer et faire poursuivre celle générée par les professionnels.

La difficulté est immense. Il ne s'agit plus seulement d'agir en aval de l'abandon ou de la maltraitance pour donner une autre chance à nos protégés : il faut intervenir en amont et dénoncer des actions menées par des professionnels, organisés et souvent puissants.

On l'a compris, la CAT est voulue, dès son origine, comme une véritable structure d'enquête – au sens presque judiciaire du terme. Une poignée de salariés vont ainsi se déplacer sur le terrain, confirmer les actes de trafic qui auront été portés à la connaissance de la SPA, user de tous les moyens légaux d'observation, de photos, vidéos, filatures, pour rapporter les éléments probatoires des infractions contre les animaux, contre lesquelles les Parquets auront l'opportunité de poursuivre. Leurs cibles : les professionnels de la vente, du transport, de l'élevage, de l'importation d'animaux, ainsi que les particuliers qui, *de facto*, agissent, sur une grande échelle, comme des éleveurs et en tirent profit.

Brigitte Piquet-Pellorce, qui fut un temps administratrice de la SPA, a consacré sa vie aux animaux et singulièrement à organiser et à donner une âme à cette cellule d'enquête.

Le lecteur retrouve dans cet ouvrage les investigations du quotidien. Elles sont étonnantes. Il y devine aussi la passion qui a animé l'action de l'auteure.

C'est l'œuvre d'une vie de générosité et de désintéressement.

Qu'elle en soit remerciée au nom de la SPA et des animaux qu'elle protège.

Général de gendarmerie (2°S.) Jacques-Charles Fombonne

Président bénévole de la SPA

Table des matières

Cet ouvrage a été imprimé par

CPI BUSSIÈRE
à Saint-Amand-Montrond

en janvier 2022
pour le compte de
Christine Bonneton éditeur

Dépôt légal : mars 2022
N° d'impression : 2062088
Imprimé en France